中国社会科学院学部委员专题文集
ZHONGGUOSHEHUIKEXUEYUAN XUEBUWEIYUAN ZHUANTI WENJI

近代思想文化论集

耿云志◎著

中国社会科学出版社

图书在版编目(CIP)数据

近代思想文化论集/耿云志著. —北京:中国社会科学出版社,2013.1
(中国社会科学院学部委员专题文集)
ISBN 978 – 7 – 5161 – 2075 – 0

Ⅰ.①近… Ⅱ.①耿… Ⅲ.①思想史—中国—近代—文集②文化史—
中国—近代—文集 Ⅳ.①B250.5 – 53②K250.3 – 53

中国版本图书馆 CIP 数据核字(2013)第 015554 号

出 版 人	赵剑英	
出版策划	曹宏举	
责任编辑	郭沂纹	
责任校对	刘 俊	
责任印制	戴 宽	

出 版	中国社会科学出版社	
社 址	北京鼓楼西大街甲 158 号 (邮编 100720)	
网 址	http://www.csspw.cn	
	中文域名:中国社科网 010 – 64070619	
发 行 部	010 – 84083685	
门 市 部	010 – 84029450	
经 销	新华书店及其他书店	

印刷装订	环球印刷(北京)有限公司
版 次	2013 年 1 月第 1 版
印 次	2013 年 1 月第 1 次印刷

开 本	710×1000 1/16
印 张	28.5
插 页	2
字 数	453 千字
定 价	86.00 元

凡购买中国社会科学出版社图书,如有质量问题请与本社联系调换
电话:010 – 64009791

前　言

　　哲学社会科学是人们认识世界、改造世界的重要工具，是推动历史发展和社会进步的重要力量。哲学社会科学的研究能力和成果是综合国力的重要组成部分。在全面建设小康社会、开创中国特色社会主义事业新局面、实现中华民族伟大复兴的历史进程中，哲学社会科学具有不可替代的作用。繁荣发展哲学社会科学事关党和国家事业发展的全局，对建设和形成有中国特色、中国风格、中国气派的哲学社会科学事业，具有重大的现实意义和深远的历史意义。

　　中国社会科学院在贯彻落实党中央《关于进一步繁荣发展哲学社会科学的意见》的进程中，根据党中央关于把中国社会科学院建设成为马克思主义的坚强阵地、中国哲学社会科学最高殿堂、党中央和国务院重要的思想库和智囊团的职能定位，努力推进学术研究制度、科研管理体制的改革和创新，2006 年建立的中国社会科学院学部即是践行"三个定位"、改革创新的产物。

　　中国社会科学院学部是一项学术制度，是在中国社会科学院党组领导下依据《中国社会科学院学部章程》运行的高端学术组织，常设领导机构为学部主席团，设立文哲、历史、经济、国际研究、社会政法、马克思主义研究学部。学部委员是中国社会科学院的最高学术称号，为终生荣誉。2010 年中国社会科学院学部主席团主持进行了学部委员增选、荣誉学部委员增补，现有学部委员 57 名（含已故）、荣誉学部委员 133 名（含已故），均为中国社会科学院学养深厚、贡献突出、成就卓著的学者。编辑出版《中国社会科学院学部委员专题文集》，即是从一个侧面展示这些学者治学之道的重要举措。

　　《中国社会科学院学部委员专题文集》（下称《专题文集》），是中国社会科学院学部主席团主持编辑的学术论著汇集，作者均为中国社会科学院学部委员、荣誉学部委员，内容集中反映学部委员、荣誉学部委员在相关学科、专业方向中的专题性研究成果。《专题文集》体现了著作者在科学研究实践中长期关注的某一专业方向或研究主题，历时动态地展现了著作者在这一专题中不断深化的研究路径和学术心得，从中不难体味治学道路之铢积寸累、循序渐进、与时俱进、未有穷期的孜孜以求，感知学问有道之修养理论、注重实证、坚持真理、服务社会的学者责任。

2011 年，中国社会科学院启动了哲学社会科学创新工程，中国社会科学院学部作为实施创新工程的重要学术平台，需要在聚集高端人才、发挥精英才智、推出优质成果、引领学术风尚等方面起到强化创新意识、激发创新动力、推进创新实践的作用。因此，中国社会科学院学部主席团编辑出版这套《专题文集》，不仅在于展示"过去"，更重要的是面对现实和展望未来。

这套《专题文集》列为中国社会科学院创新工程学术出版资助项目，体现了中国社会科学院对学部工作的高度重视和对这套《专题文集》给予的学术评价。在这套《专题文集》付梓之际，我们感谢各位学部委员、荣誉学部委员对《专题文集》征集给予的支持，感谢学部工作局及相关同志为此所做的组织协调工作，特别要感谢中国社会科学出版社为这套《专题文集》的面世做出的努力。

《中国社会科学院学部委员专题文集》编辑委员会

2012 年 8 月

目　　录

上　编

下　编

上　编

《中国近代思想史研究集刊》前言

　　《中国近代思想史研究集刊》是由中国社会科学院近代史研究所近代思想史研究室创办的，供国内外同行学者发表其研究成果的一个园地。中国社会科学院近代史研究所的近代思想史研究室成立于 1991 年。十余年来，本室研究人员虽不多，但皆能以学问、人品相砥砺，形成一个凝聚力很强的学术群体。大家工作勤奋，治学谨严，成绩颇得各方好评，乃于 2002 年被评为中国社会科学院第一批重点学科。大家甚受鼓励，更加不敢懈怠。因承担院重大课题的关系，与研究思想史和文化史的同行朋友常相聚会、切磋。2002 年、2003 年相继两次举行国内同行的小型研讨会，复于今年 8 月举行一次国际研讨会。为进一步团结海内外同行朋友，得互相切磋、勖勉之益，推动中国近代思想史学科更加深入发展，乃集议创办《中国近代思想史研究集刊》，拟每年出版一辑。

　　近年来，对中国近代思想史感兴趣的人越来越多，讨论的问题亦越来越广泛，越来越深入。西方一个学者曾说："一切历史都是思想史。"此话如不做机械的、绝对化的理解，则应承认它有一定的合理性。历史是人创造的，而人是有思想的；为了揭示历史运动深层次的各种机制，不能不研究人们的思想。正因此，凡政治史、经济史、文化史、教育史、学术史以及艺术史等领域中发生的矛盾、论争，在思想史中都会有所反映。所以，在一定程度上说，思想史的确有可以涵盖和深化其他专门史的功能。

　　中国近代思想史是个有待深入开掘的富矿，这里可以引人发生兴趣的问题实在太多了。一百多年的近代中国的历史，充满着内外交织的各种矛盾，外部的威胁，内部的危机，格外逼人，人们总是在异常紧迫的形势下，对各种挑战做出应急的思考和抉择。革命与改革交相迭乘，传统与现代之间常常处于极度紧张。西方三四百年间所经历的变革和相应出现的各种思想，在几十年时间里，潮水般地冲击而来，人们大感应接不暇。一种思想还没来得及成熟，又一种新的思想便发出挑战。所以，鲁迅先生曾说，在近代中国，从最落后、最原始的思想，到当今世界最先进的思想同时存在。这样一种局面，岂不是为我们研究思想史的人们提供了大可用武之地吗！

研究中国近代思想史不自今日始。以往的研究，取得过一些成绩，但也存在诸多不足，主要可概括为两点。

（一）研究范围未曾清晰界定。早期一些可视为思想史的著作，往往以经学思想或一般学术思想为主要内容；后来，又以哲学思想为主要内容，再后来，则演变为以政治思想为主要内容。这些当然也属于思想史的范围。但是，思想史不能以这些内容为局限，而且究竟应如何从这些方面提挈思想史的内容，仍大有讨论的余地。作为思想史学科研究对象的思想，我想，应该是一个国家、民族在历史发展演变过程中，人们面对各种重大问题所作的思考。

近代中国所面临的最大问题是建设一个近代民族国家。要实现这一目标，至少须解决如下问题：（1）独立；（2）统一；（3）民主；（4）富强。所以，凡围绕着这些重大问题所进行的思考，所提出的主张，所发表的言论，都应列入中国近代思想史的正当范围。它既不是单纯的政治思想史，也不是其他的专门思想史，它是各种专门思想史的基础和重心。为了把握好思想史的内容，必须尽可能清楚地认识历史时代所提出的紧迫问题。认清这些问题，才能比较容易地从浩如烟海的思想材料中，抓住属于思想史的内容。

（二）方法不健全，不精密。中国近代思想史是个很年轻的学科，五四新文化运动以后才逐渐发展起来。由于研究范围不清晰，决定了它缺乏方法上的自觉。也就是说，还没有建立起中国近代思想史相应的方法论系统。中国近现代的人文社会科学各学科，无不借鉴西方的理论与方法。但无论是马克思主义或其他的西方理论与方法，要在中国的学术园地里真正开花结果，需要有一个很长的历史过程。有些人天真地以为，只要自己略读几本书，对其中的理论与方法能够说出一、二、三来，自己就算是那种理论与方法的一个传人了。他们不知道，当年马克思、恩格斯还在世的时候，就颇有一些年轻或并不年轻的学者对他们表示无比服膺；在自己的著作中极力套用马、恩的理论与方法，宣称自己是马克思主义者。马克思看了他们的东西之后说道：如果他们所说的就是马克思主义，那么我只能说，我本人不是马克思主义者。这个事实很可以说明，服膺和借鉴别人的理论与方法是一回事，自己的著作能否真正体现这种理论与方法又是一回事。多少年来，我们见到过太多想当马克思主义者的人，而真正懂得马克思主义，能在自己的研究与著述中运用马克思主义的理论与方法解决几个实际问题的人却太少了。服膺其他西方思想家的理论与方法的人，也存在同样的情形。近年来，我们听到和看到不少表彰和意图运用西方各种有影响的理论与方法的言论和著作，但似乎看不出他们解决了什么问题。这使我想起85年前，有关问题与主义的论争。那场论争，在一个很长时期里，被人们说成是胡适向马克思主义猖狂进攻。近年来已有许多学者重新研究这个问题，加以澄清，指出这是一个关于如何对待理论与方法的态度的争论。有些人太迷信某种主义，以为把那个主义的某些基本理论、基本公式重复几遍，就能有奇效大验。殊不知，那些最初创立这种主义，相应提出一套理论与方法的人，都是应对实际问题而起的思考。我们今天借鉴人家的主义，人家的理论与方法，也必须认清我们所面对的实际问题是什么。问题认准了，再从事实际研究。必须是在实际研究过程中，借鉴别人的理论与方法；而不是像某些人那样，不做任何深入实际的研究，直接把人家的理论与方法往自己随意捡来的事实与材料上套。

以往的中国近代思想史研究，由于方法不健全，研究成果不免存在这样那样的缺点。如有些著作完全依人立案，这是古老的学案体的翻版，对于研究异常复杂的中国近代思想史是不很适宜的。有些著作将阶级斗争、阶级分析简单化、绝对化，生硬地去解释各种复杂的思想现象。还有的竟完全从现实需要出发，任意宰制史料，牵强附会。当然，也有一些较好的作品。它们为我们提供了一些前进的基础和经验与方法的积累。但这种作品是不多的。

改革开放以来，中国近代思想史研究有较大的进步。

首先是能够从研究问题入手，即从事专题研究，而不热衷于写近代思想史教程之类的东西。专题研究分几种情况。较多的是以人物为专题，如对孙中山、康有为、梁启超、严复、胡适、梁漱溟等人，还有从前不大为人注意的一些人物的研究。这是思想史研究必须要做的一步工作。另一种是做思潮的研究，每一种思潮作为一个个案，从其产生到发展以至衰落，作全过程的考察。如国粹主义思潮、疑古思潮、乡村建设运动，等等。再有一种是纯粹意义上的思想专题研究，如民主思想史、宪政思想史，等等。还有一种是对一次思想论争作个案考察，如关于科学与玄学的论争，关于人权与约法的论争，关于社会史的论争，等等。这些比较具体的研究，一则容易取得成果，二则也是训练人才的好途径，许多作得较好的博士论文，都是这类具体研究的结果。通过这些具体研究的不断积累，就可以加深人们对中国近代思想史的总体认识。

其次是加强了学者之间的沟通与交流，不仅是国内学者之间，尤其是与海外学者之间的沟通与交流。有了沟通与交流，一则可收互相切磋之益，二则可最大限度地避免重复劳动。现在年轻学者逐渐养成习惯，每动手研究一个问题，必先检索海内外相关成果，找出自己研究的合适的切入点。这是一个很大的进步。

再次，逐渐摆脱教条主义的束缚，循解放思想的路，敢于实事求是地研究过去不敢触及的一些人物和问题。例如，对胡适的深入研究，对和平改革思想的研究，等等。所谓教条主义，就是把某种理论和主张宗教化，不许人们独立思考。这是科学与学术发展的最大障碍。二十多年来的进步就是克服这一障碍的结果。

最后，与上一点密切相关，由于摆脱教条主义的束缚，独立思考成为可能，人们也就在学术范围内逐渐养成一种宽容的心态，容忍和尊重不同意见，使学术讨论和争论逐渐步入常轨。这是学术发展绝对必要的一种条件。

以上这些进步都是极可珍贵的。这是今后中国近代思想史继续发展的重要基础。

近两三年来，一部分治思想史的学者提出思想史的研究对象问题，这其中自然也包括中国近代思想史的研究对象问题。前面我们曾提到，以往的思想史研究范围不够清晰的问题，即指此而言。关于这个问题，出现许多说法。归结起来有如下三种：（1）坚持以思想家的思想为思想史研究的主要对象；（2）提出以大众思想、大众观念及其信仰为思想史研究的主要对象；（3）以精英思想（即思想家的思想）与大众思想并列为思想史研究的对象。

我觉得，（2）、（3）两种意见，颇有值得讨论的地方。

首先，我觉得"大众思想"一语似不很确切。我个人有一种偏见，以为并非随便一种什么想法或随便一种什么念头，都可算是思想。一切思想都有其主体和载体，否则我们无从知道这些思想的存在。我以为，凡够得上称为思想的，起码应具备几个必要的条件：（1）有实际针对性，是针对客观存在的实际问题而作的思考，不是胡思乱想。（2）有系统性，对问题的发生、发展及其利弊，应对的方法，都提出见解，不是散漫无稽的只言片语。（3）有一定影响，在社会上不发生任何影响的思想，在思想史上不可能占有地位。从这几点上看去，人们所谓"大众思想"似乎是难以成立的。

其次，大众观念，应当承认它是确实存在的。如对"清官"、"好官"的崇敬和祈盼；对读书人的尊重；敬惜字纸；珍惜光阴；敬老爱幼；头上三尺有神灵；善恶相报；养儿防老；多子多福；如此等等。这些都是广为人知的，在大众中普遍存在的观念。这些观念，有些可能是累代遗传下来的经验之谈，有些则可能是上层精英久相传递的思想观念在大众中凝聚起来的。这些观念本身很难直接作为思想史的对象来对待。但是，在深入研究思想家们的思想来源及其对大众产生的影响时，可以仔细考察这些大众观念与精英思想的互动关系，把这些观念作深入分析之后，呈现出其相关链接。

至于大众信仰，这属于宗教思想史的范畴。作为思想史的一个分支，宗教思想史应当处理这个问题。把它直接作为思想史的主要对象来对待是不适宜的。

既然"大众思想"实质上很难成立，而大众观念、大众信仰又不适宜直接作为思想史的主要对象，那么，所谓精英思想与大众思想、大众观念、大众信仰等并列为思想史研究对象这种二元论的主张，自然，我也难以赞同。

从以上的叙述中，读者已可明白，我是主张在坚持以思想家们的思想作为思想史研究的主要对象的基础上，加强对思想家的思想与大众观念互动关系的研究，这有助于丰富和深化思想史的研究，使思想史更具全面性和立体感。关于这一方面的意见，我曾在 2002 年举办的"中国近代思想史研究对象与方法问题"的研讨会上谈过（经整理后，在《广东社会科学》2003 年第 2 期上发表），这里不必多说。但这里必须声明一句，我的看法绝不影响本刊发表各种不同意见。我一直相信，不同意见之间的讨论与争论是学术进步的一个必不可少的条件。

现在我想谈谈中国近代思想史今后发展的问题。

（一）一切人文社会科学的发展进步，第一个条件就是要努力发掘新材料，不断扩大材料的范围。历史学尤其如此，思想史亦尤其如此。新材料的发现，材料范围的扩大，无疑会开阔研究者的视野。从前看得片面了，因有新材料而减少了片面性；从前看得太表浅了，随着材料的增加，视野的开阔，新问题的提出而变深入了。这是极自然的事。近二十多年来，近代思想史学科的进步，很大一部分是直接来源于新材料的发掘和材料范围的扩大。例如，胡适档案的发掘、整理与发表，直接推动了胡适研究向深广两方面发展。其他，如不少近人的日记、书信及各种相关档案的发掘、整理和发表，使相关人物的研究更为细密，也是一个证明。旧的稀见报纸、刊物的重印发行，也是一个很重要的材料来源。我讲的扩大材料的范围还有另一种含义，即因研究者视野的开阔和方法的改进，从前不以为是材料的，现在居然可以成为说明问题很有用的材料了。例如社会史、报刊史、文学史中的许多材料，都可用作某种思想的佐证，或为某种思想之传播及其影响提供有力的证明。

（二）中国近代思想史研究发展的第二个条件，是尽可能地利用科学技术发展所提供的各种新工具，如电脑即是一例。电脑功能不断增进，运用电脑处理大批量的文字材料是最方便的。比如，我们研究某种思想观念的最初发生，以后的发展和演变，通过对关键词的检索，可为我们提供非常有用的信息和材料，使我们的研究更加深入，更加精细。近代史料浩如烟海，若如从前全靠人的眼、手去直接检索是非常不容易的。现在有了电脑的帮助，就可以很容易地做到了。当然，这首先需将大量文献制成电子书才行。

（三）中国近代思想史研究发展的第三个条件，是需要更加开放。海内外学者之间的交流应更及时，更密切，以便更加开阔眼界，互相切磋，互相借鉴。

（四）第四个条件，是不断提高方法上的自觉，就是通过自己的研究实践和同海内外同行之间的沟通与交流，相互批评、比较与反思，逐渐形成自己的研究方法。所谓方法的自觉，就是把一种合乎科学的工作程序变成自己的工作习惯。有了这种方法的自觉，可以使工作更加有计划、有秩序，减少错误和时间、精力的浪费，从而使工作更有成效。研究者们都能做到如此，中国近代思想史学科自然会进步更快。

（五）最后，还有一个条件，就是我们应当不断增强问题意识。问题是思想的启动器，没有问题就不会引发思考。所以，问题意识非常重要。善于提出问题的人，也就是善于思考的人。一个没有问题意识的人，所见材料再多，却看不出材料的意义，看不到材料之间的内在联系，也就形不成任何思想。这样，材料对于他们便成了没有意义的东西了。培养问题意识，也就是培养思考的习惯，对所闻所见的事实、材料、陈述与论断，都不要以为它是当然如此，向来如此的，都要问一个为什么。所闻所见愈多，可形成比较；从比较中发现差异；发现差异，就会产生问题。增强问题意识，学一点哲学是很必要的。哲学最重要的功能就是训练思想。有一定的哲学训练的人，往往比较容易发现问题，比较善于分析问题。哲学一方面教人怀疑，不迷信任何教条；另一方面教人学会思想。所以，我希望每一位有志于治思想史的人，都努力学一点哲学，学一点哲学史。

我热切地希望，中国近代思想史学科能有长足的进步，能有美好的将来。

我热切地希望，这个《中国近代思想史研究集刊》能够发挥一点推动的作用。

非常欢迎同行朋友踊跃投稿，支持它，使它健康地成长。

2004 年 9 月 10 日

（原载《中国近代思想史研究集刊》第一辑，社会科学文献出版社 2005 年版）

清末思想文化变迁的几个大趋势

在清末，由于西方列强疯狂拓展殖民主义化，中国被裹挟进入世界近代化的历程。可以说在当时，恐怕是绝大多数人都并不情愿如此。随着西方军事、经济、政治乃至文化势力的不断侵入，传统中国的政教体制受到严峻的挑战。西方思想文化通过初步形成的社会公共文化空间广泛传播，导致人们的思想观念发生很大的变化。其中最重要的是尊君观念的逐渐被摈弃和孔子与儒学独尊地位的根本动摇。思想观念上的这一重大变化，推动了文化的平民化和社会风俗的变革。

一　思想观念的重大变化

（一）从"天子降尊"到君权的否定

中国早在殷周时期即有文字反映出君权神授，天子"予一人"的至尊观念。后来许多思想家解释天子、王者之所由来，认为是生民之初，无知无识，有利不能兴，有害不能除。乃上天为作之君，作之师，教民以衣食住行，兴利除害，民乃得安。君是神的使者，是天下万民的大恩人，必须感戴，必须服从。秦始皇将王权推到至高极尊，号称"六合之内，皇帝之土；人迹所至，无不臣者"。他将皇与帝合一，将帝与圣亦合一，开绝对君权之先河。从此，尊君之说牢固确立。唐代韩愈作《原道》，更以理论的形态阐明尊君的道理。他认为，君是出令者，臣是行君之令以致之民者，民则是出粟米麻丝，作器皿，通货财以事其上者。臣不行君之令而致之民，民不出粟米麻丝，作器皿，通货财以事其上，则皆当诛。君是至高无上，代天御民，是绝对不会有错的。所以有"天王圣明，臣罪当诛"的话，君权神圣遂深中于人心，千古不拔。中间虽有个别人不赞成过分尊君，但终属于私人议论，丝毫不足以动摇深中于人心的尊君观念。直到明末清初，黄宗羲作《原君》一文，始对君主的地位及其职分、责任，有新的认识。黄氏虽然仍肯定君主不可或缺，但他强调，君主应当为天下人而经营天下，兴天下人之利，除天下人之害。如此，"其勤劳必千万于天下之人"，遂受天下人之爱戴，"比之如父，拟之如天"。然而，后世之君，以天下为一己之私有物，"天下之利尽归于己，天下之害尽归于人"。于是，得天下即得最大之利。所以，未得天下时，不惜荼毒天下人之肝脑，离散天下人之子女，以求博取之。既得天下之后，则敲剥天下人之骨髓，离散天下人之子女，以奉其一人之淫乐。人们对这样的君主自必怨愤，视之如寇仇。黄氏原君之论，对无条件的过分的尊君观念提出批判性的认识，这是有很大进步意义的。但有些学者过分夸大其进步性，甚至认为他具备民主思想，其思想观念已跨入近代范畴，这是不妥当的。黄氏并没有否定君权本身，更没有提出限制君权的观念。他看重的是，君主应当为天下人而经营天下，兴天下人之利，除天下人之害，这是君主的职分。这种思想并未超出古代民本主义的范畴。不过，他比较明确地否定了君权神授的观念；否定天下为君主一家一姓之私；天下之人对独夫式的君主的憎恨是有道理的；君权不应是永世罔替的。这些观念的进步意义不容抹杀，但过分夸大是没有必要的。

　　清末，戊戌维新运动起来，中国人对君权的认识才迈入近代的门槛。康有为写于戊戌之前的《春秋董氏学》，其中谈到，"盖圣人（此处指君主——引者）以为吾亦一民，偶然在位，但欲为民除患，非以为尊利也。此为孔子微言，后世不知此义，藉权势以自尊，务立法以制下。公私之判，自此始矣"。[①]康氏显然比黄宗羲进了一大步：君主"亦一民"也。这一步非同小可，令君主，天子，一下子从天上降到地上。康的弟子更加发挥。梁启超说："三代以后，君权日益尊，民权日益衰，为中国致弱之根原。"又说，其罪最大者是秦始皇、元太祖、明太祖。在梁氏看来，三代之际，君与民相隔未远，君治民之事，以民本为主义。三代以后，君主

---

　　① 《春秋董氏学》卷六（下）《王道》，《康有为全集》第2卷，上海古籍出版社1990年版，第863页。

专制，"历代制度皆为保王者一家而设，非为保天下而设，与孔孟之大义大悖！"① 孟子认为，"民为贵，君为轻，社稷次之"。历代君主，高高在上，压制人民，显然不合孔孟之义。

这种专制君主不但不值得尊崇，乃应视为罪人。在湖南时务学堂课艺批语中，梁氏更直截了当地说："二十四朝，其足当孔子至号者，无人焉。间有数霸者生于其间，其余皆民贼也。"他主张："今日欲求变法，必自天子降尊始。"君与臣皆"同办民事者也，如开一铺子，君则其铺之总管，臣则其铺之掌柜等也"②。梁氏的意思很明显，这铺子的股东正是千千万万的老百姓。这已近乎把君主看作百姓的"公仆"了。

谭嗣同以康有为之私淑弟子自待。他在其《仁学》一书中，颇能从学理上论述君主之职分。他说："生民之初，本无所谓君臣，则皆民也。民不能相治，亦不暇治，于是共举一民为君。夫曰共举之，则非君择民，而民择君也。夫曰共举之，则其分际又非甚远于民，而不下跻于民也。夫曰共举之，则因有民而后有君，君末也，民本也。天下无有因末而累及本者，亦岂可因君而累及民哉？夫曰共举之，则且必可共废之。君也者，为民办事者也；臣也者，助办民事者也。"③ 这里，虽仍流露出某些古代民本主义思想的痕迹，但已明显表现出一些近代的思想观念。第一，他引进了选举的观念，君由民选举出来，才可为君；民可择君，而君不可择民。第二，更重要的是，君既是选举出来的，则选举者就可以罢免被选举者。如此，则君必须忠勤为民办事，方可继续拥有君之地位。这样的君，已毫无神圣光环，只是一个为民办事的公仆而已。谭氏之思想高出其同辈，难怪梁启超形容他是当时"思想界的彗星"。

戊戌以后，庚子之役，清朝廷掌握实权的西太后和无权的皇帝光绪若丧家之犬，从北京逃到西安，与列强订下丧权辱国的辛丑条约。回到北京后，在国内外的压力下，不得不重新提起新政。这时，无论在外人面前，还是在国人面前，朝廷的尊严，西太后和光绪的尊严，都大打折扣了。特

---

①　《西学书目表后序》，《饮冰室合集·文集之一》，第128页。

②　见《戊戌变法》（二），第549、548、550页。

③　《仁学》卷二，见《谭嗣同全集》，中华书局1981年版，第339页。

别是那个卖国保身的西太后，本来列强要把她作为首犯加以处治，靠老百姓多拿出几亿两银子，勉强为她保住颜面。她之被人们所痛恨，可想而知。当年梁启超提出变法须天子降尊。如今无论变法不变法，他们已是灰头土脸，威信大减。随着革命运动和改革运动的继长增高，君权的威严越来越削弱了。

1901 年，在日本留学的激进的革命青年秦力山、沈翔云等办起《国民报》。其名称即已显示出民主革命的色彩。该报第二期刊出《说国民》一文。文中说："今试问，一国之中，可以无君乎？曰可。民主国之总统不得谓之君，招之来则来，挥之去则去，是无所谓君也。"一国可以无君，但不可以无民。"国者民之国，天下之国即为天下之民之国。诚如是，则上可以绝独夫民贼之迹，下可以杜篡逆反叛之说。以一国之民而治一国之事，则事无不治；以一国之民而享一国之权，则权无越限。……天下之至尊至贵不可侵犯者，固未有如民者也。"[①] 依作者看来，君已是无用之物。国既为民之国，以一国之民治一国之事；一国之民享一国之权，乃天经地义，可免去许多赘疣。说真正"至尊至贵，不可侵犯者"只有人民，这是彻头彻尾否定君主之地位。同一年，梁启超在其《清议报》上发表《国家思想变迁异同论》。他从德国学者伯伦知理的《国家论》中选录一段，以示国家思想变迁之轨迹。他先以欧洲中世与近世作比较，然后又以中国的旧思想与欧洲的新思想作比较。他写道，按中国的旧思想，"国家与人民皆为君主而立者也，故君主可为国家之主体"。按欧洲的新思想，"国家为人民而立者也，君主为国家之一支体，其为人民而立更不俟论，故人民为国家之主体"[②]。一者，以君主为主体，国家人民皆为君而立，听其摆布、驱使。一者，以人民为国家之主体，君主为国家人民而立，为人民所驱使。两者正相反对。梁氏通过引述西方学说理论表达出与革命青年们极其相近的观念。

1906 年，革命派杂志《复报》刊登一篇署名吴魂的文章《中国尊君之谬想》。作者针对腐败媚外的清政府指出，受千古尊君思想之蒙蔽，以

---

① 转引自《辛亥革命前十年间时论选集》第一卷上，第 72 页。
② 见《饮冰室合集·文集之六》，第 15 页。

致"君主之饮民膏血以肥一姓之私囊也，听之；俄而开衅他族，赔款数百万数百兆，皆取之民间以应敌人无厌之要求，亦听之；俄而以他人之土地，双手奉献于碧眼红须之人，以为贡媚列强之外交计，亦听之……"作者认为，这都是由于尊君之谬想，造成人民麻木不仁，濒死而不自知。作者又分析，中国人之所以如此迷信于尊君，一是"由于圣人教忠"；二是"由于君主利用圣人学说"；三是"由于科举取士"。① 此三者造成了牢固难除的尊君谬想。以致人们不知有国，只知有君；不知爱国，只知尊君，弄得行将亡国尚不自知。尊君之谬，何其甚耶！

这里应提到章太炎 1903 年所写《驳康有为论革命书》一文，此文虽于思想学理上无甚建树，但对于当年反满思潮的刺激作用甚大。其中有骂当朝皇帝"载湉小丑"一语，是构成轰动中外的"苏报案"的案由之一。此一句话虽无任何学理可说，但有数千年尊君传统的中国，这样公开骂皇帝，其所发生的影响是可以想见的。其他人从学理上论证，君"亦一民"而已，并无特别尊贵之处。章氏则指斥当今皇帝还不如普通"一民"，是一个不辨菽麦的无知小丑。这对于打破尊君思想牢笼，无疑是大有益的。

从《民报》分裂出去的吴稚晖等人所办《新世纪》杂志，于 1907 年发表《三纲革命》一文。文中说，君是"据强权而制服他人者"。其实"君亦人也，何彼独享特权特利？曰因其生而为君，是天子也。此乃迷信，有背科学"。作者断定"君与臣皆野蛮世界之代表，于新世纪中，君与臣皆当除灭，惟有人与社会，人人平等"② 。这是无政府主义者的口吻。1908年，此杂志又发表署名"四无"的文章，叫做《无父无君无法无天》。这篇文章宣称："绝无关系之'君'，全恃强权成立者，乃首先推倒。"作者并认为，这不必等到无政府之时代已可实现。在共和国，无君不待说，"即在立宪国，纵有至尊不可侵犯之门面语，然以朕即国家，朕即法律之资格，降而受范于宪法，此止可云依傍'法'之一物而附有，其原物实已消灭"③ 。1911 年，《克复学报》第 2 期有《论道德》一文，更称原人时代

---

① 转引自《辛亥革命前十年间时论选集》第二卷（上），第543—545页。
② 见《辛亥革命前十年间时论选集》第二卷（下），第1016页。
③ 同上书，第三卷，第204页。

无君臣之分，大同时代亦无君臣之分，"原始要终，既如是矣，则君主之为物，不过数千年历史上无谓之赘疣耳"。[①] 梁启超后来曾说，在真正实行立宪之国，君主不过一"土木偶"而已。两者意正同。

总之，从戊戌至辛亥革命爆发，这十几年间，由于西书的翻译，新学堂的创办，受新式教育之人不断增多，加以报刊上新知识、新思想、新观念的广泛传播，人们在努力寻求中国政治的新出路的时候，对于数千年来的君主神圣的观念已发生根本动摇，甚至视君主为赘疣，必除之而后快。革命党人要驱除鞑虏，创立民国，自然要赶跑清朝皇帝。立宪派要实行立宪，正要削去君主大权，只留君主之名，而去其实，变成"土木偶"。可见，专制君主之退出历史舞台已成不可挽回的趋势。

在清末，对君主、皇帝的批判与否定，就是对专制制度的批判和否定。（有关对专制主义的批判，已有很多著作详细论及，这里不再赘述。）不过，在这个批判中，一部分革命党人把君主制度、皇权制度与专制制度几乎看成完全是一回事，以为只要去掉了皇帝，就去掉了专制。（还有一小部分革命党人，只反对满人皇帝，只要赶走了满洲皇帝，即使让汉人做了皇帝仍是可以接受的，这是少数例外，可置不论。）这不免有很大的片面性。辛亥革命后，经历数年的乱局之后，有觉悟的人终于明白了，没有皇帝，照样仍有专制。正如陈独秀所说："在共和国体之下，备受专制之苦。"立宪派中对西方宪政理论有所研究的人，对这一点认识得比较全面和深刻一些。他们已能指出，专制主义不是因人而存在，是因制度而存在。皇帝也好，总统也好，若其权力不受限制、不受监督，就是专制。要限制君主、总统的权力，只有实行宪政。而宪政之能否实行，全看一国之人民有无实行宪政的能力，特别是人民之中坚部分，即所谓中等社会是否有此能力。自然，能够对这一问题有如此清楚认识的人，在当时的中国，恐怕只有极少的一个少数。这就是说，在清末，尽管曾有一场轰轰烈烈的批判专制主义的思想运动，然而对于大部分人来说，对专制政治的认识是有缺陷的。这种认识上的缺陷的背后，是支持宪政的力量的不足，是国内中等阶级远未成熟的社会现实。而这个问题不解决，专制制度就不可能根

---

① 见《辛亥革命前十年间时论选集》，第三卷，第847页。

本铲除。

不过，还是要看到，对君主和皇权的批判与否定，仍是中国人思想观念的一个重大变化。

（二）孔子与儒学独尊地位的动摇

孔子是中国历史上伟大的思想家和教育家。在先秦时代，他和他的学生们所创立的儒家学派是最有影响的思想派别之一。自秦始皇统一六国，焚书坑儒，儒家学派一度受到重挫。但到了汉武帝时，提倡独尊儒术，罢黜百家，此后孔子与儒学就一直处于独尊的地位。历代统治者给孔子陆续加上顶级尊号，尊为"大成至圣先师文宣王"。从中央到地方，大兴孔庙，享受高规格的祭祀，读书人更是顶礼膜拜。统治者以孔儒之学为治国之宏规，读书人以孔儒之学为安身立命的基础。科举制度确立后，孔儒之学更加格式化，成了不可逾越的金科玉律式的教条。

一方面，孔子与儒家学说确有其不可磨灭的价值。另一方面，由于历代统治者大力提倡，使儒家思想与君主专制政治紧紧地捆绑在一起。到了清末，君主专制制度愈来愈暴露其阻碍现代社会发展的弊病，因此愈来愈遭到严重的挑战。在此种情况下，与其紧密相连的孔儒思想学说也就难免愈来愈遭到质疑，其独尊的地位愈来愈动摇。

自从西方传教士来到中国，西学接续传入中国，一统独尊的孔子与儒学便遭到传教士和西儒的质疑和批评。当然，他们批评孔子与儒学的目的是为了令中国人接受基督教。所以，他们的批评有许多片面和错误的地方。例如说孔儒"论上帝不甚清晰"，"使人崇拜天与鬼神而忘其拜上帝，且不知上帝为天之主，独一无二之真神"①。这类言论甚多，不必多举。但他们的批评也有不少中肯之处。例如他们说孔儒于天、人、物三大领域，只言人，而略于天，略于物，未免偏蔽。即其言人的部分，亦多有谬误。如"君为臣纲"导致绝对专制；"父为子纲"导致家庭专制；"夫为妻纲"导致男女不平等，陷女子于极悲惨的境地。又如说孔儒重修身克己，致使

---

① 安保罗、沈少坪：《救世教成全儒教说》，《万国公报》第96册，1897年1月；转引自杨代春《〈万国公报〉与晚清中西文化交流》，湖南人民出版社2002年版，第188页。

人"但有柔弱之心，而无刚强之气"。他们指出，孔儒之教束缚身心，以致"中国崇尚孔教二千年于兹矣，乃积弱积贫至于今日，岂非儒教当其咎乎!"①

西方传教士与西儒对孔子与儒学的批评，通过传教士办的报纸，如《万国公报》和教会学校等渠道传播，对部分较开通的中国知识分子产生影响。中国士人逐渐发现，世界上有许多孔子及儒家思想中所不备的知识与学问。由此，孔儒的一统天下，逐渐受到蚕食，积渐而生怀疑，由怀疑进而批评。太平天国运动中，其领袖人物基本都持反对孔子及其学说的立场。那是因为他们用以号召和组织群众的是模仿西方的拜上帝教。不过，他们的反孔思想很难对主流思想发生影响。主流思想的变化，在鸦片战争前后已隐隐蠢动。魏源、姚莹等已开始注意对老子进行研究，一改主流思想一贯加以排斥攻击的态度。曾国藩亦承认墨子"摩顶放踵，以利天下"为志，表示推崇。有不少读书人注意到西学有与诸子之学相契合之处，于是有"西学中源"说出现，诸子之地位逐渐上升，已显现出诸子与儒家平列的动向。其间，研究诸子之书，渐成显学，许多学术大家倾注心力，考证训诂诸子遗著。《墨子间诂》、《老子注》、《庄子集解》、《荀子集解》、《管子校正》、《韩非子集解》等书皆成于大家之手，为不朽之名著。② 诸子学的兴盛本身就表示了孔子与儒学独尊的地位已开始动摇。到了戊戌维新运动起来，因致力于改造君主专制政体，则与专制政体紧密相关的孔儒思想地位亦随之发生变化。康有为，一介书生，抱负改造中国的宏愿，其君主立宪的基本主张本与孔儒学说不合，但鉴于中国士大夫尊孔观念牢固难破，他便采取借孔子之名而重塑孔儒思想的方法来宣传自己的主张。重塑孔儒思想，必排斥流行的孔儒学说，康氏乃有《新学伪经考》之著，将汉代学者刘歆以后之古文经学驱除儒学正统之外。他要改造国家的根本制度，于是就将孔子说成是政治改革的老祖宗，把孔子著述说成是托古改制之作。恐人不信，于是又说，孔子时代，诸子皆托古改制。这样一来，当

① 盖乐惠：《论政教之关系》，林乐知译，《万国公报》第 170 册，1903 年 3 月；转引自杨代春《〈万国公报〉与晚清中西文化交流》，第 194 页。

② 有关诸子学逐渐兴起的历程，可参看罗检秋著《近代诸子学与文化思潮》一书，中国社会科学出版社 1998 年版。

年的孔子不过是与诸子同列，都是谋改革的一个派别。康有为大弟子梁启超后来回顾这段历史时说，康有为《新学伪经考》一书，"所生影响有二：第一，清学正统派之立脚点根本动摇；第二，一切古书皆须从新检查估价。此实思想界之一大飓风也"。在论及《孔子改制考》一书时，梁氏又说："《伪经考》既以诸经中一大部分为刘歆所伪托，《改制考》复以真经之全部分为孔子托古之作，则数千年来公认为神圣不可侵犯之经典，根本发生疑问，引起学者怀疑批评的态度。"又说：康氏"虽极力推挹孔子，然既谓孔子之创学派与诸子之创学派同一动机、同一目的、同一手段，则已夷孔子于诸子之列，所谓'别黑白定一尊'之观念，全然解放，导人以比较的研究"①。梁氏所说，可谓确论。不管康有为后来如何倡孔教，尊孔子，其戊戌时期对孔子与儒学的重塑，已开始动摇了孔子与儒学独尊的地位。戊戌政变之翌年，时居香港的何启、胡礼垣发表《劝学篇书后》，批评张之洞的保守倾向。在《宗经篇辩》一节中说："儒者不过九流之一，夫各流皆有其所谓精，亦有其所谓病，未可以一流概众流也。"亦明确否定孔儒独尊的地位。②

戊戌政变后，康有为一意保皇、保教，并倡设孔教会，梁启超虽未明标异帜，与其师划然分立，然其心实不谓然。1902 年，梁氏发表《保教非所以尊孔论》一文，指出，教非人力可保，孔子亦非宗教家。文章尤强调，倡保孔教有碍思想自由，束缚国民思想。其文中说："自汉以来，号称行孔子教二千年于兹矣，而皆持所谓表彰某某，罢黜某某者，以为一贯之精神。故正学异端有争，今学古学有争；言考据，则争师法；言性理，则争道统；各自以为孔教，而排斥他人以为非孔教。于是孔教之范围益日缩日小。寖假而孔子变为董江都、何邵公矣；寖假而孔子变为马季长、郑康成矣；寖假而孔子变为韩昌黎、欧阳永叔矣；寖假而孔子变为程伊川、朱晦庵矣；寖假而孔子变为陆象山、王阳明矣；寖假而孔子变为纪晓岚、阮云台矣。皆由思想束缚于一点，不能自开生面；如群猨得一果，跳掷以相攫；如群妪得一钱，诟骂以相夺；其情状抑何可怜哉！夫天地大矣，学

---

① 见梁启超。《清代学术概论》，《饮冰室合集·专集之三十四》，第 56、58 页。
② 《新政真诠》，辽宁人民出版社 1994 年版，第 362 页。

界广矣，谁亦能限公等之所至，而公等果何为者？无他，暖暖姝姝，守一先生之言，其有稍在此范围外者，非惟不敢言之，抑亦不敢思之。此二千年来保教党所成就之结果也。"① 又说："孔子生于二千年以前，其不能尽知二千年以后之事理学说"，故不宜盲目崇拜，以窒塞聪明。他提倡对于古今中外之学术，皆宜独立思考，独立判其曲直，"可者取之，否者弃之"②。所谓"吾爱孔子，吾尤爱真理"③，其不再独尊孔儒之意甚明。其在《新民说·论自由》一节中，更进一步发挥此义，彻底排击对孔子的迷信。④

与康有为同时期的著名学者章太炎，实已开始对孔子儒学作"比较的研究"。章氏于1900年前写的《儒墨》、《儒道》、《儒法》、《儒侠》等诸篇，皆是平心地做"比较的研究"，已无孔儒独尊的心态。1906年，他在《国粹学报》上发表《诸子学略说》，以儒与道、墨、阴阳、纵横、法、名、杂、农、小说各家平列，一一评其得失。其于儒家评判之论，颇多讥刺之语。如谓："儒家之病，在以富贵利禄为心。"又谓："孔子之教，惟在趋时，其行义从时而变。"以此，"君子时中，时伸时绌，故道德不必求其是，理想亦不必求其是，惟期便于行事则可矣。用儒家之道德，故艰苦卓厉者绝无，而冒没奔竞者皆是。……用儒家之理想，故宗旨多在可否之间，论议止于函胡之地"。故"儒术之害，则在淆乱人之思想"。如此严厉批判孔儒之后，章氏说："虽然，孔氏之功则有矣，变機祥神怪之说而务人事，变畴人世官之学而及平民，此其功亦復绝千古。"但二千年来，孔儒之功，"已属过去，独其热中竞进在耳"⑤。与章太炎同为当时国学大家的刘师培，对孔子，除肯定其学者、教育家之贡献外，亦有批评之论。如指孔子敬畏天命之不当，重文不重实，不提倡平等的讨论，而排斥异己等等。⑥

我们这里不讨论章氏、刘氏之评骘是否正确与准确。我们要强调的是

① 《饮冰室合集·文集之九》，第55页。
② 同上书，第56页。
③ 同上书，第59页。
④ 《饮冰室合集·专集之四》，第47、48页。
⑤ 见《国粹学报》第2年第8期。
⑥ 见刘师培《孔子真论》，《国粹学报》第2年第5期。

像章太炎、刘师培这样系统接受过传统教育的知识分子，值季清之世，受现实之刺激与西学之影响，而重新反省孔儒之学说，由独尊的地位降而为与诸子平行并列，由笃信圣学而至于严厉批判，足可表示孔子儒学之地位已严重动摇。

主编《国粹学报》的邓实，在其《古学复兴论》一文中说："我国自汉以来，以儒教定一尊，传之千余年。一旦而一新种族挟一新宗教以入吾国，其始未尝不大怪之。及久而察其所奉之教，行之其国，未尝不治，且其治或大过于吾国。于是而恍然于儒教之外复有他教，六经之外复有诸子，而一尊之说破矣。此孔、老、墨优劣之比较，孟荀优劣之比较，及其他九流优劣之比较，纷然并起；而近人且有《订孔》之篇，（'《订孔》之篇'显然是指章太炎的《订孔》一文。此文为批评日本学者远藤隆吉而作。其前一部分论孔子解放官学，使学及于民间，又论孔子为良史。后一部分讲孔子忠恕之道。此文只是批评远藤氏之偏颇，还孔子之真实面目，尚非深入批评孔儒之作，较之《诸子学略说》不可同日而语也。）排孔之论也。"又说："孔子之学固国学，而诸子之学亦国学也。同一神州之旧学，乃保其一，而遗其一，可乎？"① 可见，他提倡国粹，是各种固有之旧学皆在其列，非仅以孔儒为国粹也。

以上所举，是著名学者对孔子与儒学的认识的变化，由独尊到与诸子平列；由崇仰到批评。这种变化已经相当明显。下面我们再检视一下代表一般社会舆论的报刊是如何反映这种变化的。

《万国公报》上发表一篇旅居美国旧金山的华人知识分子黄梓才的文章《政教分权论》。他认为，在中国，因政权权限不明，宗教自由只在下流社会；而上流社会和中流社会，由于政权压制，并无信仰自由之可言。他说："盖今日中国之为官者，当夫升任之始也，必遵旧例，赴某庙行香；迨夫每月朔望也，亦必遵旧例，往某庙拈香。督抚大员有故不暇往者，则委属员以代其事。不如是者，则政府以之为违例，转瞬间黜职之风波起矣。其为士者之不得宗教自由为尤甚。今日钦定各省学堂章程，限定每学堂中立一牌位，使学生专务虚文拜跪而崇奉之，且从而美其名曰尊圣教。学生有不

---

① 见《国粹学报》第 1 年第 9 期。

如是者，教师则目之为背例，责之为侮圣，转瞬间而斥逐之风云又起矣。夫拈香拜牌位等事，与政治学术无关系也。而政府必立例以强迫之，此胡为者？……政教不分权限，士大夫终不得宗教自由。此为中国进步之最大阻力，亦为政府致乱之一大原因。"①此文中所说官吏、学生所拜者，当是指孔子。作者不赞成以官方之力，强使士大夫及青年学子对孔子顶礼膜拜；希望宗教信仰自由，思想自由。作者显然不再把孔子看成是圣人了。

受革命派影响的留日学生办的《大陆》杂志有一篇文章《论都兰人种之思想及与他人种之异同》。作者把中国人作为所谓"都兰人种"之代表，所讨论的都兰人种之思想就是中国人的思想。文章引述西方学者对孔子思想学说的批评，认为孔子思想有保守的倾向，这也是历代帝王尊信崇拜孔子之大原因。作者说："孔子以三纲五常为教，其教之纯粹固不可及。然有一大弊焉，盖以政治之国家，与家族混而为一，遂以家长主义适用于政治。此则支那制度之基础，而孔子学说之枢轴也。"文章并指出，孔子以父子关系为最重要，强调孝的观念为其设教之本。一国犹如一家，臣子对君父只有服从，无平等独立之可言。这种思想影响所及，"实足以养成支那人奴隶之性、诈伪之性及怯懦之性"②。

另一份同样具革命倾向的杂志《童子世界》，曾发表《法古》一文。文章首先从总体原则上，大倡反对法古的思想，显示其受了进化论思想的影响。文章说："世界是一天天进到文明，所以人的知识只有一代高过一代，一年高过一年，断没有一代低过一代，一年低过一年，这是一定的道理。但是，我们中国人大半都拿古时候看得很文明，拿后世倒反说什么世风不古，人心日下，没有古时候文明了。所以，不论做什么事体，都要照着古人的模范，不敢一点儿独断独行。……真是岂有此理。"谁都知道，孔子及其历代门徒，言必称尧、舜、禹、汤、文、武、周公，言必称上古三代。后世儒者更把孔子及其学说弄得神乎其神，必要后人规行矩步，不得稍有逾越。批判法古，实在是批判尊孔尊儒的基本前提。文章认为："孔子在周朝时候虽是很好，但是在如今看起来也是很坏。'至圣'两个

---

① 见《万国公报》第 196 号。
② 见《大陆》第 1 期。

字，不过是历代的独夫民贼加给他的徽号。那些民贼为什么这样尊崇孔子呢？因为孔子专门叫人忠君服从，这些话都很有益于君的。所以，那些独夫民贼喜欢他的了不得，叫百姓尊敬他，称他作‘至圣’，使百姓不敢一点儿不尊敬他，又立了诽谤圣人的刑法，使百姓不敢说他不好。那百姓到了日久，自然变作习惯，都入了那些独夫民贼的圈套，一个个都拿‘忠君’当自己的义务，拿法古当最大的事体。"总之，是使人人都做孔子的奴隶，做古人的奴隶，做统治者的奴隶。文章作者学着梁任公的口吻说："古人也是人，我们也不见得不是人。他有一双眼，我们也有两只；他有四肢，我们也有两手两脚；就是什么心肝，什么灵魂，什么思想，一样一样的比起来，我怕‘后来居上’那四个字，倒不欺人呢。"① 作者的意思显然是说，决无道理要我们做古人的奴隶，而应当独立自尊，照自己的思想去做。这是当时批评孔儒的文章中，比较最通俗，最明快，而又说得比较最到位的一篇好文章。

从学理上说，除了章太炎的《诸子学略说》之外，当属《河南》杂志所发之《无圣篇》一文最有代表性。该文持一种彻底否定孔子为圣人的立场。文章开篇就说："秦汉以降，历世相传，有不可思议之一怪物焉，曰圣人。"人们把圣人说得神乎其神，什么"德无不包"，"学无不至"；而孔子亦自以"天生德于予"，"天未丧斯文"自况，"是直自附于上天骄子之列，承天眷命，无敢彼何。其眩世盗世（名？——引者），有类世之所谓真人仙人者。宜乎世人惑之，竞相追逐，转相告从，以为进取名利无上法门"。由此，"祸水涓涓，久成江河，谁能挽其狂澜者"？难怪日本学者远藤隆吉氏谓"孔子之出于支那，实支那之祸本也"。作者接着批判所谓"圣学"。他认为"圣学"实无学之可说，不过是以孔子效尧舜禹汤文武周公，以为后世法，不使逾越。故"吾得一言而代为之答曰：非以效法之说为圣学注脚，则圣无立足之地；而学之自由发达，将有千百出于诸圣之上者，儒者无术再以圣学诱人入奴隶籍矣"。作者又批判所谓"圣道"。他指出，关于圣道，从无确实界说。实际上不过作为排斥异说，笼络人心，愚惑人情之狭隘门户之说教而已。作者还进一步分析说，古所认为圣

---

① 见《辛亥革命前十年间时论选集》第 1 卷下，第 529、532 页。

者，皆非效法前人而能独立有为者。尧舜之前无尧舜，汤武之前无汤武。夏非承夫前，商非承夫夏，周非承夫商，所以能成三代之盛。"此足征自由发生，乃克有成。"故曰："无圣之前有圣。"作者又说道："有圣之后无圣。"因为据他说，"学圣未有能至者"，"圣门"诸子亲炙圣教，不过曰"得其一体"。后世汉儒以考据为圣，宋明理学家程朱以理气之辩为圣，陆王以良知为圣，近世则已无人敢称圣，不过曰汉学、宋学而已。所以说"有圣之后无圣"。最可注意的是作者说，"不学圣而有圣可言者"。其意思是说，若以圣为一种学问之至高者，则道家有道家之圣，墨家有墨家之圣；刑名之圣有申、韩，纵横之圣有仪、秦；杜甫为诗圣，羲之为书圣。他们都是以学问见称，而非关名义。所以，学圣不会有独立的创造，不学圣反可以有所建树。

作者总结其文章要旨：（甲）破专制之恶魔，必自无圣始。作者说："圣王与圣人有亲密之关切。圣王非有圣人不克施其术；圣人非赖圣王不能行其说。不将其相系之根苗斩除而绝灭之，则其奴隶臣民事其君上之私衷，终无由消化以发现其天良。其弊不至于天王圣明，臣罪当诛不可，是何日始有天日耶！"（乙）谋人类之独立必自无圣始。作者说："念数千年来，制伏于圣之藩篱，而毫无所取益。则尊彼如神明不可侵犯者，果何为哉？""不明示以圣之界说，而证其为无，除其见闻之误谬，振其耳目之聋聩，则人类永难回复原有之地位。不奴于圣王则奴于圣人，其祸并不至灭种不已。"（丙）立学界前途之大本，必自无圣始。作者说："吾国学有渊源，非止孔孟一支。平其心，静其气，无所重轻；兼采众说，以求公理，则虽余固未能谓孔孟都无可取也。惟强余以为至圣，沮人生之自由，禁学术之发达，再为第二汉武，定于一尊，则余不忍泯此良心也。"① 这位作者在《河南》的第五期上又发表《开通学术议》一文，再度对孔儒学说发难。他指出，孔儒学说之为害，不止于上篇所论，还有以下各点亦不可不注意。一，其所倡"君主的个人主义"（指君主独尊，以国为私有）。二，奴隶的为仁学说（即不问是非，奴隶地服从于君亲便谓之仁）。三，冒昧的性命解识（揭露孔孟说性命之义互歧，不得确解）。四，迷信的宗教余

① 见《辛亥革命前十年间时论选集》第 3 卷，第 261、263、264、265—266、267—268 页。

孽（指其河图、洛书、天命、圣人、大人之可畏，等等）。[1]

《新世纪》上有《排孔征言》一文，更大有号召掀起一个批孔运动之意。文章说，孔子之学，"自政府之所利用，人民之所迷信观之"，不能说它没有宗教性。孔子"砌专制政府之基，以荼毒吾同胞者二千余年矣"。"欲支那人之进于幸福，必先以孔丘之革命。"如何革命呢？"以孔毒入人之深，非用刮骨破疽之术不能庆更生。"文章作者号召天下之仁人志士，切心救世者，皆以排孔为旨，著作文章，破除孔儒一尊的局面，争得思想与学术之自由。

上述这些言论，可谓是晚清批评孔子与儒学最具锋芒、最有说服力的文字。虽不能说其毫无偏颇，更不能说是当时大多数知识分子的共识，但的确可以说是当时先觉分子因受新思想刺激，在反省传统文化之弊时，所达到的比较最近乎理性的认识。

二　平民主义的文化趋势

远古的文化是人们共同创造，共同享有，无分高下贵贱，亦无雅俗之分。自入阶级社会，人分贵贱，文别雅俗，从而文化分裂之为上下两层。上者智，下者愚，孔子所谓"唯上智下愚不移"。到近代，文化上下渐趋相通，于是有平民主义和俗世化的趋向。此中西所同。

在中国，这种近代化平民主义的趋势是伴着救国、强国的呼唤而起的。因为中国的近代化原即开始于列强之入侵。在初期，只是在上层的人略识西方之长技，想"师夷之长技以制夷"，这自然只是官绅士大夫的事，无关乎百姓。后因此法不灵，屡遭败绩，先觉者始悟到，必使人民觉醒，皆担负起国民的责任，方能使国家强大，立于不败之地。由是而产生平民主义的思想倾向。平民主义自始就是与民主意识相伴而起，相并而行的。在民主意识产生之前，只有臣民、子民，总之是不能独立自主的，是附属于君主，附属于朝廷的。民主意识产生之后，昔日之臣民、子民变成为国民。国是民之国，民是国之民，民不再是君主、朝廷一家一姓之私产。于

---

[1]　见《辛亥革命前十年间时论选集》第3卷，第345、346、347、349页。

是国民之概念逐渐流行。据梁景和研究，中国第一个使用国民这一概念的是戊戌维新运动的领袖康有为。他在 1898 年 6—7 月间所上《请开学校折》（据黄彰健考，此折是康有为后来伪作，但亦有学者仍持旧说。此处暂存旧说）中，就使用了国民一词。从康有为说"国民之义，亦倡于德"①，则可看出，其所用国民一词的意义似稍偏于"国"的一面。因为当时在德国正盛倡国家主义。1899 年 10 月，梁启超在《清议报》上发表《论近世国民竞争之大势及中国前途》一文，对"国民"一词首次做出比较清楚的界说。他说："国民者，以国为人民之公产之称也。国者积民而成，舍民之外，则无有国。以一国之民，治一国之事，定一国之法，谋一国之利，捍一国之患，其民不可得而侮，其国不可得而亡，是之谓国民。"② 这里其实包含了林肯所谓民有、民治、民享之三义：国为民有，国事民治，国利民享，国患民捍。这是对国民概念的一种很完全的界说。此后陆续出现的各种报刊，经常取其一义或数义加以宣传。如《国民报》有《说国民》一文，即谓"国者，民之国，天下之国，即天下之民之国"。又说："以一国之民，治一国之事，则事无不治；以一国之民而享一国之权，则权无越限。"③《中国白话报》的主编林獬（即林白水，自署白话道人）以极通俗的语言解释说："天下是我们百姓的天下，那些事体全是我们百姓的事体"；所以，"我们既做了百姓，无论什么事，大家都有关系的。有一件好，是大家的好；有一件歹，就是大家的歹"④。《中外日报》于 1904 年 5 月 19 日发表论说《论中国民气之可用》，其中亦称，"国者，人民之聚合体也。民强斯国强；民弱斯国弱"⑤。也与梁启超之说相应和。

既然国是民之国，国家命运如何，就取决于民。如此，则如何使人民觉悟，担起国民的责任，就是最重要的问题了。正如梁启超所说"苟有新民，何患无新制度，无新政府，无新国家"⑥。

---

　① 见汤志钧编《康有为政论集》上册，中华书局 1981 年版，第 305、306 页。
　② 见《饮冰室合集·文集之四》，第 56 页。
　③ 转引自《辛亥革命前十年间时论选集》第一卷上册，三联书店 1977 年版，第 72 页。
　④ 《做百姓的身份》，《中国白话报》第 1 期，转引自《辛亥革命前十年间时论选集》第一卷下册，第 607、608 页。
　⑤ 转引自《辛亥革命前十年间时论选集》第一卷下册，第 938 页。
　⑥ 见《饮冰室合集·专集之四》，第 2 页。

值得注意的是，《中国白话报》的林獬在谈到唤醒国民的问题时，特别强调说，中国的读书人都没指望了。"可望的都在我们几位种田的，做手艺的，做买卖的，当兵的，以及那十几岁的小孩子阿哥、姑娘们。"他还宣称，若"各位种田的，做手艺的，做买卖的，当兵的，以及孩子们，妇女们，个个明白，个个增进学问，增进识见，那中国自强就着实有望了"①。这是最明白地把眼光投向下层平民，所谓平民主义，应是比国民主义更进一步，是把眼光集注于下层平民的一种思想。这种平民主义的思想，经一段时间的酝酿，到 20 世纪初，开始清楚凸显出来。其主要表现是呼吁以白话做报章，做宣讲，以唤起下层平民的觉醒。最早于 19 世纪80 年代后期，就有人提出这样的主张。黄遵宪于 1887 年所作《日本国志·文学志》中指出，中国语言与文字分离，致通文者少，是一大病。他提出，"欲令天下之农、工、商贾、妇女、幼稚，皆能通文字之用"，应求一简易之法，使言文趋于一致。他自己率先垂范，以十分接近于口语的文字写诗、写文。梁启超在主编《时务报》时，也注意到这一问题。他在《论幼学》一文中，痛论言文分离之害说，"古人文字与语言合，今人文字与语言离，其利病既缕言之矣。今人出话皆用今语，而下笔必效古言，故妇孺农氓，靡不以读书为难事"。他提倡"今宜专用俚语，广著群书"，以使百姓皆可阅读，以晓天下事之利弊。② 当时有此见识的先觉之士颇不少。如陈荣衮著《俗话说》即辩称，今之古文实即古之俗话。语言本无雅俗之分，今视为雅者，在古为俗；在此地为雅者，在彼地为俗。"雅俗既无定，使必重雅轻俗，不可解也；使必求雅而弃俗，尤不可解也。""今人寻古俗话之字而忘今俗话之字，是相率为无用之学也。"③ 叶澜所撰《蒙学报缘起》也指出，"中国文字与语言离"之害，主张"取浅明通便之法，切实易能之书"，以教儿童，二三年即可收效。④

1898 年，正当维新运动高潮期中，裘廷梁在《无锡白话报》上发表《论白话为维新之本》一篇大文章，比较全面地论述了普及白话的重要意

---

① 《中国白话报发刊词》，转引自《辛亥革命前十年间时论选集》第一卷下册，第 605、604 页。
② 见《饮冰室合集·文集之一》，第 54 页。
③ 转引自《清末白话文运动资料》，见《近代史资料》1963 年第 2 期，第 116 页。
④ 同上书，第 120 页。

义。文章首先说，一国之中，"智民多者，靡学不新，靡业不奋，靡利不兴"。"而智民少者，靡学不腐，靡业不颓，靡利不湮。"又说："有文字为智国，无文字为愚国；识字为智民，不识字为愚民；地球万国所同也。独吾中国有文字而不得为智国，民识字而不得为智民。何哉？裘廷梁曰：'此文言之为害矣'。"① 接着，他指出，文字为天下公用之留声器，故文字之始皆白话。在古代这是最明白不过的事了。而"后人不明斯义，必取古人言语与今人不相肖者而模仿之。于是，文与言判然为二。一人之身而手口异国，实为二千年来文字一大厄"。因勉强袭用古人言语，致文字反成求知之一障。他问道："古人之创造文字，将以便天下之人乎，抑以困天下之人乎？人之求通文字，将驱遣之为我用乎，抑将穷老尽气，受役于文字，以人为文字之奴隶乎？"② 他的诘问十分有力。他指出白话有八益，其中主要者为省日力，便幼学，便贫民。最后，他结论道："愚天下之具，莫如文言；智天下之具，莫如白话。若吾中国而不欲智天下，斯已矣；苟欲智之，而犹以文言树天下之的，则吾前所云八益者，以反比例求之，其败坏天下才智之民亦已甚矣。吾今为一言以蔽之曰：文言兴而后实学废，白话行而后实学兴。实学不兴，是谓无民。"③

由于先觉者们的大力提倡，白话报自此开始渐渐兴起。前面提到的陈荣衮特著文《论报章宜改用浅说》，加以鼓吹。作者以中国与日本做比较，说日本人读报非常普遍，而中国人读报的极少。其重要原因是"日本报纸多用浅说，而中国报纸多用文言"。他说："大抵今日变法，以开民智为先。开民智莫如改文言。不改文言，则四万九千九百万之人日居于黑暗世界中，是谓陆沉。"④ 类似的提倡白话报刊的言论甚多。一方面是由于先觉者的鼓吹，一方面是由于改革与革命运动发展的客观需要，白话报刊之发展很快。据非常粗略的统计，从1898年《无锡白话报》创刊起，到武昌起义前，陆续出现的白话报刊至少在200种以上。⑤ 不过，应当指出，这

---

① 转引自《清末白话文运动资料》，见《近代史资料》1963年第2期，第120页。
② 同上书，第121页。
③ 同上书，第123页。
④ 同上书，第125页。
⑤ 可参看方汉奇主编的《中国新闻事业编年史（下）》所附《报刊名索引》，第2583—2826页。

时期的提倡白话，主要着眼点在于政治启蒙的需要。也就是从事改革与革命运动的志士们为了动员群众而向他们做宣传，不能不运用白话。这同后来新文化运动时期，要求用白话作诗、作文，作一切文学，并以白话为统一的国语的主张是有很大区别的。

白话的提倡，白话报刊的盛行，多少影响到政府官员。据考察，从维新运动前后开始，已零星可见某些地方官员尝试用白话发布告示。到1905年，比较偏于保守的京、津地方也出现了许多白话告示。而且，这里的阅报社也特别兴盛起来。据统计，到1907年，北京的阅报社有45处，天津1905—1906年有阅报社6处。① 据此可以推想，在东南沿海城镇以及内地交通较方便的城镇地方，都会有相当数量的阅报社的设置。这可以使相当数量的下层平民得以通过阅报社，通过阅读各种白话报刊了解国内外大事，接触新知识，接受新观念。这正是那些倡导白话报，倡导平民主义的人们所要达到的目的。

平民主义兴起的另一个重要表现是演说会的盛行。

演说之开始兴起，与近代改革运动有着密切的关系。维新运动高潮期间，南学会有定期演说。在北京的保国会也甚重视演说，定有《演说章程》。戊戌政变一度使这些新事物遭到扼杀。到了20世纪初，演说活动重又抬头。天津《大公报》发表《论演说》的文章，着意鼓吹。文章说："天下有甚急之事而其势若缓，有甚重之物而其系若轻，唯先觉之士能见之而流俗不加察也，则演说一事是已。"又说："今欲作上下之气，臬其通国之魂，则死文字断不及生语言感通之为最捷。此后起爱国之贤不可不讲演说之术。"② 与此差不多同时，《杭州白话报》也有许多提倡演说的文字。如在其第一年第24期上，在报道杭州演说堂的文章里说，开民智，演说是最好的法子。开学堂固然可以开民智，但一个学堂容不得多少人；进学堂须读书，不读书的人便进不了学堂。开演说会，可以容多得多的人，而且不读书、不识字的人都可听演说，都能听得懂。所以演说的效用

---

① 参见闵杰《近代中国社会文化变迁录》第2卷，浙江人民出版社1998年版，第458页。
② 见1902年11月5日天津《大公报》。

大得很。① 著名女革命家秋瑾曾专作一文《演说的好处》，她说："开化人的知识，感动人的心思，非演说不可。"她解释报纸不如演说的道理。她说，如今能看报的人有几种：一种是官场的人，一种是商家，一种是闲荡的人，最后是读书人。官场的人一则不大看报，二则即使看报，亦无意于求知。商家看报只注意市场行情。闲荡的人看报只注意娱乐消息。读书人看报，有的喜欢新议论，有的喜欢旧议论。惟有那不识字、不能看报的人，通过演说得以开化知识。她强调，演说有许多好处：一，不限地方，随处可开演说；二，不需花费，谁都可听；三，人人都听得懂，妇女、小孩子都可借此增见识；四，只需三寸不烂之舌，不用兴师动众，不需成本；五，借演说可晓得天下事。她说，正因有这许多好处，所以世界上各国都重视演说会，中国人不当把演说看轻了。②

在先觉者们的大力提倡之下，加之客观上改革与革命运动的需要，各地演说活动有很大的开展。有的地方开办演说会，有的地方还开办了演说培训班，更有的地方还修建了演说堂。在平时，演说会组织一些开通风气，增长知识的演讲。遇有国内外大事发生，演说活动直接成了群众性政治活动。如在拒法、拒俄运动中，在反对美国华工禁约运动中，在各地收回利权运动中，在维护主权的勘界、划界事件中，演说活动都特别活跃。尤其在大规模的国会请愿运动中，白话传单的散发，演说活动的深入农村，显示出平民主义的政治文化的空前高涨。③ 历史活动的一步步深入发展，将越来越多的普通群众吸引到运动中来，这是合乎规律的现象。

在大办白话报与提倡演说的同时，甚或更早，另有一部分先觉者同样出于对下层民众的关注，出于尽快普及教育的考虑，而大力提倡简字和拼音。

早在戊戌维新运动起来之前，就有人开始提出拼音文字的设想。他们受西方文化影响，以为西人拼音文字大有利于普及教育。中国文字与语言

---

① 参见闵杰《近代中国社会文化变迁录》第 2 卷，第 255 页。
② 此文最初发表于在东京出版的《白话》杂志第一期上（1904 年 9 月），后来《神州女报》第 1 期（1907 年 12 月）载录。此处据《秋瑾集》，中华书局 1960 年版，第 3—4 页。
③ 参见拙作《论清末立宪派的国会请愿运动》，载《中国社会科学》1980 年第 5 期；又收载于《耿云志文集》，上海辞书出版社 2005 年版，第 1—34 页。

分离，又文字繁难，致教育难以普及。所以他们想从改革文字入手，为普及教育创造条件。宋恕在1892年初写成的《六字课斋卑议》（初稿）中，提出切音注字的主张。1895年，卢戆章发表《切音新字》；1896年，沈学发表《盛世元音》，1897年，王炳耀发表《拼音字谱》。此期间还有吴敬恒的所谓"豆芽字母"，蔡锡勇的"传音快字"，等等。①可见，当时先觉之士是如何热心于下层民众的教育问题。这其中有两个人贡献比较最为突出，一个是王照，一个是劳乃宣。

王照（1859—1933）是戊戌维新运动中名声大噪的一位新党志士。政变起，东逃日本，1900年，悄然返国。在避居天津期间作成《官话合声字母》的方案，用15个韵母，50个声母，来拼写"北方俗话"，以此作为普及教育的利器。王照深慨于"普鲁士小学教员打败法国"的警语，及日本岛国以其教育之普及高出中国250倍，因而能够打败老大中国的事实，极力设法谋求教育普及。他认为，"富强治理，在各精其业，各扩其识，各知其分之齐氓，不在少数之英隽也"②。1903年，王照以避罪之身，偷偷地在北京办起一家"官话字母义塾"。他重印《官话合声字母》并将韵母减为12个。他着手编辑用此字母拼写的教材，其效果颇引人注目。一时间，京、津、直隶一带颇多效法者，王照在北京办的义塾也增至24处之多。③

劳乃宣（1843—1921）对王照的《官话合声字母》颇为赞赏，并给予支持。他本人是音韵学家，在征得王照同意的情况下，在官话合声字母的基础上，拟成宁音和吴音两种合声简字谱，分别叫做《增订合声简字谱》和《复位合声简字谱》。他首先请得两江总督周馥的支持，在江宁省城设简字学堂，"以方音为阶梯，以官音为归宿，奏明立案"。此事发生很大影响，以致1908年劳乃宣受到西太后的接见。劳氏奉命进呈其《简字谱录》。他在《进呈简字谱录折》中说："今日欲救中国，非教育普及不可；欲教育普及，非有易识之字不可；欲为易识之字，非用拼音之法不

---

① 参见周敏之《王照研究》，湖南人民出版社2003年版，第92页。
② 《官话合声字母原序》，见《小航文存》卷一，第29页，庚午年刻本。
③ 参见周敏之《王照研究》，第106—110页。

可。"折中说道："前数年京师拼音官话书报社定有官话字母，以五十母十二韵四声辗转相拼，得二千余音，包括京师语言。……易识易解。"他这里所说的，正是王照的《官话合声字母》。他要求朝廷在此基础上，"钦定通国统一全谱，并以此字编定浅近教科书，请旨颁行天下"。他认为，这样推广开去，"以国家全力行之，数年之内可以通国无不识字之人。……人人能观书，人人能阅报，凡人生当明之道义，当知之世务，皆能通晓；彼此意所欲言，皆能以笔扎相往复；官府之命令皆能下达而无所舛误，人民之意见皆能上陈而无所壅蔽。明白洞达，薄海大同。以此育民德，何德不厚；以此浚民智，何智不开。太平之基，富强之本，胥在乎是"①。

王照、劳乃宣及当时其他一些致力于文字改革的人，都把此事看得太简单了。但他们把眼光投注到下层平民身上，反映了那时文化平民化的大趋势。

三　移风易俗的近代俗世文化

先觉者们的眼光既然已经集注到平民的身上，那么，在设法提高平民的觉悟和素质时，就必然会遇到如何使普通民众从种种不良的，甚至可说是恶劣的风俗习惯中摆脱出来的问题。也就是说，必须做一番移风易俗的苦斗。

实际上，在维新运动酝酿期间及其初期，许多先觉者即已提出改革旧习俗的问题。如陈虬于1892年写定的《经世博议》的《变法十》中就提到应去除各种繁缛之礼，应改革婚丧之礼等主张。同年，宋恕在其《六字课斋卑议》中也提出改革婚嫁之礼，自由择偶，停止旌表"贞女"、"烈女"、"节妇"、"烈妇"等主张。郑观应在其《盛世危言》（约刊于1893—1894年间）中，则提出革去迎神赛会、佞佛斋僧的旧俗，以省下的钱财做恤贫抚孤等有益于社会的善事。他还提出令大部分僧道还俗的主张。1896年，维新志士们着手创办中国人自己组织的戒缠足会，梁启超撰

①　劳氏此折载于《政治官报》第297号。

《戒缠足会序》，声情并茂，感动四方。由此引发了波及全国许多地方的戒缠足运动。总之，决心大力改变旧风俗，是热心救国的维新志士们的一个重要目标。

1899 年，梁启超发表《中国积弱溯源论》，其中一节为《积弱之源于风俗者》，专论中国旧风俗之害。文中说："以今日中国如此之人心风俗，即使日日购船炮，日日筑铁路，日日开矿务，日日习洋操，亦不过披绮绣于粪墙，镂龙虫于朽木，非直无成，丑又甚焉。"[1] 梁氏此文高度概括地揭出中国风俗人心之缺点。例如，对下以奴隶视之，而对上则以奴隶自视的种种丑态；愚昧无常识；自私自利；好诈伪；怯懦而无尚武的精神；好静而不好动；等等。

经过一段时期的酝酿和舆论上的鼓吹，进入 20 世纪之初，移风易俗汇成潮流。人们纷纷就各种有碍进化的旧风俗提出严厉的批判，并提出种种改革的方案。

中国一切旧风俗中之最引人诟病，最残酷不人道的，就是女子缠足一事。此项恶俗，在中国沿袭千余年之久。满人在建立全国政权前，曾下过禁缠足令。以后，顺治、康熙年间又有过几次谕令，但对绝大多数汉人而言，几乎没有发生什么作用。太平天国运动期间，在其内部实行禁止缠足，但对全国亦不曾发生影响。直至 19 世纪七八十年代，缠足之恶俗始逐渐引起先觉者们的深切注意。郑观应在《盛世危言》之《女教》篇中说，妇女缠足"此事酷虐残忍，殆无人理"，"合地球五大洲万国九万余里，仅有中国而已"。[2] 梁启超在《戒缠足会序》中说，"中国缠足，其刑若斩胫"，"以此残忍酷烈轻薄猥贱之事，乃至波靡四域，流毒千年"。"匪直不可闻于邻国，乃真所谓失其本心，……是率中国四万万人之半，而纳诸罪人贱役之林。"[3] 谭嗣同警告："华人若犹不自省其亡国之由，以畏惧而亟变缠足之大恶，……将不惟亡其国，又以亡其种类。"[4] 康有为、严复、徐勤等，皆对缠足之害人、害国、害种指斥不遗余力。对缠足恶俗

---

① 见《饮冰室合集·文集之五》，第 18 页。

② 见《盛世危言》卷三，第 7 页，光绪丙申年上海书局石印本。

③ 见《饮冰室合集·文集之一》，第 120—121 页。

④ 见《仁学》第十节，《谭嗣同全集》（增订本），中华书局 1998 年印本，第 303 页。

的声罪致讨，在随后各种报刊上经常出现。如《宁波白话报》曾连发三篇歌谣体的文章，痛诉缠足之惨酷，呼吁戒除缠足的恶习。① 《女子世界》发表《戒缠足诗》、《放脚歌》等作品，指出缠足这种"千年恶俗"，"伤天害理"不可容忍，应当永远禁绝。② 其他如《中国新女界》、《启蒙通俗报》等等也都有谴责缠足的文章。《竞业旬报》曾连载施济民女士的演说，叫做《放足十论》，缕述缠足之害，劝诫女同胞切不要再缠足，已缠足的要放足。该报编者说，八股文、鸦片烟、裹小脚是中国三大害，要强国必先除此三大害。③

为了解除妇女的痛苦，革除缠足的恶俗，有识之士结成团体推动戒缠足和放足的运动。在近代中国，最早成立的戒缠足会是由外国人组织的。1876 年，在厦门传教的伦敦会传教士创立戒缠足会，"每年聚集两次，凡有不愿为女儿缠足者，则当于会中立一约纸，书其姓名于上，令其亲押号为凭，然后将约纸各执一半。后若背约，则会众共责之"④。1895 年 4 月，英国人立德夫人在上海发起成立天足会，立意"普劝人不缠足"，并表示希望有越来越多的中国人加入其会。入会的中国人须先令其家中女人放足，永不许家中女子再缠足，且不得娶缠足之女为媳。该会在苏州、无锡、镇江、南京等地设立分会，扩展其天足运动。⑤ 1896 年，广东人赖弼彤、陈默庵创办龙山戒缠足会。另有两个四川人也创办了戒缠足会。这是中国人自己创办的最早的两个戒缠足会。梁启超为广东龙山戒缠足会撰写序文，扩大了它的影响，以致广东地区的戒缠足运动办得最活跃，到 1897 年底，广东已有九个戒缠足会的组织。1897 年 6 月，梁启超等人在上海创立不缠足总会，总会即设在时务报馆内。由梁启超主稿的《不缠足会简明章程》规定：凡入会之人所生女子不得缠足；凡入会之人所生男子不得娶缠足之女；凡入会之人所生女子，已缠足者，如在八岁以下，须一律放解，如在九岁以上，无法放解者，须于会籍报明，方准其与会中人婚娶。

---

① 见《辛亥革命时期期刊介绍》第一卷，人民出版社 1982 年版，第 439 页。
② 同上书，第 469—470 页。
③ 见《辛亥革命时期期刊介绍》第二卷，第 292—293 页。
④ 《戒缠足论》，见《万国公报》1879 年 3 月 22 日。
⑤ 见闵杰《近代中国社会文化变迁录》第二卷，第 6 页。

《章程》还规定，于各省会皆设分会，各州县市集入会者多，随时设小分会。① 据《万国公报》记载，加入此不缠足会者，在全国有"三十万余众"②。在维新运动高潮中，湖南、广东、湖北、福建、四川等地都相继兴起了不缠足运动。相对而言，北方比较滞后，唯天津一地，设有不缠足会的组织。

庚子事变之后，清朝统治者被迫表现出一点悔祸之心。1901 年，重提起变法的话题，人们称之为"新政"。1902 年初，发下一道劝诫缠足的上谕。应该说，这道上谕还是起了相当作用的。一则，前面已有几年的舆论准备和活动基础；二则，朝廷的诏令对于大多数各级官员有一定的督促作用；三则，诏令还可解除相当一部分士绅的顾虑。此后，由于有官方的助力推动，民间的思想阻力亦有所减弱，不缠足运动遂有较大较快的发展。各省的督抚大员中，许多都表现得很积极，到 1904 年，中国十八省督抚都有戒缠足的表示，只缺浙闽与陕甘而已。其中直隶总督袁世凯，四川总督岑春煊尤有上佳表现。袁世凯亲为撰文，劝诫缠足，并令自己的子女亲属不再缠足，已缠足者放足。岑春煊主持刊印五万本《不缠足官话浅说》分发各地。应当指出，一些先进人士率先垂范，征婚娶妻特别提出以天足为条件，这对于长时期来，人们崇尚小脚，歧视女人天足的近于病态的心理是一种重大的打击。这时期，报刊对于不缠足运动的报道、评论甚多。有些报刊还宣传、介绍放足的方法。③ 总的说来，这时期的不缠足运动主要还是限于城镇和一些交通比较方便的地方。广大的内地乡村，基本上没有什么变化。但是，应该看到，由于先觉者们的努力，再加上一些开明官绅的参与推动，不缠足运动在清末十几年中取得了实质进展，为民国时期最终铲除这一祸害中国千余年的恶俗，打下了基础。

中国旧俗中另一个亟待改革的是婚姻制度。

中国旧婚俗弊端甚多。第一是早婚，甚至"有年三十而抱孙者，则戚族视为家庆，社会以为人瑞"④。在比较边远和贫穷落后的地区，早婚之风

---

① 见《戊戌变法》（四），第 433—434 页。
② 转引自梁景和《近代中国陋俗文化嬗变研究》，首都师范大学出版社 1998 年版，第 216 页。
③ 同上书，第 218—220 页。
④ 《禁早婚议》原载《新民丛报》第 23 号，收入《饮冰室合集·文集之七》，第 109 页。

尤盛。因为婚姻制度与生活水准、教育程度关系极大。但早婚既为习俗所认可，则在各地区、各阶层都存在。1902 年，梁启超著《新民议》，第一篇即为《禁早婚议》。梁氏论早婚之害有五：（一）害于养生。少年男女，"身体皆未成熟"，"其智力既稚，其经验复浅"，易为情欲肉欲所蔽，自戕其身而不知。（二）害于传种。梁氏说："人之所以贵于物，文明人之所以贵于野蛮者，不在其善孵善育也；而在善有以活之，善有以长成之。传种之精义，如是而已。"所以能尽传种之义务者，"第一，必须其年龄有可以为人父母之资格；第二，必须其能力可以荷为人父母之责任"。所以，早婚必不能传佳种。梁氏颇为感慨地说："中国民数所以独冠于世界者，曰惟早婚之赐，中国民力所以独弱于世界者，曰惟早婚之报。"（三）害于养蒙。盖家庭教育实为国民教育重要之一端，且是全部教育之基础。"儿童当在抱时，当绕膝时，最富于模仿之性"，此时期父母示以何种楷模，对于儿童一生之教育成长关系至大。早婚之父母"十而八九"不能给予其子女以良好的家庭教育。由此自误其子女，亦即误将来之国民。（四）害于修学。近代之完整教育大抵须十五六年以上。早婚之男女，正是当受教育之年龄。以此宝贵之年华，皆投之于"春花秋月，缠绵歌泣，绻恋床第之域"，消磨其气，耗损其时，自然无法成就高等素质，"国民资格渐趋卑下，皆此之由"。（五）害于国计。以未成年之男女，结婚生子，其本身尚须仰给于其父母，其妻子儿女又复仰给于其父母，以致一人之生利，十数人分之。以此例之，则全国必生利之人少，而分利之人多。国民所创造之财富，不足养瞻其国民，结果是国家贫弱。梁氏之论，将早婚之害，已揭示无余。① 其他报刊上亦多有批判早婚之论。如《觉民》杂志、《留日女学会杂志》、《中国新女界》、《竞业旬报》，等等。有的还提出适婚年龄可定为 25 岁。②

　　第二是婚姻制度之弊端。《觉民》杂志所发表之《论婚礼之弊》，《中国新女界》发表之《中国婚俗五大弊说》，《安徽俗话报》发表之《恶俗

---

　　① 《禁早婚议》，原载《新民丛报》第 23 号，收入《饮冰室合集·文集之七》，第 108—112 页。
　　② 见履夷《婚姻改良论》，《留日女学会杂志》第 1 期。转引自梁景和《近代中国陋俗文化嬗变研究》，第 75 页。

篇》（其中谈婚姻的三篇），《竞业旬报》发表之《婚姻篇》，《天义报》发表之《女子解放问题》等等，都是很有力的文章。他们指出，旧的婚姻制度的几大弊端：（1）父母完全包办，子女全处于被动被迫的地位；（2）媒妁以之为利薮，为博取厚酬，"短长其言，上下其手"①，欺瞒哄骗，无所不用其极，至误人一生幸福。（3）男女婚前不能见面，完全谈不上相悦相爱，"为夫者不钟情于其妻，则狎妓蓄妾"；"为妻者不钟情于其夫，则外遇私奔"②，从而造成种种家庭悲剧。（4）讲究聘仪嫁妆，男家计较女方之嫁妆，女方计较男家之聘仪，形成买卖婚姻。（5）繁文缛节，从议婚到定婚，到迎娶，中间往来之礼节极其频繁，每一次都要消耗几多人力物力，病国病民。所以有很多人提出婚礼从简的主张；个别的甚至还有人模仿西式的婚礼。③（6）迷信，议婚之时，即讲求生辰八字，看命相，还要在神前讨签，把现世的婚姻硬说成是生前命定。有的文章还谴责旧的婚姻制度只保护男权而丝毫不讲女权，男有"七出"之条，而女子却不能退婚。丈夫死了，妻子不能再嫁；而妻子死了，丈夫却可以再娶。有的文章还谴责"童养媳"、"指腹婚"、"等郎姐"等极端不合情理的恶习俗。

先觉者们在批判旧的婚姻制度的同时，也提出一些改革的设想。宋恕在其《六字课斋卑议》中提出，婚姻可有生身父母做主，但须男女双方"于文据上亲填愿结"，"严禁非本生之母及伯叔兄弟等强擅订配"。他还提出，应定三出五去之律。"三出者：舅姑不合，出；夫不合，出；前妻妾之男女不合，出；皆由夫作主。""五去者：其三与三出同；其二：则一为妻妾不合，一为归养父母，皆由妻妾作主。"④胡适在其主持的《竞业旬报》上提出主张说，对旧式婚姻，"救弊之法，须要参酌中外的婚姻制度，执乎其中，才可用得。第一是要父母主婚，第二是要子女有权干预"。他说这办法是"就中国二字上因时制宜的"⑤。他既反对旧的婚姻制度，也反对立即实行自由结婚制度。主张参酌中外，折中新旧。事实上，这正

---

① 见陈王《论婚礼之弊》，《觉民》第1—5期合本。
② 见履夷《婚姻改良论》，《留日女学会杂志》第1期。
③ 参见闵杰《近代中国社会文化变迁录》第二卷，第335—336、437—446页。
④ 见《宋恕集》（上），中华书局1993年版，第149页。
⑤ 见胡适《婚姻篇（续）》，《竞业旬报》第25期。

是目前世界上比较通行的制度。

在批判旧风俗当中，另一个焦点是迷信。中国没有统一的国教，儒学虽带有某些宗教性特点，但终究不是宗教。佛、道两教固是宗教，但又过于俗世化，在民间都流为迷信。对神的崇敬心、畏惧心，各民族都有一些。有的虔诚信教者，怀有原罪和感恩的心理对待神。这样可有净化心灵的作用。但在中国，绝大部分的信神者，都怀有极端自私的心理。他们拜孔子是为中状元；拜菩萨是为保平安；拜赵公是为发财；如此等等。他们有多少欲望就拜多少神。这是迷信的最大根源。既已成了迷信，则为了实现欲望就不惜花大本钱。于是人们在各种迷信活动上所用的钱物之多，就十分惊人了。不仅如此，迷信活动还成了为数不少的一批人的职业。这显然不是健全社会所需要的。在晚清移风易俗的潮流中，反对迷信是很突出的一个方面。

破除迷信的言论主张自古有之。但在近代科学知识、思想、理论的背景下，对迷信给予较系统、较彻底的批判则是从 19 世纪末 20 世纪初开始的。我们从维新运动兴起之前那些改革思想家们的言论里就已可看到他们反对迷信的主张。例如，郑观应的《盛世危言》中，就提到对迎神赛会盛行，糜费大量金钱的事，很不以为然。他还提出令大批僧道还俗的主张。戊戌维新运动高潮期间，康有为所上《请尊孔圣为国教立教部教会以孔子纪年而废淫祀折》（此折黄彰健先生亦认为伪折，尚待考）中曾批评到流行的各种迷信。彼云："夫神道设教，圣人所许。"但"乡曲必庙，祷赛是资，而牛神蛇鬼日窃香火，山精木魅谬设庙祀，于人心无所激励，于俗尚无所风导，徒令妖巫欺惑，神怪惊人，虚靡牲醴之资，日竭香烛之费。而欧、美游者视为野蛮……于国为大耻，于民无少益。"[①] 康氏虽是从尊孔教的立场上立言，但其反对迷信毕竟是相当明确而坚决的。戊戌维新运动在政治上是失败了，但它所发生的启蒙作用对以后的历史发展是影响深远的。从 20 世纪初开始，反对迷信的呼声越来越高涨。

著名的《大公报》于 1902 年 6 月在天津创刊。这家后来影响越来越大的报纸，一开始就揭橥反迷信的旗帜，所谓"以开我民智，以化我民

---

① 见《康有为政论集》（上），中华书局 1981 年版，第 279—280 页。

俗"即其旨也。其创刊不到半月，即连发多篇批判迷信的文章。如《讲妄信风水无益有害》、《再讲邪说不可信》、《讲相面无益为学要紧》、《不嫌琐渎再贡愚言》、《论中国民智闭塞之原因》，等等。一家初创的大报，以如此密集的篇幅，大造反对迷信的舆论，可见当时反迷信确已成为潮流。其他报刊也程度不同地反映了这一点。例如上海的《竞业旬报》一共出版41期，其中24期都登有反对迷信，提倡科学的文章。

综观当时报刊关于反迷信的文章，比较集中批判的是以下几个方面。

批判对土木偶像的崇拜。1902年8月，帝国主义列强交还天津治权，地方当局劈头第一件要做的事，却是将战争期间隐藏郊外的城隍庙泥像隆重地迎回庙内。《大公报》对此予以尖锐的批评。①《安徽俗话报》发表陈独秀的《恶俗篇》，其第四篇是批评敬菩萨。他指出，那佛像是人做成的，佛经上明说佛本无相；人们反要造出一个佛像来礼拜，岂不荒唐！人们礼拜的偶像实在多得很，什么土地、城隍、药皇、火神、观音娘娘、送子娘娘，等等。要拜这么多的神，有时还要朝山进香，要花去多少有用的钱财。只把这些钱财供给那班和尚、道士，养得肥头胖脑的，钱多了，还去吃鸦片，嫖婊子。作者举例说，安庆城隍菩萨穿的袍，被庙官的儿子拿去当银子过鸦片瘾。城隍却无奈他何。此亦可见，没有什么神灵可言。②《竞业旬报》发表《论毁除神佛》，指出，神佛乃木雕泥塑；若此木雕泥塑之神佛有灵，则塑此泥像，雕此木偶的泥水匠和木匠岂不更灵？作者指出，神佛根本无灵可言；供奉着根本无灵的神佛，烧香礼拜，糜费有用钱财，实在无益而有大害。其害一，糜费金钱；其害二，流毒后代；其害三，养成人们的依赖性、奴隶性和靠天吃饭的心理，实乃进化的大障碍；其害四，迷信不除，民智不开；其害五，和尚、道士借以为害百姓。有此诸害，所以"神佛是一定要毁的"，"僧道是一定要驱除的"。③

批判对鬼神的迷信。迷信神鬼，这可能是流行于中国一种最普遍的迷信，无分男女老幼，无分贵贱官民，无分东西南北，亦无分士农工商，到

---

① 参见闵杰《近代中国社会文化变迁录》第二卷，第233页。
② 见《安徽俗话报》第7期，又见《陈独秀文章选编》（上），三联书店1984年版，第31—36页。
③ 见铁儿（胡适）《论毁除神佛》，《竞业旬报》第28期。

处流行。所以破除对鬼神的迷信最为迫切，但亦比较最难。自从南北朝时期的范缜提出"神灭论"的观点以来，尽管续有明达之士，力辟鬼神的迷信，但直到民国时期，鬼神的迷信仍然普遍存在。由此更可见清末的先觉者们为此所做的努力之可贵。1903 年创刊的《觉民》杂志很用力地宣传无鬼论。其《无鬼说》一文认为，人死气绝，体僵血冷，知觉亦亡，根本不会在冥冥之中还有什么灵异之物。俗间所谓"鬼火"、"鬼声"之类的传闻，皆属无根之谈。作者就其所了解的知识，对"鬼火"、"鬼声"的现象做了说明。《竞业旬报》连发四篇《无鬼丛话》的文章，引证古人言论，辟除鬼神的迷信；指责《封神演义》、《西游记》的作者，渲染鬼神，流毒民间；批评历代知识分子，不讲物理之学，不能传播科学思想以明道解惑，以致迷信大流行。该报在发挥古人无鬼论思想的基础上，以浅显的文字，通俗的事例，证明世上确无鬼神。作者说，在其故乡安徽，死人入殓着明制衣冠；江浙死人入殓，着满洲衣冠。但人们所见所闻之鬼，都是着平日所着之衣冠。可见，"天壤间果无所谓鬼也亦明矣"①。作者认为鬼神迷信，最重要的原因是科学常识的极度欠缺，这也是当时绝大多数先觉者的共识。

批判对自然现象的迷信。如对日食、月蚀、风、雨、雷电等等的恐惧与迷信，先觉者们极力运用他们所能掌握的知识加以解说。

谴责某些官员搞迷信活动。如《大公报》就曾指责天津地方官员迎接城隍庙神像一事；指责安徽巡抚给城隍加封号，四川总督给寺僧加封号；指责粤督给龙母加封号，等等。他们指出，官员们的诱导，也是迷信之风炽盛的一个重要原因。②《东方杂志》上的一篇文章讲得最明白，说"自数千年专制以来，积习相沿，已若牢不可破；吾民之俗亦以神道设教相沿而成，其迷信亦若牢不可破。以专制之政，驭迷信之俗，合之而成一麻木不仁之世界"③。

当时的报刊上批判迷信的文章涉及到广泛的方面：对迎神赛会、打

---

① 见适之《无鬼丛话》（四），《竞业旬报》第 32 期。
② 参见闵杰《近代中国社会文化变迁录》第 2 卷，第 434—436 页。
③ 见《东方杂志》第 2 年第 1 期。

醮、做斋等等这类要动用许多人力，旷废许多时日，花费许多钱财的迷信活动，尤不遗余力地予以谴责。有人提出，应当把浪掷于迷信的花费节省下来用于办教育和社会慈善事业。

当然，在批判旧习俗当中，先觉者们并没有忽略对为害甚大的赌博、械斗、吸鸦片等恶俗的斗争。这些恶俗也是经过很长时期才逐渐铲除掉的。

习俗、风俗，是民族文化历史中形成起来的颇为坚固和稳固的东西。古人说"化民成俗"，就是使教化的内容让大众接受，并逐渐变成他们的习惯，这便是教化的成功。建立一种新的习俗需要长期的过程。由此可知，要铲除一种习俗，也必然需要长期的过程。有些先觉者在批判旧习俗时，曾试图分析旧习俗产生的原因。他们已模糊意识到社会政治、经济、文化上的缺欠是带有根本性的原因。因此，要破除这些旧习俗，也必须从解决根本的社会政治、经济、教育文化上的问题入手。①

四 世界化与个性主义观念初萌

从 19 世纪 40 年代以来，中国面对西方的侵逼，失地丧权，赔款受辱，时人所谓逢"数千年未有之变局"。国人痛定思痛，百思千虑，探寻救国之方。初则以为师夷长技，练兵、造船、制械，可以制夷，可期自保，再徐图自强。甲午一役，丧师失地，复赔巨款。始知，腐败之专制制度不改，一切所谓"师夷"之"洋务"，皆无济于事。从此人们又进一步要求政治改革，要求革专制，行立宪，或者起革命而推翻清王朝，改君主制度为共和制度。在这个过程中，人们通过译西书，兴学堂，办报刊，而于西艺、西政、西俗，简言之，于西方文化逐渐增加了解，学习西方——当时叫做"欧化"——的热情继长增高。但这个过程并非是简单、单向和直线式的。人们在学习、借鉴和吸收西方的文化养料的时候，会经常不断地回思、反省中国固有的文化资源。那些以救国为己任的志士们还会时时

---

① 参见《中外日报》上的文章《论革除迷信鬼神之法》（2 卷 4 期）、《论中国社会之现象及其振兴之要旨》（1 卷 12 期）。

关照当下的国情民俗，力求有所会通。就是在这样的过程中，新的文化隐隐发生了。

　　在晚清的最后十几年，中国社会上新的文化现象确已出现不少。例如白话文、白话小说的开始流行，西洋小说的翻译；摄影技术的传入，电影的放映；西洋音乐和留声机的传入；话剧的产生；近代体育运动的开展；新的文娱活动如跳舞的出现，等等。但这些都不足以说明近代文化的本质性的演变。一个基本的文化价值观十分保守的人，也并不见得会排斥这些东西。比如西太后就非常喜欢玩玩照相机之类的东西。那么，什么东西最可表示文化的近代性转变呢？我在十多年前，在讨论中国新文化的源流及其趋向的问题时，曾大胆地提出一种说法，认为中国近代新文化基本上是沿着两个趋向发展：一个是世界化，一个是个性主义。[①] 经过十多年的思考，仍觉得这个说法是很可成立的。

　　文化是社会的产物，离开社会，一个完全孤立的个人是无从创造文化的。但是，文化的具体创造过程又是绝对离不开个人的。所以发挥个人的创造性，是推动文化进步的重要条件。但在人类社会的早期，大多数人都把全副精力用在满足维持生存所必需的起码的物质需要上，他们很难有机会发挥个人的创造性。社会生产力的提高，只能首先把一部分人从仅仅为满足生存需要而进行的艰苦繁重的劳动中解放出来。到了近代，科学技术的高度发展，使绝大多数的劳动者都有可以利用的余暇来发挥他们的创造性。所以普遍地解放每一个人的个性，成了近代各民族共同的课题。

　　人类历史的发展还昭示出另一个真理，那就是各个地区间，各个民族间，各个国家间的相互交流是促进文化发展的重要契机。这是很自然的。因为不同的文化相遇而有比较；有比较而见长短，见长短而生取长补短之念。同时，因竞争心而生促进彼此创造的动力。所以交流是文化发展的一个重要条件。如果说，这一点在过去中国人体会不深，那么，经过20多年的改革开放，我们对此不应再有任何怀疑了。

　　世界化与个性主义，是清末以来中国文化近代化的两个基本趋向。那些在各时期曾起着引领潮流作用的人物，也为我们提供了证据。

---

　　① 耿云志：《中国新文化的源流及其趋向》，《历史研究》1994年第2期。

先说世界化。中国数千年处于大一统的相对封闭的状态下，经鸦片战争一败，西方强国一下子蜂拥而至，要挟，逼迫，掠夺，不一而足。这对中国人刺激甚大。由此，促使人们加以反省，产生新的认识。

在鸦片战后最初 20 年里，除了魏源等极少数人而外，中国人一直懵里懵懂，仍以夷狄视列强，不知今世何世，不知世界为何事。到了（19世纪）60 年代，通过与洋人打交道，渐渐头脑稍稍开窍的一些官吏，受魏源、冯桂芬等人的启发，开始做一些改革的尝试，人们称之为"洋务"。在搞洋务的过程中，一部分人逐渐产生了一点世界的意识。除了郭嵩焘等出洋使臣之外，当以李鸿章为最具代表性。他认识到，鸦片战争后，中国实面临"数千年未有之变局"。更值得注意的是，他还能体悟到，如今泰西各国之富强"皆从各国交好而来。一国的见识无多，聪明有限，须集各国的才力聪明，而后精日益精，强日益强。国与人同，譬如一人的学问，必要出外游历，与人交际，择其善者，改其不善者，然后学问益进，知识愈开。国家亦然。或者格物的新理，制造的新式，其始，本一国独得之秘，自彼此往来，于是他国皆能通晓效法。此皆各国交际的益处"①。这显然可视为世界化的初步认识。到了我们这里所考察的戊戌至辛亥时期，中国人对世界化的认识有了很大的进步。

戊戌维新运动的主要领袖康有为在历次给光绪皇帝的奏折中，多处反映出他的世界性意识。他颇类似李鸿章那样，看到各国相交流对于发展进步的好处。他说："尝考泰西所以致强之由，一在千年来诸国并立也，若政稍不振，则灭亡随之。故上下励精，日夜戒惧，尊贤而尚功，保民而亲下……故有情而必通，有才而必用，其国人之精神议论，咸注意于邻封，有良法新制，必思步武而争胜之，有外交内攻，必思离散而窥伺之。盖事事有相忌相畏之心，故时时有相牵相胜之意，所以讲法立政，精益求精，而后仅能相持也。"② 他这里比较强调因相互竞争而促进各自的发展。在另一份上书中，康有为指出："大地八十万里，中国有其一；列国五十余，中国居其一。地球之通自明末，轮路之盛自嘉、道，皆百年前后之新事，

---

① 李鸿章：《李文忠公全书·译署函稿》第 6 卷，商务印书馆 1921 年影印本，第 13 页。

② 康有为：《上清帝第四书》（1895 年 6 月 30 日），《康有为政论集》（上），第 149—150 页。

四千年未有之变局也。"① 他要皇帝考虑问题时，必须首先顾及这一前提。即中国再也不是从前那样，大一统的，独处一方的国家，万事皆备于己。而是与列国并立于世，时时事事都必须顾及到与各国的关系。因此，"当以列国并争治天下，不当以一统无为治天下"②。他并且强调，应当努力学习西方列强一切先进的东西。他说："今者四海棣通，列国互竞，欧美之新政新法新学新器，日出曹奏，欧人乃挟其汽船铁路，以贯通大地，囊括宙合，触之者靡，逆之者碎，采而用之，则与化同，乃能保全。"③ 这些都可证明康氏已具有世界意识，从而亦可推知，他已意识到，他所引领的改革运动本身是朝着世界化的方向走的。

康有为的大弟子梁启超，戊戌以后渐渐取代其师而成为改革运动的主要代言人。1901 年 12 月，在《清议报一百册祝辞并论报馆之责任及本馆之经历》一文中，梁氏说："抑今日之世界与昔异，轮船铁路电线大通，异洲之国，犹比邻而居，异国之人，犹比肩而立。故一国有事，其影响未有不及于他国者也。故今日有志之士，不惟当视国事如家事，又当视世界之事如国事。"④ 在论及美菲战争、英杜战争与中国的关系时，梁氏又说："百年以前，法国之革命，美国之独立，为全地球千古未有之大事。而我中国人茫乎杳焉，无一人知其影响者。三十年以前，普法之战，俄土之战，亦为欧洲非常之举。而我中国人号称先觉者，仅闻其名，若有若无。此无怪其然也，其关系实浅鲜也。……呜呼，自轮船铁路电线既通，而地球之面积，日缩日小。而人类关系之线，亦日织日密。以今日美国与菲立宾之战，英之与杜兰斯哇之战，以与前者法国革命之役，美国独立之役，普法之役，俄土之役相比较，其事之孰大孰小，不待智者而辨矣。虽然，前事之关系于我中国者，若毫厘之微；今事之关系于我中国者，若邱山之重。"⑤ 梁氏这里虽不是直接谈论文化问题，但他对于中国人的视线之是否进入世界，及世界之是否关注中国，这对于中国是有着严重的不同意义

---

① 《上清帝第五书》（1898 年 1 月），《康有为政论集》（上），第 204 页。
② 《上清帝第四书》，《康有为政论集》（上），第 152 页。
③ 《进呈日本变政考序》，《康有为政论集》（上），第 222 页。
④ 原载《清议报》第 100 册，引自《饮冰室合集·文集之六》，第 57 页。
⑤ 《论美菲英杜之战关系于中国》，《饮冰室合集·文集之十一》，第 1 页。

的。在两种情况下，正反映出中国人之有无世界化的意识的区别。

毫无疑问，梁启超是清末最具世界化意识的先觉者之一。他下大力气，几乎是全方位地介绍西方的各种思想学说，以飨国人。他大倡新民之说，以提高国民素质为职志；全力推动立宪运动，以改革数千年的君主专制制度。这一切，都是为了使中国紧随世界进步的潮流，图存，求强，求富；使我国人民与世界各国人民一样，得享新世纪人类进步的各种福祉。当腐朽的满清王朝在革命与改革运动的双重打击下，终于垮台，民国成立不久之际，梁启超草成《中国立国大方针》一篇宣言式的大文章，其第一节的标题就叫做"世界的国家"。梁氏说："今代时势之迁进，月异而岁不同，稍一凝滞，动则凌夷。故有国有家者，恒兢兢焉内策而外应若恐不及。然则今日世界作何趋势，我国在世界现居何等位置，将来所以顺应之以谋决胜于外竞者，其道何由？此我国民所当常目在之而无敢荒豫者也。"① 的确，进入民国以后，中国的世界化趋势愈益明显，也愈益加快了。

如果说，中国人的世界化意识在洋务运动中开始酝酿起来，那么，近代个性主义的意识的产生就来得更晚一些。这并不奇怪。因为中国人在君主专制和宗法制度的牢笼之下实在太久了。

首先提出这个问题的人是严复。1895 年，当中日甲午战争尚未结束，而中方败局已定之时，严复在天津《直报》上发表文章论述中西制度文化的区别。他指出，中西之区别，最根本的一点是"自由与不自由异耳"。他进一步解释说："夫自由一言，真中国历古圣贤之所深畏，而从未尝立以为教者也。彼西人之言曰：唯天生民，各具赋畀，得自由者乃为全受。故人人各得自由，国国各得自由。第务令毋相侵损而已。……中国理道与西法自由最相似者，曰恕，曰絜矩。然谓之相似则可，谓之真同大不可也。何则？中国恕与絜矩，专以待人及物而言；而西人自由，则于及物之中而实寓所以存我者也。"②"存我"二字，相当准确地传达出西方自由主

---

① 此外文原载《庸言》第一卷第 1、2、4 号，见《饮冰室合集·文集之二十八》，第 40 页。

② 严复：《论世变之亟》，原载天津《直报》1895 年 2 月 4—5 日，引自《严复集》第 1 册，中华书局 1986 年版，第 2—3 页。

义的真义。这里要说明，第一，个性主义与自由不可分，两者是一而二，二而一的事。第二，个性主义即是在"待人与及物之中"，要"存我"，不可把我，把个人消融在待人与及物之中。次年，梁启超在《时务报》上发表文章说，"西方之言曰，人人有自主之权。何谓自主之权？各尽其所当为之事，各得其所应有之利，公莫大焉"。① 这时期，梁启超对自由或个性主义的理解还是有限的。我们看谭嗣同在其《仁学》一书中，在谈及五伦之朋友一伦时所说的话，似乎对个性与自由，有稍进一步的理解："五伦之中于人生最无弊而有益，无纤毫之苦，有淡水之乐，其惟朋友乎，顾择交何如耳。所以者何？一曰'平等'，二曰'自由'，三曰'节宣惟意'。总括其义，曰不失自主之权而已矣。"② 其"节宣惟意"一语，很近乎严复所谓"存我"之义。时居香港的改革思想家何启、胡礼垣在批评张之洞的《劝学篇》之《正权》篇时，于自由之义，也略有发挥。他们说："为国之大道，先在使人人知有自主之权。此不特为致治之宏规，亦且为天理之至当。盖各行其是，是谓自主。自主之权，赋之于天，君相无所加，编氓亦无所损，庸愚非不足，圣智亦非有余。人若非作恶犯科，则此权必无可夺之理也。"③

戊戌以后，特别是进入 20 世纪初期，梁启超成为最重要、影响最大的启蒙思想家。他相继主编《清议报》、《新民丛报》、《政论》、《国风报》等报刊，发表了大量的文章。其中有很多是阐发自由和个性主义的。我们仅略举几例，一则借以了解中国人对自由和个性主义的认识的逐步加深，一则借以见出梁氏在这一方面的思想贡献。

1901 年 6 月，梁启超在《清议报》上发表《十种德性相反相成义》一文，其中颇多发挥自由主义的言论。他指出："自由之公例曰，人人自由而以不侵人之自由为界。制裁者，制此界也，服从者，服此界也。"梁氏于自由之义，把握得相当准确。他又指出，自由是人的"精神界之生命"，"乃我自得之而自享之者也"，"非他人所能予夺"。这也就是个人的

---

① 《论中国积弱由于防弊》，引自《饮冰室合集·文集之一》，第 99 页。
② 见《谭嗣同全集》（增订本），中华书局 1998 年印本，第 349—350 页。
③ 见《新政真诠》，辽宁人民出版社 1994 年版，第 419 页。

一种神圣不可侵犯的权利，自卫这种权利，乃天经地义之事。所以，梁氏又说："人而无利己之思想者，则必放弃其权利，弛掷其责任，而终至于无以自立。"值得注意的是，梁启超在这里对两千多年来一直遭受排斥和诋毁的先秦思想家杨朱的"为我"论重新加以解释。他说："昔中国杨朱以为我立教，曰人人不拔一毫，人人不利天下，天下治矣。吾昔甚疑其言，甚恶其言。及解英德诸国哲学大家之书，其所标名义，与杨朱吻合者，不一而足；而其理论之完备，实有足以助人群之发达，进国民之文明者。盖西国政治之基础在于民权，而民权之巩固，由于国民竞争权利，寸步不肯稍让。即以人人不拔一毫之心以自利者利天下。……故今日不独发明墨翟之学足以救中国，即发明杨朱之学亦足以救中国。"个人自由与个性主义一直为统治者所不容。所以，常人从不敢稍有逾越。梁氏沉痛地说："吾以为不患中国不为独立之国，特患中国今无独立之民。故今日欲言独立，当先言个人之独立。"① "当先言个人之独立"，此等觉悟，来之不易。

　　梁启超于启蒙思想影响最大的是他的《新民说》，此文陆续在《新民丛报》上连载，共20节，十万余字。其中多处谈及自由与个性主义的问题，不过以《论自由》一节为最集中。梁氏首先确认，"自由者，天下之公理，人生之要具，无往而不适用者也"。他认为自由主要有四端：一、政治上之自由；二、宗教上之自由；三、民族上之自由；四、生计上之自由。他在这里没有突出思想言论之自由，显然是把思想言论之自由归在政治自由之中了。而政治之自由，梁氏认为，"今日吾中国所最急者"唯"参政之问题"与"民族建国之问题"。我们研究这一时期梁氏的言论著作，觉得他因更多考虑民主建国与民族建国的问题，不免将前述之"当先言个人之独立"这一极为可贵的思想有所淡化。梁氏说："自由云者，团体之自由，非个人之自由也。"他并且将放任与自由混为一谈，说，"野蛮时代，个人之自由胜而团体之自由亡；文明时代，团体之自由强，而个人之自由灭"，竟将个人之自由与团体之自由对立起来了。梁氏与孙中山对

---

　　① 见《清议报》第82、84册，此处引自《饮冰室合集·文集之五》，第46、45、48、49、44页。

自由有同样的误解，有时把自由与放任混为一谈，竟认为中国人拥有之自由已很多了。不过，梁氏是学者而兼为思想家，他的思想毕竟要周严些。他指出，放任的自由，是"野蛮的自由"，与近代所提倡之自由毕竟不是一回事。所以，他自我纠正道，"然则自由之义竟不可以行于个人乎？曰恶！是何言？团体自由者，个人自由之积也"。本来，这句话包含两层意义：没有个人自由，就没有团体之自由；而团体若被侵凌而瓦解，则个人之自由亦必不能保。但梁氏却笔锋一转，只谈后面一层意思，并且强调，个体应节制其自由，甚至牺牲其自由，以保团体之自由。这种矛盾现象亦不足怪，正是那个充满矛盾的时代的一种反映。梁氏在具体阐释自由之意义时，还是为我们留下许多宝贵的思想资料。如果说在综论自由之理论时，梁氏的着眼点是政治；那么在具体阐释自由之意义时，他把思想之自由放在第一位。他强调，做自由之人，一不当为古人之奴隶；二不当为世俗之奴隶；三不当为境域之奴隶；四不当为情欲之奴隶。其根本在有独立之思想，独立之精神，独立之志气与夫独立之能力，而独立之思想实为根本之根本。梁氏说："我有耳目，我物我格；我有心思，我理我穷；高高山顶立，深深海底行。"① 不恤古人，不宥世俗，不困于境域，不溺于情欲，是真正大丈夫之自由。

受《新民说》之影响的一代人，都多多少少吸收了一些自由与个性主义的思想养料。邹容之《革命军》中大书"惟我自尊"、"个人自治"；"个人不可夺之权利，皆由天授"；"生命自由及一切利益之事，皆属天赋之权利"；"不得侵人自由，如言论、思想、出版等事"。② 杨笃生之《新湖南》亦大倡"个人权利主义"。谓"个人权利者，天赋个人之自由权是也"；"天赋人权者，生人之公理也，天下之正义也"。③ 倡自由，抒个性，是那个时期血性青年共同的心声。

这里应当提到当时留学日本的鲁迅，他在《河南》杂志上发表《文化偏至论》一文，极力张扬个性。文中说："诚若为今立计，所当稽求既往，

① 见《新民丛报》第7、8号，此处引自《饮冰室合集·专集之四》，第40、44—45、46、48页。
② 见《辛亥革命前十年间时论选集》第1卷（下），第667、675页。
③ 同上书，第631、632、633页。

相度方来，掊物质而张灵明，任个人而排众数。人既发扬踔厉矣，则邦国亦以兴起。"他认为，充分发挥个人的主动精神，方能达兴国的目的。文中又说："自法朗西大革命以来，平等自由为凡事首。既而普通教育及国民教育无不基是以遍施。久浴文化，则渐悟人类之尊严；既知自我，则顿识个性之价值；加以往之习惯坠地，崇信荡摇，则其自觉之精神，自一转而之极端之主我。"人类文明之历史发展如此，个性主义之必然兴起，是不可遏止之势。故"个性之尊，所当张大，盖撄之是非利害，已不待繁言深虑而可知矣"。文章更进一步说，倘反其道而行之，排斥个性，"使天下人人归于一致，社会之内，荡无高卑。此其为理想诚美矣。顾于个人特殊之性，视之蔑如，既不加之别分，且欲致之灭绝，更举黮暗，则流弊所至，将使文化之纯粹者，精神益趋于固陋，颓波日逝，纤屑靡存焉"。正因此，各国角逐，"其首在立人，人立而后凡事举；若其道术，乃必尊个性而张精神"①。在当时倡自由，尊个性之舆论中，鲁迅之议论，实属最见锋芒。但鲁迅在此文中，将被马克思戏称之为"唯一者"的施蒂纳（鲁迅译作斯契纳尔）的唯我主义、叔本华（鲁迅译作勖宾霍尔）的唯意志论及易卜生（鲁迅译作伊勃生）的个性主义都一例看待，说明这时期鲁迅及大多数人对个性主义尚缺乏深入而健全的了解。

个性主义被提出，是"人"的发现，是"个人"的觉醒。中国古代贤哲最喜欢讲"人"。但他们所讲的"人"，是抽象的，一般的"人"，不是具体的，个别的，独立的人，即一个个真实的，有其特别思想，特别欲望，特别好恶的人。前者说的是普遍的人，是芸芸众生，是群氓；后者说的是个人。梁漱溟先生说，中国古代文化最大的缺失，是"个人"不曾被发现。可谓一语破的。到清末，中国的先觉分子开始初步意识到个人与个性的重要，它预示着中国近代新文化将如喷薄欲出的朝日，冉冉升起。

---

① 原载《河南》第 7 期，引自《辛亥革命前十年间时论选集》第 3 卷，第 354、357、359、363 页。

论清末的反满革命思潮

1900 年，义和团运动惨遭失败，八国联军的侵略给中国人民造成了空前的浩劫。国家面临危亡，民族蒙受奇耻大辱，迫使更多的人不得不考虑救亡图存的问题。

近代史上的一切进步的或革命的运动，首要的目标都是为了救国。康梁等维新志士企图先谋内政的变革，以求国家强盛，渐达与列强平等相处的地位。孙中山等革命党人则认为必须发动反满革命，推翻清政府，然后仿西方制度，以跻为列强兄弟之邦。这两种主张，两条路线所取手段不同，但都以用西法救国为目标。尽管都包含主观的理想化的甚至是幻想的成分，但认识到封建专制制度再也不能适应时代的需要，需以某种形式的资产阶级制度来代替它，这是他们的共同认识。

可是，在长期封建专制的愚民政策之下，由于闭关政策所造成的闭塞，在中国能有这种认识的人，在庚子以前确乎极少。梁启超曾估计说：中国"四万万人中能识字者，殆不满五千万人也；此五千万人中，其能通文义阅书报者殆不满二千万人也；此二千万人中，其能解文法执笔成文者，殆不满五百万人也；此五百万人中，其能读经史略知中国古今之事者，殆不满十万人也；此十万人中，其能略通外国语言文字，知有地球五大洲之事者，殆不满五千人也；此五千人中，其能知政学之本原，考人群之条理，而求所以富强吾国，进化吾种之道者，殆不满百数十人也"[1]。梁氏的这个估计虽不能说很精确，但恐距事实不会太远。这种情况自然不可能很快发生根本性变化。这不能不直接影响到清末革命运动的思想水准，清末革命运动以"反满"为最主要的口号并非偶然。本文结合对 1900 年

---

[1]　梁启超：《中国积弱溯源论》，《饮冰室全集·文集之五》，第 21 页。

到 1903 年反满革命运动的考察，略论反满革命思潮的兴起、表现特征及其历史评价。

一   留日学生政治思想的变化

人们都知道，清末反满革命运动的兴起同中国留日学生有很密切的关系。庚子以后，中国赴日留学的人数迅猛增加，大批不满于现状的青年都想到国外去寻求新知识，寻求强国的途径。日本是最具有吸引力的留学之地。一则路近费省；二则同文同种，较易适应；三则日本维新的成功被中国知识分子视为最可效法的榜样；四则日本公、私方面都企图借收受留学生以图加强对中国的影响力；五则中国流亡政治家都在日本，他们本身对青年也是一种吸引力。由于这些条件，中国留日学生从 1900 年到 1906 年几乎每年都成倍增长。1906 年最高峰达到 8000 人以上。[①]

在一个邻近中国的小小的岛国里，一下子集中这么多中国最有理想，最富热情又精力旺盛的青年学子，他们互相鼓励，互相攻错，互相激荡，有朝一日，爆发思想异动，实在可谓势所必然。所以，每一个研究辛亥革命史的人都注意到留日学生的重要性，这是毫不奇怪的。

在清末留日学生中，绝大部分人都怀有救国强国的志向。据不很精确的统计，在涉及 3320 人的学业调查表中，除 1080 人学科不详者外，其余 2240 人的学科状况是：学军事的（及有关于军事的）最多，有 1090 人，占 48.66%；学师范的其次，有 488 人，占 21.80%；学实业的 351 人，占 15.67%；学法政警务的，有 240 人，占 10.71%；其他学科合计 120 人，占 5.40%。[②] 这里居前三位的是军事、教育、实业，恰与清末新政的三项主要内容练兵、兴学、实业相当。

1900 年以前，留日学生不过百人，他们当中除了在国内已经参与政治团体的活动分子以外，一般尚无明确的政治见解。大多数人，其政治见解

---

① 有人估计达 15000 人，8000 人算是比较保守的估计。参见黄福庆《清末留日学生》及实藤惠秀《中国人留学日本史》两书。

② 参见张玉法《清季的革命团体》，第 44—51 页。

是在 1900 年以后逐渐形成起来的。

当时，以梁启超为中心，集结着一大批原属维新派的力量。他们在留学界的影响一直占着上风。原来孙中山参与倡办的横滨大同学校，早在 1898 年就在康门弟子徐勤的经营之下，成了主要是康梁一派人的地盘。1899 年，梁启超又创办东京高等大同学堂，更是他的弟子占据优势。甚至原来孙中山与陈少白亲手建立起来的兴中会分会，其中也有不少骨干投入了康有为的保皇会。足见在戊戌以后的最初几年里，康梁在日本留学界和华侨中间的势力和影响，远远超过了孙中山。特别是梁启超，以其卓越的宣传活动吸引了广大的留学青年。

梁氏于戊戌政变后逃亡日本，办起《清议报》抨击清政腐败，揭露后党祸国殃民的罪行，宣传进化论与民族主义，介绍资产阶级新思想，以开民智振民气为己任。1902 年又办起《新民丛报》，揭櫫改造国民，改造国家，自由、平等、民权的大宗旨，系统介绍西方资产阶级的学说思想。虽甚肤浅，然而三数年内，梁氏一人成了海内外青年学子精神食粮的主要供给者。他的文章，他所办的杂志，人们争相购阅。尽管清政府再三查禁，然而购阅者、翻刻者仍所在多有。据《苏报》载，南京陆师学堂一校订阅《新民丛报》达百余份。[①]《浙江潮》载，杭州一地订阅《新民丛报》达 250 份。[②] 据当时报刊记载，江浙一带地方，屡有学潮发生。其中一个最普遍的原因就是由学校当局禁阅《新民丛报》等报刊而引起的。这些情况充分反映出梁启超在当时的知识界具有如何重大的影响。黄遵宪当时即清楚地感受到这一点。他称赞梁氏办报的成功，是"震惊一世，鼓动群伦"[③]。蒋梦麟说："在介绍现代知识给青年一代的工作上，其（梁启超——引者注）贡献较同时代的任何人为大。他的《新民丛报》是当时每一位渴求新知识的青年的智慧源泉。"[④] 1902 年，上海发生著名的南洋公学退学风潮。事后出刊一本《教育界之风潮》，详记其事，并随发议论。书中多次征引梁启超的议论思想，使人们了解到，这次影响全国的著名学潮

---

① 见《苏报》1903 年 4 月 16 日。

② 见《浙江潮》第 3 期。

③ 见《梁启超年谱长编》，上海人民出版社 1983 年版，第 306 页。

④ 见《西潮》，第 36 页。

的领袖分子们，正是主要在梁启超的自由、平等、新民诸说的鼓荡之下起而抗争的。书中甚至把梁启超说成是"中国匡时济世倡立民政之英雄"。更值得注意的是，1904年出版的革命留学生所办的《江苏》杂志第十一、十二期合刊上，其文中还大力颂扬梁启超启迪青年的劳绩。文章斥责一些"浮生小子偶拾得革命之字"，便对梁氏出以嬉怒之态，而忘其"送自由之苗，播平等之种，散之大陆"的功劳。我们不管这些说法究竟是否完全正确，它终究反映了一个不容置疑的事实，即在戊戌以后一个时期里，在思想界、知识界，特别是青年当中，梁启超是最主要的启蒙导师。这也就是人们常说的梁启超"执舆论界之牛耳"的时代。这个时代，孙中山的反满革命的思想在知识界，在青年学生中还传播不广。与此相应，兴中会的组织也没有大的发展。据可考的1904年以前的兴中会会员中，只有18人是留日学生。而这18人中，有14人是1903年孙中山在日创办青山革命军事学校时所吸收的。也就是说，从孙中山到日本创立兴中会分会，直到1903年青山军校创办之前，只吸收了4个留日学生（这四人是戢元丞、沈翔云、郑贯公、刘成禺）。

　　留日学界的这种状况是由多方面原因造成的。梁启超具有"天才的宣传家"的本领，深深影响了一代青年的思想，这固是一个重要原因，但不是唯一的原因，也不是最主要的原因。1903年以后，同样是这位"天才的宣传家"，其影响却逐渐不能与孙中山、章太炎等人的反满革命论相匹敌。所以，要说明这种情况还必须寻找其他方面的原因。人们已经指出，孙中山及兴中会的革命党人们，长时期按秘密会党的方式活动，没有注意公开的宣传工作，这显然是重要的原因之一。必须注意，我们所讨论的是青年学生，是正在受教育的一代人。他们同其他人，特别是同那些没有受过教育的人有很大不同。他们的思想的形成，除了直接受外界环境的影响之外，还在很大程度上取决于他们所摄取的现成的思想养料。这些戊戌以后来日本留学的青年，本身即是受戊戌维新之赐。没有戊戌维新，便不会有留学日本的热潮。而梁启超作为维新运动的主要领袖之一，正在源源提供维新派的思想资料，充实青年学子们的头脑，以致使他们这时期大多逃不开维新派政治改革的观念。况且，他们之所以易于接受康梁一派观念的影响，还有传统的文化心理因素。康有为是进士，曾设万木草堂讲学授徒，结撰皇皇巨著；梁启超是举人，主编过《时务报》，主讲时务学堂，两人都堪称士林领袖。即使不考虑其领导政治运动的身份，他们也比既无功名，也无传统学问背景的"白丁"孙中山，对知识分子更具影响力。除了少数有机会直接接触孙中山的人，得以了解其知识气度，因而会接受他的影响外，其他人在当时就难免受传统影响而瞧不起这个毫无文名的亡命客。这种传统文化心理的因素帮了康梁不小的忙。然而，当民族危机感愈加震撼人心的时候，当革命党人大力开展反满革命的宣传之后，优势便逐渐转到孙中山一边了。越来越多的青年学生被时势所激励，转而醉心于反满革命。

留日学界中革命思想的酝酿和传播，与唐才常自立军起义失败的事有密切的关系。自立军起义原是康梁与孙中山共同支持的一项事业。唐才常为赢得多方面的同情与支持，自始就没有明确起义的宗旨。所以，当在上海召集"国会"讨论到宗旨问题时，章太炎与唐才常发生激烈争论，章氏怒而断发明示绝清之志。这是知识界明树反满旗帜的第一个行动。后来，自立军事泄惨败，许多英年有为之士不幸遇难。一部分躬于其事而幸存下来的人，对清廷的反动残酷，愤懑已极。加之，事前康梁大言以巨款支持起义，事到临头，却迟迟未能接济，使起义日期一拖再拖，终至秘密泄露而失败，使众多前敌骨干惨遭杀害。一部分人便把愤怒都发泄到康梁头上，声言要与康梁"算账"。秦力山是一个突出的例子。他是湖南长沙人，是戊戌维新运动的热烈追随者。1899年，应梁启超之召，同十几名时务学堂的学生一起，赴日入梁氏所办的东京高等大同学校，还曾助梁编辑《清议报》。但自立军失败，他认为康梁不予及时接济，实等于出卖。自是师生反目，形同水火。遂结合其他原属励志社的一部分激进分子，于1901年创办《国民报》，专与康梁相对抗。《国民报》成为留学生所办刊物中最早反对康梁，倡言反满的刊物。章太炎的《正仇满论》就是在该刊发表的。章太炎和秦力山等人，在当时还远谈不上自觉的革命民主主义者。但他们那种带有强烈种族主义色彩的反满主张，和掺杂着浓厚的恩怨成分的排击康梁的论调，在当时对于揭示维新派与革命派的分野，导发革命排满论的高涨，却是起了关键性的政治作用。

应当指出，较早倡言反满的还有郑贯公所办的《开智录》，这是他利用《清议报》助理编辑的身份，附于《清议报》发行的一种小报。郑为广东香山人，初至日本是在太古洋行横滨支店当伙计，曾入东京高等大同学校读书。因受时代风云的鼓荡而萌发革命思想，借《开智录》以发抒其大胆不羁的议论。最突出的是他的《义和团有功于中国说》。其中对于义和团的正义斗争的充分肯定，不啻石破天惊之论。且更有"排满洲之外种"的主张，反满思想已极明显。只可惜，因是附于《清议报》发行的小报，其言论光彩不免为人所掩。

主办《国民报》的人，在留日学界都有一点声望。如戢翼翚、沈翔云是有名的激进分子；杨廷栋、杨荫杭、雷奋原是《译书汇编》的主笔。他们都是庚子前即到日游学，所以资格声望在众人之上。秦力山在自立军之役，是独当一面的大将。由这些人所办的《国民报》，在思想内容上远胜过《开智录》。这不仅在于它有更多更明确的反满革命的言论（如第三期《说汉种》，第四期《亡国篇》），而尤在于它宣扬资产阶级民主主义思想。诸如，关于国权在民，"天下之国即为天下之民之国"，"一国之兴亡，其责专在国民"，以及揭明国民与奴隶之区别，国民应知权利与义务等。并响亮地提出"杀身以易民权，流血以购自由，前仆后兴，死亡相继，始能扫荡专制之政治，恢复天赋之权利"，从而造成真正的民权世界。这些，都可算是中国革命民主主义思想的闪光（见（《国民报》第二期《说国民》，第一期《二十世纪之中国》等文）。

《国民报》在第四期（也是其最后一期）上登出章太炎的《正仇满论》。由于章氏笃于国学，早有文名，所发议论不同凡响，产生了重大的鼓动作用。文章主要意思是说，满洲异种，盗占中国，其对汉人极尽屠刭、焚掠、钳束、聚敛之能事。以九世复仇之义，虽犁其庭、扫其闾，鞭其墓、潴其宫，积骸成阜，蹀血为渠，亦不为过。而今仇满者并不为此，只以其制汉不足，亡汉有余，所以必求光复汉人宗国，以达救亡图强的目的，是仅逐满，并非仇杀。文中还直接批评了梁启超的《中国积弱溯源论》一文，谓其拥护光绪复辟的主张是"迫于忠爱之念，不及择音，而忘理势之所趋，其说之偏宕也亦甚矣"①。章氏以明确的反满论与梁启超的君

---

① 《辛亥革命前十年间时论选集》卷一（上），第94页。

主立宪论相对抗，是庚子以后两种政治观念直接交锋的重要开端。

章太炎是国学大师，他熟悉历代经典、掌故，且能融会贯通。因感受到时势的强烈震撼，蓄志革命救国。于是从自己所熟悉的群经中锻炼出自以为最精锐的武器，就是剖清人种，激扬反满复汉的民族精神。庚子年，志士集会于上海，发起所谓"国会"。太炎与会，首标反满宗旨，要求严拒满蒙人入会，特写说帖交与会中同仁。其说未被采纳，章氏又作《解辫发说》，引经据典，力辩满汉异种异俗。为反满复汉，决然解辫以明志。以后，凡宣讲反满的文字，无不谈及历史，每谈历史，无不征引经典。而其内容大旨总不离：一、剖辨种族；二、激发汉族复仇之心；三、建立汉人自立的信念。

1902 年春，章太炎再度流亡日本。那时留学生中间，反满革命思想正在兴发之际，章氏立意进一步加以激励。遂与革命分子秦力山等商定，于三月十九日，组织一次纪念支那亡国二百四十二周年的活动。按，明崇祯皇帝朱由检死于 1644 年的旧历三月十九日，一般史书也都以这一年作为明朝灭亡的年份。照此计算，则 1902 年是明亡 258 年。然而章太炎极其强调种族观念，他要把南明的一段历史仍作为整个汉族的历史。所以，在他所写的《中夏亡国二百四十二年纪念会书》里说："自永历建元，穷于辛丑。明祚既移，则炎黄姬汉之邦族亦因以澌灭。"[1] 这里的辛丑是指 1661 年，即南明败亡的一年。章太炎取永历败亡的年份，再取崇祯自杀的日子，两者凑合而成，发起这次纪念会。既然把满清入主中国看成是汉人亡国，当然就是不承认满清政府为中国政府；既然要纪念这个所谓汉人亡国的日子，便是要表明反满复汉的决心。这样以公开的群众集会的形式表示反满革命的意志，确乎是前所未有的一次极大胆、极富鼓动作用的重要举动。也正因此，清政府驻日使馆要求日本政府禁止举行这个纪念会。结果，纪念会未能在东京上野公园精养轩按时举行。但纪念会的宣言已通过《新民丛报》散发出去。而且，由于孙中山、梁启超直接参与支持这次活动（临近会期，梁启超申明道义支持而不具名），所以吸引了很多留学生参加进来。孙中山知道事情被阻后，于次日亲率一部分留学生在横滨补行

---

① 《章氏丛书·文录（二）》，第 48 页。

了纪念仪式。所以，这次纪念活动虽未能按计划举行，但仍产生了重要的影响。这一影响可从1903年的旧历新年团拜会上明显看出来。那时，正值清室贵族载振（奕劻之子）在东京。留学生举行新年团拜时，特把他请到场。而马君武、刘成禺两人当场演说，公然反满，足见留学生中的反满情绪已达到何种程度。

二　国内学界的思想异动

当留日学界反满革命的思想日益公开表露的时候，国内学界的思想也正在急遽地酝酿着革命性的变化。

革命运动的本源是在国内。帝国主义的侵略、欺凌，满清政府的腐败与专制，备尝身受者当然是国内的人民。而对此最敏感的自然是知识分子和青年。但是，由于国内反动统治者的压制，宣传和组织联络都较困难，有志之士遂争往日本游学或游历，以期结识同道，共同奋斗。因此，革命的思想情绪首先在留日学生那里集聚并表露出来。可是到1902年前后，以上海为中心的东南沿海一带，革命思潮已在兴起，与日本留学界呈双峰并立的态势，彼此互相鼓舞，互相激荡。这对清末革命运动的发展影响至关重要。

本来，对满州贵族的反抗思想，在汉族人民间一直存在着。满清统治者曾大兴文字狱，企图消灭汉族知识分子的反满意识。但这种意识却在民间继续潜滋暗长。到清朝末年，人们看到满清统治者在外国侵略者面前处处暴露其残民卖国的本性之时，这种反抗意识便逐渐公开发动起来，《扬州十日记》、《嘉定屠城纪略》等反满宣传品开始广泛流传。

我们现在就先追述一下庚子以后上海一带知识界与教育界革命思潮的酝酿与兴发的过程。

就现在所见的材料看，庚子以后，国内最早表露反满革命情绪的是1901年发生于浙江杭州求是书院的所谓"罪辫文"一案。大约初夏时节，该院学生团体励志社（成立于庚子年，一作浙会，又作浙学会）的成员请教习孙翼中命题作文。结果有许多学生在文中激烈抨击作为清朝顺民标志的发辫。此事为人告发，成为震动舆论的"罪辫文"案，孙翼中不得不走避日本。孙氏也是励志社的成员，该社虽未明揭反满旗帜，但其对清政府不满是毫无疑问的。其成员后来多数都成了革命党人。

反满的思潮首发于浙省知识界，不是没有原因的。据陶成章《浙案纪略》所云：“浙江为人文荟萃之地，学者多出其间；而此学者多以讲求国故，常起祖国沦亡之感。”又云：“明之末也，浙东沿海义师抗拒最烈。”①陶氏所说，都颇近理。相传，浙省知书之家，人死入殓皆着明代衣冠，足见其种族观念之深。所以，庚子年第一个明树反满旗帜的是浙籍国学大师章太炎，而次年便有杭州求是书院的“罪辫文”案，信非偶然。应当说，浙省人士对于清末反满革命思潮的兴发是有突出贡献的。后来，反满思想特为强烈的光复会即以浙省为主要活动基地。

“罪辫文”案发生后不久，杭州府学堂学生以不满校方专横而发生学潮。结果有汤槱、马叙伦等九名学生被开除。汤、马等随后同具有进步思想的该学堂总教习陈黻宸到了上海，在那里办起《新世界学报》，攻击专制制度，介绍世界新学术，于新学界颇有积极影响。

真正具有全国影响的革命思潮，在新学荟萃的上海，终于冲决专制的堤防，滚滚而来。

1902年11月，上海发生南洋公学二百余名学生集体退学的风潮，在社会上产生了很大的影响。南洋公学是以办洋务著名的官僚盛宣怀创办的，可算是国内设立较早的新式学堂。校中设备较好，学生出路通常亦颇优越。历任监督、总理、总教习都是当时的名流，如张焕纶、何嗣焜、张元济、劳乃宣、沈曾植、汪凤藻等。其中除劳乃宣、沈曾植在政治上可说偏于保守，其他人都不能说是守旧派，风潮发生时任总理的汪凤藻是同文馆出身，曾出使日本，多少有些新知识。任总教习的是姚子让，亦算得开明人士。在这样一座学堂里，何以会发生震动全国的一场退学风潮呢？

事情是这样的。这年11月5日，一个平日不得人心的教习郭镇瀛到五班上课，发现教师座位上放置一墨水瓶。郭氏认为是学生有意戏污他，遂严厉诘问何人所放。然无一应者。郭在盛怒之下，限令坐在前排的学生贝致祥三日内报告实情，贝生始终不肯。该班班长以教习逼勒太甚，要求

① 见《辛亥革命》（三），第10、18页。

辞去班长职，意以要挟郭某。这时，有一学生暗中报告郭某，墨水瓶系伍正钧所放。郭某当即致函学堂总理，要求将伍正钧等三名学生开除。经人缓颊，郭氏坚持必须开除伍生一人。总理允准。五班学生集体要求收回成命，不果。于是群情激愤，决定集体退学。汪凤藻得知后，委派多位教习到五班婉劝。11 月 14 日，学生们提出，如郭某仍为师长，告密某生仍为同学，伍正钧仍然斥退，三者有一，全班学生即决然出校。当日，五班学生举行告别演说会，发言者个个慷慨激昂，于申明他们退学的理由的同时，生动地表达了忧国忧时，痛恨专制，向往共和的思想和意志。其他各班学生纷纷向五班表示挽留。然而汪凤藻却于此时传下开除五班全体的命令。至此，决裂之势已成。其间，在校内颇负众望的特班教习蔡元培，曾出面力为调处。当他看到事已决难挽回的时候，勉励大家说："诸君言行一致，以公愤而去公学，实社会进步之现象，亦学界风潮之膨胀发达使然。"① 11 月 16 日，全校二百余名学生怀着公愤与正义，整队高呼祖国万岁，离开学校。事后有自署"爱国青年"者编著一书，名曰《教育界之风潮》，比较全面地记叙了这次风潮的始末及其反响，为我们研究当时学界风潮的性质和意义留下了宝贵的资料。认真研读这份资料，可以使我们对这次风潮，乃至 1902—1903 年前后整个东南沿海一带频频发生的学界风潮得到比较切合实际的认识。

　　书中所列学堂总理等人的罪过或劣迹，今天平心看来，都属管理制度的不善。其中最重要的一条是禁止阅读《新民丛报》等报刊。而所举开除学生的事件大多由细故而起。比如，有一起是这样发生的。某学生因错过就餐时间，到食堂没有吃到满意的饭菜而与厨师口角并撕打起来，校方决定开除该生，因而引起学生的不满。类此细故而致开除学生，已足见学堂教育管理上存在问题。而从学生方面说，以此小事而至于打架，可反映出其对校方管理制度的不满已积久而成怨愤。学生的这种不满来源于新思想的输入。所以，学堂禁读《新民丛报》之类的新书刊，大约是他们最不能容忍的。这种不容忍的情绪必定要找机会发泄出来。这些有了新思想的少年们认为，"居二十世纪之大舞台，天地新，大陆新，思想新，学问新，

---

① 《教育界之风潮》卷八，第 6 页。

凡触吾目而动吾心者无不新。……人皆新而我独旧，耻孰甚于是？人皆新而强使之旧，痛孰甚于是？我欲新，为人所强而亦旧，悲孰甚于是？可耻，可痛，可悲之事接触于吾耳目间，而吾不思破此耻此痛此悲，非志士也，……非人也"①。他们说："学生居艰难辛苦之际，阅境既广，困苦留于五中，盖有万种情绪，万斛牢愁"，"心血满腔，无可发泄"。② 他们听说留日学界思想颇为自由畅发，对"留学生新年之会，众人艳羡万分"③。他们个个"以造新中国为己任"④；他们渴望崭新的教育，即"国民教育，精神教育"。不能忍受"浸渍于荒陋、窳朽之学术，拘迂于仁义礼乐"⑤的旧规范。他们憎恨封建专制制度，向往民主共和。以"风潮激之，见闻动之，游于共和之乡，达于共和之地，优游焉，梦寐焉，思想于是而大变"⑥。这是当时比较进步的青年学生思想状况的真实写照。他们虽然对民主共和还缺乏真切的了解，但对于使国家民族蒙受奇耻大辱，使他们身受不自由之苦的专制制度，却是憎恨万分。"今者新理大行，学生所好者自由，所言者革命，所恨者专制，所弃者陈臭，所乐者共和。……今乃夺其所好而与以所恨，是招学生之怨也。"⑦ 他们说："今日不能脱君主专制之苦，异日即不能脱异族奴隶之苦；而欲脱君主专制之苦，必先脱学堂专制之苦。"⑧ 这就是导致学生起而与学堂抗争的深刻的思想根源。由此可以看出，根本的问题不在于某些管理上的不合人意，更不在于个别教习的不得人心，而乃是剧变中的时代风云的激荡，使尚未长成的少年学生自动承担起忧国忧时，解救民族的重任。他们设立演说会、书会、任会，以爱国救国相策励。他们的思想、愿望、激情，都与循章办事的学堂旧规处于无法调和的境地，无时不可以爆发，无处不可以爆发。而且一旦爆发，就会出现一发而不可止之势。学生们由痛恨学堂的专制进而痛恨政府的专制，由

① 《教育界之风潮》卷二，第 27 页。
② 同上书，卷四，第 5 页。
③ 同上书，卷五，第 17 页。
④ 同上书，卷四，第 13 页。
⑤ 同上书，卷二，第 31 页。
⑥ 同上书，卷三，第 12 页。
⑦ 同上书，卷五，第 15 页。
⑧ 同上。

痛恨政府的专制进而愤恨"异种人民盘踞大地"①，流露出反满革命的倾向。南洋公学学潮是这样，其他各地学潮亦大抵如此。

南洋公学退学学生在蔡元培等人领导的中国教育会的帮助下，创办了爱国学社，继续求学。中国教育会是这年 4 月刚刚成立的教育界进步分子自由组合的团体。他们起初的意思不过是想集中有识之士编辑较好的教材以供学堂之用。会中虽然有一些革命分子，但教育会本身不是革命团体。自从创办爱国学社以后，他们与志气激扬的少年学生一起，互相感发，互相激荡，遂使教育会成了吸引革命分子荟萃之所。迄至拒俄运动前夕，教育会改章，明示"教育中国国民，高其人格，以为恢复国权之基础为目的"，已流露出革命的味道。

南洋公学学生集体退学事件震动了整个东南学界。随后相继发生了一系列退学事件。如浙江吴兴县浔溪公学学生得知南洋公学退学事件后，当即决议登报表示祝贺。此举受到总教习杜亚泉的干涉。恰于此时，杜氏怀挟意气，假借总董名义将平日受学生欢迎的英文教员辞退。学生益加愤慨，以致季考前十名受奖学生竟将奖品投之茅厕。杜亚泉怒斥学生，师生辩驳良久不得了结。总董请蔡元培调节。蔡氏以浔溪公学为私立学校，学生在校应听师长指挥，不愿受者，当听其去。遂有 29 名学生愤而退学。又如苏州中西学堂，以新派教师受挤辞职，遂有十余名学生随之退学。1903 年春，江宁（今南京）江南陆师学堂学生也以反对学校当局的专制主义的管理制度而发生 30 余名学生集体退学。到后来拒俄运动起来，学潮更是层见迭出。

这些学潮的接连发生，是革命高潮到来的征兆。同时，这些学潮又为以后的革命运动预备了大批骨干分子。因此是极可注意的现象。

当时上海是国内进步与革命知识分子的集聚中心。这是因为，一则这里是出国留学或留学归国的集散之地。二则这里较大的公共租界区为从事各种进步的文化教育事业乃至从事革命活动提供了远较内地为方便的条件。这就使上海成了国内革命思想和革命活动的最大温床。

_____

① 《教育界之风潮》卷一，第 2 页。

三　拒俄运动

留日学界与国内知识界革命思想的迅速发展，是同时势的刺激密切相关的。庚子事变以后，中国人，特别是青年学生，对帝国主义的侵略和国家危亡的局面具有特别的敏感。

1902 年，有消息说，法国强迫清政府出卖广东。当时在日留学的广东籍学生闻之大为震动。郑贯公、冯斯栾等即倡组广东独立协会，并与孙中山联络，筹商进行办法。他们主张广东脱离清政府而独立。这无疑是一个反满的革命行动，它对于推动粤籍留学生走向反满革命有重要作用。

对留日学界产生最强烈刺激的还是 1903 年的拒法、拒俄运动。

1903 年春，有消息说，广西巡抚王之春竟然向侵占安南的法国殖民当局请兵镇压云南起义，事成将以全省路矿权益为报酬。留日学界听到这一消息，愤激万分。4 月 28 日，留日学生会馆召集评议员会议。次日即在锦辉馆召集全体留学生大会，控诉王之春的卖国罪行，揭露法帝国主义的侵略阴谋。会后向国内发出函电，强烈要求清政府将卖国的王之春撤职，并废除与法国侵略者所订卖国协议。在留学生的刊物里，许多文章不但谴责王之春，而且直指清政府卖国。他们指出王之春的罪恶行径不过是效法清朝廷卖国的故智。这种宣传很容易把青年学生的愤怒引到反满革命的轨道上来。

差不多同时发生的拒俄运动，在留学生中引起了更大的震动。

沙皇俄国在义和团运动期间，乘机出兵侵占东三省。义和团运动失败后，按清政府与俄国政府所订《中俄交收东三省条约》，沙皇政府应分期撤退其侵略军。但沙俄侵略者拒不履行协议。第一期撤兵就采取欺骗手段，没有从中国领土上撤出其侵略军。到第二期撤军期限时，不但不撤兵，且进而蛮横提出七项要求。企图永久地把东三省变成它独占的势力范围。这项消息首先被上海知识界所探知，当即于 4 月 27 日举行由十八省爱国人士参加的抗议集会。在日本的中国留学生得此消息后，更为激愤。4 月 29 日上午，开过评议员会议，下午便举行了由 500 余人参加的抗议集会，并鼓起血勇，组织拒俄义勇队，拟赴前敌，为国效死。4 月 30 日，上海绅商学界再度集会于张园，他们得到东京拒俄义勇队的电报，全体为之振奋，当即集合于屋外草地遥向东京留学生致敬礼。其后，绅商界人士出面组织四民总会（又称国民总会），设议事厅，以图固结民气，成一永久性民间团体，以为干预国家大事的进阶。学生界则仿东京留学生亦有义勇队之设，且着手军事训练。

此事初起，人们只是出于爱国热诚，尚未揭橥反满的旗帜。当时传闻，清政府拒绝了俄国的七项要求。热血青年们以为事机紧迫，有随时爆发战争的可能。东京的义勇队，急不暇择，做出联络北洋大臣袁世凯的决定。按照此事主动者之一秦毓鎏的说法，是"组织学生军，必求出发，欲求出发，必先除阻力。满洲政府在今日犹是吾之阻力也明甚。苟使吾军能至北方，则凡合吾宗旨之举动无不可为。有此机缘，不可坐失。此所以不得不用手段，而希达我目的于万一也"①。意思就是说，为了奔赴前敌，必须返国到北方；而要到北方，必须有所联络，排除或消减阻力，否则必不得行。但是负责与袁世凯联络的钮永建与汤槱到天津后，袁世凯拒绝接见他们，且传闻将逮治他们两人。钮、汤两人不得不设法潜往上海。是时，外界甚至有传闻说两人已为袁世凯所杀。并传清政府根据驻日使馆的报告，认为留学生是"拒俄为名，实图革命"，曾密谕各地大员搜拿归国活动的留学生。袁世凯的拒见与清政府的密谋镇压举动，使人们进一步受到强烈刺激。于是沪上一部分特别激进的人就宣称东京留学界组织义勇队宗旨不正，仰赖政府，替满人恢复失地，是甘为满奴。这时，因遭日本警方干涉，义勇队已改名军国民教育会。赴前敌的打算既已不可行，于是改变方针，由对俄而对满，分派回国"运动员"，谋革命、谋暗杀。拒俄运动遂成推动反满革命运动的一个重要契机。当时，张继在《苏报》上发表的《读严拿留学生密谕有愤》，最可表示青年学子这种思想激化的转折。文章一开头就责备义勇队行为之不当。说义勇队之举是"代满人而拒俄，乞怜于满洲政府，愿为前驱，甘为牛马"。其实作者不一定真的认为组织义勇队的那些热血青年是为满人打算。在前引秦毓鎏等人的《军国民教育会意见书》中就曾加以辩别，指出，组织义勇队的当日，叶澜演说毕，即问

---

① 冯自由：《革命逸史》（初集），中华书局1981年版，第110页。

"吾军此举为国民乎？为满洲乎？"钮永建当即大呼曰"为国民"。张继对义勇队的责难，实是出于对满清政府镇压拒俄运动的极度愤慨。张继的文章继续说："东三省者，贼满人之故宅，满人不自惜，而汉人为之惜；东三省为俄人占据，满人不自恢复，而汉人为之恢复。无乃太背人情！"文章骂满人为游牧部落，历数其"窃夺中原"后，对汉人"钳束之酷"与"聚敛之惨"，并谴责满洲统治者盗卖汉人的江山。他得出结论说："汉满不能两立。""自今以后，莫言排外矣。非因不去，良果不结；小丑不除，大敌难御。"应当"不顾事之成败，当以复仇为心；不顾外患之如何，当以排满为业"①。这篇文章反映出，在激进的青年人中间产生了极端反满的情绪。

东京留学生在拒俄义勇队及军国民教育会遭到国内的讥评，并得悉清政府密谋镇压拒俄运动之后，大大激发了他们反满革命的精神。他们喊出："满政府禁制吾四万万之人与俄宣战，吾国民当以四万万人之同意与满政府宣战！"② 于是，军国民教育会的骨干分子共商办法，决定重新确定宗旨。以秦毓鎏等15人名义发表的《意见书》，重新宣布该会的宗旨是"养成尚武精神，实行民族主义"。并宣称，根据既定的宗旨，"祖父世仇则报复之，文明大敌则抗拒之"。反满革命的思想明确地表示出来。

在国内，拒俄运动之急遽转为反满革命运动是与上海进步知识界和爱国绅商的再度分化密切相关的。

上海是中国的一大门户，第二次鸦片战争以后，便取代广州成为最大进出口港。李鸿章在此设江南制造局，知识人才一时荟萃于此。甲午战后，维新运动起来，康有为在这里设强学会，梁启超且办《时务报》，士风为之大振。从此，在这里形成了进步知识界的一个重要阵地。戊戌政变，北京维新人物凋零，上海一隅因得种种客观上便利的条件，仍能保存相当一部分维新力量。戊戌时，据有《时务报》不肯交官的汪康年，实际承袭了维新派的思想路线。当时他把《时务报》改成《昌言报》，政变后又改成《中外日报》。此报在以后数年中，直到《时报》创刊以前，一直

---

① 见《苏报》1903 年 6 月 11 日。
② 《游学译编》第 9 期。

是对国内知识界影响最大的报纸。汪康年本人也成为沪上绅商与知识界有
影响的一个重要人物。此前，还有康、梁嫡派一些人仍留沪上，如麦孟
华、狄楚青、龙泽厚，等等。梁启超的《新民丛报》上海支店是他们重要
的联络机关。庚子年的上海国会，辛丑年的拒俄集会，以及上述1903年
的拒俄运动，这些人大多是参与发动的活跃分子。平情而论，这些人都是
爱国分子，都堪称是有心谋国的仁人志士。但此时的中国，正是险象环
生，亡国无日。世局瞬息万变，人心动荡不已。昨日看来似乎可以救国的
方策，今日看来可能已毫无用处。人们的思想处于急遽变动之中。而上述
一班人物，此时都自视颇经一度历练，且有较高的社会地位，思想比较趋
向于稳定。加上他们置身于其中的种种上层的社会关系，也成为羁縻其言
行的一种客观因素。由此，青年学子们所感受到的激烈变动，他们往往不
能敏感到；青年学子所产生的那种激越的情绪，在他们却不易产生，且反
被他们视为浮躁，无补于世。说到底，他们不肯以自己的身名地位去做没
有成功把握的冒险。这种实际利害关系不管他们自己是否清楚地意识到，
实际上是使他们沿袭维新运动的和平改革路线，而不肯赞成反满革命的主
要原因。他们同激进青年们的思想态度上的差异，在拒俄运动中公开暴露
出来了。据当时报载，4月27日的张园集会，就发生"因宗旨不合，相对
驳诘，哄然走散之事"①。对此，《中外日报》初则掩饰说，此事"与本日
聚会之宗旨无涉"②。继则连发论说，诋斥他人"假义声以风动天下"，欲
博"高世之名"，而全无"实心实事"。甚至污为"跳抑叫嚣，自炫自暴，
唯恐人之不知，甚至哗噪扮演，有同儿戏"。似乎只有他们才真正诚心谋
国，美其名曰"审势而处，量力而行，待时而动"③。对《中外日报》的
此种议论，《苏报》特发驳论，斥其思想保守，并指出汪康年等人诋他人
为煽惑，叫嚣，实际是为自免株连，而故为此论。两报的驳论，字里行间
透露出分歧的焦点是在于一派主张激烈从事，一派主张不越出和平手段。
在组织国民总会（又叫国民议政会）问题上，两派的分歧再度暴露。创立

① 见《苏报》1903年5月6日。
② 见《中外日报》1903年4月28日。
③ 见《中外日报》1903年5月14日。

这一组织最积极的活动分子是曾经加入英籍的华侨商人冯镜如以及易季服、龙泽厚等人。他们赋予此会一种显然与时势隔膜的性质。他们要利用此会名义致力于吁请西太后归政给光绪。这在庚子年及其以前是有一定实际意义的政治口号。庚子以后，便完全不同了。在拒俄运动中提出这种口号就更加不切实际了。急进的爱国分子，特别是青年学生对这样的组织自然绝对不能满意。他们已有了反满的思想，对清政府已完全不抱希望。所以教育会及爱国学社一方面的人，对此会持消极态度，而激进学生则更持鄙视态度。在国民总会的发起会上，邹容当场质问冯镜如：你是入了英国籍的，你所办的是中国人的议政会，还是英国人的议政会？弄得冯氏困窘异常。

由于拒俄运动，知识界从此判然分途。赞成急进而反满的，归入革命党人一边；主和平手段的，归入要求立宪一途。两派互相敌视，互相排击，使反满革命论增加了一层刺激作用，因而更加高涨起来。

四 "苏报案"与反满革命思想的迅猛传播

拒俄运动所激发起来的高涨的反满革命思潮，在"苏报案"中得到了突出的表现。满清政府为了镇压日益高涨的反满运动，于1903年7月，制造了牵动中外舆论的"苏报案"。

《苏报》原为日人所办，创于1896年，逾二年，中国人陈范接办。陈是湖南衡山人，在江西铅山知县任上，以教案问题被劾免职。他对政府的腐败十分痛恨。接办《苏报》便出于针砭时局，力图挽救的意图。该报对于洋溢于青少年学子中的急进革新精神颇为重视，特开辟"学界风潮"栏，尽量报道。他这种政治态度自然易与沪上维新志士合拍。教育会与爱国学社的骨干们，都很信重他。蔡元培与陈范商妥，由社中师生为《苏报》撰文，苏报馆月赠一百元资助学社经费。当拒俄运动兴起时，《苏报》自然就成了教育会与爱国学社一派人的喉舌。他们曾与《中外日报》有所辩论。在爱国学社中盛涨起来的反满革命思想也逐渐借《苏报》发表出来。陈范本人也与时俱进，渐渐接受革命思想的感染。6月1日起，《苏报》改革，由爱国学社的章士钊担任主笔，裁减新闻篇幅，大增论说文章，革命排满言论不再稍加掩饰。改革的第一天便喊出"天下大势之所趋，其必经过一趟之革命，殆为中国前途万无可逃之例"。恰当此时，邹容的《革命军》在上海出版，成为反满革命宣传中的一声巨雷。邹容，先以其有激烈反满活动被从日本遣返回国，到上海适逢拒俄运动兴起，便与爱国学社一起积极投入了运动。同时修订其《革命军》书稿。书中愤怒揭露满清入关以来残贼汉人、出卖国权等种种罪恶；号召人们起来推翻满清的专制统治，创建类似西方资产阶级民主国家的中华共和国。章太炎极为称赞此书，为之作序，指出："容为是书壹以叫咷恣言，发其惭恚，虽嚣昧若罗、彭诸子，诵之犹当流汗祇悔。以是为义师先声，庶几民无异志，而材士亦知所返乎！"又说："即屠沽负贩之徒"，读此书亦"能恢发智识"。他盛称此书"所化远矣"①。相信此书于唤起人民种族意识，起而反满革命将发挥绝大作用。章士钊特在《苏报》载文介绍，指出《革命军》一书"以国民主义为干，以仇满为用，挦撦往事，根极公理，驱以犀利之笔，达以浅直之词，……虽顽懦之夫，目睹其事，耳闻其语，则罔不面赤耳热，心跳肺张，作拔剑砍地，奋身入海之状。呜呼！此诚今日国民教育之第一教科书也"②。此书问世，果如章太炎与章士钊所论，各阶层人士争相购阅，于是一版再版，改换多种名目，或夹印其他文字，以便销行。有人估计，是书发行达百万册以上，是辛亥革命期间影响最大的宣传品。

与《革命军》差不多同时问世的另一件有重大意义的宣传品是章太炎的《驳康有为论革命书》。章士钊把此文的一部分标题作《康有为与觉罗君之关系》登在《苏报》上。文中有斥当今皇帝为"载湉小丑"一语。太炎以布衣而指名骂皇帝，是中国有史以来所未有。章士钊认为此文是"太炎绝作，风行天下"。其影响于知识分子层，不在《革命军》之下。

《苏报》鼓吹《革命军》，又登章太炎骂皇帝的文章，在清朝统治者看来，实属悖逆已极。至此，《苏报》宣传革命排满已毫无顾忌。

《苏报》从6月1日改革到7月7日被封禁，其间所发论说，几乎篇篇谈革命，日日倡反满。它甚至要求立即实行革命，"乘是而流一点万世

---

① 《革命军序》，《章太炎政论选集》（上），第193页。
② 《苏报》1903年6月9日。

不磨之鲜血，造一个完全美备之政体；荡清胡氛，强我种类"①，"率四百兆共和国民，开一杀人之大纪念会!"② 激烈的反满宣传，使统治者恐惧异常，决意实行镇压。先是为压制拒俄运动，清吏曾多次策划要拿办爱国学社、《苏报》及国民总会的人。但因其领袖人物如蔡元培、吴稚晖、章炳麟、陈范、冯镜如、龙泽厚等多住租界内，工部局的关节没打通之前是捕不了人的。后来，端方、魏光焘、恩寿等促使清廷发下拿办的谕旨，由上海道袁树勋奉旨与驻沪外国领事交涉。不久又加派候补道俞明震襄办此案。最后采取由清吏出面向会审公廨提出控告的办法，逼使工部局出票捕人。事前，俞明震有意将捕人事泄露给吴稚晖。工部局巡捕又径到苏报馆出示捕人名单。当时捕单有名的陈范就在馆内，而并未逮捕，仅捕去账房一人。第二次到苏报馆，章太炎自动出面声明自己的身份，才被带走。邹容则于次日自己投案。种种迹象表明，工部局与办案的某些清朝官吏，初无意认真纠办此案，想敷衍一下清朝廷便适可而止。对案内被告诸人，实有意讽其出走。真正要兴此大狱的只是被激怒的清朝廷和他的几个忠实奴才如端方之流。而革命气焰正高的章太炎等人，则从反满立场出发，也十分认真地看待此案，非要与"胡虏朝廷"公开较量一番不可。所以尽管有充分的机会可以走避，却仍置友朋劝告于不顾，毅然面对敌人的拷索，昂头走进监狱。此案一方面表明，清朝政权已是如何的孤立，很少有人仍情愿为它效劳。另一方面表明，反满革命的好汉们，具有睥睨一切的英雄气概，压根儿不把清朝廷放在眼里。章太炎在《狱中与吴君遂、张伯纯书》中谈及初审日法庭情形时说："闻南洋法律官带同翻译宣说曰：'中国政府控告章炳麟大逆不道，煽惑乱党，谋为不轨。'曰：'中国政府控告邹容大逆不道，煽惑乱党，谋为不轨。'乃各举书报所载以为证：贼满人、逆胡、伪清等语一一宣读不讳。噫嘻！彼自称为中国政府，以中国政府控告罪人，不在他国法院，而在己所管辖最小之新衙门，真千古笑柄矣。"③ 此案因而成为激励革命党人反清志节，使清政府威信坠地的一大关键。

---

① 《苏报》1903 年 6 月 11 日。
② 《苏报》1903 年 6 月 22 日。
③ 《章太炎政论选集》（上），第 238—239 页。

清政府不甘心自己的权威蒙受如此打击，然而"苏报案"在租界内审理，它又无法施逞淫威。因此便千方百计图谋把章、邹等人引渡到内地，予以"尽法惩治"。但租界当局不肯放弃自己侵略者的特权，所以几经交涉而终未达成协议。其间，清政府两次特发廷旨，使张之洞、魏光焘、端方、恩寿等大员为此大忙了一阵。当事情似乎刚刚出现一点松动的迹象时，突然发生革命义士沈荩被杖死刑部的惨狱。消息传出，中外震骇，外国舆论反应十分强烈，纷纷指责清政府对政治犯处罚过于残忍。租界当局以此为由，坚决拒绝引渡章、邹。沈荩的悲壮牺牲，使清廷竭力加以遏抑的反满思潮再一度高涨，因而打乱了清政府镇压革命的步伐。革命党人得知沈荩惨死的消息，同申哀悼。杨笃生曾为诗悼念，诗谓："沈荩之血流如潮，逐胡之声愈以嚣。沈荩血肉随风靡，孕出多少革命鬼。"章太炎在狱中作《祭沈禹希文》，呼之为"圣沈荩"。惨杀沈荩，使清政府严惩章、邹的图谋彻底失败。相反，却使反满革命的风潮日逐日高。

苏报案迁延至翌年5月始判决，章太炎被判服刑三年，邹容二年。邹年轻体弱，不胜狱中折磨，于1905年4月3日病死狱中。章太炎至1906年6月刑满始出狱，东京同盟会特派人迎接到日，主持《民报》。

1903年，由于国内外接连发生重大事件，人心受激，反满革命思潮遂达于高峰。拒俄运动与"苏报案"是其明显的标志。被迭次革命事件激荡起来的志士，特别是大批青年学生，怀着满腔热血，冀为同胞一洒为快。其中一部分人便直接参加革命队伍，秘密潜往各地策划与组织反清革命活动。有的组成暗杀团，准备以铁血对付满清统治者。但构成这一时期最大特色的，最有实绩可述的是革命宣传活动的空前活跃。许多知识分子悚于国危种亡的威胁，起而狂热地进行革命鼓吹。宣传反满革命的刊物如雨后春笋。如留日学生办的《湖北学生界》（湖北籍留学生所办，后改名《汉声》）、《直说》（直隶留学生所办）、《浙江潮》（浙江留学生所办）、《江苏》（江苏留学生所办）、《游学译编》（湖南留学生所办）以及《白话报》，等等。内地青年志士所办的有《国民日日报》（《苏报》之续）、《俄事警闻》（上海）、《警钟日报》（前者之续）、《政艺通报》（上海）、《大陆》（上海）、《童子世界》（上海）、《中国白话报》（上海）、《女子世界》（上海）、《觉民》（上海）、《安徽俗话报》（芜湖）、《扬子江丛报》（镇江）①、《二十世纪大舞台》（上海），等等。此外还有在香港出版的《广东日报》，在旧金山出版的《大同日报》，在新加坡出版的《图南日报》，在檀香山出版的《檀山新报》，等等。这些报刊，其中虽杂有一般谈改革而语不及反满的文字，但从其总的内容看，其主旨在鼓吹反满革命则无可疑。

除了报刊以外，小册子也在此时期大量涌现。应当提到的著名宣传品除上面已经提到的章太炎的《驳康有为论革命书》、邹容的《革命军》以外，影响甚大的还有陈天华的《猛回头》、《警世钟》，刘光汉的《中国民族志》、《攘书》，章士钊的《孙逸仙》、《沈荩》、《苏报案纪事》，黄藻的《黄帝魂》，杨笃生的《新湖南》，等等。陈天华是一位堪与章、邹并列的，在这一时期影响大而又独具特色的革命宣传家。他以通俗浅显的文字，便于里巷口传的形式，热烈宣传反满救国，其强烈浓挚的爱国主义精神，直可动人心脾。他第一个指出了清政府已堕落为"洋人的朝廷"，号召人们理直气壮地起来反抗这个卖国贼的朝廷。其他如章士钊、刘光汉、杨笃生、郑贯公等等，也都堪称出色的宣传鼓动家。他们除了揭露满清统治者残民卖国的罪恶，号召人们反满革命，也初步宣传介绍了一些关于资产阶级共和国的思想。这些思想，往往宣传者本人也还缺乏真切的了解。但在当时，毕竟起了指示方向、注入革命理想的作用。有关当时革命宣传的具体内容，所用的宣传手段，所发挥的社会影响，现在已有许多著述论及，本文不拟赘述。这里，我想对这一时期革命宣传的中心——"反满"问题，略作深入的讨论。

五　反满——革命宣传的中心

有关辛亥革命史的著作无虑数百种，没有一位著作家不承认，这一时期革命党人的宣传中最突出的口号是反满。但也有一些著作认为有两个中心口号：一是反满，一是共和。还有的认为反满论是当时资产阶级革命派

---

① 《扬子江丛报》，有好几种出版物把它当成立宪派刊物，是不对的。笔者详考其内容，指明其为革命派所办刊物。详见拙著《〈扬子江〉杂志并非立宪派刊物》，载《南开学报》1982 年第 6 期。

表达民主主义内容的一种恰当的形式。现在让我们重新检索一下当时的宣传家们的作品，及其所生社会影响，看看实际情形到底如何。

章太炎是这一时期最著声望的宣传家之一，又是素有根柢的学者。研究一下他的宣传品是很有意义的。

章氏毫不掩饰他的激烈的反满立场。据其自述："鄙人束发读书，始见《东华录》，即深疾满洲，誓以犁庭扫闾为事。"① 在戊戌维新运动高潮期间，受康梁影响，他也赞成变法。以后他自贬之为"纪孔保皇"。实则，戊戌维新运动当然不可以"纪孔保皇"来概括。1900 年，八国联军入侵，见清廷无状，帝、后弃都逃亡，遂断发以明绝清之志，并对戊己间（即1898－1899 年）"与尊清者游"深自忏悔。② 自此以后，章太炎发表反满复汉的议论日趋激烈。痛骂"东胡贱种，狼子野心"，"盗我疆土，戕我人民"，以为"枕戈之耻，衔骨之痛"，"斯仇不复，何以自立？"③ 而且声言，"汉族之仇满洲，当仇其全部"。主张"逆胡羶虏，非我族类，不能变法当革，能变法亦当革；不能救民当革，能救民亦当革"④。这类堪称极端的排满论，在太炎笔下，可谓随时随处，跃然纸上。自然，章氏终是学者，而且多少也受到西方输入的新思想的影响。所以在力言排满的绝对必要性时，也往往从时势上和政略上立论。比如，他在《正仇满论》中说，"就观今日之满人，则固制汉不足，亡汉有余。载其砦窊；无一事不足以丧吾大陆"。这是说，满洲贵族腐败已极，必将导致亡国，要救亡不能不反满。他还说："满洲贱族，民轻之，根于骨髓，其外视亡异欧美。"因此，面临外敌侵略，无人肯"伏节死义"。是以"满洲弗逐，欲士之爱国，民之敌忾，不可得也。浸微浸削，亦终为欧美之陪隶已矣"⑤。还是从救国上立论。章氏又说："戊戌百日之新政，足以书于盘盂，勒于钟鼎，其迹则公，而其心则只以保吾权位也。""彼其为私，则不欲变法矣；彼其

---

① 《与某某书》，《中国旬报》第 19 期。

② 见章太炎《客帝匡谬》。

③ 《请严拒满蒙人入国会状》，《中国旬报》第 19 期。

④ 见《狱中答新闻记者》，《章太炎政论选集》（上），第 233 页。

⑤ 《客帝匡谬》，《章太炎全集》（三），第 120 页。

为公，则亦不能变法矣。"①所以要变法救国必须反满。

但是考察这一时期章太炎的反满言论，从政治变革上立论的极少。偶一论及，亦极简略。而其从种族上发挥，则引经据典，条分缕析，纵横议论，文足以服士子，情足以动匹夫。人们从这位国学大师的文章里领会的最多的恰是他的反满论，而所谓民主共和云云，他的同时代人，几乎无人论及。后世学者有引《驳康有为论革命书》以发掘章氏革命民主主义思想者。前面说过，这篇文章是章氏革命宣传的主要代表作，是他的文章中影响最大的一篇。我们不妨仔细检查一下它的实际内容。

这篇文章主要讲了三层意思：一、剖清满汉异种，勿忘"九世之仇"。二、论证清帝不可能变法，要变法救国必反清。三、从时势上论证革命可行而立宪不可行。全文宗旨在于驱逐鞑虏，不曾论述民主主义为何事。人们常例举太炎在论证革命可行而立宪不可行的问题时讲过的一段话。太炎说："在李自成之世，则赈饥济困为不可已；在今之世，则合众共和为不可已。是故以赈饥济困结人心者，事成之后或为枭雄；以合众共和结人心者，事成之后必为民主。民主之兴，实由时势迫之，而亦由竞争以生此智慧者也。"这段文字是否足以证明章太炎有明确的资产阶级民主主义思想呢？其实，这里所谓民主，是否就是我们所说的民主共和的民主，尚未可知。从上下文语气语意看，可作两解。一是"民之主"，即独裁首脑之谓也。二是作为革命的纲领或目标，或即作民主制度解。在章太炎那个时代，"民主"一词，作"民之主"解，是常有事。例如，甲午战后有思痛子写的《台海思痛录》，其中有（绅民）"公请抚军暂作民主，总统全台军国重务"。又谓："绅民以鼓乐恭送民主印旗至抚署。"②此两处"民主"均应作"民之主"解，若作"民主制度"解，则全不可通。又如梁启超在解释波伦哈克论及君主立宪与民主专制的区别，所用民主一词的含义时，特别明确注解道："按波氏所谓民主者，兼大统领及帝王言之，拿破仑两帝亦此类之民主也，读者勿误。"③他提醒读者不可把这种所谓专制首脑的民主，同民主共和制的民主混淆起来。章太炎此文加以驳斥的康有为那篇文章（《答南北美洲诸华商论中国只可行立宪不可行革命书》）中也多次这样使用民主一词。如谓拿破仑"既为民主，事事皆俯顺民情，而挟其兵力以行之，于是复自改君主矣"。"又不见拿破仑第三乎！始为议员则事事必言利民，新为民主，……已而夜宴，一夕伏兵擒议员百数。"又如谓："吾以为今之言革命民主者，……假而有成，而得一秦政、刘邦、曹操、朱元璋、拿破仑为民主，则益水深火热矣。"① 等等。这里民主均是"民之主"，即独裁首脑。太炎文中那段话，上句话说"以赈饥济困结人心者，事成之后或为枭雄"；下句说"以合众共和结人心者，事成之后必为民主"。上下对应，民主对枭雄，作"民之主"解，即作独裁首脑来理解，文意至顺，而作民主制度解，反不甚顺。我们再看太炎在文章末尾处竟谓："少安勿躁，以待新皇"，可见在他内心深处仍是祈望有一个汉族皇帝出来，做"民之主"。但即使退一步讲，认为章太炎这里所谓"民主"可作"民主制度"解，试问，这里究竟能看出章太炎有多少民主主义的思想呢？甚至把这一时期章太炎的所有政论文字考虑在内，他的头脑中究竟有多少民主主义的思想呢？所以我认为不能根据章太炎使用了民主之类的词语，就断言他所宣传的反满论实质是资产阶级民主革命的思想。应当说，章太炎是那个时期持激烈的反满论的一个代表人物。他有时甚至连革命这个词都不喜欢用，生怕冲淡了他反满复汉的主题。例如，在《革命军序》中他声明说："改制同族，谓之革命，驱逐异族，谓之光复。今中国既灭亡于逆胡，所当谋者，光复也，非革命云尔。容之署斯名（指邹容署其书名为'革命军'——引者注）何哉？谅以其所规划，不仅驱除异族而已，虽政教学术，礼俗材性，犹有当革者焉。故大言之曰革命。"② 他认为邹容使用"革命"一词是一种夸大的说法，基本上只是光复。

从章太炎的例子看来，把反满论看作资产阶级革命民主主义的表现形式是不妥当的。

类似章太炎这样，怀着排满复汉的心理加入清末革命运动的人，颇不

---

① 见《康有为政论集》（上），第482、483页。
② 《章太炎政论选集》（上），第193页。

在少数。在当时的革命刊物中，类似的反满论屡见不鲜。如《浙江潮》第九期上飞生（蒋方震）的文章《近时二大学说之评论》，其中说，由于现在统治中国的是异族，所以必无立宪可言。作者说，中国"果为中国人之中国，立宪可，专制亦未尝不可"。所以革命端在排满。《中国白话报》的白话道人（林獬）更明明白白地说，若是汉种人做皇帝，"我们百姓自然应该忠他"，"我们爱的是自己汉种的皇帝"①。《江苏》第六期载亚卢（柳亚子）的《中国立宪问题》说："公等今日其勿言改革，唯言光复"，甚至说："与其臣事异种之华盛顿，无宁臣事同种之朱温。"显然是种族问题高于一切。自然生（张继）在其《读严拿留学生密谕有愤》一文中，指责留学生不应代满人恢复东三省，宣称"满汉不能两立"，主张"不计其事之成败，当以复仇为心；不顾外患之如何，当以排满为业"②。应当说，持有这类激烈的反满论的人，特别是留学生中的革命分子，他们对西方资产阶级的政治学说是颇感兴趣的。只是可惜，他们大多数人的情况是闻见不少，而理解甚微。有时，在他们的文章中也力图从时势和政略上议论革命的问题，但往往被他们带有强烈的感情色彩的反满论大大冲淡了。

最有趣的是邹容的《革命军》。凡是读过这本仅仅两万字的小册子的人都知道，邹容倒是真正谈到了一些革命民主主义的内容。但是，这个小册子当时那样风行一世，究竟是它的反满论的魔力呢？还是它的革命民主主义的内容呢？为了说明这个问题，我们请出两位无可争议的最为权威的历史见证人。首先是辛亥革命的领袖孙中山。他在谈到《革命军》时，认定它是"排满最激烈之言论"。这是革命领袖在回顾历史时，对这本最有影响力的小册子所产生的主要社会影响所做的正确估价。另一位见证人是鲁迅先生。鲁迅先生于辛亥革命，是躬身经历过来的人。而且我们不能不承认，这位极以观察锐敏、思想深刻著闻的伟大文学家和思想家，他对周围事物的感受要比他的同时代人更清晰得多，深刻得多。鲁迅先生对邹容及其《革命军》是这样评价的。他说："自然，他（指邹容）所主张的，

---

　　① 见《中国白话报》第3期，转引自《辛亥革命前十年间时论选集》第一卷（下），第876、877页。

　　② 《苏报》1903年6月11日。

不过是民族革命，未尝想到共和，自然不知道三民主义，当然也不知道共产主义。但这是大家应该原谅他的。因为他死得太早了，他死了的明年，同盟会才成立。"① 人们也许会惊愕，怎么鲁迅竟然说邹容未曾想到共和呢？《革命军》最后不是高喊"中华共和国万岁吗"？是的，正如我们前面先已说过的，《革命军》是真正谈到了一些革命民主主义的内容的。然而为什么当时读过这本小册子，并受其影响的鲁迅先生，会认为邹容未曾想到共和呢？这说明，《革命军》中关于民主共和的一点内容远不如它的反满论那么深入鲁迅的脑髓，因此不足以给他留下磨不掉的印象，也未能对他的思想发生重要影响。这个事实很可说明一个重要的问题，就是我们研究历史的人，如果单凭对文字材料进行逻辑分析和逻辑论证，那么所得的结果并不一定是符合当时的历史实际的。马克思所说的历史与逻辑的统一，是从发展的总趋势上说，是辩证的统一，不是等同。把历史文献当成录像带，以为在屏幕上再现其影像就是真实的历史，那是很冒险的。即以《革命军》而论，如果单纯就书论书，当然可以指出这本小册子是宣传了若干革命民主主义的东西。但是当时的读者却未必都这样看，他们从这本小册子里得到的是强烈的反满思想，而不是什么民主共和一类东西。很可能当时大多数的读者对小册子中最后略述革命理想的部分并不大注意。就连鲁迅这样一位好学深思的青年，且不免如此，遑论他人！这告诉我们两方面的情况：一方面，当时号称革命宣传家的那些人，本身对资产阶级革命民主主义思想都不甚了了。有些人则完全不知为何物，有些人知道一点，却很皮毛，甚至只知道一些口号、辞句而已。因而，这些东西在他们的笔下显得比较单调、贫乏、生涩，不足以入人脑质。相比之下，他们那饱含感情的激烈的反满论，则堪称是出色的宣传鼓动文字，产生了巨大的宣传效果。而从当时的读者一方面说，那些学识未足而热血满盈的青年，对激烈的反满论，如渴极遇泉的旅人一样，而对几句生涩的民主共和之类的文字，则未必会更多用心去领会。当然，此后，特别在同盟会成立以后，情况有些变化，革命党人中多少了解一些民主主义思想的人逐渐多起来了。

---

① 《"革命军马前卒"和"落伍者"》，《鲁迅全集》卷四 1981 年版，第 129 页。

但需指出，在1903年前后那个时期，革命党人中也未尝没有对革命民主主义有一些清楚的认识的人。他们的反满论是建立在这些比较清楚的资产阶级革命民主主义理想之上的。孙中山自然是这些人中的杰出代表。还在创立兴中会的初期，他就把反满与创建共和国的目标联系起来。以后，每当他谈论革命宗旨时，特别是对外国人，他总是毫不含糊地提出建立像西方资产阶级国家那样的民主共和国的目标。他指出，只因为满清统治者腐朽已极，"绝不可能有什么改善，也绝不会搞什么改革，只能加以推翻，无法改良"①。所以他才坚决领导一场暴力反满的革命。

但是，当孙中山为了动员群众参加革命，当他强调革命党人同立宪党人的界限时，他往往也不得不侧重地宣讲反满复汉的宗旨。例如，1895年，他从檀香山乘轮船赶回国内发动起义，途中，他对群众大讲"杀满洲老，复明之本旨"②。1903年12月，孙中山在檀香山发表的《敬告同乡书》中，也大讲"驱逐满人，恢复河山"，"革命者志在排满而兴汉，保皇者志在扶满而臣清"之类的话。③孙中山是一位非常机敏的政治领袖，他有热烈的理想，但在号召群众，组织群众时，他很注意掌握群众的思想情绪和心理状态。他曾举例说，甲午战争时，家乡父老曾有"闻旅顺已失，奉天不保，雀跃欢呼者。问以其故，则曰：'我汉人遭虏朝荼毒二百余年，无由一雪；今得日本为我大张挞伐，犁其庭，扫其穴，老夫死得瞑目矣！'"④这看上去似乎是不合情理，然而确是事实。如果我们联想一下，到了1903年，身为革命知识分子的张继在《苏报》上痛责留学生拒俄义勇队是代满人收复失地，那么八九年前乡陬老人的议论又何足怪。孙中山正是了解群众的这种心理，所以，尽管他本人热烈地笃信民主共和的理想，但在号召群众时，仍不得不强调反满复汉的宗旨。因为这是绝大多数人能够接受的。而民主共和之说不易为多数人所理解，不易打动人心。

除孙中山外，自然还有一些人多少具备一些革命民主主义的思想。章

① 《与〈伦敦被难记〉俄译者等的谈话》，《孙中山全集》卷一，第86页。

② 冯自由：《中华民国开国前革命史》第31页，按书中冯自由所述这句话是"杀满洲老，复明之江山"，而该书影印原件手迹是"杀满洲老，复明之本旨"。

③ 《孙中山全集》卷一，第232页。

④ 《支那保全分割合论》，《孙中山全集》卷一，第222页。

士钊任《苏报》主笔时，议论发皇，颇多精彩。比如其《读〈革命军〉》一文，即亟亟于辩明国民主义与反满的关系。他说："仅仅以仇满为目的，而不灌输以国民主义，则风潮所及，将使人人有自命秦政、朱元璋之志。"则革命之后，各图帝制自为，民主共和就完全成一句空话了。所以他认为，应"以国民主义为干，以反满为用"①。即反满只能是手段，国民主义即民主共和才是目标。

另一个适当的例子是蔡元培。他在《苏报》上发表《释仇满》一文，一开始即指明，满汉间纯然种族上的差别今已不存在。因此，他认为反满问题基本上不是种族问题，而乃是政略上的问题。什么意思呢？即是说，问题不在于复仇或尽逐满人，而在于取消作为统治者的满洲贵族的政治特权。他称这种政略上的反满是"非真反满"。这个说法对于孙中山、章士钊等来说也是适当的。他们确非真正意义上的反满论者。但蔡元培进而宣称，所有革命党人的排满均非真反满，这就近乎武断了。诚然，革命党人中绝少在实行上主张尽逐满人或尽杀满人的。但他们的的确确怀有种族主义心理，这是毫无疑问的。所以真正的反满论者是大有人在的。孙中山从不否认这一点。他不止一次地说到，当时参加革命的人，多数是志在排满。"以为只要推翻满清之后，就是中国人来做皇帝，他们也是欢迎的。"② 前面引述的有人主张宁欢迎专制的朱温，也不要民主共和的异族华盛顿，其种族界限之严峻可想而知。蔡元培的说法，其实也是从宣传上着想。他并非不知道"真反满"者大有人在。只是他本人是切实接受了资产阶级民主主义的人，这可以他后来的一些言论行事为佐证。所以，他真诚地希望反清革命能纳入民主革命的轨道，走向民主共和国的目标。为此就需要尽量减少革命的种族色彩，大力提高民众的民主觉悟。蔡氏精神高人一筹，其民主信念之纯笃，令人心敬。蔡元培是唯一不很迁就种族主义的反满论的人。章士钊虽然对民主主义有稍为切实的了解，但在他的宣传品中，也每多利用反满以求打动人心。其所著《沈荩》一书，即为适例。其书曰："沈荩捶毙于满廷，于是舆论愈激昂，而热血愈腾涌，几若全国一

----

① 见《苏报》1903 年 6 月 9 日。
② 《民生主义·第二讲》，《孙中山选集》1981 年第 2 版，第 834 页。

致，以奔满洲。"又谓："满洲之敢杀吾沈荩也，乃自恃其三百年窃国之权，对于四百兆为奴之种，而后杀之者也。"① 其意均在激动汉族同胞的反满情绪。当时几乎所有的宣传鼓动家包括邹容在内，无不以排满来号召群众，"此时代性使然"②。章士钊在回忆这段历史时，对当时很流行的一本小册子《黄帝魂》曾这样说道："《黄帝魂》选稿，范围取其广，议论取其刻，而本旨不离乎排满者为合格。"③ 又说："要之，当时凡可以挑拨满汉感情者，不择手段，无所不用其极。"④ 章氏的这些说法是符合历史实际的。试举一例，当时留日学生刊行一本小册子，据说是得自留美学生中某宗室，其书名《灭汉种策》，主张满汉不两立，必杀尽汉种始可无忧。为达此目的应借外力，对汉族留学生则尤主迫害。留日学生将此小册子刊行，广为散发，以求激动汉族留学生乃至国内青年起而反满。⑤ 笔者认为，这本小册子的来历颇可疑，极可能是假托满人口气，故意造作此书，以激动反满。此正可为"不择手段"之一例。

　　这就是说，在1903年前后，从事反满革命活动的人们，绝大部分是怀有反满复汉的心理的，其能不止于反满，更有反帝救国思想的人固亦不少，但中国问题远非改换朝廷种姓即能解决的。所以同反满联在一起的反帝观念，往往不能完全摆脱排外心理。只有同民主建国的目标联在一起的反帝观念，才是比较健全的反帝思想。而在当时真正了解民主建国的思想的实在极少。所以，认为民主共和与反满具有同样深入人心的影响，或认为反满论是资产阶级革命民主主义的适当表现形式的说法似未必允当。

　　弄清当时革命党人的实际思想状况，对于正确认识辛亥革命的全过程是有重要意义的。因为1903年前后被一派反满论激动起来参加革命的青年知识分子，正是辛亥革命的骨干力量和精华所在。他们是否正确理解革命的意义，决定他们能否正确地实现革命的任务。

---

① 见《辛亥革命》（一），第258页。
② 同上书，第244页。
③ 同上书，第256页。
④ 同上书，第241页。
⑤ 永井算已：《光绪末年留学界趋势》，转见黄福庆《清末留日学生》，第200—201页。

六   反满平议

反满成为清末革命运动的中心口号，这不是偶然的。它折射出晚清社会的性质，反映了那场革命运动的水准。一般说来，革命是社会基本结构的变动，只有基本结构发生变动才会引起社会性质的变化。这正如原子结构的改变会改变元素的性质，分子结构的改变引起物质性质的改变一样。所谓社会基本结构，当然首要的就是阶级结构，各阶级的社会地位、社会作用、相互关系、力量配置，等等。清末的社会基本结构与传统社会结构已略有不同，有几种社会势力是中国历史上前所未有的，主要是：一、外来帝国主义势力，此种势力在中国社会有两种主要作用。第一，它是压迫力量，它同中国封建统治者联合压榨中国人民；第二，它是西方资本主义的传播者，它引起并不断加强中国自然经济解体的趋势，造成了资本主义生长的某些机会和条件。二、资本家阶级开始产生，尽管其数量甚微，但它代表新的生产关系，是推动封建自然经济解体的重要力量，也是各种朝向现代化的改革运动的支持者。三、新型知识分子，他们的来源有四：（一）帝国主义在华势力所培养（如教会学校、企事业等）；（二）成年知识分子接受西学影响；（三）新式学堂出身；（四）留学生。他们的总数量尚无精确统计，但至辛亥革命时止，估计总数有三万人，他们分布在各领域，起着传播新思想、推动新事业的积极作用。

必须看到，上述三种社会力量，从与传统社会力量相较量的角度来看，它们的总和仍远不及后者强大。因为三种力量中的第一种作为一种外来势力，它同中国传统社会的关系相当复杂，它所能发生的促进革新的影响十分有限。它同清政府的相互勾结的一面，以及它到处激起中国群众的普遍反抗，都大大削弱了它的影响。第二种，资本家的势力，一来它力量甚微，二来它需在帝国主义与封建政权的夹缝中谋求生存和发展，所以它总是避免激烈的社会冲突，本能地希冀一些可望实现的小小改革。它远不足以成为社会革命的中坚力量。第三种势力，新型知识分子，他们中主要分成两派：一派主张通过和平改革的途径，逐渐达到变君主专制为立宪政制。一派主张暴力排满，推倒满清后实行民主共和。反满革命论就是发源于这派知识分子中。

本来，社会变革并非一定需要暴力革命来完成。相反，真正的社会改造，往往主要是通过扎实的改革运动来实现，暴力冲突只是插曲，或是一种补充，或是一种先导。而单纯暴力革命往往只能解决政权转移问题，并不足以完成社会改造。英国、日本、法国的历史都堪为借鉴。现在，真正了解中国近代史的人也逐渐多起来了。以上的论述，已不致被视为异端的奇谈怪论。

但是，清末中国社会何以未能给和平改革运动留有充分的机会，而迫使人们走上暴力革命的道路呢？

一般来说，和平改革运动得以有成效地进行，须有如下的条件。第一，社会已生长出足以支持改革的政治力量；第二，统治集团本身意识到改革的必要，并有发动改革的力量准备；第三，国家民族没有逼人的外部威胁，因为这种威胁从消极方面说会拘牵改革者，使他们不敢放胆进行改革（无论是统治集团，还是新兴社会力量都会如此）；从积极方面说，这种威胁可以冲淡社会内部的矛盾冲突，使改革本身的意义大大降低，也就是民族主义会抑制、冲淡民主主义。而一切民族主义无例外地总是要从旧传统中汲取力量，从而限制革新意识。

我想，无需罗列具体事实与数字，人们不能不看到，清末的社会，上述三个条件都不具备。而外部威胁又是异常逼人的事实。因而，清末致力于革命运动和立宪运动的志士都是以救国为出发点。但革命党人认为清政府是"洋人的朝廷"，要救国首先要推倒满清政府，从这个卖国的政府手中救出中国。立宪派担心革命遭致动乱，易为洋人所乘，所以力图推动清政府实行立宪，收拾民心，既可防止革命，又可渐图富强，最终达到解除外部威胁，使国家现代化的目的。但清政府是由腐败的贵族官僚集团组成的，他们唯一关心的是既得的权力地位，所以宁可甘为"洋人的朝廷"，也不肯放弃权力，实行真正的改革。最后终于使立宪派失望，而革命党人却赢得了群众。

革命党人靠什么去赢得群众呢？

曾经有一些出版物，认为革命党人主要是靠"民主共和国"的理想吸引群众的。我在《孙中山的民权主义与辛亥革命的结局》（载《历史研究》1986年第6期）一文中，着力做了相反的论证。我认为，除了少数领袖和知识分子骨干人物对民主较有理解外，绝大部分参加革命运动的人是受了"反满"的号召而投身革命的。这是因为，民主的思想基本上是少数知识分子从西方介绍到中国来的。不是中国社会发展中自身产生的观念和内在的要求，甚至力量微弱的资本家阶级（其实严格地说，在人口众多的中国社会，这个小小的资产者群，还谈不上是一个阶级。但除了这个习惯说法，暂时还不易找到一个为大家乐于接受的新提法），也不太热衷于"民主"，而只要求在立宪政体下多得到一些较切实的保护，得到一部分参政权。对"民主"真正表示热情的只是一部分知识分子。而这部分知识分子，大多数对"民主"也是热情多于理解。有人说农民是中国最大的民主派，这其实是一个从未有人加以证明的"大胆假设"。可以说，在清末，民主的观念，还极少能同中国人的现实生活联系起来。因此，它对绝大多数人来说，不能产生激动精神的力量。真正能够激动人心，可以使人振臂扼腕，投袂奋起的口号是"反满"。因为满洲贵族的昏庸腐败是人人可见的事实；满清政府丧权辱国也是历历可数的事实；满清皇室"宁赠友邦，不予家奴"，处处防制汉人，削弱汉人权利，也是到处可见的事实。不仅如此，"反满"的口号还唤起人们对"嘉定屠城"、"扬州十日"的记忆。这种历史上的民族仇恨心，以现代人眼光看来虽然不那么伟大，但实际上它却是最能激动人心的。革命党人最初发动的时候，恰恰主要是依靠这一点唤起群众的。

　　至此，我们可以得出如下判断：

　　一、在清末，中国社会的资本主义经济刚刚产生，资本家数量甚微。因此，资产阶级民主主义缺乏现实的阶级基础。

　　二、民主的思想，主要是由知识分子从西方介绍过来的，是舶来品，中国人大多数对它有生疏感。

　　三、清末革命运动的主要起因是国家面临严重的外部威胁，满清政府腐败卖国加剧了这种威胁。要救国，必须推倒满清政府。因此，革命党人主要是以"反满"的口号，而不是以"民主"的口号去组织和动员群众。

　　四、由此可见，与其说反满是资产阶级民主主义的适当表现形式，远不如说，它是清末反帝民族主义革命的适当表现形式。

五、鉴于上述各点，辛亥革命虽然以民主共和为理想目标，因而可以列入资产阶级民主主义革命的范畴；但这个民主主义革命是在降一格的形式中实现出来的，它是穿着厚重的民族主义外衣登台表演的。这也就决定了辛亥革命不足以完成民主主义革命的任务。

（本文写于1990年，收入1991年9月贵州人民出版社出版之
《辛亥风云与近代中国》一书）

从革命党与立宪派的论争看
他们的民主思想准备

辛亥革命前发生的革命党与立宪派的论争，差不多所有关于辛亥革命的史著都曾谈到并有所论列，此外还有专书和专文讨论这一问题。如此，人们觉得关于这一问题似乎已没有什么话可说了。但如果从两派的民主思想准备的角度去观察，则此一问题还很有重新加以讨论和深入分析的余地。

戊戌变法失败以后，直到辛亥革命爆发，反满革命的主张与和平改革的主张之间一直存在着争论。争论大体上可分为三个时期，同盟会成立前为前期；同盟会内部纷争以及立宪派投入实际的立宪运动为后期；两者之间为中期。前期的争论比较分散，不很深入。后期，立宪派忙于立宪活动，革命党内部不统一，分头奔走革命，他们与立宪派之间相互排击的文字固然不少，但涉及思想理论的文字不多。中期的争论最为重要。此时，革命党阵营中较长于论述的骨干都集中在日本，而立宪派的理论重镇梁启超也正值办报最热心的时期。所以，此时期的争论比较最集中，比较最深入，涉及民主的内容也较前后两期为多。

双方论战的文字上百万言，时间有一年半之久。革命党方面以《民报》为中心阵地，立宪派方面以《新民丛报》为中心阵地。我们即以这两种刊物上所发表的文章做主要材料，来研究两派在论争中所表现出来的对民主的认识。

一　民主的问题并不是双方论争的中心

复检双方论战的文章，一个明显的事实是民主的问题在双方争论中并不占主要地位。中心的问题仍是所谓"民族问题",实即反满问题与暴力革命的问题。

先从《民报》方面说。粗略统计一下,《民报》所发比较严肃的争论文章,真正讨论民主问题的只有一篇。另有五、六篇其中讨论到民主的问题。其余则都是反复论证反满及暴力革命之必要或宣传民生主义的内容。正面讨论民主问题的,是署名思黄(即陈天华)的一篇,题目是《论中国宜改创民主政体》。① 此文所论,也只表达了向往共和之心切,而对民主共和制度本身论述甚少。

《民报》第1号、第2号连载汪精卫的文章《民族的国民》。文章分两大部分,第一部分谈民族主义,着力论述满汉不可调和的关系。第二部分谈国民主义,主要论述满汉人民权力不平等。欲达国民主义,必先行反满革命。此文有一处解释孙中山革命三步说,即须通过军法、约法,最后进达宪政的发展过程。这是此文真正谈及民主的部分,只占全文 1/8 的篇幅。

胡汉民在《民报》第3号上发表《〈民报〉之六大主义》。这六大主义原是民报社《本社简章》中所宣示的,即(1)颠覆现今之恶劣政府;(2)建设共和政体;(3)土地国有;(4)维持世界之真正平和;(5)主张中国、日本两国之国民的连合;(6)要求世界列国赞成中国之革新事业。胡氏此文即一一阐述上述六点,这六点之中只有第二点是关系民主问题的。这一部分不足一千字,中心部分只是从社会心理,社会理想上立论,于民主之制究为何物,如何才能实现,几乎没有涉及。

汪精卫的《驳〈新民丛报〉最近之非革命论》(《民报》第四号),这篇一万七千余字的长文,比较多地谈到民主的内容。但仍嫌空泛,而缺乏具体的分析。他的主要论点仍在反满革命。他认为中国不革命就谈不上立宪,谈不上民主。"革命者,建立宪制之唯一手段也。"可见其注意之点,落脚之点是在革命,尤在"种族革命",即反满。

汪精卫另两篇长文《希望满洲立宪者盍听诸》(《民报》第5号)、《再驳〈新民丛报〉之政治革命论》(《民报》第6、7号),前者论证满洲

① 载《民报》第1号,1905年12月。

政府不可能真立宪，此论颇有力。后者论革命主义且只有革命主义能达政治革命之目的，即推翻专制建立共和。于民主共和本身未作讨论。主要着眼点仍在论证革命之不可免。在第 8 号上，汪氏又有《满洲立宪与国民革命》一文。第一部分力证满人借立宪之名以行中央集权之实；以立宪为饵，以中央集权为钓，阳收汉人之虚望，阴植满人之实权。此批判亦甚有理有力。第二部分讨论当下汉人应如何办。他主张，一要积极参与地方自治团体，多办一事，多占一分权力，如警察、教育等事，此意亦颇可取，对助长民主观念亦有益。但作者说，此并不重要。唯一重要的还是以革命手段向满人夺回主权。

在近 40 篇论战文章中仅上述诸篇谈及民主问题，且所涉甚浅。而于民族问题、暴力革命问题言之剀切，论析亦较详明。故可得出结论，民主问题，在革命党人心目中实非争论的中心问题。

再从《新民丛报》方面看，也有同样的情形。梁启超在大辩论前，和大辩论之后，都有许多文字介绍、宣传和讨论民主的问题。而在辩论中，其大块文章皆不以此为重点。大辩论期间，梁氏所写与《民报》辩论文章有如下几篇：

《开明专制论》（《新民丛报》第 73—75，77 号）

《申论种族革命与政治革命之得失》（同上，第 76 号）

《答某报第四号对于〈新民丛报〉之驳论》（同上，第 79 号）

《暴动与外国干涉》（同上，第 82 号）

《杂答某报》（同上，第 84—86 号）

《中国不亡论》（同上，第 86 号）

《现政府与革命党》（同上，第 89 号）

《驳某报之土地国有论》（同上，第 90—92 号）

这八篇之中，第四、六、七、八四篇明显地不是讨论民主的问题，可先排除。《开明专制论》一篇长文，主旨在论述当时中国不但不宜于共和立宪，亦且不能实行君主立宪，只能实行开明专制以为实行宪政之过渡。该文第八章专论此旨。梁氏此文不是正面讨论民主制度自身的问题，而是着力说明，中国尚无实行民主制度的条件。

《申论种族革命与政治革命之得失》一文，较多涉及民主制度的问题。

梁氏此文是驳革命党人种族革命可收政治革命之果，即通过种族革命颠覆异族政府，随之即可建立共和立宪制度的说法。梁氏认为，种族革命必以暴力行之，暴力革命之后，既不能收君主立宪之果，亦不能收共和立宪之果。对于后者，他做了很详细的分析和说明，这些内容我们后面再谈。本文的落脚点是在于"种族革命实不可以达政治革命之目的"①。欲达政治革命之目的，唯有人民于政治上有立宪之觉悟而出于正当之要求（要求不得应，可附以暴力的要挟）。他认为，只要人民确有觉悟，确有能力，要求必有可达之期。反过来，若人民无觉悟，无能力，即使暴力推翻一个专制政权，结果必又一专制政权以继之，立宪终无可达之期。

《答某报第四号对于〈新民丛报〉之驳论》，这篇将近三万字的长文，是专为批驳汪精卫发表在《民报》第四号上的《驳〈新民丛报〉最近之非革命论》而写的。这是一篇典型的辩论文字，从论理、论据各方面层层辩驳。但作者立脚点仍在反对种族革命，而主张为君主立宪作预备，争取实现开明专制。

《杂答某报》是由五部分组成的一篇答辩文章，连载于《新民丛报》第84—86号。这五部分是：（1）自满洲入关后中国果已亡国否乎？（2）今之政府为满洲政府乎，抑中国政府乎？（3）政治革命论与种族革命论孰为唤起国民之责任心，孰为消沮国民之责任心乎？（4）立宪政体之不能确立，其原因果由满汉利害相反乎？（5）社会革命果为今日中国所必要乎？这五部分之中只有第（3）部分（其分量只占全篇的1/10多一点）是着重谈国民对政府的关系，涉及民主的问题。然梁氏着力的地方乃在反驳革命党人认为对现政府除以暴力推翻之，别无所谓国民责任。梁氏质问，在革命军未起，现政府未推翻之前，难道就听任政府为所欲为吗？此部分谈到君主立宪与共和立宪之关系，谈到革命派与立宪派微相反而实相成的关系，亦很可注意。

但综观《杂答某报》一文，梁氏着眼点仍在批驳革命党的反满论和土地国有论。在这里，须特别指出，在梁氏论战文字中，驳土地国有论的文字占有特别地位。一则此部分文字非常之多，几占全部论争文字的2/5。

————————

① 《饮冰室合集·文集之十九》，第16页。

二则此部分文字极带感情色彩，言词特别激烈，其激烈之程度不但远过于关于君主立宪与共和立宪之争，亦远过于关于满汉关系之争。这表明，革命党的具有社会主义色彩的经济政策，大大触动了梁启超作为新生的资产者的代言人的神经中枢。他觉得在别方面犹可让步，在此一问题上必寸步不让，以匕首指其胸，亦必坚拒之。这一方面的内容不在本文范围之内，故不详及。但须指出这一点，以进一步表明，关于民主问题的争论，确非中心焦点所在。

二　革命党人论民主共和之必可得

论战中，因为梁启超提出中国处专制制度之下太久，人民还不具备实行民主政治的能力，须要有一个过渡时期。最好是先搞开明专制，以训练人民的能力。开明专制当出以要求，不当用暴力革命。革命党人是以暴力推翻满清政府为最要主张，所以绝不能同意梁启超的说法。他们认为中国只要推翻满洲异族的统治，则民主共和制度是必至之事。他们对此充满信心。但检查一下他们所提出的论证，却可看出，他们把民主制度的建立未免看得太简单、太容易了。

为了驳斥梁启超所说国民程度不足的说法，革命党人提出了一个逻辑推理：他们说："自由、平等、博爱三者，人类之普通性也。……论者（指梁启超——引者注）虽武断，敢谓我国民自有历史以来，绝无自由、平等、博爱之思想乎？……我国民既有此自由、平等、博爱之精神，而民权立宪则本乎此精神之制度也，故此制度之精神必适合于我国民而决无虞其格格不入也。"① 这就是说，中国人民做共和国民的资格是天然具备的。

梁启超在论述中国人尚不具备共和国民的资格时曾论证说，共和国民的资格最关键的是要有运用议会政治的能力，若具备此种能力必须有公益心，能自治。针对这一说法，汪精卫又论驳说：既然不能否认我国民具备自由、平等、博爱之精神，则"博爱者，公益心之渊源也；不自由，被治而已，安能自治？"意即是说，中国人有博爱心，自然也有公益心，有自

---

① 汪精卫：《驳〈新民丛报〉最近之非革命论》，《民报》第 4 号，1906 年 5 月。

由精神，自然也就有自治之能力。如此说来，中国人具备共和国民之资格与能力，还有什么疑问呢？

其次，他们还有一种可以称作历史的论证。思黄在《论中国宜改创民主政体》①一文中说："吾民之聪与明，天所赋与也，……当鸿昧初起，文明未开之际，吾民族已能崭然见头角，能力之伟大，不亦可想。特被压制于历来之暴君污吏，稍稍失其本来，然其潜势力固在也。"只要推翻清朝专制政府，人民此种能力，即可迅速回复。一旦回复，即可享得完全之国民权力，即建立民主共和制度。思黄把建立和运用民主政治的资格能力混同于一般民族的能力，成为一种绝对抽象的东西。由此推理：我民族之能力既然数千年前即已崭露头角，数千年后自然不会弱于他民族，他民族有的资格能力，我民族当然可以有，只须废除压制此能力的专制政府即可以了。思黄氏更提出一种论证，他说，拿破仑曾预言：中国人如睡狮，一旦醒来，可能会支配世界。他把这也当作一个前提。于是问道："以能支配世界之民族，而不能享有世界最上之权力，有是理乎？"这种论证之缺乏说服力，自不待言。思黄氏另提出一种论据，说中国人历史上富于自治能力，"吾民族处野蛮政府之下，其自治团体之组织有可惊者。朝廷既无市町村制之颁，而国民亦不克读政法之学，徒师心创造，已能默合如是，使再加以政治思想、国家思想，其能力岂可限制耶？"底下他举东三省有韩姓其人者，能久维持一种自治权，日、俄、清皆不能干涉之。"无异一小独立国。"此处所说，乃是在清政府统治力量薄弱的边远地方，由豪强势力自行统治，其与民主政治意义上的地方自治远非一事。可见，作者对于民主的理解还非常模糊、肤浅。像上述那种地方势力，非但不是建立近代民主的基础，反而是一种障碍。作者把这类地方势力视为民主政治的基础，只能是去民主共和愈来愈远了。

革命党人还针对梁启超所说，为立宪政治做准备，应先行开明专制的说法，引证日本学者，认为中国在汉唐时期，已行开明专制，这种预备工夫早已有了，故实行共和立宪，毫无问题。②唯一的障碍，只是满洲人的

---

① 载《民报》第 1 号，1905 年 12 月。
② 胡汉民：《〈民报〉之六大主义》，《民报》第 3 号。

统治，驱除鞑虏，共和立宪之制自然树立。这显然是为辩论的需要，随意取舍，完全不顾及理论的一贯性，自然也就没有说服力。

革命党人忙于为革命起义而四处奔波，较少机会认真地研究民主宪政有关的理论及其历史，他们对国民的了解甚笼统，除了皇帝及助其掌握最高权力的一小部分人，其余皆为国民，没有经济上、政治上、思想上的差别。也没有自身权力的认知与争取实现的过程，只要去掉现时压在他们头上的异族专制政府，则天下尽是共和国民，共和立宪之实行乃是自然而必至的事实。胡汉民说："今惟扑满而一切之阶级无不平，其立宪也，视之各国有其易耳，无难焉也。"① 汪精卫也说："革命之后，必为民权立宪，何也？其时已无异族政府，只有一般国民故也。"②

总之，只有抽象的国民观念，抽象的国民能力观念。他们未曾考虑从专制到民主的过渡是一长期曲折的过程。

革命党人还企图从国民心理上来论证实行民主共和之易。

前引胡汉民的文章里便说："我汉族民族思想与民权思想发达完满，故能排满，能立国。而既已能排满立国，则探乎一般社会之心理，必无有舍至平等之制不用，而犹留治人者与治于人者之阶级也。"意即必选择民主立宪制度。汪精卫断定说，革命是"建立宪制之唯一手段"。而革命"实行时代，去专制之苦，尝自由之乐，夷阶级之制，立平等之域。国民主义民族主义昔存于理想，今现于实际，心理之感孚，速于置邮而传命也"③。他认为，人人皆与汪氏等革命党人一样，皆倾慕国民主义，倾羡民主共和。所以，一旦革命推倒满洲异族之专制政府，无不赞成实行民主立宪者。

梁启超曾指出，千年专制之国，一旦革命而后实行民主宪政是决无可能的。革命党人则让一步，承认革命之际及革命之后有一个短暂的过渡时期。思黄氏在前引《论中国宜改创民主政体》一文中说，立宪之政五年小成，七年大成。孙中山比一般革命党人要高明，他早就提出由革命之起到

① 胡汉民：《〈民报〉之六大主义》，《民报》第 3 号。
② 汪精卫：《驳〈新民丛报〉最近之非革命论》，《民报》第 4 号。
③ 同上。

实行宪政须经过军法与约法两个过渡时期。军法时期，军队与人民同受治于军法之下，军队为人民破敌，保其安宁，人民则供军队之需要。每县以三年为限，解除军法，进入约法时期。约法时期，由军政府与人民互相约定彼此之权利义务，各遵守之，以六年为限，实行宪政。按孙中山所说，则是三年小成，九年大成。

梁氏曾针对孙中山的说法，提出质疑，认为约法在事实上不可能。他说，军政府有办法要人民尽其义务，人民有何办法要军政府必尽其义务呢？其必曰，拒纳税。然而，军政府若派一队人马下去督催，人民还能拒纳租税吗？凡稍知政治历史的人都能承认，梁氏这里提出的是一个绝大的关键问题，也是个无法回避的问题。革命党人无法提出令人信服的论证，于是求助于社会心理的论证。汪精卫在《驳〈新民丛报〉最近之非革命论》一文里说："推过去，察现在，审将来，民族主义、国民主义之必昌明，……则革命者，应于国民心理之必要而发生者也；则约法者，革命之际应于国民心理之必要而发生者也。"在另一篇文章里，他又稍加详细地论说道："约法者，革命时代革命团体与人民相约者也。此时，革命团体尚未具国家之资格，其与民定约法也，亦犹国民与国民之关系而已。"他这里说的革命团体，即革命党所率领之革命军。他的逻辑是：既然革命军尚未取得完全的国家政权，尚不具备国家的资格，则革命军与人民便没有什么区别，两者的关系便亦如一部分国民同另一部分国民之间的关系。这一步逻辑转换在语言文字上表现得极简单。可事实上，谁也知道绝非如此简单。梁启超提出的问题的关键正在这里。革命团体——即革命党所率之革命军，是武装的团体，而人民是手无寸铁的。在革命烽起的战乱年代，两者绝非处同等地位。往下汪氏论述道：既然革命团体与国民之关系实质上是国民与国民之关系，则两者之关系"至为密切，其地位同也，其主义同也，其目的同也，于是二者之间以云缓急，不可不相依也；以云信任，不可不长保也；以云目的，不可不共达也。"由此，他得出结论："由是关系，乃生约法。约法者，规律革命团体与国民之关系，使最终之结果不悖于最初之目的者也。"①他认为，约法之能成立，约法之能实行，保证最终

---

① 汪精卫：《驳〈新民丛报〉最近之非革命论》，《民报》第4号。

达到民主立宪之结果，皆毫无问题。因为国民心理皆如此。

由上述可见，革命党人为宣传其革命论，宣传其民主立宪的主张，基本上回避了一切实际的困难问题，而一任理想式的推论，所以，只见其易，不见其难。革命家大率如此。

三　梁启超论民主共和之不可得

梁启超与革命党人恰相反，他认为在当下之中国，欲求民主共和是必不可得之事。他不但认为以革命求共和必不可得，即以和平改革求之，亦非近期所能得到。在他看来，在中国建立民主共和制度是极难极难的事。

首先，他极力证明，以暴力革命推翻清政府，绝非能得民主共和，可能是更加倍的专制制度。他说："历史上久困君主专制之国，一旦以武力颠覆中央政府，于彼时也，惟仍以专制行之，且视前此之专制更加倍蓰焉，则国本其庶可定。所谓刑乱国用重典是也。"① 梁氏借用波仑哈克之说来分析革命后的形势，认为革命一旦爆发，必倡义者纷起，即使革命领袖分子真诚信仰共和民主，且人格高尚，但不能必保佐命者皆如此。即使首义之军皆能如此，而不能必保其他地方的起义军皆能如此。革命队伍中人，既不能保证皆具革命前所理想的人格，则有一部分人或一部分起义军队不能严格律己，恪守民主共和所必要之种种条件，则纷争必不能免，芬乱必不能免。争乱久之，人民厌乱，只好将自由权力委诸一强有力者，如此则必定仍是专制，人民只有服从的份儿。且，革命后，无论谁，无论哪一党派，哪一部分起义者，哪一个军事集团，或哪一部分人，为巩固自己的权力地位，必拼力增殖自己的势力，而翦除异己的势力。这样就绝无民主共和可言。掌权者，篡权者无论以"民主"——大统领的名义，还是恢复君主的名义，其为专制则是一样的。②

革命党人在同改革派辩论（此辩论可远溯至大辩论之前数年）中，亦察觉到，从暴力推翻君主专制政权到实行民主共和制度不可能一蹴而就，

① 《申论种族革命与政治革命之得失》，《饮冰室合集·文集之十九》，第13—14页。
② 参见《开明专制论》第八章，《饮冰室合集·文集之十七》，第50—52页。

须有一过渡的阶段，所以孙中山曾设想出经军法、约法再到立宪的三步方案，汪精卫等人也曾多次宣传解释这一方案。但梁启超认为，这只是革命党人主观的一厢情愿。一旦暴力革命起来，世势绝非一二领袖分子所能控制自如。况，所谓军政府与地方人民相约各自的权力义务，则军政府维护自己的权力饶有余裕，而人民则究竟以什么来保障自己的权力必能实现呢？所以暴力革命，主动者靠的是武力，以武力得天下，必仍以武力维持之。几乎没有一个肯自动放弃武力，把权力交还给没有实力可与政府相抗衡的人民。法国革命造成革命恐怖的专制是历史上已有的成例。美国华盛顿之能于革命独立后，放弃武力，而接受民选为总统，是因为革命之始，他就是十三州所委托者，而十三州早已实行民主自治制度。这与君主专制下，民间起而革命迥乎不同。

梁启超的结论是：在中国这样的君主专制国里，"革命绝非能得共和，而反以得专制"①。

其次，梁启超从实行民主共和制的条件上，论证中国不可能很快地实行民主共和制度。他提出，民主共和制度最关键的运作机枢在议院，所以必须人民具有实行议院政治之能力，方可具备共和国民资格，方可确立民主共和制度。而考察人民之有无实行议院政治之能力，按梁启超的意见，可从两方面去看：第一，由人民选出的议员大多数有无"批判政治得失之常识"，"此为第一要件"。若无此常识，则议院必难形成关乎国利民福的正确议案，亦必难有健全的对待政府的态度。或政府之正确行为不能得其支持，或政府之错误行为不能得其监督与纠正，实际不能发挥议院应有之作用。第二，有无发达完备之政党。近代民主国家皆以政党为政治生活的原动力，且必形成两大政党和平竞争的机制才会有比较稳健的政党政治。

梁启超认为，依中国之现实条件，绝难有多数能批判政治得失之议员来运用议院政治。所能竞选者，"非顽固之老辈，则一知半解之新进也"。此辈充斥议院，若前者占多数，"则复八股之议案可以通过"；若后者占多数，"则尽坑满人之议案可以通过"。如此议院，指望国家政治安定，绝无

---

① 参见《开明专制论》第八章，《饮冰室合集·文集之十七》，第50页。

可能。① 梁氏的议论，有些过趋极端。

至于谈到政党政治，梁氏认为中国更不具备条件。他说："今日中国无三人以上之团体，无能支一年之党派。"以政党所选之人充议员，则中国若立议院，五百议员中可有上百个党派。其政治运作之杂乱可想而知。

依梁启超的看法，前述两条件：议员之大多数有批判政治得失之常识，有发达完备之政党，这只有在国民程度较高的国家，例如英美等国方可。以中国而论，则绝不可得。国民程度之高低，主要看其有无自治之能力与习惯，有无公益心。中国人历经两千年专制统治，其政治主动性被汩没已久，向无自治之习惯，更无团体生活的训练。且人各自私，最多只知有家庭，有朝廷，不知有社会，不知有国家，公益心无从培养。无自治能力，即不知尊重公共秩序；无公益心，就不能主动地担当公共之责任。而"重秩序尊公益之心理，非养之以岁月而万难成就"②。革命党人宣传说，国民资格未备，即以革命养成之。梁氏争辩说：革命者必恃煽起感情，必恃动员众多下等社会之人群，故革命非但不利于培养自治能力与重秩序、尊公益之心理，甚且恰相反。所以他说："今日中国国民未有可以行议院政治之能力者也。吾于是敢毅然下一断案曰：故今日中国国民非有可以为共和国民之资格者也，今日中国政治非可以采用共和立宪制者也。"③

梁启超还试图从法理学上论证实行民主政治，实行议院政治之难。

他在《申论种族革命与政治革命之得失》一文中，分析种族革命（暴力革命）后建立共和立宪制之不可能。虽是针对暴力革命与共和立宪不可能直相衔接而言，但他是从法理上立论，所以较其《开明专制论》实又进一层，更充分显现出梁氏对中国实现民主立宪制之极度悲观。

梁氏分两方面论述。

首先，他提出，既然要实行民主立宪，即不能不遵循卢梭的"国民总意说"，即国家意志，不论表现于立法、行政、司法，或对外关系，均必须以国民总意为最后根据。但他争辩说，国民总意实在无法获得。（1）议

---

① 《开明专制论》，《饮冰室合集·文集之十七》，第64—65页。
② 《答某报第四号对于〈新民丛报〉之驳论》，《饮冰室合集·文集之十八》，第78页。
③ 《开明专制论》，《饮冰室合集·文集之十七》，第67页。

院是代议制，议员之意志不等于其所代表的全体国民的意志。（2）欲求真正国民总意，须全民投票。然而中国如此广土众民，直接投票绝无可能。（3）即使能直接投票，其间有形无形的势力干预，造成一部分国民非能按自由意志投票，真的国民总意仍不可得。（4）即使能保证全体都能按自由意志投票，从理论或事实上仍不能得真正之"国民总意"。盖因数亿人民皆同一意见实是不可能的事。

既然绝对的国民总意不可得，可退而求其次，求得国民大多数之共识。梁氏认为：一则大多数之意志未必即为国利民福所在；二则真正的大多数实际亦属难得，有势力的一部分人往往通过种种手段，种种影响伪造出"大多数"。多数国民易受外界刺激，易受感情影响，其政治倾向往往不能真正凭个人理性做到真正自主判断。法国大革命时，东京留学生总会闹"取缔风潮"时，皆显示出这种情况。因此，梁氏断定说，在中国欲得国民大多数之意志以为国家决策之根据，以实现民主立宪之根本精神是不可能的。

其次，梁氏又说，民主立宪必实行三权分立制度。三权既分立，则皆不能代表国家最高主权，最高主权仍在全体国民，既在全体国民，则必恃国民总意或大多数国民之意志以体现国家最高主权之所在。而前面已说过，国民总意或真正的国民大多数意志皆属难得，事实必流为一部分最有势力者所专擅。故民主共和云云并非事实上所能得到。

以上是梁氏从革命后的形势上，从民主共和制的必要条件上，以及从民主立宪的法理上力辩中国无法实行民主共和制度。

梁氏认为，当时之中国不但不能实行民主立宪制，而且也不具备实行君主立宪的条件。他指出，除前面已述国民资格不具备以外，还有许多国家施政机关必要的准备工作完全没有着手。他举出如国籍未定，教育未普及，税法未定，选区未曾划定，户口未普查，地方自治之制度未颁，警察制度亦远未普及，诉讼法未定，交通不发达，民法刑法皆未定，行政法未颁，且行政司法仍混淆未厘清，如此等等，皆须从容准备。有一未备，仓卒立宪，皆难确立稳固之基础。

梁氏所述种种理由，无非说明，中国不具备实行立宪政治（包括民主立宪与君主立宪，两者皆近代民主制度的一种表现形式）的条件。他的论述同样存在据理想以推断的毛病，如关于国民总意的说法。而在推论中又有辩胜为快的感情作用，如关于未来议会之预断，即颇非平情之论。但梁氏又是立宪政治的强烈追求者。他主张，为了在中国真能实行立宪的政治，中国人应当扎扎实实为立宪做准备，此准备时期最适当的形式是实行开明专制。

四　两派民主认识之平议

两党在民主问题上的争论，不在于要不要民主（这里指广义民主，包括君主立宪制与民主立宪制），而在于当时的中国能不能建立民主制度，尤其是通过暴力革命的方式建立民主制度。革命党人认为，以暴力推翻清朝专制政府之后，必能建立起民主制度；梁启超则断然否认有此可能。而且他认为即使用和平改革的手段，以当时中国的社会条件，实行君主立宪制度也不可能。

前面我们论述了革命党人把建立民主制度看得太容易，而梁启超则看得太难。看来似乎是两极端，实则在认识上他们之间却有某种内在的联系。革命党人看得太易，是因为他们把民主制度看成是可以任意移植，任意搬用的东西。他们认为民主是最好的一种社会制度。既然是最好的，岂有舍而不用，反去采用较差的呢？孙中山曾比喻说，我们要修铁路、造机车，一定是采取最先进的，不应该从火车刚发明的时候的样式做起。汪精卫、胡汉民等人也都是同样的意思。他们把社会制度看成是一种物件，可以由人们任意选择。他们认定民主制度最好，中国人自然就应采用民主制度。他们认为美国的民主制度最好，中国人就应该模仿美国式的民主制度。

孙中山等革命党人这种认识无疑是很幼稚的，说明他们对西方政治学说、民主思想还研究得很不够，还理解得很肤浅。同时也说明他们对中国国情认识得也很不够。孙中山本人奔走革命，在国外的时候居多，其他革命党人大多很年轻，热情有余，知识历练不足。他们不了解社会制度是不可以自由移植，随意搬用的。某种制度之确立，成为一种有效的社会组织和管理方式，必须在此社会中有一个发育成长的过程，绝不可从外面强加给这个社会。

梁启超否认暴力革命之后可以直接建立起民主制度，无疑是很有见地的。但他强调必须使国民达到接近于西方国家的程度才可以着手建立民主制度，也是一种教条主义的思想方法。梁氏读书较多，对西方政治学说、民主思想有较多的了解。同时他又有从事改革的一定的政治经验，与国内士绅、资产者有较多的接触，使他对国情有比较切实的了解。因此，他对建立新的政治制度之复杂性有比较清醒的认识。这一点是值得肯定的。但既然民主制度须要在社会母体中有一个发育成长的过程，而各个社会母体是不尽相同的。因而，民主发育或成长的起点就不必是相同的。如果一定强调国民程度必达到某一统一的标准才可以着手建立民主制度，那么某些国家真可能俟河清之无日了。事实上，西方国家各国建立民主制度的起点就很不一样，美国的起点最高，其他国家都不能望其项背。中国就更不用说了。只要理解民主制度的精义，尽可以在较低的起点上着手民主制度的建设。例如，对最高权力加以起码的限制，实行有限制的选举等等，均可为民主制度的建设开辟路径。

革命党与梁启超为代表的立宪派之所以都不能对中国的民主制度建设有更为切实的认识，除了其主观原因以外，自然也有客观条件的限制，他们都没有真正找到推动中国政治民主化的社会力量。革命党人依靠的是海外华侨、青年知识分子和国内会党等下层群众。这些都不足以成为构建新制度的中坚力量。梁启超虽然与国内资产者阶层有所接触，但他仍痛感中国的"中间社会"尚未成为举足轻重的力量。西方近代民主制度主要靠资产者和无产者。前者自然是领导力量，而后者是争取民主的重要力量。这两种力量在当时的中国社会实在太微弱了。所以，无论革命党还是立宪派，实际上都找不到实现其政治理想的现实力量，所以不免或耽于幻想，或陷入悲观。

革命党与梁启超在争论中还有另一个相互接近之点。那就是他们都承认从专制制度到民主制度之间需有一个过渡时期。作为和平改革的政论家和政治家的梁启超，较早地强调了这一点。在革命党人方面，从现有文献上看，孙中山最早大约在1902年与章太炎、秦力山的谈话中，初步提出从革命起事到实行民主自治之间须有一个过渡时期的想法：即通过军法、约法再过渡到民主自治，以达成民主宪政。后来，到 1905 年，在同汪精卫的一次谈话中始较明确地提出实现民主立宪须经三阶段的想法。至 1906 年（或 1907 年）在《中国同盟会革命方略》中，这一想法更为具体化，提出了前两阶段：军法时期、约法时期应做之事及所需要的时间。他们设想军法时期约需三年，约法时期约需六年，一共九年可达宪政时期。这一设想带有浓厚的主观性。此后孙中山等人长时期没有形成更加具体更加切实的方案。

梁启超一直坚认中国通向民主政制须有一个较长的过渡时期，但一直到 1906 年他始明确提出以开明专制作为过渡时期政治体制的方案。而这一方案具体如何实行，如何操作，梁氏亦未给出明确的答案。

总起来看，无论是革命党还是梁启超代表的立宪派，其民主思想的准备都是很不够的。但两派之间的论争无疑对双方都有刺激作用，促使参加论争者不能不认真思考一些问题，不能不研究一些有关的思想、理论和制度设计上的问题，而为此不能不认真阅读有关西学书籍。在争论中，梁启超、汪精卫等常常征引西方政学大家以及某些日本政治学者的著作，即是明证。而且不能不看到，由于争论的刺激，双方对有关民主宪政问题的认识也确实更为深入一些。例如，革命党人对于革命起事到实行民主宪政的过渡问题就越来越加明确。而且值得注意的是，革命党人也认识到民主共和与君主立宪并无本质上的对立，只是方法、途径何者适合中国国情的问题。应该说，两派之中都有些人逐步认识到，双方的目标有相互一致之处。所以，当梁启超通过徐佛苏向革命党人表示愿与和平讨论，不相互攻击之时，革命党人中如宋教仁等是倾向于同意的。① 后来的争论渐趋于平息，实在是双方都有无法再集中精力于此的情势。梁启超忙于组党和从事实际立宪活动，难以分出更多精力撰写长篇辩论文字。革命党方面，原来《民报》的主要撰稿者，亦即参与论战的主将如汪精卫、胡汉民等都陆续离开《民报》，而主编《民报》的章太炎等因孙中山接受日本赠款事而大起纷争，在一定程度上涣散了革命党集中统一的营垒，以往那种同声讨伐立宪派的阵势也难以为继了。

---

① 《宋教仁日记》，1907 年 1 月 10 日、11 日、31 日。

这里应该特别提一下宋教仁。宋氏实为革命党人中最具理性而又最扎实的优秀分子之一。他在双方论争时，撰文甚少，而于民主宪政之研究却用力最多。单是他亲自动手翻译的有关书籍就有十余种，至于他认真研读过的书，则必定更多。后来，他为《民立报》撰写的许多批评清廷立宪举措的文字，涉及宪政理论的许多方面，而他的批评亦多中肯要。宋教仁后来为在中国确立民主宪政而不惜牺牲自己的生命，堪称中国民主派的杰出代表。

可以认为，革命党与立宪派的论争，除了宣传鼓动上的意义之外，确实促进了中国的先进分子更加深入地了解民主宪政的相关知识和理论，更加深入地思考在中国如何建立民主宪政的问题。

（原载《近代史研究》2001 年第 6 期）

论康有为的"圣人"情结及其以孔教为国教说

康有为以领导戊戌维新运动而著名于史册。而戊戌维新运动实在是包容甚广的一场历史运动过程，它不仅是变法改革的政治运动，而且还是一场思想解放运动。对于康有为本人来说，它还是一次宗教运动。这样说来，康有为实身兼三任：政治改革家、思想家与宗教家。但严格说来，康有为实在够不上一个政治家。他最得力的助手梁启超就说，"先生能为大政治家与否，吾不敢知"，显然不认为他是大政治家。这不是因为他政治上失败了才这样说，实在是因为康氏在整个运动过程中都只是书生论政，毫无政治经验，毫无运用政治的章法。这里不拟详加讨论。

戊戌维新运动最不失败的方面是它在思想启蒙方面的影响。这当然也不是本文所要讨论的。我们这里要讨论的是另一个失败的方面，即康有为要求定孔教为国教的主张和活动。

这是值得深加讨论的一个方面。也许对戊戌维新运动而言，它不很重要，但对于康有为这个人物而言，显然是绝对不应忽视的一个方面。梁启超作《南海康先生传》，有专门一节论述这个问题。萧公权先生的《康有为思想研究》也立专节讨论这个问题。他们都提出了很重要的见解。特别是梁启超的文章，该文写于 100 年前，至今读来，仍觉其言简意赅。但这个问题，仍有一些问题值得更加深入地讨论。例如（一）康有为的"圣人"情结及其自为教主的使命感；（二）康氏对儒学宗教化的解释；（三）康氏以孔教为国教的主张及其政治化的运作；（四）失败原因的全面检讨。以下各节分论之。

一

要讨论宗教家的康有为，须首先弄清他的宗教心的缘起，即其创教的思想渊源。研究康氏自编《年谱》，发现其幼年即萌生"圣人"情结。这恐怕是他后来创教并自期为教主的一个很重要的思想基础和心理基础。

　　康氏自述生于十三世书香门第。幼随祖父读书，4 岁时，其外祖即"期以将来大器"①。6 岁时长辈即称誉"谓此子非池中物"②。12 岁得"神童"之名。自记"童子狂妄，于时动希古人。某事辄自以为南轩，某文辄自以为东坡，某念辄自以为六祖、邱长春矣。俛接州中诸生，大有霸视之气"③。一个 12 岁的儿童，即以古名人自况，对同学诸子显出霸视之气。而且值得注意的是，他已把自己比为创禅宗之六祖和道教大宗师邱长春。《年谱》又记其 19 岁时从朱九江学，始"洗心绝欲，一意归依"孔子之学。"以圣贤为必可期，……超然立于群伦之表，与古贤豪君子为群"，从而"益自信自得"。④ 这里说的"自信自得"，显然是期为圣贤的自信。

　　中国古代读书人，除了少数例外，一般皆读所谓"圣贤"之书，即由孔子开创的儒家经典。他们自幼熏习，深入脑髓，几乎不知世上还有其他学问。其结果，学子或以儒家学说、教训，硁硁自守，不敢越雷池一步，做"圣人"忠实的徒子徒孙。或有存大志者，以为圣贤可期，遂以"圣人"自待，康有为即属于后一种。这就是我想说的康有为的"圣人"情结。

　　康有为的"圣人"情结大约产生于他 20 岁时，即 1878 年。其《年谱》自记：是年，仍从朱九江学，但有一重要情节，即九江先生甚称许韩愈之文。康"因取韩柳集读而学之"，但"谓昌黎道术浅薄，以至宋明国朝文章大家钜名，探其实际，皆空疏无有"。进而认为"千年来文家颉颃作气势自负，实无有知道者"⑤。九江先生"笑责其狂"，却"从此折节焉"，⑥ 即不以寻常学生视之，另眼高看。这使康有为真正从师友那里获取了"成圣"的自信。从此不屑于词章考据之学，静坐养心。结果"静坐

　　① 《年谱》同治元年条，《戊戌变法》（四），上海人民出版社 1957 年版，第 108 页。

　　② 《年谱》同治二年条，同上引书，第 108 页。

　　③ 《年谱》同治八年条，同上引书，第 110 页。

　　④ 《年谱》光绪二年条，同上引书，第 112—113 页。

　　⑤ 《年谱》光绪四年条，同上引书，上海人民出版社 1957 年版，第 113 页。

　　⑥ 同上书，第 114 页。

时，忽见天地万物皆我一体，大放光明，自以为圣人，则欣喜而笑"①。颇有"得道成圣"之概。自此"圣人"情结深中于心。随后在《年谱》下一年（1879）中记道："于时舍弃考据帖括之学，专意养心，既念民生艰难，天与我聪明才力拯救之。乃哀物悼世，以经营天下为志。"② 简直是内圣外王而兼之了。

康有为以圣人自居，前此二千余年，除董仲舒他颇表尊崇之外，其余历代诸大儒在他看来，皆各得孔子学说之一偏，未有能真传其大道者。因此，他要重新解释儒家经典，以立孔教真传为使命，即以千年教主自居。请看他在重新注释经典时如何自述其动机。

1897 年在《礼运注》的序言中康有为说："天爱群生，赖以不泯，列圣呵护，幸以流传二千五百年，至予小子而鸿宝发见，辟新地以殖人民，揭明月以照修夜，以仁济天下，将纳大地生人于大同之域，令孔子之道大放光明，岂不异哉！"③

1898 年，在其《孔子改制考》自序中说："予小子梦执礼器而西行，乃睹此广乐钧天，复见宗庙百官之美富。门户既得，乃扫荆榛而开途径，拨云雾而览日月，别有天地，非复人间世矣。"④

1901 年，在其《中庸注》的序言中又说："此篇系孔子之大道，关生民之大泽，而晦冥不发，遂虑掩先圣之隐光，而失后学之正路，不敢自隐，因润色夙昔所论，思写付于世。"⑤

同年所写的《春秋笔削大义微言考》序言中又说："天未丧斯文，牖予小子得悟笔削微言大义于二千载之下，既著《伪经考》而别其真赝，又著《改制考》而发明圣作。因推公、谷、董、何之口说，而知微言大义之所存。……先圣太平之大道隐而复明，暗而复彰。"⑥

"天未丧斯文"云云，这是孔子当年的口气。康有为自比圣人，毫无

---

① 《年谱》光绪四年条，见《戊戌变法》（四），上海人民出版社 1957 年版，第 114 页。
② 《年谱》光绪五年条，见《戊戌变法》（四），上海人民出版社 1957 年版，第 115 页。
③ 《礼运注序》，见汤志钧编《康有为政论集》，中华书局 1981 年版，第 193 页。
④ 《孔子改制考序》，见汤志钧编《康有为政论集》，中华书局 1981 年版，第 199 页。
⑤ 同上书，第 465 页。
⑥ 见汤志钧编《康有为政论集》，中华书局 1981 年版，第 469 页。

掩饰。最了解其师说的梁启超说，康有为"目光之炯远，思想之锐入，气魄之宏雄，能于数千年后以一人而发先圣久坠之精神，为我中国国教放一大光明。斯不独吾之所心悦诚服，实此后中国教、学界所永不能谖者也"①。他明确承认："先生又宗教家也……孔教之马丁·路德也。"②

对于康氏以圣王教主自居，当年反对派更为敏感。湖南举人曾廉上书奏劾康有为时即明说：康有为"其字曰长素，长素者，谓其长于素王也"。说康著《新学伪经考》、《孔子改制考》"爝乱圣言，参杂邪说，至上孔子以神圣明王传世教主徽号，盖康有为尝主泰西民权平等之说，意将以孔子为摩西，而己为耶稣，大有教皇中国之意，而特假孔子大圣借宾定主，以风天下"③。曾氏所揭示，不为诬也。

二

康有为要做创教的教主，要立孔教为国教，他首先必须对孔子学说作宗教化的解释。对于孔子学说、儒家经训是否具有宗教性的问题，一直存在着争论。应当说，在绝大多数情况下，在绝大多数学者心目中，孔子学说、儒家经典，都不是作为宗教存在的。但也不能否认它们具有某些宗教性的色彩。特别是宋儒以心性修养为儒学中心之后，此色彩变得较为明显。但即使如此，儒学仍不是宗教神学，即宋儒本身亦明确排斥宗教。所以康有为要对儒学作宗教化的解释，实非易事。

检视康有为的著述，并没有一部真正的宗教神学著作，也没有一篇真正是传教布道的文章。我们所能见到的，只是散见于其著述中的一些片断，完全谈不上精心论证。有的只是大而化之的神化孔子与儒学，有时甚至是故意曲解孔子与儒学以迁就其孔教主张。

例如，他在《礼运注》的序文中说："浩乎孔子之道，荡荡则天，六通四辟，其运无乎不在。"④ 在《桂学答问》中则说："孔子所以为圣人，

---

① 梁启超：《南海康先生传》，《饮冰室合集·文集之六》，第69页。
② 同上书，第67页。
③ 曾廉：《应诏上封事》，《戊戌变法》（二），上海人民出版社1957年版，第492页。
④ 引自《康有为政论集》（上），第192页。

以其改制而曲成万物，范围百世也。"① 其《孔教会序一》则说："大哉！孔子之道，配天地，本神明，育万物，四通六辟，其运无乎不在。"② 他还引证庄子的话说："孔子之道无不备。以庄生之通放，于人无所不攻，而称孔子曰：古之人其备乎？配天地，本神明，育万物，原于本数，系于末度，大小精粗，六通四辟，其运无乎不在，推以为神明圣王。"③ 康氏在其《论语注》中又说："孔子以天游之身，魂气无不之，神明无不在，偶受人身来，则安之顺受其正。"④ 这里简直视孔子为神了，什么"天游之身，魂气无不之，神明无不在，偶受人身来"，这不是天神降世吗？康氏这样神化孔子，当然说不出什么有说服力的论证，只能是大而化之，笼统言之。既然孔子非凡人，天生教主，所以康氏在戊戌年上折要求立孔教为国教时说："孔子制作六经，集前圣大成，为中国教主，为神明圣王，凡中国制度义理皆出焉。"这是他的结论。

人们都知道，任何宗教都明白承认一个外在于人的另一个精神世界，或者说是彼岸世界。孔子及其重要传人都不曾有过这种表示。为此，康有为大费苦心，于孔子及儒家经典的某些片断作歪曲的解释，让人觉得，似乎孔子承认有一种彼岸世界的存在。

康氏说："孔子亦言：圣人以神道设教，百众以畏，万民以服。今六经言鬼神者甚多，肃祭祀者尤严，或托天以明赏罚，甚者于古来日月食社稷五祀亦不废之。此神道设教之谓也。"⑤ 孔子说过："朝闻道夕死可也。"这本来是表达孔子求知不倦的精神，康氏却别作一番解释。他说："道者，天人之道，《易》所谓原始要终，故知死生之说，鬼神之状，通乎昼夜之道而知也。"接着又说："死生如昼夜，昼夜旋转实大明。终始则无昼无夜也，故人能养其神明完粹，常惺不昧。则朝而证悟，夕而怛化可也。孔子此言魂灵死生之道，要一言而了，精深玄微。惜后儒不传，遂使闻道者

① 引自《康有为政论集》（上），第101页。
② 同上书，下册，第732页。
③ 康有为：《意大利游记》，《欧洲十一国游记（一）》，湖南人民出版社1980年版，第70页。
④ 《论语注》万木草堂丛书本卷九，第11页。
⑤ 康有为：《意大利游记》，《欧洲十一国游记（一）》，湖南人民出版社1980年版，第72页。

少，或者以为佛氏，而谓孔子不言灵魂。则甚矣，后儒之割地也。"① 把孔子的话解释成言灵魂，贯通死生之理。实在太牵强，甚至是太荒谬了。

在解释孔子答季路问鬼神，问生死一段话时，康有为再次作了歪曲的解释。孔子的答话说："未能事人，焉能事鬼？""未知生，焉知死。"这是很有名的话，表达孔子近似实证主义的存疑态度和理智主义的态度。但康有为却解释说："《易》曰原始反终，故知死生之说。精气为物，游魂为变，故知鬼神之情状。又曰，通乎昼夜之道而知原始反终。通乎昼夜，言轮回也，死于此者复生于彼，人死为鬼，复生为人，皆轮回为之。若能知生所自来，即知死所归去；若能尽人事，即能尽鬼事。孔子发轮回游变之理至精，语至元妙超脱。或言孔子不言死后者，大愚也。"② 他结论道："孔子之道无不有，死生鬼神易理至详。而后人以佛言即避去，必大割孔地而后止，千古大愚，无有如此。"③

康氏煞费苦心，把孔子的话，抽取片断，任意曲解，企图要人相信，孔子相信鬼神，相信灵魂，相信轮回，一句话，相信有一个外在于人的彼岸世界。他并反过来责备前此儒学的传人，皆没有注意，没有正视孔子的这一层思想，是自割学说园地与人，让佛、道诸家独擅。是大愚大错。

不过，康氏似乎自己也知道，其说甚牵强，难以服众。他不得不指出，孔子毕竟重人道，重人事。故孔教有别于佛、耶、回诸教。

康氏说："夫教之为道多矣，有以神道为教者，有以人道为教者，有合人神为教者。"④ 又说："古者民愚，……故太古之教，必多明鬼。而佛、耶、回乃因旧说，为天堂地狱以诱民。"接下去则说："然治古民用神道，渐进则用人道，乃文明之进者。故孔子之为教主，已加进一层矣。"⑤ 由此，他批评否认孔教为宗教的人，说："或谓宗教必言神道，佛、耶、回皆言神，故得为宗教。孔子不言神道，不为宗教。此等论说尤奇愚。"⑥

---

① 见《论语注》，万木草堂丛书本卷四，第4页。
② 《论语注》，万木草堂丛书本卷十一，第4页。
③ 同上书，第4—5页。
④ 《意大利游记》，《欧洲十一国游记（一）》，湖南人民出版社1980年版，第71页。
⑤ 同上书，第71、73页。
⑥ 《孔教会序一》，见《康有为政论集》，中华书局1981年版，下册，第732页。

康氏在其《孔教会序一》中简括地说："盖孔子之道，本乎天命，明乎鬼神，而实以人道为教。"① 晚年在陕西孔教会作演说时又说："人之生世不能无教。教有二：有人道教，有神道教。耶、佛、回诸教皆言神，惟孔子之教为人道教。"②

试问，人道是什么？无非是关乎社会、人伦、日用，皆人事、皆此岸事。这如何成为宗教呢？而且，既然如此便是宗教，康氏又何必如前所述那样煞费苦心，曲解孔子及其经典呢？

康氏如其弟子梁启超所说，惯于以主观抹杀客观。事实如何，别人看法如何，他全不顾。他自己认定便可以了。

他解释人道之可为宗教时说："要，教之为义皆在使人去恶而为善而已。"③ 自然，一般宗教皆有劝善戒恶的功能。但不能认为，只要劝善戒恶即可为宗教。康氏已显出矛盾，不能自圆其说的情境，但他还是要进一步对孔子人道教的内容作一些解说。

康氏说："古者好事鬼神，孔子乃专务民义，于古之多神教扫除殆尽。故墨子亦攻儒之不明鬼也。中国之不为印度，不日事鬼而专言人道，皆孔子之大功也。然高谈不迷信鬼神者即拂弃一切，则愚民无所畏惮而纵恶，孔子又不欲为之，仍有神道之教以畏民心，但敬而远之。"④ 孔教之为人道教，即是专务民义，专言人道，而不日事鬼神，于鬼神是敬而远之。

康氏又进一步解说人道教的本旨说："我受天之命而为人，当尽人之道，不可弃。若欲逃弃人道之外，别求高妙清净是即有我之至。其违天愈甚，去道愈远。"接着又说："出为我之公卿，我则事之。入为我之父兄，我则事之。死丧之威，人所同有也，我则匍匐救之而不畏避。酒食之乐，人所娱生也，我亦醉饱同之，但不至乱。凡人间世之道纤悉皆尽，无异常人。但终身应物皆顺体魄之自然，因物付物而神明超然寂然不动。故终日行而未尝行，终日言而未尝言，何有于我也。在众无众，在身无身，万化而不厌，千变而不舍，深入而不痴，故洒扫即为神功，人事即为道境，绝

① 《孔教会序一》，见《康有为政论集》，中华书局1981年版，下册，第71页。
② 《陕西孔教会演说》，《康有为政论集》，中华书局1981年版，下册，第1107页。
③ 《意大利游记》，《欧洲十一国游记（一）》，湖南人民出版社1980年版，第71页。
④ 《论语注》，万木草堂丛书本卷六，第10页。

无奇特。即以绝无奇特为彼岸，不离人道；即以不离人道为极功。无大无小，无精无粗，自得安居者即为圣人；不自得安居者即为乡人。此盖化人之妙用，而孔子自道之也。"① 康氏认为，凡出事公卿，人事父兄，待人接物，言语行为，凡皆是道，乃至"洒扫即为神功，人事即为道境"。这就是他所说的孔子的人道教。这也就是他要创教、立教的基本依据。康有为煞费苦心地对孔子及儒家经典作了许多歪曲解释使之神秘化，与佛、耶、回诸教接近，然后却又回到孔子本身，大谈有别于神道教的所谓人道教。这位自封的教主仿佛同自己开起玩笑来了，竟全不顾自相矛盾之病，其主张之不足以服人，已是"先天命定"了。

三

康有为把孔儒学说作了宗教化的解释，把孔子奉为教主，在这个基础上，提出了他明定国教的主张。

他认为世界各国皆有国家宗教。西方国家虽标榜宗教自由，但同时也确定一种国家宗教，备致尊崇。他说："考各国宪法于信教自由外，仍特立其国教，以示尊崇。"② 说各国宪法皆明定国教，这又是康有为以主观抹杀客观的一例。从中正可见其创立国教是如何热切。在康氏看来："夫国所与立，所生所依，必有大教为之桢干，化于民俗，入于人心，奉以行止，死生以之，民乃可治，此非政事所能也。"③ 所以，各文明国家皆有教，无教之国简直是生番野人。④ 他进而认为，国教之盛衰，实关系国家之存亡。他说："夫天之生民，有身则立君以群之；有心则尊师以教之。君以纪纲治大群；师以义理教人心。然政令徒范其外，教化则入其中。故凡天下国之盛衰，必视其教之隆否。教隆则风俗人心美而君坐收其治；不

---

① 《论语注》，万木草堂丛书本卷九，第11—12页。
② 康有为：《致国会议员书》，《康有为政论集》，中华书局1981年版，下册，第960页。
③ 康有为：《孔教会序一》，同上书，第733页。
④ 康有为：《致北京书》，同上书，第955页。

隆则风俗人心坏而国亦从之。此古今所同轨，万国之通义也。"① 不但如此，在康有为看来，近世国家，灭人国者，灭其土，不足惧，灭其政权，亦不足惧。如印度虽亡，其婆罗门教犹在，他日犹可以教兴国。犹太国虽亡，人民流离四散，其奉教犹依旧，他日亦必可以教兴国，最可怕的是亡其国教。故康氏说："灭国不足计，若灭教乎，则举其国教千年之圣哲豪杰，遗训往行尽灭之。所祖述者皆谓他人父也，是与灭种同其惨祸焉。"② 维新运动时期，康有为即以保教为职志，民国后更加强烈。他明定国教的主张亦始于戊戌时期，而入民国更趋积极，著文、演讲、上书、通电，不一而足，几有不可终日之势。这是因为，康氏亟亟于定国教，不仅仅是从其历史哲学出发，而尤有其现实的理由。他既认为，教可以兴国，则中国日受外敌侵凌，内有隐忧，要救国，须先救风俗人心，要救风俗人心，先兴国教。他说："今欲救人心，美风俗，惟有亟定国教而已。"③ 他在戊戌年所上定国教的折子中说得更为明显。他指出，胶州教案引发一系列割削、赔偿的要求。如此，"偶有一教案，割削如此，彼教堂遍地，随在可以起衅，彼我互毁，外难内讧，日日可作，与接为构，乱丝棼如。而彼动挟国力以兵船来，一星之火，可以燎原。皇上忧劳，大臣奔走，土地割削，举国震骇。后此并有伺隙而动，借端要挟者，存亡所关，益更难言矣。"所以，他接着说："臣愚久已隐忧，深思补救之策，以为保教办案亦在于变法而已。变法之道在开教会，定教律而已。"④ 按康氏的设想，中国明定国教，以教会名义，与外国教会相交涉，彼教皇无兵无舰，较易交涉。康有为此种想法不免过于天真，且不明国际交涉法理。但其救国心切，可以昭然。

　　对于康有为急欲明定国教的现实动机，当年拥护变法的湖南巡抚陈宝箴已看得很明白。他说："逮康有为当海禁大开之时，见欧洲各国尊崇教

---

　　① 康有为：《请商定教案法律，厘正科举文体，听天下乡邑增设文庙折》，《杰士上书汇录》，故宫藏。

　　② 康有为：《孔教会序二》，《康有为政论集》，中华书局1981年版，下册，第738页。

　　③ 康有为：《以孔教为国教配天议》，《康有为政论集》，中华书局1981年版，下册，第846页。

　　④ 康有为：《请商定教案法律，厘正科举文体，听天下乡邑增设文庙折》，《杰士上书汇录》，故宫藏。

皇、执持国政，以为外国强盛之效，实由于此。……而孔子之教，散漫无纪，以视欧洲教皇之权力，其徒所至，皆足以持其国权者不可同语。是以愤懑郁积，援素王之号，执以元统天之说，推崇孔子以为教主，欲与天主耶稣比权量力，以开民智，行其政教。"① 康氏的学生梁启超亦作如是说，他在《清代学术概论》中说到康有为亟亟于明定国教的主张时说，他的老师当年"误认欧洲之尊景教为治强之本，故恒欲侪孔子于基督"②。这就是说，康氏的明定国教的主张有强烈的政治动机，这一点必须充分注意。

康有为认为，孔儒学说，数千年来深入人心，化民成俗，最为人所尊信。因此，定孔教为国教是最正当的。

康氏说，"中国一切文明皆与孔教相系相因"③，"数千年人心风俗之本皆在孔教中"④。所以，"中国数千年归往孔子，而尊为教主"⑤。康氏还以孔教与佛、耶诸教作比较，认为孔教优于各教，最适于中国之人心风俗。在1913年为《中国学会报》写的题词中说道："人之为道，必有信从，而后可安可乐也。""然则吾国人而求可以尊敬服从者奚在乎？佛言微妙矣，然澶漫多出世之言，但以罪福服蒙、藏人可也，施之中国人则未尽也。基督尊天爱人，养魂忏罪，施之欧美可矣，然尊天而不言敬祖，中国能尽废祀墓之祭而从之乎？必不能也。吾有自产之教主，有本末精粗，其运无乎不在之教主，有系吾国魂之教主曰孔子者，吾四万万人至诚至敬，尊之信之，服其言，行其行，通其变，身心有依，国魂有归，庶几不为丧心病狂之人。然后能人其人，道其道，国魂不亡，国形乃存，然后被以欧美之物质，择乎欧美之政治，或不亡耶，且由此而致强可也。"⑥ 康氏认为，孔教最适合中国，可以保国，可以致强。反映出他要求定孔教为国教有着强烈的政治动机。

这里有一个矛盾，康氏既认为孔子学说是宗教，且中国人已尊信两千

① 陈宝箴：《奏厘正学术造就人才折》，翦伯赞等编：《戊戌变法》（二），上海人民出版社1957年版，第358页。

② 梁启超：《清代学术概论》，见《饮冰室合集·专集之三十四》，第57—58页。

③ 康有为：《孔教会序二》，《康有为政论集》，中华书局1981年版，下册，第738页。

④ 康有为：《复教育部书》，同上书，第864页。

⑤ 康有为：《以孔教为国教配天议》，同上书，第848页。

⑥ 康有为：《中国学会报题词》，同上书，第800页。

余年，又何必再提议定孔教为国教呢？康氏认为，自西方侵凌，西教传播，西书浸灊，中国人对孔教信仰已被动摇。特别是在民国成立以后，甚至明确提出废尊孔。他指责："近有废小学读经之议，有攻礼义廉耻之论，议员请废祀天祭圣，而有司禁拜孔子，明令各省，可悚可骇。"① 除了针对这种废读经，停拜孔子的现实以外，康有为还有一个更为基本的理由。他说："各教皆有信教奉教传教之人，坚持其门户而日光大之。惟孔教昔者以范围宽大，不强人为仪式之信从。今当大变，人人虽皆孔教，而反无信教奉教传教之人。"② 孔子之教，一向无信教奉教传教之人，这是事实。这一事实本身说明孔子学说不是宗教。但康有为不这样认为。他看到了事实，却别有一番心思。

那么，如何解决无信教奉教传教之人这个关系孔教兴衰的大问题呢？康氏早在戊戌年第一次公开提出定孔教为国教的问题时就说到这一点。他当时提出的具体办法是："皇上通变酌时，令衍圣公开孔教会，自王公士庶有志负荷者皆听入会，而以衍圣公为总理，听会中士庶公举学行最高（者）为督办，稍次者多人为会办，各省府县皆听其推举学行之士为分办，籍其名于衍圣公，衍圣公上之朝。人士既众，集款自厚。"③ 遇有教案事起，"听衍圣公与会中办事人选举学术精深通达中外之士为委员"与外国教会所派之人员商谈解决。这里最值得注意的是，他主张由孔子后裔，衍圣公领衔，组织孔教会，上达朝廷，下统各省府州县之分会。民国以后，康氏不再提议衍圣公领衔，而直接令他的弟子陈焕章出面组织起孔教会，专门致力于宣传定孔教为国教的活动。在其《中华救国论》中，他又提出一个略与戊戌年的主张相衔接的方案：即全国"遍立孔教会，选择平世大同之义，以教国民，自乡达县，上之于国，各设讲师，男女同祀，而以复日（即星期日——引者注）听讲焉。讲师由公举，其县会谓为教谕，由乡众讲师公推焉；其府设宗师，由县教谕公推焉；省设大宗师，由府宗师公推焉；国设教务院总长，由大宗师公推焉"。此方案与戊戌年之方案之区

① 康有为：《致北京电》，《康有为政论集》，中华书局1981年版，下册，第958页。

② 康有为：《孔教会序一》，同上书，第733页。

③ 康有为：《请商定教案法律，厘正科举文体，听天下乡邑增设文庙折》，《杰士上书汇录》，故宫藏。

别主要是：前者自下而上，后者自上而下；前者最高教主由下而上公举，后者由衍圣公出任。此外，前者明定周日为礼拜和讲道之日，是更近似于西方的基督教。两者相同的是为孔教造成有信教、奉教、传教之人，用组织化的方式，使孔教成为宗教。康氏大兴孔教的一番苦心，良有以也。

四

人们皆知，康有为以孔教为国教的主张，没有取得任何结果，甚至成为不少人嘲笑他的一个话柄。

那么，他的主张和活动为什么会失败呢？对此，萧公权先生在其《康有为思想研究》一书中用两页多的篇幅加以讨论。他提出了以下几点：（1）中国文化是非宗教性的，因此大背景对康氏不利。（2）儒教是世俗性的，非宗教的。康氏坚持为儒教宗教化而不排除其主要为世俗性的特点是不可能的，是自相矛盾的。（3）康氏国教的活动不诉诸于人们的思想和热情，而诉诸政治，诉诸政府当道，是不得其途。（4）康氏本人生活态度不严谨，难以成为令人心悦诚服的创教教主。[①] 这些意见大致都可以成立。但论述中分析不很到位，也未指明上述各点间的内在联系。这里有必要再做一番深入的讨论。

首先，最重要之点，孔子不是宗教家，其学说本质上不具有宗教性质。现在国内外都有一部分学者认为儒学是宗教。[②] 我认为他们的说法都很牵强。不过，这个问题不可能在这里详加讨论。我只能正面说明一下我的看法。

我认为，宗教有两个最基本的要素是决不可少的。第一，承认并信仰一个外在于人的精神世界，或者说彼岸世界。第二，有一定的组织，亦即康有为所说的，有信教、奉教、传教之人。这两个要素孔子与儒家都不具备。孔子及任何重要的儒家代表人物都不曾明确承认彼岸世界的存在，这

[①]　见萧公权《康有为思想研究》，台北联经出版事业公司1988年版，第111—113页。

[②]　著名哲学家任继愈先生认为儒学即宗教，其学生李申近年出版一部大书名为《中国儒教史》，明确肯定儒学为宗教。海外学者可以休斯顿·史密斯为例，亦主张儒学为宗教。

是事实。孔子不言鬼神，不言死后事，对一切非实证的事物取存疑的态度，这非常类似于近代的实证主义。他对"天"，对祭天、祭祖都视为尽礼的一种行为规范。所以才有"祭如在，祭神如神在"的话。而对神本身从不说什么。这哪里是宗教家的态度？至于说到组织，则儒家只有塾馆、书院这种纯粹教育的设置，无论如何总不能把塾馆、书院说成是教堂，把那些教书先生说成是传教士。

由于儒家对彼岸世界，对鬼神不感兴趣，其所关怀全在此岸，全在人世各种实际事务。所以，儒学本身不但不是宗教，而且对宗教颇具排斥的性质。孔子对知识的诚实态度（"知之为知之，不知为不知，是知也"），对无可验证的事物采取存疑的态度，这种理智主义是同任何宗教迷信相矛盾的。不言而喻，依靠孔子儒学的固有资源，是绝不可能铸造出精微深密的宗教神学系统来的。这一点不但康有为做不到，任何中国人都做不到。

当康氏最初宣传其孔教的主张时，就遭到了普遍的反对。不仅守旧派反对他，当时的官僚士大夫绝少有同情他的。甚至他引为同道的朋友，例如黄遵宪也不附和他。据梁启超当年给康氏的一封信上说："孔子纪年，黄、汪不能用。……盖二君皆非言教之人。"① 就是梁启超自己也不完全赞成其师之说。戊戌后且撰《保教非所以尊孔论》公开反驳师说。

康有为的孔教主张既不能得朋友学生之无保留的赞同，则期望得大多数国人之拥护就更是不可能的了。一般地说，中国人不富于宗教心。但这说法不甚精确。稍微严格一点说，是中国的读书人较淡于宗教心，而这正是蒙孔子与儒学之赐。在一般下层百姓，则有多种迷信。因中国的读书人未曾为他们炮制出精微深密的宗教神学系统，他们就只好用实用主义态度对待宗教。他们拜观音菩萨，信因果报应；对水、火、风、雷诸神皆怀畏敬崇拜之心。因而一般人又称中国百姓是多神教。如果说孔子对鬼神"敬而远之"，那么老百姓则对孔子、儒学亦"敬而远之"。因此儒学除敬天拜祖之类的观念而外，老百姓知之甚少。统治他们的精神世界的是上述各种迷信混合起来的多神教。康有为的孔教说完全不足以影响到普通的老百姓。由此可见，康有为的主张完全没有群众基础，其失败乃必不可免。

---

① 梁启超致康有为（1896 年），抄自中华书局存件。这里黄指黄遵宪、汪指汪康年。

其次，康有为立孔教的主张不是按宗教家的方式，直接诉诸人心、情感，而是诉诸政治。这既表现于其创教动机，又表现于其创教的方式和途径。前面已多处揭示康有为以孔教救国的出发点，此处不再赘述。这里须着重说的是他向政府当道诉求，要求运用政府权力确立孔教为国教。这与中外任何创教者的活动截然不同。创教者都是活动于下层社会，深懔于人民的苦难，社会的危机，了解群众的精神需求，而直接叩击人群的心灵，绝无向皇帝、国王、总统、总理要求下令立教的。康有为在戊戌年诉求于皇帝，民国后诉求于北洋政府的总统、总理、教育部、国会议员，等等。在群众中不立根基，指望政府当道自上而下地倡导，这倒是合乎孔子所谓"礼乐征伐自天子出"的主张。无奈，时移世易，况清末之皇帝无权无勇，民国之总统、总理等皆为军阀所控制，像走马灯一样轮流上台下台。他们根本没有实在的权威性，不可能乾纲独断，令出必行。因此，在定孔教为国教这一点上，他们实在帮不上康有为的忙。

最后，还有非常重要的一点，即时代和形势使康有为的主张不能不归于失败。康氏登上历史舞台，正值改革与革命高涨的年代，中国人开始接受一些基本的近代政治观念，什么自由平等，信仰自由之类的主张已不是很陌生的东西了。特别是民国以后，这类新观念已变得相当流行了。康有为定国教的主张，本质上是将一种思想定为一尊，这是同思想解放的潮流大相悖谬的。他的主张在政治界已很少能得到同情者，更不要说知识界、新闻界、教育界了。而在宗教界，则更是遇到了强烈的反对。原有的佛教、道教之外，又加上自西方传入的基督教，都明白宣示反对定孔教为国教的主张。这当然也是促使康有为失败的一个因素。

康氏的国教主张确是受到西方历史的某种启示。梁启超说他是孔教的马丁·路德，是很了解其师的心态的。盖西方近代化的历程，确实经过文艺复兴、宗教革命、启蒙运动和政治革命等几个大的历史运动过程。但这些过程在欧洲各主要国家是经历了长期的酝酿、积聚和发展的过程，每一个运动都经历了一两个世纪的发展。如文艺复兴是 14—16 世纪，宗教革命是 16—17 世纪，启蒙运动是 17—18 世纪，政治革命是 18—19 世纪（在英国更早些）。因此，每一个运动都曾经历了较完整的发展过程，达到成熟的阶段，收获成熟的果子。而在中国则不然。中国的近代化是在外力强烈刺激、震撼之下，骤然提到日程上来的。文艺复兴、宗教革命、思想启蒙、政治革命几乎都是同时如暴风骤雨，从天而降，都不曾有充分的酝酿和准备的过程。因此也都不曾发展到成熟的阶段，遂以先天不足，后天失调而收不到成熟的果子。戊戌维新是如此，辛亥革命与立宪运动是如此，后来的五四运动也大体是如此。康有为从戊戌维新运动时提出定孔教为国教的主张，中经立宪运动、辛亥革命，直到民国，直到五四新文化运动前夕，他一直为此奔走。而当时吸引广大知识分子的最大问题是思想启蒙与政治救国。宗教问题，根本不足以发生什么号召力。他的主张，他的活动受到冷落，受到否定，实在是理之所至，势所必然。至于萧公权先生说康氏的生活态度有缺欠（敛钱游玩、纳妾，等等），实在并不重要。

（原载北京大学所办《现代中国》第 4 辑，2004 年）

论辛亥革命时期孙中山的民生主义

孙中山是辛亥革命无可争议的领袖，他的革命纲领是尽人皆知的三民主义。关于民族主义、民权主义人们已做了相当多的研讨，而对民生主义及其在辛亥革命过程中的地位、意义、影响如何评估，似乎仍有讨论研究的余地。本文试图对此略做一些分析与评述，希望引起进一步的批评和讨论。

一

孙中山与中国历代革命领袖一样，极为关注民生问题。民生疾苦是每一次革命的重要原因。所以，寻求并许诺一种解决民生疾苦的理想方案便是革命领袖们不能回避的问题。

孙中山认为贫富不均是社会的最大悲剧，也是历次动乱和发生革命的原因。他觉得，他所领导的革命，应该从根本上解决这个重大课题，以防止今后再发生革命。防止革命的首要办法就是均贫富，均贫富的办法就是实行民生主义。

照孙中山自述，他的民生主义思想产生于伦敦蒙难后不久。他说："伦敦脱险后，则暂留欧洲，以实行考察其政治风俗，并结交其朝野贤豪。两年之中，所见所闻，殊多心得。始知徒致国家富强、民权发达如欧洲列强者，犹未能登斯民于极乐之乡也。是以欧洲志士犹有社会革命之运动也。予欲为一劳永逸之计，乃采取民生主义，以与民族、民权问题同时解决，此三民主义之主张所由完成也。"① 可见，从那时起，民生主义已构成

---

① 《建国方略》之一《心理建设》第八节《有志竟成》，《孙中山全集》第6卷，中华书局1985年版，第232页。

孙中山思想的主要内容之一。孙中山又把他的民生主义与欧美社会主义思潮联系在一起。他在伦敦清使馆被拘，向仆人寻求援助时，便自称是中国社会党。说明他对社会主义早有所闻。有人据此认为孙中山的民生主义思想的最早来源是西方社会主义。① 但我们不能忽略，孙中山的出身背景使他一开始就考虑到解决社会民生问题。他把洪秀全的太平天国制度，乃至古代的"井田"，王莽的"均田"，王安石的"青苗"，皆视为民生主义。② 他特别关注农民的土地问题。从欧洲到日本后，他多次与梁启超、章太炎讨论土地问题。他指出："今之耕者率贡其所获之半于租主而未有已，农之所以困也。土地国有后，必能耕者而后授以田，直纳若干之租于国，而无复有一层地主从中朘削之，则农民可以大苏。"③ 他对章太炎也说道，农民收获三分之二被田主和赋税所夺，原因即在于土地为地主私有。土地乃天然之物，不应私有，应使劳动者有平等的机会享用它，"不稼者不得有尺寸土"④，而这时在日本正有"土地复权会"在活动，其领袖则是与孙中山极其接近的宫崎寅藏的哥哥宫崎民藏。他们之间的互相沟通是不言而喻的。

冯自由还指出，这时，孙中山已表现出颇倾心于美国的亨利·乔治的土地单税论。⑤

孙中山熔铸古今中外有关解决民生问题的各种思想学说，形成自己独特的"平均地权"思想。1903 年初，在越南建立兴中会分会时，把它列入誓词之中。

孙中山有时把自己的民生主义看成是社会主义。他在 1903 年 12 月发

---

① 美国学者伯纳尔在其《1907 年前的中国社会主义》一书中认为孙中山民生主义最早来源可能是读了《万国公报》1892 年所载艾瑟约的《富国养民策》。夏良才在《论孙中山与亨利·乔治》一文（载《近代史研究》1986 年第 6 期）中认为，这一来源可能是读到《万国公报》1891 年载美国社会主义者贝拉米的小说《回头看纪略》。

② 见孙中山《在广州欢宴各军将领会上的演说》，《孙中山全集》第 8 卷，中华书局 1986 年版，第 472 页。据冯自由记载，早在 1899—1900 年间，孙中山在日本与梁启超、章太炎讨论土地问题时即说到古代井田、王莽之均田、王安石之青苗及太平天国之公仓制度，足见这些中国古代的均田思想对孙早有影响。见冯自由《革命逸史》（三），第 206 页。

③ 梁启超：《社会革命果为今日中国所必要乎？》，《新民丛报》第 86 号。

④ 《孙中山全集》第 1 卷，中华书局 1981 年版，第 213 页。

⑤ 见《革命逸史》（三），第 206 页。

表于《警钟日报》的《致友人书》便是如此。1905 年再度欧游，他主动找到社会党总部，表明自己与他们是同一理想，同一目标的同志。但虽如此，孙中山在同自己党内同志谈话中，并不经常提社会主义。自 1905 年同盟会成立后，在《民报》发刊词中把革命纲领概括为民族、民权、民生三大主义以后，在绝大多数情况下，孙中山都以民生主义来概称自己有关社会民生问题的主张。

辛亥革命时期，孙中山民生主义思想的基本内容可作如下概述：

（一）庚子前后：孙中山在同梁启超、章太炎讨论中国土地问题时，主要想法是反对或消灭地主所有制，将土地收归国有，由国家将土地租给有力耕作的农民，农民直接交租给国家，国家以此为主要收入。

（二）同盟会成立前后：同盟会成立前夕，孙中山在比利时访问国际社会党总部，解释他自己的社会革命主张时说过土地全部或大部为公共所有，就是说很少、或没有大的地主，但是土地由公社按一定章程租给农民。

同盟会成立后，在《民报》创刊周年庆祝演说中，在同盟会革命方略中，均甚明确提出核定地价，原价归原地主，涨价归国家，国家可以按价收买，并且突出了土地单税论的主张，即国家单收地租一项，"现今苛捐尽数蠲除"，"把几千年捐输的弊政永远断绝"，"但收地租一项，已成地球上最富之国"。①

（三）其他革命党人关于民生主义的阐释：民国成立前，孙中山没有很具体地谈论对资本家的政策。他认为工商业者靠自己的才力获得财富，与地主依靠本应属全体人民所有的自然资源——土地的垄断以获得财富不同。但同盟会成立后，他的几个热心宣传民生主义的战友，如胡汉民、朱执信、冯自由等却都明确地提到大资本国有的主张。我们可以推想，孙中山是同意他们的说法的。倘他认为胡、朱等人的说法原则上有违他的本意，是不会不过问的。但孙中山本人确实在民国成立前极少谈论资本家的问题。这可能是因为：（1）他认为中国的资本家尚未出世，此问题尚非当务之急。（2）革命经费主要来源于华侨资本家，大谈资本国有会伤害华侨

---

① 见《孙中山全集》第 1 卷，中华书局 1981 年版，第 329 页。

资本家支援革命的积极性。民国成立后，孙中山一度认为，民族、民权两大任务已完成，实行民生主义成为主要课题，一旦实行民生主义，资本家会应势而出，故必须筹谋对策，乃特别宣传大资本国有，私人不得操纵国计民生的主张。

二

　　孙中山的革命纲领中，最不易为一般党人所理解和接受的，莫过于民生主义。1903 年 12 月 12 日，孙中山在《警钟日报》上发表答友人书，解答人们对民生主义的疑问。那时距离他把民生主义正式写进誓词还不到一年。而公开发表此信，说明有疑问的人不在少数。据冯自由记载，1905 年筹立同盟会，首次集议时，便"有数人对于'平均地权'有疑义，要求取消。孙总理乃起而演讲……剀切解释至一小时之久，众始无言"①。有疑义而至于"要求取消"，则已有反对之意。孙中山做了一个小时的解释，仅使众人"无言"而已，似并未真正说服存疑者。以后的事实证明，不少党人对民生主义仍存疑惑。冯自由说："当日之革命青年眼光殊不远大，虽经总理剀切讲解，一致赞成之后，对于未来之社会经济问题殊不重视，且有视为不急之务者。本部干事某等，以有志入会者问题纷起，解释困难，遂有另立他种团体名称及删改平均地权一项，以应付时宜者。"②

　　具体分析一下，这里可能包含几种情况。一种是一般革命党人只对民族主义有强烈热情，对民权、共和已不甚了了，而对民生主义，则觉得甚为新奇，难以理解和接受，用柳亚子的话说，对民生主义简直是"莫名其妙"③。另一种情况是一些留学青年，他们有机会接触西方社会主义各种学说，对民生主义有所了解，但认为是"不急之务"，取不以为然的态度。再有一种情况是一部分同盟会的骨干分子，鉴于新加入革命队伍的人，往往对民生主义疑问甚多，解释殊不容易。他们从发展实际革命运动上考

---

① 见《革命逸史》（二），第 132 页。
② 见《革命逸史》（三），第 207 页。
③ 《柳亚子自传》，原载《珊瑚》第 13 期。

虑，认为不如去掉民生主义，反而更易于吸引群众，扩大革命队伍。欧洲同盟会的某些骨干如胡秉权、史青、魏宸组、贺之才等就曾采取这种办法，在同盟会外另立名目曰公民党，其誓词只有"驱除鞑虏，恢复中华，创立民国"，删掉了"平均地权"。① 另一个显著的例子是共进会。共进会是在同盟会本部所在地东京组织起来的。其首倡人张伯祥、焦达峰、邓文辉、刘公等，都是实际革命活动家，在下层社会中有广泛的联系。他们为推进内地革命运动的发展，力主联络长江一带很有势力的会党群众。而会党中人，新知识甚少，对民生主义殊难了解。他们乃断然舍弃"平均地权"的口号，而改为"平均人权"。②

这里不能不说到同盟会中部总会。此会 1910 年即已开始酝酿，至1911 年 7 月 31 日始在上海宣告成立。其章程明确提出："本会以推覆清政府，建设民主的立宪政体为主义。"③ 没有提民生主义，也没有照搬同盟会的誓词，而是把同盟会纲领中民族、民权的内容结合在一起，以非常明晰的文字强调了民主主义的内容，这是很值得注意的。从前喜欢依某种教条公式剪裁历史的人们总是责备同盟会中部总会及共进会抛弃了同盟会的民生主义纲领，是对孙中山思想的叛离。这种说法不知道今天是否仍有人尊信，我是不赞成这种说法的。我们研究历史，应该抛开成见，从大量的历史材料的清理中，弄清当时的主要历史课题是什么？人们对它如何认识？提出什么主张？进行了怎样的奋斗？力图取消这种历史课题的努力，自然是应当批判的；回避这一历史课题也是不能赞成的。凡是试图解决这一历史课题的努力，不论其正确的程度如何，成功的机会如何，我们都应给予适度的积极的评价。辛亥革命时期最主要的历史课题是推翻腐朽的、毫无效率的、卖国残民的清政府，建立某种形式的民主政体，以便为国家争得走向现代化的机会。从这种角度去观察问题，不但当时的立宪派应给予充分肯定，就是统治集团中某些确曾致力于改革的人士也应给予一定程度的肯定。至于革命党人中不同组织，不同派别，不同色彩的人物，就更不能

① 见《革命逸史》（三），第 207 页。
② 同上书，又见张难先《湖北革命知之录》，第 179 页。
③ 见《宋教仁集》（上），第 277 页；又见于《辛亥革命在上海资料选辑》，第 9 页。

随意否定了。事实上，我们上面提到的共进会、同盟会中部总会，对于辛亥革命都是起了相当重大的积极作用的。

应当特别指出，同盟会中部总会的主要领袖宋教仁，放弃民生主义的口号，绝不是他不了解民生主义，更不是他反对民生主义。可以毫不夸张地说，宋教仁对民生主义有关理论知识的了解，绝不逊于任何革命党人。他头脑清楚，富于独立思想，用心研究各种政治问题，是革命党人中不可多得的政治领袖人才。在同盟会成立时，他作为骨干分子，对孙中山的民生主义未曾提出任何疑问，他的日记反映出他与日本土地复权联盟的领袖交往颇多，还同俄国革命党人一起讨论过社会主义问题。他在《民报》上发表《万国社会党大会略史》长文。这些足以说明他对民生主义、社会主义有相当的研究。

既然宋教仁相当了解民生主义、社会主义，何以不把民生主义列入他亲自策划组织的革命团体的纲领呢？这正是问题的关键。宋氏在同盟会中部总会成立后不到两星期，在《民立报》上发表《社会主义商榷》一文。① 研究此文，便可以解释上面的问题。

在这篇文章里，宋氏把当时流行的社会主义区分为四派：（1）无政府主义；（2）科学社会主义；（3）社会民主主义；（4）国家社会主义。这四大派的区分是相当正确的。尤应注意，宋氏对这四大派各自的实质的认识也是相当准确的。他指出：无政府主义对现制度、现政权，以及一切现存秩序都是绝对否定的；科学社会主义则要求消灭私有制；社会民主主义是结大团体用政治力量取得政权，然后实行社会主义；国家社会主义则是现有国家政权的一种社会政策。宋氏问道：今日在中国主张社会主义，究竟是哪一种社会主义呢？主张社会主义的人是否认真考虑过现实社会状况与自己的主张之间成一种什么关系？是否考虑过，实行此主义将引出何种实际后果呢？显然，这些都是不应回避的问题。提出这些问题，表明宋教仁这位一向肯面对实际的革命家，是唯一认真思考过这些问题的人。也正因为他认真思考过这些问题，所以他才毅然在自己组织的革命团体的纲领中删去了民生主义的内容。

① 此文发表于《民立报》1911 年 8 月 13 日、14 日。

　　在革命党中还有一部分不赞成民生主义的人，主要是以章太炎、陶成章为首的光复会。他们的社会背景主要是农村。他们带有明确的土地要求，主张革命后应将土地收归公有，然后交给农民耕种。孙中山早年也持此主张。后来渐渐信奉亨利·乔治的单税论，又杂糅一些西方社会主义观念。这与原来主要反映农民土地要求的思想距离越来越远了。这也正是民生主义不易赢得普通人的理解和赞成的重要原因所在。

三

　　从上述可见，民生主义在辛亥革命时期实际革命运动中，没有也不可能发生号召力，因而也不可能产生直接的推动力。甚至有时为了推进实际的革命运动，还不得不放弃这个口号。

　　那么，为什么孙中山和他的某些最亲密的战友却一直很热心宣传民生主义呢？

　　如上所述，孙中山作为从下层社会涌现出来的领袖，对民生的关切乃是他献身革命的重要动机之一。他自幼受西方教育，又颇读了一些西方的政治书籍与文献。于是选择了亨利·乔治的土地国有论，又参照其他一些"社会主义者"如约翰·穆勒等人的主张，遂形成了平均地权的思想。在他看来，这个方案自然可以解决农民的土地问题。这一思想既经形成，便成了他革命思想不可分割的一部分，是他解决社会问题的纲领。不管别人对它如何看法，他作为革命领袖，不能放弃这一纲领。对他来说，放弃这一纲领就等于放弃了他革命的一部分目标，就放弃了他作为革命领袖的一部分资格，一部分责任。所以，尽管许多人对此不了解，不热心，他还是坚持不懈，并力图说服他的同志们。

　　而且，必须肯定，孙中山的民生主义作为一种社会经济纲领，在理论上是有积极意义的。

　　迄今的研究者，多半只限于引述列宁的评论或基本上从政治上考虑对民生主义加以肯定。还甚少，甚至可以说基本上还没有真正从经济学的意义上认真分析以平均地权为基本内容的民生主义的确切意义。笔者不避简陋，想对此做一点经济学上的分析。

　　孙中山始终未及形成平均地权的具体实施方案。但他确实打算在推翻满清，建立民国后实行这一纲领。他的基本方案是：核定地价，按价征税，涨价归公，按价收买。比如某地主某块地一亩定价二千，革命后随着社会经济发展，土地增值，一亩可贵至一万，则二千归原地主，八千归国家。如地主故意定高价，则土地出售前，每年按价征高税额，地主并无利可图。如地主想轻税而故报低价，则政府可按所报之低价收买，得益的仍是国家。所以，孙中山说，核定地价是最为公平合理的办法。

　　但应说明，政府不可能靠收买全部土地的办法来实行土地国有。革命前，一部分革命党人在宣传民生主义时，误说国家将收买全国土地，有人甚至表示，此一政策须依靠暴力助其实现。这是不切实际的。另一种说法，政府主要依赖收取土地买卖中的增价部分来充实国库，这也是不切实际的。因为既然增价归公，土地买卖便不可能经常发生。国家不可能依赖这种不经常的不稳定的土地买卖来保证自己的财政收入。最可靠的，经常的，稳定的收入还是靠征收土地税。这就是说，孙中山的土地国有方案最基本的含义是通过征收地价税的形式，把地租——原来土地所有者凭借所有权而获得的那部分剩余价值——转交给国家，国家成为真正意义上的地主。显然，地价税应当相当于原来的地租。因为如果低于地租，就未能将全部地租交给国家，也就未能实现真正的土地国有化。如果高于地租，地主一无所图，土地对于他就完全失去财产的意义了。从经济上说，他只有放弃土地所有权，把它卖掉，还略可获得基本地价。可是既然地租归公已成国策，那么，谁还愿意花重价——哪怕是花低于原定价的钱去买一个空头地主的名义呢？而国家显然无力收买全部土地，所以卖地之法亦非普遍可行。这样，作为一个土地所有者，他只有从其他途径来寻求自己的经济利益。而这种情况下，唯一可走的路是向土地承租者，或者说土地经营者打主意，从他们所得的剩余价值中榨取一部分出来以补损失掉的地租。这时，如果土地经营者是一个工业资本家，他除了交出相当于地租的地价税以外，还要从自己应得的利润中扣出一部分交给名义上的地主——原土地所有者。而这个资本家作为一种经济关系的人格化，他同时必须设法保卫自己的利益，他的出路只有提高利润率，即除了地租和平均利润以外，他还要追求一个高出上述两者之和的多余利润。这个多余利润的来源，显然只有从工人身上取得，也就是资本家将加强对工人的剥削。如果土地经营者是一个农业资本家，以同样的理由，他必须加强对农业工人的榨取。如果土地经营者是农民，那么，他就必须从自己应得的收入中提出一部分来交给原土地所有者，否则，他将租不到土地。

但资本家对工人剥削终究要受到经济规律本身限制，长期过分的榨取会损害工人的劳动积极性，有时甚至会激起罢工反抗。而且，使广大劳动者长期处于过度贫困状态，将使资本的扩张失去内在的冲力。所以，超额榨取劳动者，从经济学上说，这不可能成为资本家经常的唯一的出路。于是我们进一步看到，既然原土地所有者倾向于卖掉土地，而资本家与其除了交出地租以外还要交出一部分利润，那就不如自己买下土地。唯有小农将面临严峻的命运，在无情的经济规律作用之下，他们中一小部分或许有机会侥幸成为农业资本家，而绝大部分将破产，沦为无产者。

综上所述，足可令人信服地证明，孙中山的土地国有主张，如果真能实行，确实有利于促进资本主义的发展，摧毁农村封建经济关系。我们说孙中山的民生主义在经济学意义上有其进步性，道理即在于此。尽管孙中山和他的追随者实际上并不曾真正清楚地意识到这一点。

四

有人认为孙中山主观上并不害怕资本主义的发展，并不排斥资本家，这是不真实的。孙中山提出民生主义的重要动机就是要避免社会两极分化，防患于未然。他充分承认资本主义物质文明的成就，承认发展现代经济的绝对必要性，但他并不想把这个伟大的历史责任交给中国的资本家。他要用他的民生主义——主观社会主义的方法达到国家现代化的目的。资本家小量的产生与存在，在他看来不过是无法完全避免的恶。民国以后，孙中山痛骂资本家的言论是人所熟知的。所以，说孙中山主观上欢迎资本主义发展，那是不符合事实的。某些人既然承认孙中山是"主观社会主义者"，又说他主观上欢迎资本主义的发展，这是说不通的。

按列宁的说法，孙中山的主观社会主义是一种反动的空想。说它是空想，大概不会有人反对。他想在非常落后的社会环境里举政治革命、社会革命"毕其功于一役"，超越现实条件，实行社会主义，这当然是空想。但说它是反动的，不但大多数国民党人不同意，大概许多自命为马克思主义的人也不愿承认这一点。我以为，列宁批评其反动性，至少有两个意义：（1）在落后的东方国家，发展资本主义是社会进步的必然趋势，企图阻止它，是反历史潮流而动。（2）欲解决西方资本主义发展造成的社会弊病，只有靠科学社会主义，靠无产阶级革命。而此时西方社会主义运动，无产阶级革命运动已经势如潮涌，孙中山的民生主义避拒这一潮流，也是逆潮流而动。

孙中山的民生主义，其形式与内容是如此的矛盾，难怪一般革命党人不能理解，少数有识者亦因其模糊不切实际而不愿附和，至于资产阶级当然更不会热情欢迎它。

人们不能不承认，同盟会革命的那个时代，中国社会发展的客观前景是资本主义，也就是说，对于落后的中国来说，资本主义还有相当的发展余地。孙中山和其他民生主义的热情宣传者们无疑都是当时中国最先进的分子。这些先进分子为什么会害怕和反对资本主义，而对社会主义表示向往呢？以往的研究一般已揭示了其最明显的一面，即孙中山长期在海外奔走革命的经历，使他了解到西方资本主义社会的矛盾，了解那里的劳动群众的痛苦和斗争。因此，资本主义在他心目中已不是合于理想的东西。既然资本主义不合他的理想，要寻觅理想的东西势必去注意那些否定资本主义的运动，即社会主义运动。所以西方社会主义成为孙中山民生主义的重要思想来源。当然，中国历代均平思想给孙中山提供了易于接受西方社会主义思想的基础。可是，孙中山毕竟不是在工人运动中涌现的领袖，又不是严格的学者，未能通过系统的学习和研究接受科学社会主义。他是实际革命家，是以封建专制王朝为革命对象的革命家，他的革命，客观上必然是资产阶级性质的，他的思想也必然易与资产阶级合流。所以，尽管他主观上反对资本主义，厌恶资本家，但实质上，他却只能从资产阶级社会主义流派中汲取思想养料，来造成自己的主观社会主义。

但这只是问题的一个方面，还有另一个重要的方面须待进一步分析和阐明。这就是，孙中山的资产阶级性质的经济纲领会以社会主义的形式表达出来，或者说，其资产阶级的纲领会披上社会主义的外衣，是与中国资产阶级的实际状况和孙中山对自己阶级地位的自我意识有关的。

当时，中国的资产阶级太微弱了。孙中山多次讲到中国的资本家尚未出世。他当然不可能以为自己是这个未出世的阶级的代表。就其主观上说，他倒是真诚地同情中国农民的遭遇。他曾自述："吾受幼时境域刺激，深感到实际上及学理上有讲求此问题（指民生问题——引者注）之必要。吾若非生而为贫困之农家子，则或忽视此重大问题亦未可知。"① 孙中山民生主义思想最初形成时期确实带有解脱农民苦痛的强烈动机。但后来逐渐定型的以亨利·乔治思想为主的平均地权论已不再直接反映农民的愿望。因此也不能断定说，孙中山的民生主义是农民要求的直接表现。尽管民生主义外观上具有社会主义色彩，然而谁也不致误认它与工人运动有什么直接联系。

由上可见，孙中山的民生主义，不是中国社会中任何一个特定阶级自己锤炼出来的思想。或者说，它不是任何一个特定阶级的阶级意志的直接表现。这样的思想，只有对国家民族命运特别关切，同各个阶级都有关联而又存在相当距离的知识分子最容易接受。这种思想聚拢了古今中外多种不同的思想，其外表的阶级色彩已十分模糊。因此，对于清末的社会实际，对于革命党人的实际革命运动来说，民生主义都显得具有超越性，或者说，它理想主义的成分太重，因此它是孙中山革命纲领中最缺少现实性的部分。

更进一步说，民生主义是中国社会旧的统治阶级已经没落，而新的阶级尚未成长起来的情况下产生的一种独特思想，它是西方社会主义在中国被扭曲的形式，是中国古代均平思想的近代版，是下层劳动群众要求摆脱困苦的愿望的学理化的反映，是资产阶级要求发展资本主义的欲望在革命运动中的折射。总之，这是一种不成熟的历史条件下的不成熟的思想，是落后的社会条件下的超越现实的思想。这种性质决定了它缺乏现实的阶级基础，得不到广泛的群众支持。因此对现实的革命运动不可能产生直接的推动力。但这不等于这一思想没有任何历史意义。它的意义就在于它的预言性质，它预示了中国社会独特的发展道路，即由于资本主义得不到顺利

---

① 宫崎寅藏：《孙逸仙传》，《建国月刊》3 卷第 4 期。

发展的机会，资产阶级的力量过于脆弱，所以，中国社会的现代化将取非资本主义道路的发展模式。说具体些就是，在民主革命的历史阶段里，无产阶级在广大农民同盟者的支持下，提前走到历史的前台，承担起革命的领导责任。在这种情况下，孙中山的主观社会主义将起到孙中山领导的革命同无产阶级领导的革命联合起来，把各个拥护革命的阶级联合起来的特殊的历史作用。自然，民生主义本身也不能不适应新的情况而适当改变自己的内容与形式。

可见，孙中山的民生主义最重要的意义是在未来，而不在当下，后来的历史证明了这一点。

（原载《广东社会科学》1996 年第 5 期）

孙中山民族主义思想的历史演变

　　孙中山是近代中国民主革命的伟大先驱，同时又是一位发生深远影响的思想家。他的思想集中体现在他终生抱持的三民主义之中。民族主义是其三民主义第一个重要的组成部分。关于孙中山的民族主义思想，已有很多论述，但大多是静态地考察其内容与意义。本文拟从动态上考察孙中山之民族主义思想发展的几个阶段，及其演变的历史轨迹。

　　据我个人的观察，民族主义作为一个历史范畴，它曾经历过不同的发展形态。最初级的是以"排异"为主导，即所谓"非我族类，其心必异"，一切以本民族为依归，对其他民族采取排斥主义。进一步，以民族权利为主导，即以建立近代民族国家为目标的民族主义。最后，是以建立各民族平等的世界新秩序为主旨的民族主义，这是历史上最高形态的民族主义。孙中山的民族主义思想，可以说基本上经历了所有这三种形态。本文即考察孙中山的民族主义思想在近代中国的具体的内外历史条件下，在其革命实践的过程中，是如何演变的。

一

　　孙中山的革命生涯是从成立兴中会，发动反满的武装起义开始的。1894 年冬，他在檀香山成立兴中会，并筹得一部分捐款，在他携款并带领一部分兴中会成员回国的途中，在船上，他向随行的人员做宣传鼓动说："杀满洲佬，复明之江山。"这同当时会党的反满意识是一致的。会党是由明末清初反满运动和反满思想在下层社会沉积的结果，他们的思想基本上是以反清复明为宗旨。反清复明的思想基础是把入关主政的满人视为"异种"，不认他们是中国人，是"逆胡"，是"鞑虏"，必驱除而后可。所以，兴中会的誓词是"驱除鞑虏，恢复中国，创立合众政府"。从1894—1895年创立兴中会，策动广州起义，到1905年同盟会成立，孙中山和他的战友们都一直是抱持这种反满的民族主义。我们说这种反满的民族主义是属于最初级的民族主义。它的基本观念是"非我族类，其心必异"。这一时期里，革命党人的言论、著作，凡讲到革命的问题，皆以满人非中国人为中心论点。如章太炎之《驳康有为论革命书》，其绝大部分篇幅都在力辩满人非中国人，满人入中夏，未曾同化于汉人，而是"凌制汉人"。章太炎说："夫满洲种族，是曰东胡……言语政教，饮食居处，一切自异于域内，犹得谓之同种也邪？"①　又说："吾以为今人虽不尽以逐满为职志，或有其志而不敢讼言于畴人，然其轻视鞑靼，以为异种贱族者，此其种性，根于二百年之遗传，是固至今未去者也。"②　又如邹容之《革命军》，也是以大部分篇幅谈论反满，满纸满篇的"贼满人"如何如何，"贼满人"如何如何，所以被孙中山称之为"反满最激烈之作"。邹容在谈"革命之原因"时，开头就说："中国最不平伤心惨目之事，莫过于戴狼子野心，游牧贱族贼满洲人而为君。"③　又说："贼满人为我同胞之公敌，为我同胞之公仇，……吾今于同胞约曰'张九世复仇之义，作十年血战之期，磨吾刃，建吾旗，各出其九死一生之魄力，以驱逐凌辱我之贼满人，压制我之贼满人，屠杀我之贼满人，奸淫我之贼满人'。"④　章、邹两位是同盟会成立前革命党中最重要的宣传家，可以代表革命党人一般思想状态。

作为革命党的领袖孙中山，这一时期，他的民族主义思想核心就是排满。他不但在对中国人宣传其革命主张时，极力以反满为号召，即使在向外国人说明其革命宗旨时也毫不含糊地表明其反满的立场。如他在1897年3月为英国人写的《中国的现在和未来》一文中说："不完全打倒目前极其腐败的统治而建立一个贤良政府，由道地的中国人来建立起纯洁的政

---

① 见《章太炎政论选集》上册，中华书局1977年版，第194—195页。
② 同上书，第206页。
③ 见《中国哲学史资料选辑》（近代之部下），中华书局1959年版，第473页。
④ 同上书，第486—487页。

治，那么，实现任何改进就完全不可能的。"① 又如，他 1900 年 7 月在新加坡对英国殖民地官员谈话，解释他与康有为的分歧时说："我志在驱逐满洲人，而他（指康有为——引者注）支持年轻的皇帝。"② 又如，孙中山在 1903 年 9 月，同样是写给外国人看的一篇文章里说："满胡以异种入主中原，……当入寇之初，屠戮动以全城，搜杀常称旬日，汉族蒙祸之大，自古未有如是之酷也。山泽遗民，仍有余恨；复仇之念，至今未灰。"③ 在这篇文章里，孙中山还讲了一个很极端的故事。他说："往年日清之战（指甲午战争——引者注），曾亲见有海陬父老，闻旅顺已失，奉天不保，雀跃欢呼者。问以其故，则曰：'我汉人遭虏朝荼毒二百余年，无由一雪，今得日本为我大张挞伐，犁其庭扫其穴，老夫死得瞑目矣。'"④ 这个故事很可能真有其事。这正好说明，孙中山及其革命党的反满的民族主义是颇有其群众基础的。所以，直到辛亥革命，创建民国，孙中山都一直努力"在非满族的中国人中间发扬民族主义精神"⑤。

1905 年 8 月，中国同盟会成立，"以驱除鞑虏，恢复中华，创立民国，平均地权"为宗旨。十六个字中，有八个字是讲反满的民族主义。而另外那八个字，大多数革命党人都不甚了了。同盟会革命元老柳亚子就曾说，当时"大家对民生主义都是莫名其妙，连民权主义也不过是装装幌子而已。……最卖力的还是狭义的民族主义（即反满——引者注）"⑥。

不过，就孙中山本人而言，同盟会成立后，他对民权主义、民生主义的宣传确是花了不少的力气。他非常明确，他的革命目标是在推翻满清的君主专制统治之后，建立民主共和国。这一革命目标，应当说，实即是建立近代的民族国家。他曾对自己的革命同伴解释说："照现在这样的政治论起来，就算汉人为君主，也不能不革命。"因此，他又说："我们推倒满洲政府，从驱除满人那一面说是民族革命；从颠覆君主政体那一面说是政

① 见《孙中山全集》第 1 卷，中华书局 1981 年版，第 88 页。
② 《与斯韦顿汉等的谈话》，同上书，第 195 页。
③ 《支那保全分割合论》，同上书，第 220 页。
④ 同上书，第 222 页。
⑤ 《在檀香山正埠的演说》，同上书，第 227 页。
⑥ 《柳亚子自传》，见《柳亚子选集》下册，人民出版社 1989 年版，第 1030 页。

治革命。"① 从这些表述可以看出，孙中山已经具有建立近代民族国家的思想。因此也可以说，孙中山的民族主义，已进入以建立近代民族国家为目标的近代民族主义的范畴。然而实际上，孙中山直到辛亥革命，始终没有完全摆脱以反满为主旨的狭隘的民族主义。我们看，同盟会成立后，孙中山的反满言论仍然很激烈。如他说："中国今日何以必须乎革命？因中国今日已为满洲人所据，而满清之政治腐败已极，遂至中国之国势亦危险已极，瓜分之祸已岌岌不可终日，非革命无以救重亡，非革命无以图光复也。" 所以，凡"不忍见神明种族与虏皆亡"者，都应积极参加反满革命。② 这是 1910 年说的话。同年的 12 月，他在《致星加坡同盟会员函》中说："大抵数月间大军即可发起，以应思汉之心，而覆丑胡之政府。"③ 1911 年 6 月，孙中山在旧金山的一次演说中还说："同盟会组织一大团体与满洲对敌，非与同胞争意气也。" 又说："满政府立心之狠毒，无一不欲绝汉民之生计。但吾无怪其然，凡非我族类，其心必异；况以满洲少数之民族，不能不设种种之苛法，以断绝吾人之生计。"④

孙中山坚持反满的立场，以反满作为动员群众的基本口号，这既有其本人思想上的原因，也由具体的历史条件所决定。

第一，孙中山历次发动武装起义，差不多都需要联络会党，争取他们的支持。而会党之能够参与起义，其主要的甚至是唯一的思想基础就是反满。孙中山如果不突出其反满的思想主张，他就无法取得会党群众的理解和支持。

第二，按近代民族主义的本质要求，在清末，中国人的民族主义应该是以反对侵略和压迫中国人的帝国主义列强为主旨，以建立独立统一的民族国家为目标。但孙中山长期奔走海外，他的革命，一方面需要争取海外华侨的支持；另一方面，他也力求争得几个强国朝野势力的支持。这样，他就不可能不淡化其反对帝国主义列强的主张。也就是说，他的民族主义，不能不主要是反满的"小民族主义"，而不可能主要是反对帝国主义

---

① 《在东京〈民报〉创刊周年庆祝大会的演说》，见《孙中山全集》第 1 卷，第 325 页。

② 《在旧金山丽蝉戏院的演说》，见《孙中山全集》第 1 卷，第 442 页。

③ 同上书，第 502 页。

④ 《在中国同盟会葛仑分会成立大会的演说》，同上书，第 522、523 页。

列强的"大民族主义"（大民族主义与小民族主义，是借用梁启超的说法）。

第三，在孙中山争取与康、梁合作的计划失败以后，他与康、梁及其他和平改革派之间就一直进行着激烈的思想斗争。为了划清与改革派的政治思想界限，孙中山必须大力强调反满的立场。在思想斗争中，在两派的辩论中，各自需要旗帜鲜明，往往不得不使自己的思想趋向极端。在孙中山和革命党方面，就要极力强调反满的"小民族主义"；在康、梁和改革派方面，就要极力强调满人同是中国人，中国人的民族主义应该是针对帝国主义列强的"大民族主义"。

鉴于上述三个方面的原因，尽管在同盟会成立以后，孙中山的民族主义已经开始具有近代民族主义的性质，但却很长时间未能完全摆脱反满的狭隘民族主义。我们可以把从同盟会成立到辛亥革命这段时间，看成是孙中山民族主义思想演变的过渡期。

二

辛亥革命推翻清朝统治，建立中华民国。此后，孙中山对于民族主义有几种不同的表述。一是在追述革命历史时，仍明确坚持反满的民族主义的正当性。如在其《通告海陆军将士文》中说："逆胡猾夏，盗据神州，奴使吾民，……乃者义师起于武汉……民国新基，于是始奠。"[1] 又如，在其《对外宣言书》中说："自满清盗窃中夏，于今二百六十有八年，其间虐政，罄竹难书。"[2] 又如，其《在南京同盟会会员饯别会的演说》中说："自二百七十年前，中国亡于满洲，中国图光复之举，不知凡几。各处会党遍布，皆是欲实行民族主义的。"[3] 其另一种表述是说，推倒满清，创立民国，民族主义已经完成。如在前引文里，孙中山便说："今日满清退位，中华民国成立，民族、民权两主义俱达到，惟有民生主义尚未着手，今后

---

[1]　见《孙中山全集》第2卷，第3页。
[2]　同上书，第8页。
[3]　同上书，第319页。

吾人所当致力的即在此事。"① 这种说法，又恰好说明，孙中山原有的民族主义，确主要是反满的民族主义。第三种表述是我们要着重加以讨论的。孙中山在其就任临时大总统的宣言书中说："国家之本，在于人民。合汉、满、蒙、回、藏诸地为一国，即合汉、满、蒙、回、藏诸族为一人。是曰民族之统一。"② 民族统一的意思，照孙中山的说法，就是不分畛域，合汉、满、蒙、回、藏为一个统一的中华民族。他在《致贡桑诺尔布等蒙古各王公电》中说："合全国人民，无分汉、满、蒙、回、藏，相与共享人类之自由。"③ 在其《布告国民消融意见蠲除畛域文》中说："中华民国之建设，专为拥护亿兆国民之自由权利，合汉、满、蒙、回、藏为一家，相与和衷共济，……而今而后，务当消融意见，蠲除畛域。"④ 使国内各民族合为一个统一的大民族，这是孙中山的基本意思。必须注意，这个意思是在他认为民族主义的目标已达到的观念之下的一种表述。可以说，在孙中山看来，在中国内部，在消除满洲专制统治之后，国内即不应再有民族问题。因为各民族间没有压迫和被压迫的关系，故能相互融合成为一个统一的大民族。但这种融合怎样才能实现？在融合的过程中还有没有民族主义的问题存在？这些，当时孙中山并没有讲清楚。

前面说到，民国建立后，孙中山曾认为民族主义与民权主义目的已达，今后的任务只是致力于实现民生主义。二次革命后，孙中山始觉悟到，民权主义还没有实现。所以中华革命党的章程中便规定"本党以实行民权、民生两主义为宗旨"⑤。但仍认为民族主义目的已达到了。直到1919 年，中国人民的反帝运动达到新的高潮之时，孙中山才彻底明白，民族主义的目标还远远没有达到。可见，孙中山民族主义的新觉醒是与五四爱国运动有着密切的关系。在这之前，孙中山一直全力倾注于反军阀的护法斗争。受五四运动的刺激，孙中山始充分注意到国内的军阀与帝国主义列强之间的密切关系。5 月 6 日，当孙中山刚刚得到 5 月 4 日北京学生爱

① 见《孙中山全集》第 2 卷，第 319 页。
② 《临时大总统宣言书》，同上书，第 2 页。
③ 同上书，第 48 页。
④ 同上书，第 105 页。
⑤ 《中华革命党总章》，《孙中山全集》第 3 卷，第 97 页。

国运动的消息后，立即指示主持《民国日报》的邵力子，"要大力宣传报道北京学生开展的反帝爱国运动，立即组织发动上海学生起来响应"①。5月12日，孙中山复信上海的陈汉明，再次对北京学生爱国运动公开表示同情和支持。② 6月24日，在《答日本〈朝日新闻〉记者问》中，他严厉斥责日本武人侵略中国的帝国主义野心。③ 与此同时，"国民怵于外患之烈，群起救国，民气大张"④ 的现实，也给孙中山的思想以重大的影响。是年10月，中华革命党改组为中国国民党，该党的《规约》明确恢复以"实行三民主义为宗旨"⑤。从1912年宣称民族主义目标已达，到此时重新宣布以实行三民主义为宗旨，中间差不多有七年半的时间，孙中山基本上不谈论民族主义。在此之后，孙中山才重新把民族主义作为他的一大目标。而且其民族主义明确以反对帝国主义为内容。所以，从此以后，孙中山便经常发表其以反对帝国主义为内容的民族主义言论。如1919年11月，在同即将赴法留学的青年谈话时说："中国还是一个贫弱的国家，事事都受世界列强的干涉和压迫。我们全国同胞，尤其是知识分子，必须大家齐心参加革命，才能使中国得到独立、自由和平等。"⑥ 1921年12月，《在桂林对滇赣粤军的演说》中，孙中山说："今则满族虽去，而中华民国国家尚不免成为半独立国。"又说："满清虽已推倒，而已失之国权与土地仍操诸外国，未能收回。以言国权，如海关则归其掌握，条约则受其束缚，领事裁判权则犹未撤销；以言土地，威海卫入于英，旅顺入于日，青岛入于德。德国败后，而山东问题尚复受制于日本，至今不能归还。由此现象观之，中华民国固未可谓为完全独立国家也。"⑦ 1923年1月在上海的一次演说中，孙中山更说道："中国形式上是独立国家，实际比亡了国的高丽还不如。……似此，民族主义能认为满足成功否？所以，国民不特要从民权、民生上做功夫，同时并应该发展民族自决的能力，团结起来奋

① 见《孙中山年谱长编》下册，第1172页。
② 同上书，第1174页。
③ 见《孙中山全集》第5卷，第71—74页。
④ 《复颜德基函》（1919年6月12日），见《孙中山全集》第5卷，第65页。
⑤ 《中国国民党规约》，见《孙中山全集》第5卷，第127页。
⑥ 《与留法学生的谈话》，同上书，第165页。
⑦ 见《孙中山全集》第6卷，第24、25页。

斗，使中国在世界上成为一独立国家。"① 国民党改组后，孙中山这类言论更多，更尖锐。1924 年 1 月，孙中山发表《关于建立反帝联合战线宣言》，其中说："我等同在弱小民族之中，我等当共同奋斗，反抗帝国主义国家之掠夺与压迫。"② 差不多同时，在与美国公使舒尔曼的谈话中，孙中山说："不干涉中国内政，为在华会（原文如此——引者注）列强所一致赞同。但此不过一种空谈。……实则不干涉内政其名，外交团控制中国如一殖民地则事实也。"③ 在著名的《中国国民党第一次全国代表大会宣言》中，关于对外政策明确规定："一切不平等条约，如外人租借地、领事裁判权、外人管理关税权，以及外人在中国境内行使一切政治的权力侵害中国主权者，皆当取消，重订双方平等，互尊主权之条约。"又规定："中国与列强所订其他条约有损中国之利益者，须重新审定，务以不害双方主权为原则。"④ 这些言论表明，五四运动以后，孙中山的民族主义思想发生一大转折：从把民族主义排除于革命目标之外，到重新确立民族主义的革命目标；从不谈反对帝国主义，到明确反对帝国主义；这是一种非常重大的转折。同时也表示，孙中山的以民族建国为目标的近代民族主义达到了充分成熟的发展阶段。

三

民国以后，孙中山在论述国内的民族融合问题时，由于表述得不够清楚，不免遭到一些误解和批评。

前面引述民国初年，孙中山多次说到合五族为一家，也就是实现民族融合的问题。但怎样实现民族的融合，孙中山并没有进一步的说明。直到1919 年写作《三民主义》一文时，孙中山对此才有进一步的论述。孙中山说："夫汉族光复，满清倾覆，不过只达到民族主义之一消极目的而已，从此当努力猛进，以达民族主义之积极目的也。积极目的为何？即汉族当

① 《在上海各团体代表祝捷时的演说》，《孙中山全集》第 7 卷，第 333—334 页。
② 见《孙中山全集》第 9 卷，第 23 页。
③ 同上书，第 25 页。
④ 同上书，第 122—123 页。

牺牲其血统、历史与夫自尊自大之名称，而与满、蒙、回、藏之人民相见于诚，合为一炉而冶之，以成一中华民族之新主义，……斯为积极之目的也。"① 孙中山这里所表达的是中国人民的一贯追求，同时也是一直在进行着的历史过程。在其他场合，他又多次发表颇有大汉族主义嫌疑的言论。如1921年3月，在国民党驻粤办事处的讲话中他说："本党尚须在民族主义上做功夫，务使满、蒙、回、藏同化于我汉族，成一大民族主义的国家。"② 使满、蒙、回、藏都同化于汉族，这确是有大汉族主义的色彩。这篇讲话里又说道："今日我们讲民族主义，不能笼统讲五族，应该讲汉族底民族主义。……彼满洲之附日，蒙古之附俄，西藏之附英，即无自卫能力之表证。然提撕振拔他们，仍赖我们汉族。兄弟现在想得一个调和的方法，即拿汉族来做个中心，使之同化于我，并且为其他民族加入我们组织建国的机会，仿美利坚民族的规模，将汉族改为中华民族，组成一个完全的民族国家。"③ 这一年的12月，孙中山在桂林的一次讲话中又说："所谓五族共和者，直欺人之语！盖藏、蒙、回、满皆无自卫能力。发扬光大民族主义，而使藏、蒙、回、满同化于我汉族，建设一最大之民族国家者，是在汉人之自决。"这两段话里的大汉族主义色彩，显然来得更浓一些。

那么，我们是否即认为孙中山这一时期，在国内的民族问题上，就是一个大汉族主义者呢？我以为不能这样简单地加以论定。第一，我们前面引证过孙中山努力造成汉、满、蒙、回、藏各族人民紧密结合为一个大民族，即中华民族的思想。表达此一思想的类似言论还有不少。如1920年11月在上海国民党本部会议的讲话中，孙中山说："我们定要积极地将我四万万民族的地位抬高起来，发扬光大，现在说五族共和，实在这五族的名词很不切当。我们国内何止五族呢？我的意思，应该把我们中国所有各民族融成一个中华民族。"④ 1923年1月，在《中国国民党宣言》中提出："吾党所持之民族主义，消极的为除去民族间之不平等，积极的为团结国

---

① 见《孙中山全集》第5卷，第187—188页。
② 《在中国国民党本部特设驻粤办事处的演说》，见《孙中山全集》第5卷，第473—474页。
③ 同上书，第474页。
④ 《在上海中国国民党本部会议的演说》，见《孙中山全集》第5卷，第394页。

内各民族，完成一大中华民族。"① 在《中国国民党党纲》中，谈到民族主义时，指出其目标是"以本国现有民族构成大中华民族，实现民族的国家"②。在著名的国民党一大宣言中，"郑重宣言，承认中国以内各民族之自决权，于反对帝国主义及军阀之革命获得胜利以后，当组织自由统一的（各民族自由联合的）中华民国"③。以上所引述的言论，表明孙中山不是人们通常所理解的那种大汉族主义者，他是真诚地努力于促成中国境内各民族紧密结合成一个大中华民族。第二，中国境内各民族中，汉族在文化发展程度上，在能力上，在人口数量上，等等方面，对于其他民族，的确居于明显的优势地位。因此，在结合国内各民族以形成一大中华民族的过程中，它起着主导的作用。所以孙中山要其他民族同化于汉族的说法，固然不正确，但它是客观事实的某种不准确的反映。应该说，在孙中山有七年半之久，不曾认真考虑民族问题之后，面临国内外复杂的民族斗争形势，他有时不能很准确地表述他的民族主义思想，是可以理解的。我们看，在国民党一大宣言中对民族主义的表述："国民党之民族主义有两方面之意义：一则，中国民族自求解放；二则，中国境内各民族一律平等。"④ 这个说法就是完全正确的。这就是说，在这一时期，孙中山对民族主义有三种表述：一、主张各民族紧密结合为一个大中华民族；二、其他各民族要同化于汉族；三、国内各民族一律平等。显然，一、三两种表述是完全正确的提法；第二种表述是不妥当的。我们可以认为，在这个问题上，在这个时期里，孙中山在形成其正确的民族主义思想的过程中，有时还杂有一些不很正确的东西。所以，简单化地把孙中山说成是大汉族主义者是不妥当的。

四

　　孙中山明确的反对帝国主义的思想，是在五四运动以后形成的。五四

---

① 见《孙中山全集》第7卷，第3页。

② 同上书，第4—5页。

③ 见《孙中山全集》第9卷，第119页。

④ 同上书，第118页。

运动的发生，是直接导源于第一次世界大战后巴黎和会对中国的不公正态度，也就是帝国主义列强对中国的不公正态度。在往后孙中山自己的革命实践中，不断地遇到帝国主义的阻挠。大量的事实表明，帝国主义支持反动军阀，危害中国主权，压迫中国人民。这是孙中山反对帝国主义，争取独立、统一，建立民主的中华民国的民族主义思想达于成熟的现实基础。

在孙中山反帝建国的民族主义思想成熟起来的同时，其民族主义便提升到一个新的阶段，这个阶段的民族主义，是以建立世界各民族平等相处的国际新秩序为基本目标。孙中山的民族主义思想的这一演变，同样与第一次世界大战有密切的关系。孙中山说："自欧战告终，世界局面一变，潮流所趋，都注重到民族自决。我中国尤为世界民族中底最大问题。"何以说中国尤为世界民族中的最大问题呢？孙中山说："在东亚底国家，严格讲起来，不过一个暹逻，一个日本，可称是完全底独立国。中国……幅员虽大，人民虽众，只可称个半独立国罢了。"① 到了 20 世纪 20 年代，世界上原来处于帝国主义列强压迫下的许多弱小民族都已纷纷独立，而像中国这样的一个大国，却还只是一个半独立国，岂不是一个最大的问题吗！这种认识反映出孙中山对中国民族革命任务的世界性意义有充分的了解。同时我们还要看到，孙中山的民族主义之所以能够进达一个新的阶段，是与俄国革命有密切关联的。人们都知道，俄国革命后，苏维埃俄国政府于中国发生五四爱国运动之后不久，1919 年 7 月，即向中国宣布放弃沙皇俄国在中国的帝国主义利益和特权。此项宣言于 1920 年 3—4 月间始到达北京。随后便被译成中文在许多报刊——包括《新青年》——上发表。此事在中国人中间发生很大的影响。② 我们可以当时的全国学生联合会的反应为例。该会以公开信的形式就俄国的对华宣言作出答复。其中说："对于最近你们在致吾侪的通牒中所表示之盛意，尤觉无限感谢。我们自当尽我们所有的能力，在国内一致主张与贵国正式恢复邦交，并敢以热烈的情绪，希望今后中俄两国人民在自由、平等、互助的正义方面，以美满的友

---

① 《在中国国民党本部特设驻粤办事处的演说》，见《孙中山全集》第 5 卷，第 473 页。

② 按，苏俄的宣言是由当时任苏维埃政府副外交人民委员的加拉罕宣布的。有意思的是，这份于 1919 年 7 月发布的文件，直到 1920 年 3 月才传到北京。这个文件当时被翻译成中文登载在报刊上。《新青年》是在其 7 卷 6 号上登出的。

谊戮力于芟除国际的压迫，以及国家的种族的阶级的差别，俾造成一个真正平等、自由、博爱的新局面。"和这份文件同时发表的共十五个团体和十家报刊，表示欢迎苏俄的提议，并敦促政府与苏俄政府展开谈判的舆论。① 一个曾经对中国有过长期侵略历史的国家，革命后主动宣布将以平等的态度对待中国，这一事实，再加上国内各界的积极反响，这对孙中山正在形成的新的民族主义思想，不能不发生重大的影响。苏俄外交人民委员齐契林于 1920 年 10 月 31 日致函孙中山，表示坚信中国人民"将会走上与帝国主义的世界性压迫进行斗争的道路"，希望建立贸易关系和相互友好合作。② 此信于 1921 年 6 月 14 日始到达孙中山的手里。8 月 28 日，孙中山复信给齐契林，概述了民国以来中国的政治发展。指出，北京政府是一个受制于帝国主义的，不能代表中国人民的政府，只有广州的政府才是能够代表中国人民的政府。但在目前的状况下，广州政府在地域上与苏俄远远地被隔开，无法建立贸易关系，但愿与保持私人的接触。③ 1923 年1 月 26 日，孙中山与苏联驻中国大使越飞发表联合宣言。宣言称，"中国最要最急之问题，乃在民国的统一之完成，与完全国家的独立之获得"。越飞表示，中国的此项事业"当得俄国国民最挚热之同情"和援助。他并重申，苏俄政府抛弃帝政时代的不平等条约，准备另行开始中俄交涉。④1923 年 9 月 16 日，孙中山致电苏联代表加拉罕称："中俄两国之真实利益，使双方采取一种共同政策，俾吾人得与列强平等相处，及脱离国际帝国主义之政治、经济的压迫。"⑤ 1924 年 1 月 24 日，孙中山复电加拉罕，对其祝贺中国国民党第一次全国代表大会，表示"不胜感谢"，并称，"本会深信，全世界之自由民族必将予以同情，而俄国人民来此先声，尤为吾人所感激。中俄两国人民行将共同提挈，以进于自由正义之途"⑥。孙中山通过与苏俄的这些接触，使他感受到与以往同帝国主义列强打交道时

---

① 见《新青年》7 卷 6 号《对于俄罗斯劳农政府通告的舆论》。

② 《苏联外交政策文件集》第 5 卷，转引自《孙中山年谱长编》下册，中华书局 1991 年版，第1305 页。

③ 《复苏俄外交人民委员齐契林书》，见《孙中山全集》第 5 卷，第 591—593 页。

④ 《孙文与越飞联合宣言》，见《孙中山全集》第 7 卷，第 51—52 页。

⑤ 《复加拉罕电》，见《孙中山全集》第 8 卷，第 216 页。

⑥ 《复苏联代表加拉罕电》，见《孙中山全集》第 9 卷，第 130—131 页。

完全不同的经验。他开始相信，在世界上建立各国家各民族平等相处的新的国际秩序是可能的。所以，进入 20 世纪 20 年代，孙中山的民族主义，明显地以争取建立世界各国各民族平等相处的国际新秩序为主要内容。1922 年 1 月 4 日，孙中山《在桂林广东同乡会欢迎会的演说》中说道："民族主义即世界人类各族平等，一种族绝不能为他种族所压制。"① 1923 年 1 月 1 日，在《中国国民党宣言》中指出：　"吾党所持之民族主义，……内以促全国民族之进化，外以谋世界民族之平等。"② 在这个月内，孙中山写成《中国革命史》一文。其中说到民族主义时说："对于世界诸民族，务保持吾民族之独立地位，发扬吾固有之文化，且吸收世界之文化而光大之，以期与诸民族并驱于世界，以驯致于大同，此为以民族主义对世界之诸民族也。"③ 1924 年 1 月，在《国民政府建国大纲》中谈到民族问题时说："对于国外之侵略强权，政府当抵御之；并同时修改各国条约，以恢复我国际平等，国家独立。"④ "要废除一切不平等条约"⑤，"即取消此等条约中所定之一切特权，而重订双方平等，互尊主权之条约，以消灭帝国主义在中国之势力"⑥。"凡夫一切帝国主义之侵略，悉当祛除解放，使中华民族与世界所有各民族同立于自由平等之地。"⑦ 不但自己的国家、民族要争得独立和平等的地位，还要支持、帮助其他国家、民族争得独立、平等的地位。孙中山说："我们今日要把中国失去了的民族主义恢复起来，用此四万万人的力量为世界上的人打不平，这才算是我们四万万人的天职。"⑧ 又说："我们对于弱小民族要扶持他"⑨，要"联合世界上以平等待我之民族，共同奋斗"，其目标就是建立世界上各民族平等相处的国际新秩序。

---

① 见《孙中山全集》第 6 卷，第 56 页。
② 见《孙中山全集》第 7 卷底页。
③ 同上书，第 60 页。
④ 见《孙中山全集》第 9 卷，第 127 页。
⑤ 《在广东第一女子师范学校校庆纪念会的演说》，见《孙中山全集》第 10 卷，第 20 页。
⑥ 《中国国民党北伐宣言》，《孙中山全集》第 11 卷，第 77 页。
⑦ 《致全党同志书》，《孙中山全集》第 9 卷，第 541 页。
⑧ 《三民主义·民族主义》，《孙中山全集》第 9 卷，第 226 页。
⑨ 同上书，第 263 页。

　　笔者于 2004 年首次公开提出民族主义发展的三阶段或三种境界的说法,① 以此验之于中国与世界历史的实际，似乎尚无扞格。孙中山的民族主义，亦确经历这样三个发展阶段。近年来，西方有些思想家力言民族主义已经过时，在现时代讲民族主义是对全球化的反动，是导致世界不安定和造成冲突的根源。显然，这是完全站在跨国集团的立场上，是站在世界霸权主义立场上讲话。在实现世界大同之前，国家、民族仍然要存在相当长的时间。在这段极长的时间里，民族主义仍具有其不可否认的正当性、合理性。如今的世界上，还有的民族仍在为民族建国的目标而奋斗。某些标榜反对民族主义，提倡全球化的国家，在符合其扩张利益的情形下，并不吝惜给予某些特定民族以大力支持，甚至不惜动用武力。足见那些反对民族主义的人，未必不是别有用心。

　　自然，我们不赞成"排异"的狭隘的民族主义，那确实是早已过时了的极端落后的东西。但我们应该支持以民族建国为目标的民族主义，尤其要大力提倡，大力扶持以建立各民族平等相处的国际新秩序的民族主义，这是当代最合理的最高尚的民族主义。孙中山的民族主义思想中有关这一方面的内容，值得我们继承和发扬光大。

（原载《广东社会科学》2007 年第 1 期）

---

　　① 见拙作《关于近代思想史的几个问题》，此文是在"第一届中国近代思想史国际学术研讨会"上报告的论文。收载于《中国近代思想史研究集刊》第一辑《思想家与近代中国思想》，社会科学文献出版社 2005 年版。

呼唤新青年，传递新思想

——《新青年》的出世及其反响

一

　　无论是研究近代政治史，还是研究近代思想史、文化史，人们都无例外地把五四新文化运动作为一个重点时段来考察。而要考察五四新文化运动，谁也不能忽略《新青年》这个杂志。这个杂志的出现，及其所凝聚的力量，所发生的影响，都太大了，太重要了。它是中国近代思想史光芒四射的一页。

　　《新青年》的出世，最大的动因是辛亥革命所创建起来的共和国，让人们感到失落，先觉者们于混乱与苦闷中，力图为国家、民族寻找一个新的出路。

　　人们知道，辛亥革命的主动力是以孙中山为首的革命党，它领导的武装起义严重地打击了清朝的统治力量。但革命党却未能独力完成推翻帝制的大业。清朝最后退出历史舞台，是通过由革命党与立宪派为一方，与袁世凯为代表的仍打着清王朝的招牌，却亟亟于取而代之的旧势力为一方，进行谈判所达成的结果。因此，民国建立之后，主要有三种政治势力：一是以革命党为基本核心的革命势力；一是以清末立宪派为核心的改革派；再一个是以袁世凯为代表的，在辛亥之变中，谋得清政府实权的旧官僚势力。革命党势力中，有一部分人仍想用革命的方式夺取政权，只苦于力有不逮。另一部分人走政党政治的路，努力争取通过谋得政治优势以掌握政权。他们取得了相当的进展，以致引起袁世凯势力的高度紧张，乃暗杀其领导人，以图消弭这一政治势力。结果引起"二次革命"。革命党积聚不起足以打败袁世凯的力量，"二次革命"迅即失败。立宪派历来不赞成暴力革命，他们对于革命党中的激进派很不满，称他们是"暴烈派"，他们指望袁世凯收拾了"暴烈派"之后，能够接受他们的指引，一步一步走上宪政之路。袁世凯当然不听他们的。他镇压"二次革命"之后，先是取消国会中国民党议员的资格，然后又解散国会，把立宪派也踢到一边。

表面上，袁世凯似乎使天下"定于一"了。实际上，他的有效统治只限于北方数省。革命党与立宪派分别在南方数省保持着很大的影响力。但真正拥有权力，衣租食税的，除了袁世凯的势力之外，是各地大小军阀、政客。

承清末数十年腐败政治之后，加以数年革命与动乱，人民早已穷蹙不堪，外债累累，外患频频，内则官、军征伐，土匪遍地，复以灾荒连年。于是变乱迭出，民不聊生。

身历清末民初的革命、改革与动乱的梁启超有一段话最能表明当时人们的失望心理。他说："我国民积年所希望，所梦想，今殆一空而无复余。惩守旧而谈变法也，而变法之效则既若彼；惩专制而倡立宪也，而立宪之效则既若彼。曰君主为之毒也，君主革矣，而其效不过若彼；曰乱党为之梗也，乱党平矣，而其效不过若彼。二十年来，朝野上下所倡言之新学、新政，其结果乃至为全社会所厌倦，所疾恶。言练兵耶，而盗贼日滋，秩序日益扰；言理财耶，而帑藏日益空，破产日益迫；言教育耶，而驯至全国人不复识字；言实业耶，而驯至全国人不复得食。其他百端则皆若是。"他形容当时社会之险象"譬犹悬千石之钟于坏宇，而恃一发以系之，旁无化身，而后无替人，天下险象孰过于是"①。坐是之故，全国人之心理几以中国必亡为前提。

另一位身历此时代之种种艰难困苦的陈独秀也说："自国会解散以来，百政俱废，失业者盈天下。又复繁刑苛税，惠及农商。此时全国人民，除

---

①《大中华发刊词》，《大中华》1卷1期，1915年1月。

官吏兵匪侦探之外，无不重足而立，生机断绝，不独党人为然也。"①

在这种状况下，先觉分子们秉承中国历代士大夫以天下为己任的使命感，乃苦苦寻觅国家的出路。

陈独秀是其中特别有代表意义的一个人。他是清末著名革命党人，但却不曾参加同盟会。安徽响应起义独立后，他被安徽都督孙毓筠委任为都督府秘书长。当时，他的一位老朋友，在清末办过芜湖科学图书社的皖南同乡汪孟邹去找他。意思是新国开幕，想为国家做点事。据记载，当时陈独秀"光着眼"（大约是瞪大眼睛的意思——引者注）对汪说："做什么！这里是长局吗？马上会变的。你还是回去卖你的铅笔、墨水、练习簿的好。你还是到上海去再开一个书店的好。"② 这个情节表明，陈独秀在革命烽火正盛之时，保持着难得的清醒。"二次革命"后，他就想到要办杂志，从改变人们的思想观念入手，为国家寻找走出愚昧、穷困、动乱，朝向长期发展的路。他到上海向汪孟邹说，他要办一个杂志，"只要十年、八年的工夫，一定会发生很大的影响"③。这就是他创办《青年杂志》的最初动机。

为什么以"青年"为刊物的名号呢？这是因为当时头脑比较清醒的人都认为，中国社会积腐太深，中年以上的人大抵都为旧污所染，旧习所困，唯有青年是国家民族一线生机所系。李大钊说："国中分子，昏梦罔觉者去其泰半，其余丧心溃气者又泰半。"④ 希望只能寄托于青年。陈独秀认为，当下"充塞社会之空气，无往而非陈腐朽败焉，求些少之新鲜活泼者，以慰吾人窒息之绝望，亦杳不可得。循斯现象，于人身则必死，于社会则必亡"。所以他说："予所欲涕泣陈词者，惟属望于新鲜活泼之青年，有以自觉而奋斗耳。"⑤ 高一涵是陈独秀创办《青年杂志》的积极支持者和主要撰稿人。他说："澄清流水必于其源，欲改造吾国民之德知，俾之

① 《生机》，《甲寅杂志》1 卷 2 期，载《陈独秀著作选编》第 1 卷，上海人民出版社 2009 年版，第 143 页。

② 汪原放：《回忆亚东图书馆》，学林出版社 1983 年版，第 20 页。

③ 同上书，第 32 页。

④ 李大钊：《厌世心与自觉心》，《李大钊文集》第 1 卷，人民出版社 1999 年版，第 141 页。

⑤ 《敬告青年》，《青年杂志》1 卷 1 期，1915 年 9 月，载《陈独秀著作选编》第 1 卷，上海人民出版社 2009 年版，第 158—159 页。

脱胎换骨，涤荡其染于专制时代之余毒，他者，吾无望矣，惟在染毒较少之青年，其或有以自觉，此不佞之所以专对菁菁莪莪之青年而一陈其忠告也。"① 就连梁启超也是这样看的。他对青年学生们说："以诸君一己之命运，即吾中国之命运也。我辈年已老大，对于国家已负莫大之罪孽。国家之所由致此者，皆吾辈中年人之责也。而吾国将来唯一之希望，即未来之学生，即今日在座诸君是也。"② 他断定"吾国处飘摇欲倒之境，所恃者厥为青年"③。

他们都认为，创造一个新国家，求得真共和，只能把希望寄托于青年。所以他们的杂志主要是面对青年说话。请看其创刊号所揭登的《社告》，第一条即明言："国势凌夷，道衰学弊，后来责任端在青年。本志之作，盖欲与青年诸君商榷将来所以修身治国之道。"而这一期上的重头文章就有陈独秀的《敬告青年》，高一涵的《共和国家与青年之自觉》。汪叔潜所写的《新旧问题》，实际也是向青年说话，其文章最后一语即请"吾社会未来之主人翁"对新旧问题要"急择所趣舍"。陈独秀翻译的《妇人观》，无疑也是对青年女子说话。还有自署"一青年"翻译美国人的《青年论》。

我们从《青年杂志》和后来改名《新青年》的《通讯》栏的内容也可以看出，对这个刊物感兴趣的，作出回应的，也恰恰主要是青年人。他们有问求学门径的，有希望介绍新书的，有讨论卫生问题，女子问题，文学问题，统一国语问题，政党问题，国体问题，对孔子的态度问题，等等。尤其值得注意的是，有一次，一位青年读者毕云程致信陈独秀说："先生撰著，虽多鞭策勖勉之语，然字里行间恒流露一种悲观。"他认为这会对青年发生消极影响。他诚恳地劝告陈独秀，不要悲观，务以教育青年之重任，坚持"一意著述，造福青年"。陈独秀说他自己也反对悲观主义。但又不禁感叹"执笔本志几一载，不足动青年毫末之观听"④。还是不自觉地流露出悲观情绪。毕云程在下一期的《通信》里，赶紧写信给陈独秀

---

① 《共和国家与青年之自觉》，《青年杂志》1 卷 1 期。
② 《在上海南洋公学之演说词》，《时事新报》1916 年 12 月 21 日。
③ 《在南开学校演说词》，《校风》第 56 期。
④ 见《新青年》2 卷第 2 期《通信》。

说，他的悲观是不必要的。他坚信，只要耕耘，只要播种，就一定会有收获。并说，《新青年》"出版迄今，仅有八册，然我青年界所受之影响，已属不可胜计。仆之友人爱读大志者甚多"①。毕氏所言非虚。湖南青年舒新城说："贵杂志不啻为吾国青年界之晨钟。"② 山东青年王统照说："校课余暇获读贵志，说理新颖，内容精美，洵为最有益青年之读物。绎诵数过，不胜为我诸青年喜慰也。"③

《青年杂志》出版后，很受青年人的欢迎。1 卷 2 号，已登出在全国各地代派处 76 处。据汪原放回忆，《青年杂志》初办时，每期只印千余册。后来增加到一万五六千册。这一万五六千册的数字，我想恐怕是到五四前后的时候了。但从第二卷改称《新青年》后，发行量应有较大增长。《青年杂志》改称《新青年》，原属偶然。负责印行《青年杂志》的群益书社受到教会方面的压力，原来基督教青年会在上海办有《青年》一种刊物，他们认为《青年杂志》侵犯了他们的刊名，所以反对他们用《青年》的名号。群益经理人遂提议改名《新青年》。没想到，这恰好正中陈独秀及其朋友们的下怀。《新青年》出世，带动了受新思想、新观念影响的一代"新青年"的出世。

二

《青年杂志》和《新青年》（以下只提《新青年》）是用什么样的新思想、新观念来熏陶和鼓动一代新青年的呢？

多年来研究五四新文化运动的人都一致认为，《新青年》所倡导的新思想、新观念最主要的是科学与民主。这种说法，固然不错。但仔细考察《新青年》所着力倡导并加以深刻论述和身体力行的，我觉得还可以有更具涵盖力，也更容易与清末以来先觉者们所大力宣扬的东西有所区别的说法。我在十六七年前提出这个说法，可以用个性主义和世界化来概括。民

---

① 见《新青年》2 卷第 3 期《通信》。
② 见《新青年》2 卷第 1 期《通信》。
③ 见《新青年》2 卷第 4 期《通信》。

主和科学作为一种观念，在清末都已经比较普遍流传。虽然在新文化运动中，这两个概念显然是变得充实和深刻得多了。我们正应努力表现出这些思想、观念比清末更高、更深的意蕴来。

陈独秀在《青年杂志》创刊号上所发《敬告青年》一文，实相当于发刊词。他提出六条倡议：一、自主的而非奴隶的；二、进步的而非保守的；三、进取的而非退隐的；四、世界的而非锁国的；五、实利的而非虚文的；六、科学的而非想象的。这里，二、三两项，基本是进化主义观念，在清末，已经相当流行。第五项与嘉道时期以来的经世致用显然有相承的关系。科学，上面已说过。剩下的第一条，自主的而非奴隶的，陈独秀所发挥的是个人主义的精义。因个人主义在汉语文献中经常被扭曲，故《新青年》的作者们，更多地使用个性主义的提法。这种个性主义观念，清末虽有梁启超宣传过，但不曾普及。《新青年》的作者们，把个性主义看成是青年们是否能够觉醒，民主制度能否在中国得到落实的最大关键。第四条，世界的而非锁国的，应当说，是比较新鲜的提法，而且它可以涵盖更多东西。其基本的要义是开放的观念。个性主义追求的是人的解放，个人的解放，个人的创造精神、创造力的解放。世界化追求的是与世界文化的充分互动。人家有好的东西，我尽量地学习、借鉴；我们自己有好的东西，则要尽量地介绍给别人，完全打破"夷夏之防"，消除"中西文化"的困惑。一个国家，一个民族，能够解放自己的每一个成员的创造力，又能够没有人为的障碍地学习和借鉴世界先进文化。如此，还有什么力量能够阻止他的进步与发展呢？根据我对《新青年》和新文化运动的研究，我认为，个性主义和世界化，就是当年陈独秀和他们所呼唤的新青年们所热烈追求的目标，也是他们要传递给全体人民的主要的新思想、新观念。

我们可以检索一下《新青年》主要作者们从创刊到五四运动爆发前所发表的思想性较强，较有分量的议论文章，其所强调的重心何在。

在这个时期内，发表思想性的议论文章较多的是陈独秀、胡适、高一涵等。先看陈独秀。

我们从 1915 年 9 月《青年杂志》创刊，到 1919 年 4 月 15 日《新青年》6 卷 4 期止，陈氏在《青年杂志》和《新青年》上所发表的文章之较重要者，约有20篇左右。在这些文章中，大多数都曾着力强调我们所指出的个性主义与世界化这两个基本观念。

试举例以明之。

《敬告青年》，上面已说过，这里不重复。

《今日之教育方针》（《青年杂志》1卷第2期，1915年10月15日），他强调，"盖教育之道无他，乃以发展人间身心之所长而去其短"，发挥人之身心所长，当然是主张伸展个性。又谓，谋教育之方针，"以求适世界之生存而已"①。"求适世界之生存"，意即求得与现代世界相协调，拥有自尊和自信地立于世界民族之林。这显然是追求世界化。

《东西民族根本思想之差异》（《青年杂志》1卷第4期，1915年12月15日），文中说："国家利益，社会利益，名与个人主义相冲突，实以巩固个人利益为本因也。"② 又说："欲转善因，是在以个人本位主义，易家族本位主义。"③ 这都是明显地在提倡个性主义。

《一九一六年》（《青年杂志》1卷第5期，1916年1月15日），文章有很大篇幅张扬个性主义，批判儒家三纲之说。如谓"尊重个人独立自主之人格，勿为他人之附属品"④。又谓："集人成国，个人之人格高，斯国家之人格亦高；个人之权巩固，斯国家之权亦巩固。"接着批判三纲说，谓"儒者三纲之说，为一切道德政治之大源。君为臣纲，则民于君为附属品，而无独立自主之人格矣；父为子纲，则子于父为附属品，而无独立自主之人格矣；夫为妻纲，则妻于夫为附属品，而无独立自主之人格矣。率天下之男女，为臣，为子，为妻，而不见有一独立自主之人者，三纲之说为之也。缘此而生金科玉律之道德名词——曰忠，曰孝，曰节——皆非推己及人之主人道德，而为以己属人之奴隶道德也。"陈氏进一步结论道："人间百行，皆以自我为中心，此而丧失，他何足言？"⑤ 这不是明明白白地提倡个性主义吗？

---

① 见《陈独秀著作选编》第1卷，上海人民出版社2009年版，第171页。
② 同上书，第194页。
③ 同上。
④ 同上书，第198页。
⑤ 同上书，第199页。

《吾人最后之觉悟》（《青年杂志》1 卷第 6 期，1916 年 2 月 15 日），此文中心意思是，自西洋文明输入以来，人们渐次觉悟，初知学术不如人，次则知政治不如人，如今当知伦理道德不如人，如伦理道德仍不觉悟，则等于没有彻底觉悟。陈氏在说明政治上应有的觉悟时说："吾国欲图世界的生存，必弃数千年相传之官僚的专制的个人政治，而易以自由的，自治的国民政治也。"① 在他看来，自由、自治的民主政治之下，才能有"世界的生存"。是以世界化的眼光来看待中国的政治革命与改革的问题。他又强调："所谓立宪政体，所谓国民政治，果能实现与否，纯然以多数国民能否对于政治，自觉其居于主人的主动的地位为唯一根本之条件。"② "自觉其居于主人的主动的地位"，这又是强调个人的真正独立，是个性主义之在政治上的必然要求。谈到伦理的觉悟时，他说："盖共和立宪制，以独立、平等、自由为原则，与纲常阶级制为绝对不可相容之物，存其一必废其一。"③ 仍是强调个人的自主、自立，强调个人的解放。

《新青年》（《新青年》2 卷第 1 期，1916 年 9 月 1 日），这篇文章可用陈独秀自己的一句话来概括之：要做新青年"不得不内图个性之发展，外图贡献于其群"④。

《孔子之道与现代生活》（《新青年》2 卷第 4 期，1916 年 12 月 1 日），此文之意旨亦十分清楚。陈独秀说："现代生活，以经济为之命脉，而个人独立主义，乃为经济学生产之大则，其影响遂及于伦理学。故现代伦理学上之个人人格独立，与经济学上之个人财产独立，互相证明，其说遂至不可动摇，而社会风纪，物质文明，因此大进。"⑤ 而孔子所倡之道德，所垂示之礼教皆孔子生存时代之旧物，孔子后学以三纲为教，个人无独立性，与现代生活之大则，截然相反。所以说，孔子之道完全不适应现代生活。

《西洋近代教育》（《新青年》3 卷第 5 期，1917 年 7 月 1 日），文中

---

① 《陈独秀著作选编》第 1 卷，上海人民出版社 2009 年版，第 203 页。
② 同上。
③ 同上书，第 204 页。
④ 同上书，第 209 页。
⑤ 同上书，第 266 页。

强调，西洋教育远在中国之上，应当虚心学习、借鉴。这自然是他世界化眼光的体现。对西洋教育，他主要指出三点：一、西洋教育是自动的，而非被动的，是启发的，而非灌输的；二、西洋教育是世俗的，而非神圣的，是直观的，而非幻想的；三、西洋教育是全身的，而非单独脑部的。第二点是强调务实，第三点是强调全面发展。第一点最关紧要。陈氏说："西洋近代教育，……自幼稚园以至大学，无一不取启发的教育法，处处体贴学生心理作用，用种种方法启发他的性灵，养成他的自动能力，好叫人类固有的智能得以自由发展。"启发智能，启发性灵，这无疑是强调个性主义，无疑是近代个人主义，或者说个人解放主义的明确表现。

《人生真义》（《新青年》4 卷第 2 期，1918 年 2 月 15 日），在这篇文章中，陈氏以列举的方式讲人生意义的几个主要方面。应当说基本意旨是要阐明个人与社会与群体的关系，以及个人所当追求者何在。他指出"社会的文明幸福是个人造成的，也是个人应该享受的"；"社会史是个人集成的，除去个人便没有社会，所以，个人的意志和快乐是应该尊重的"；"执行意志，满足欲望，自食色以至道德的名誉，都是欲望，是个人生存的根本理由"；"人生幸福，是人自身出力造成的，非是上帝所赐，也不是听其自然所能成就的"；[①] 等等。这些都使人明白，个人的地位，个人的意志、欲望的合理性，以及个人只有依靠自己去造成个人的幸福。这是与中国传统的人生观截然不同的以个性主义为核心的新人生观。

《再质问〈东方杂志〉记者》（《新青年》6 卷第 2 期，1919 年 2 月 15 日），此文批评《东方杂志》记者，思想模糊，概念混淆，表面并不反对民主共和，而实际宣扬尊君尊孔，名教纲常。指出，"立宪共和，倘不建筑于国民权利之上，尚有何价值可言？"[②]

实际上，在我们所讨论的这段时间里，陈独秀在《新青年》上发表的数十篇短文，包括随感录、通信等等，有很多都谈到上述的主题，而且非常明确而犀利。我们这里所引为例证者，只是一部分而已。

下面我们再看看胡适。

---

① 见《陈独秀著作选编》第 1 卷，第 386 页。
② 见《陈独秀著作选编》第 2 卷，第 40 页。

胡适在《新青年》上发表文章，是从 2 卷第 1 期发表其翻译小说《决斗》开始。但直到 1918 年 1 月的《新青年》4 卷第 1 期止，其所发文章除了有关文学革命的文字和翻译小说之外，就是其所作诗词和他的《藏晖室札记》。他的第一篇思想性很强，有影响力的文章是 1918 年 1 月发表在《新青年》4 卷第 1 期上的《归国杂感》。胡适说他写这篇文章时，已归国 4 个月，应是写于 1917 年的 11 月间。

此文用很大的篇幅谈到他归国后所见所闻，特别是学术界、教育界和出版界的现状，差不多都还是清朝末年，他离开祖国时的老样子，深深感到遗憾。他显然是从世界化的眼光来观察中国的问题。他在谈到学校中的英文教育的问题时说："我们学西洋文字不单是要认得几个洋字，会说几句洋话，我们的目的在于输入西洋的学术思想。所以我以为，中国学校教授西洋文字，应该用一种'一箭射双雕'的方法，把思想和文字同时并教。"他还深为中国人普遍的不爱惜时间，不尊重生命，不尊重人的现象感到难过。

《易卜生主义》（《新青年》4 卷第 6 期，1918 年 6 月 15 日），这篇文章曾被誉为"个性解放的宣言"，可见在当时，它曾发挥怎样巨大的影响。

胡适此文的第一要点，是他借易卜生之口，揭露社会势力、社会习惯以及所谓"社会舆论"，怎样压制和排斥，甚至疯狂迫害有独立思想，有真知灼见，主张维新变革的人。[①] 要保护这些有独立思想，有真知灼见，主张维新改革的人，就必须提倡尊重个人，尊重个性。文中说："社会最大的罪恶莫过于摧折个人的个性，不使他自由发展。"[②]

胡适此文的第二要旨，是他在深入理解易卜生主义的核心思想，深入理解西方自由思想的基础上，结合中国的国情，给个性主义提出了一种明确、清晰的界说。他指出："发展个人的个性，需要有两个条件：第一，须使个人有自由意志；第二，须使个人担干系，负责任。"[③] 既然讲个性主义，则自由意志是绝对第一要件。一个人，如果没有自由意志，他就只是

---

① 见该文的第二、三、四节。
② 见《胡适文存》卷四，亚东图书馆 1925 年第八版，第 34 页。
③ 同上书，第 35 页。

别人的工具，别人的奴隶，别人的玩偶。还有什么个性可言？所以，讲个性主义，第一要强调个人意志自由。一切欲望，一切言论主张，一切行为，皆出自自我，出自个人的自由意志。正因为这些都出自自我，出自个人自由意志，所以很自然的就必须要对自己的欲望、言论主张和行为负完全的责任。

胡适此文的第三要旨，是他揭示出，个性主义与社会进步之间的关系。他指出："社会最爱专制，往往用强力摧折个人的个性，压制个人自由独立的精神。等到个人的个性都消灭了，等到自由独立的精神都完了，社会自身也没有生气了，也不会进步了。"① 他又说："自治的社会，共和的国家，只是要个人有自由选择之权，还要个人对于自己所行所为都负责任。若不如此，决不能造出自己独立的人格。社会国家没有自由独立的人格，如同酒里少了酒曲，面包里少了酵，人身上少了脑筋，那种社会国家决没有改良进步的希望。"② 所以，后来胡适又更加明确地说："自由平等的国家不是一群奴才建造得起来的。"③

由上所述，我们应该承认，胡适这篇文章，确实称得起是"个性解放的宣言"。

《贞操问题》（《新青年》5 卷第 1 期，1918 年 7 月 15 日），此文严厉批评文人舞文弄墨，表彰"贞节"、"烈女"、"节妇"、"烈妇"之类的滥调文章乃是"全无心肝的贞操论"④。指出，"劝人做烈女，罪等于故意杀人"⑤。文章对于号称民国的国家，竟然有褒扬烈女、烈妇之类的法律，认为此种法律"都是野蛮残忍的法律，这种法律，在今日没有存在的地位"⑥。胡适提出他自己对于贞操问题的看法。他说："我以为贞操是男女相待的一种态度，乃是双方交互的道德，不是偏于女子一方面的。"⑦ 所以，男子对于女子，丈夫对于妻子，也应有贞操的态度。男子若有嫖妓纳

① 见《胡适文存》卷四，亚东图书馆 1925 年第八版，第 24 页。
② 同上书，第 36 页。
③ 见《介绍我自己的思想》，《胡适论学近著》，商务印书馆 1935 年版，第 635 页。
④ 见《胡适文存》卷四，第 65 页。
⑤ 同上书，第 66 页。
⑥ 同上书，第 77 页。
⑦ 同上书，第 75 页。

妾之类的行为，社会亦应像对待不贞的女子一样来对待男子。女子对于无贞操的丈夫，没有守贞的义务。

　　其实，文章的基本立场还是尊重个人，尊重个性，提倡人格独立。女子也是人，这一点，谁也不敢公然否认。但长期以来，男人统治的社会，实际上并没有把女人真正当作人看待，尤其是没有把女子当作有独立人格的人来对待。试问，残害妇女的缠足风俗，片面的贞操论，竟至要求女子自杀从夫，这哪里有一丝一毫独立人格的存在？所以我说，胡适的贞操论，完全是基于他对个性主义的坚持，对人的解放的价值追求。而这又是同他的世界主义的人类共同发展进步的观念分不开的。

　　《美国的妇人》（《新青年》5 卷第 3 期，1918 年 9 月 5 日），如果说，在《贞操问题》一文中，个性主义的精神还须透过纸背才能看出，在《美国的妇人》里，便是"明火执仗"地鼓吹个性主义的"自立"精神了。胡适说："别国的妇女大概以'良妻贤母'为目的，美国的妇女大概以'自立'为目的。'自立'的意义只是要发展个人的才性，可以不依赖别人，自己能独立生活，自己能替社会做事。"① 胡适提倡女子解放的目的，就是男女都成为"自立"的个人。"人人都觉得自己是堂堂的一个'人'，有该尽的义务，有可做的事业，有了这些'自立'的男女，自然产生良善的社会。"② 所以，他认为，"自立"的精神，"其实是善良社会绝不可少的条件"③。

　　胡适在这篇文章里，不仅阐发了自立的个性主义精神，而且还从一个非常有实践意义的角度阐明了世界化的精神。他说："我们观风问俗的人，第一大目的在于懂得人家的好处。我们所该学的，也只是人家的长处。"他又说："我因为痛恨这种单摘人家短处的教士，所以我在美国演说中国文化，也只提出我们的长处；如今我在中国演说美国文化，也只注重他们的长处。"④ 这是胡适一生都坚守的一项原则，这正是一个世界主义者应有的胸怀。

---

　　① 《美国的妇人》，《胡适文存》，第 40—41 页。
　　② 同上书，第 61 页。
　　③ 同上。
　　④ 同上书，第 60 页。

《不朽》（《新青年》6 卷第 2 期，1919 年 2 月 15 日），这篇表达胡适一种新人生观的文字，既彰显了他的个性主义，也发挥了他的世界主义。因为他强调个人对历史，对周围世界的责任。

再看高一涵。

高一涵是《青年杂志》创刊时期一位极其重要的作者。他在日本留学，习法政，在《甲寅》时期即经常发表文章，故与陈独秀相识甚早。《青年杂志》的创刊，他可能是重要的推动者和支持者。他在《青年杂志》第 1 卷的第 1—6 期，每期都有重要文章发表（第 6 期是翻译文）。下面我们就选其主要的几篇加以论述。

《共和国家与青年之自觉》（《青年杂志》第 1 卷第 1 期、2 期、3 期连载，1915 年 9 月 15 日、10 月 15 日、11 月 15 日），文章强调，青年须了解共和国家之本质，指出"共和国家其第一要义即在致人民之心思才力各得其所。所谓各得其所者，即人人各适己事而不碍他人之各适己事也"。他要求"青年立志，要当纵横一世，独立不羁，而以移风易俗自任"。他更强调说："共和国家之本质，既基于小己之言论自由。"① 如此强调个人自由，这是个性主义之表现于政治上必有之义。

高氏将共和时代之道德，归结为自利利他主义。他说："何言乎自利利他主义？必以小己为始基也。共和国民，其蕲响之所归，不在国家，乃在以国家为凭借之资，由之以求小己之归宿者也。国家为达小己之蕲响而设，乃人类创造物之一种，以之保护小己之自由权利，俾得以自力发展其天性，进求夫人道之完全。质言之，盖先有小己，后有国家；非先有国家，后有小己。为利小己而创造国家则有之矣，谓利国家而创造小己，未之闻也。"他以个性主义来澄清个人与国家之间的真实关系，实言人所未曾言者。他又从此出发揭示中国政治社会落后的原因，他说："吾国数千年文明停滞之大原因，即在此小己主义不发达一点。在上者持伪国家主义以刍狗吾民。吾民复匿于家族主义之下而避之，对于国家之兴废，其爱护忠敬之诚，因之益薄。卒致国家、社会、小己交受其害，一至于此。"② 他

① 以上三段引文皆见《青年杂志》1 卷第 1 期。
② 以上三段引文见《新青年》1 卷第 2 期。

相信，"一己之天性完全发展，即社会之一员完全独立，积人而群，积群而国，则安固强盛之国家即自其本根建起"。这种说法与西方自由主义大师们的思想是完全相契合的。

《一九一七年预想之革命》（《新青年》2卷第5期，1917年1月1日）。此文批判专制主义之变种，所谓"贤人政治"者。他指出，往岁之革命，在形式；今岁之革命，在精神。精神之革命，在求精神之独立，思想之解放。故他说："人群进化之原动力，宜万而不宜一；宜互竞于平衡，而不宜统摄于一尊。"因此他又进而提出，"教育主义隶属于专制思想而下，则群众之心灵汩没而进化之机息矣"。他再次强调，"国家惟一之职务，在立于万民之后，破除自由之阻力，鼓舞自动之机能，以条理其抵牾，防止其侵越，于国法上公认人民政治人格，明许人民自由之权利。此为国家惟一之职务，亦即所以存在之真因"[①]。所以，任何人，包括国家，都不得束缚人群之思想自由。

《读弥尔的自由论》（《新青年》4卷第3期，1918年3月15日）。高一涵把弥尔的《论自由》归结于"反对好同恶异"和"任人人之自择"，大体上是恰当的。在弥尔那里，个人之自由远比平等更重要。他坚决地反对以所谓多数的习俗，与多数的舆论来压制个人或少数人自由地表达其意见。

《非"君师主义"》（《新青年》5卷第6期，1918年12月15日）。高氏针对北洋政府大总统所颁的提倡道德的命令，发表感想谓，民国本应是脱离中世纪的政教合一，总统不应还是"身兼天地君亲师之众责"。总统只是人民公仆，人民是主人。"主人的道德须由主人自己培养，不能听人指挥，养成奴性道德。""道德必须由我们自己修养，以我们自己的良知为标准，国家是不能钻入精神界去干涉我们的。"中国作为共和国家而出现总统命令，干预道德，是因为"单换一块共和国招牌，而店中所买（卖）的，还是那些皇帝御用的旧货"。作者的指向很明显是提倡思想革命，使人们都自觉自己的主人的地位，彻底摆脱奴性的精神羁绊。

其他如李大钊、鲁迅、陶孟和等，在《新青年》上所发表的文章，也

---

① 以上两段引文，见《新青年》2卷第5期。

有明确揄扬个性主义和世界化的内容。如李大钊的《青春》（他有不少重要文章发表在《甲寅》日刊、《言治》季刊、《晨钟报》等报刊上），鲁迅的《我之节烈观》，还有他的许多小说作品，都充溢着鼓舞青年自立、奋进的个性主义精神。陶孟和的《女子问题》、《我们政治的生命》，也是大力批判旧的专制时代遗留下来的旧制度、旧道德、旧风俗、旧习惯，提倡自主、自立的新国民精神。

由上可见，《新青年》的作者们所最为关注的，第一是呼唤国民的自觉，养成独立、自主、自尊的人格，去除奴性的遗毒，使人的个性得以解放。而从个人与国家的关系上阐明个人应有的地位，直接将个性主义同民主政治的能否落实联系起来。这一点尤其值得注意。第二是要人们睁眼看世界，知所进取，造成一个"世界的国家"，使中国成为一个有资格立于20世纪的真正民主共和国。

三

《新青年》的主要作者，亦即新文化运动的领袖们所着意传播的新思想、新观念，在青年中引起怎样的反响呢？或者说，受到《新青年》思想影响的一代新青年，是怎样摆脱旧思想的羁绊，走上改造自我、改造社会的新舞台的？

我们前面论述《新青年》的主要作者们阐扬他们的新思想、新观念时，主要考察他们在五四运动爆发之前的作品。现在我们考察青年们在他们的新思想、新观念影响下做何反响时，就不能不把考察的时间段适当后延，延到五四运动爆发后一段时间，可以1920年为限。因为，一种新思想、新观念，对受众发生影响，需要一段吸收、容受以至发酵的过程。我常说，五四运动就其思想、观念层面说，是新文化运动，亦即《新青年》为代表的新思想、新观念在青年中发酵的结果。

我们首先看到的是，《新青年》的读者们，受该杂志的感发，出黑暗而见光明，产生奋然进取，自觉并进而觉他人的责任心。例如湖南学生舒新城表示："迭读嘉言谠论，心焉向往，振聋启聩。……新城不敏，愿提倡社会服务于青年界，冀成风俗，以改良社会。"① 又如山东学生王统照说："贵志出版以来，宏旨精论，夙所钦佩，凡我青年，宜手一编以为读书之一助，而稍求其所谓世界之新学问、新知识，且可得藉知先知先觉之责任于万一也。"②青年读者顾克刚表示："及今春一读大志，如当头受一棒喝，恍然悟青年之价值，西法之效用，腐旧之当废，新鲜之当迎。于是连续购读，如病者之吸收新鲜空气，必将浊气吐出。迄今虽不能入先生所云之完全新青年，然自认确能扫除往日脑中之旧式思想。"③武昌中华大学中学部"新声社"（其负责人是恽代英）致信给《新青年》编者说："我们素来的生活是在混沌的里面，自从看了《新青年》，渐渐地醒悟过来，真是像在黑暗的地方见了曙光一样。我们对于做《新青年》的诸位先生，实在是表不尽的感谢了。我们既然得了这个觉悟，但是看见我们的朋友还有许多都在黑暗沉沉的地狱里生活，真是可怜到万分了。所以我们'不揣愚陋'，就发了个大愿，要做那'自觉觉人'的事业，于是就办了个《新声》。"④

我觉得，这里引述的几条材料是具有代表性的。《新青年》给他们打开了一个新世界。他们被唤醒，他们产生了理想，起了向前进取之心。

他们的理想是什么？他们向前进取的目标是什么？这要看他们从《新青年》那里主要吸收了一些什么东西？据我的观察，我认为，他们主要接受的，就是前一节里我们所引证的，《新青年》的主要作者们，所着意阐扬的个性主义与世界化的观念。

著名作家茅盾曾回忆说："（五四）那时候我主张的新思想只是'个性解放'、'人格独立'等等资产阶级民主主义的东西。"⑤ 这是茅盾后来回忆时的说法。五四青年们当时的说法却没有这么清晰，但其意义指向，还是比较明确的。

---

① 见《新青年》2 卷第 1 期《通信》。
② 见《新青年》2 卷第 4 期《通信》。
③ 见《新青年》2 卷第 5 期《通信》。
④ 见《新青年》6 卷第 3 期《通信》。
⑤ 《茅盾回忆五四前后的思想和文学活动》，《五四运动回忆录》（上），中国社会科学出版社1979 年版，第 201 页。

　　例如，一位叫孔昭明的青年在读了《新青年》之后感慨道："仆以为今日中国之社会，之政治，信堕落腐败矣。然积人成国，我固社会中之一分子，人人苟能标榜个体改良主义，积极进行，互事劝勉，积之既久，安知他日之中国，不朝气光融，欣欣向上耶？故仆年来颇确守'个人与社会宣战主义'。"① 这里虽没有个性主义的字样，然其追求个性解放的豪气却跃然纸上。又如，当年在湖北武昌早于 1917 年 10 月就有互助社的组织。在它的影响下，又有许多小团体产生。其中有一个叫日新社，它发表一篇《自励词》，说道："我不是来瞎混的，也不是来乱闹的，我确是来求学问，讲道德，把我自己弄成一个顶好的人。"② 通过求学问、讲道德，把自己弄成一个顶好的人，这正是个性主义的必然追求。又如，新民学会的会员蔡林彬给毛泽东的信上说："吾人之穷极目的，惟在冲决世界之层层网罗，造出自由之人格，自由之地位，自由之事功。"③ 又如《浙江新潮》的《发刊词》中说，人类怎样能够得"生活的幸福和进化"呢？他们自己回答说，要达到这种目的，必须有三个条件：而其第一条就是自由。并解释说，自由"就是我的思想，感情，言语，动作，都要凭着我的自身；我只受我良心的支配，不受我以外的种种羁缚"④。《〈新潮〉发刊旨趣书》中所说的"造成战胜社会之人格，不为社会所战胜之人格"，也同样是揄扬个性的意思。一个化名"宏图"的青年发表一篇《平民教育谈》。其中说道："平民教育第一个宗旨，是要人民都有独立的人格。所以其教育的方法首在发展儿童的本能，尊重儿童的个性。"⑤ 河南省第二中学学生组织的"青年学会"发表其宗旨称："青年学会的宗旨是：发展个性的本能；研究真实的学问；养成青年的真精神。"⑥《浙江第一中学校学生自治会半月刊发刊词》中说："自从今天起，学生拿自己管束自己，尊重个人的人格，发展个人的本能。凡一切言行举动，凭天职做去，统出于自然轨范，

① 见《新青年》2 卷第 4 期《通信》。
② 张允侯等编：《五四时期的社团》（一），三联书店 1979 年版，第 140 页。
③ 《新民学会会员通信集》第一集，引见同上书，第 17 页。
④ 《五四时期期刊介绍》第二集下册，三联书店 1959 年版，第 587 页。
⑤ 《五四时期的社团》（三），三联书店 1979 年版，第 19 页。
⑥ 同上书，第 101 页。

毫不勉勉强强的。总之，处自动地位，不处于被动地位。扫去旧日陈腐的习惯，改造出一种异彩夺目的新花样。"①

我们都知道，个性主义所追求的是人——每一个个人——的解放，所以女子的解放，男女平等自然是题中必有之义。《新青年》的个性主义也感召了当时的青年女子。她们读过《新青年》，也奋然兴起，发出自我的声音。有一个女青年化名晔，写信给陈独秀说："余不幸为女子身，更不幸而为中国积威渐约曰家，曰族之礼教女子身。意非无所议，口非无所道，自分长兹已矣，当闭口不响人言。……得阅贵杂志，独欲为女子扬眉，则是女子之人格，其或由贵杂志而人其人，斯二万万之奴隶幸福不浅，余其一也。"② 一位用英文署名 Miss N. U. Mou 的女青年致信《新青年》的诸位编者说："你们所编的《新青年》我是十分欢喜读的，我自去秋读起，直到现在，觉得增了许多智识。此乃诸君之所赐也。我是一个女学生，所以我要同诸君讨论点女子问题，不悉诸君亦肯指教否？想诸君既以改革社会，引导青年为己任，谅亦不为我却。我自愧智识浅陋，眼界狭小，每欲有所发挥，辄恐不当。……我想做一新女子！并使他人也做新女子！但是我的新女子，不是现在一辈轻薄的女学生，假自由、平等的好名辞，以行他的邪僻、淫乱的意思。我的新女子，乃要合着二十世纪新潮流的趋势！除去四千余年玩物的名字，及免终身做男子的婢女，享国家平等的幸福。既然有了以上三种，就不可以没有以下四条：'（1）学他们西洋女子的志趣高尚，学识充足，以致能够自立（我的自立并非一定要独身主义，乃能以相当的才力，对于社会有效用的意思）；（2）要明白世界的大势；（3）对于我们自己的国家有何等责任。这四条（实际只有三条——引者注）对不对？是不是做新女子的要素？有没有讨论来的价值？'"（八年五月二十四号）③

从上面所引证的材料，我们看到，新文化运动中我国的青年男女们，在《新青年》的主要作者们，亦即新文化运动的领袖们所传递的新思想、

---

① 《五四时期期刊介绍》第二集下册，三联书店 1959 年版，第 599 页。
② 见《新青年》2 卷第 5 期《通信》。
③ 见《胡适遗稿及秘藏书信》第 24 册，黄山书社 1994 年版，第 647—649 页。

新观念的启发下，如何热烈地追求个性解放，如何想望使自己成为一个独立的，有自由意志的，能够自主、自择地为社会、国家的进步贡献力量的人。从此也可见，那时候的青年男女们，从他们的导师们那里接受过来的个性主义的新思想、新观念是纯洁而健全的。他们所要的，只是要"把自己弄成一个顶好的人"①；只是追求"人人苟能标榜个体改良主义，积极进行，互事劝勉，积之既久，安知他日之中国，不朝气光融，欣欣向上耶？"②

可见，那种攻击个性主义是废弃道德、人欲横流的指责纯属无稽之谈。

《新青年》所传递的世界化的新思想、新观念，在当时的青年界，也同样引起了相当的反响。这也同当时中国所处的国际环境，或者说，与当时的世界大势有密切的关系。著名的少年中国学会，有一位主要的组织者王光祈说："世界潮流排山倒海直向东方而来，中国青年受此深刻刺激，顿成一种不安之象，对于旧社会、旧家庭、旧信仰、旧组织以及一切旧制度，处处皆在怀疑，时时皆思改造，万口同声的要求一个'新生活'。"③在世界潮流冲击之下，原有的思想观念动摇了，新的思想观念便容易被接受。当时在北大读书的张嵩年写信给《新青年》的编者说："居今讲学，宜以能与世界学者共论一堂为期。苟不知人之造诣，何由与人共论？今之世界所谓大通之世，处斯时世，倘欲有所树立，必应受世界教育，得世界知识，有世界眼光，具世界怀抱，并令身亲种种世界事业。"④ 这已是很清楚的世界化的观念。傅斯年所写的《新潮发刊旨趣书》明确提出："同人等以为国人所宜最先知者有四事：第一，今日世界文化至于若何阶级？第二，现代思潮本何趣向而行？第三，中国情状去现代思潮辽阔之度如何？第四，以何方术纳中国于思潮之轨！持此四者刻刻在心，然后可云对于本国学术之地位有自觉心，然后可以渐渐导引此'块然独存'之中国同浴于

---

① 见《五四时期的社团》（一），三联书店 1979 年版，第 140 页。
② 孔昭明写给陈独秀的信，见《新青年》2 卷第 4 期《通信》。
③ 王光祈：《工读互助团》，见《五四时期的社团》（二），第 369 页。
④ 见《新青年》5 卷第 4 期《通信》栏之《劝读杂志》。

世界文化之流也。"① 坚认中国应"同浴于世界文化之流"。这是当时被唤醒的一代青年们很可宝贵的觉悟。事实证明，近代以来，中国凡较开放的时期，凡多少表现出一点愿意"同浴于世界文化之流"的时候，中国的进步与发展便快些。相反，则会停滞，甚至倒退。有这种觉悟的青年实在很多。例如《少年世界》的发刊词说："全世界的事业和一切待解决的问题，应由全世界的少年采'包办主义'。我们既是世界少年团体的一个，所以把它标出来，以表明中国青年要与世界青年共同负改造世界的责任。"②《北京大学学生周刊》的发刊词说："中国是世界的单位，所以不能不和世界的潮流同其步骤。"③《湘潮》特刊号的发刊词在谈到"研究社会的解放与改造"的问题时说："现在世界的制度，一日一日的文明，人类的思想，也一天一天的彻底，现在什么'人道'、'意志自由'、'平等'、'互助'、'提倡劳工'、'打破私产'、'女子解放'的声浪，唱得高入青云，研究这些问题的思想文字，也如雨后春笋一般的发生了。这是文化进步一种大变革，我们既是人类的一部分，总应该设法去应付这种潮流，细心去研究适应环境的方法。……所以我们救湘救国以外，也还应注意到人类社会的问题——迎合世界潮流，应付环境的重要问题。"④ 当时所讲的世界潮流、世界文化，其实都是指的西方的潮流，西方的文化。一些保守的人们，对于西方的文化，始终有些抗拒。他们有一种根深蒂固的观念，以为若论物质文化中国或不如西方；但若论其精神文化来，中国是最好的。他们完全不了解西方的真实情况。只有了解西方文化，而且是真的有所了解，才能加以比较，才能知道人家的进步和我们自己的不足。这样，才有可能产生"同浴于世界文化潮流之中"的觉悟。傅斯年在答余斐山的信中说："人类文明的进化，有一步一步的阶级，西洋文化比起中国文化来，实在是先进了几步，我们只是崇拜进于我们的文化。我们的文化也是人类进步上的一种阶级，她们的文化也是人类进步上的一种阶级，不

---

① 见《新潮》1 卷第 1 期。
② 见《五四时期刊介绍》第一集下册，第 403 页。
③ 见《五四时期刊介绍》第二集下册，第 560 页。
④ 同上书，第 576 页。

过他们比我们更进一步，我们须得赶他。"① 要追赶世界先进的东西，必须努力去了解，必须大力翻译介绍外部世界的东西。有许多青年写信给《新青年》的编者们，请教阅读西书方面的指导意见。而当时不少报刊都把"灌输世界新思潮"②，作为自己的主要宗旨。

青年们被世界化的新观念鼓动起来之后，有时表现出比较急激的追求世界化的情形，例如他们对于世界语的态度。世界语的问题，最早在中文世界里加以提倡的是清末无政府主义者办的《新世纪》杂志。但当时响应者不多。到了新文化运动时期，因有一部分《新青年》的编者参与提倡和鼓吹世界语，例如陈独秀、钱玄同、鲁迅、周作人等，于是，一些青年以为得着可以推进世界化的捷径，于是也跟着大力宣扬世界语。如黄凌霜、区声白、胡天有、姚寄人、周祜等等③都先后在《新青年》上发表意见，拥护在中国推广世界语，大赞世界语的种种好处，乃至赞同钱玄同废弃汉字的主张。当时《新青年》诸编者中，只有胡适、陶孟和等少数人明确地不赞成推行世界语的主张。他们无疑是比较理性、稳健的一派。钱玄同等人的主张明显的不切实际。我在这里提起此事，是为了说明，世界化的观念在当时的青年中确有很大的反响，尽管有些是不够健全的。

世界化决不是拿某种所谓"世界的文化"来取代我们固有的文化。而只是提倡一种健全的文化心态，用开放的眼光看世界，与世界各民族、各国家在文化上建立起一种良性的互动关系。从而既可无障碍地学习别人的好东西，也可无障碍地将自己的好东西贡献于世界。这是谋求人类的共同的进步与发展，或者说，是在人类的进步发展中实现自己的进步与发展。

世界化与个性主义，是近代文化发展的两个根本趋势。清末以来有极少数先觉者逐渐意识到这一点。但直到第一次世界大战时期，因中国多少主动地参与世界进程，由一批先觉者，引领差不多一代青年之有觉悟者，循着这两个根本趋势，努力奋斗。他们有的参加了革命，有的投身各种社

---

① 见《新潮》1卷第3期《通信》。

② 《觉悟的宣言》，见《五四时期期刊介绍》第一集下册，第416页。

③ 见《新青年》5卷第2期、5卷第5期、6卷第1期、6卷第2期之《通信》。

会事业，其中不乏佼佼者。当然，无论在个性主义的问题上，还是在世界化的问题上，都曾出现某些负面的现象。这是不足怪的。农民播撒到地下的种子，长出来的，不一定都是好苗；工人按统一的图纸生产出来的产品，不一定都是上品。海涅曾说，我播下的是龙种，生出来的却是跳蚤。这是没有办法的事。我们不应当因为有某些负面现象，就否定整个的进步发展的大潮流。

2011 年 5 月 4 日初稿，5 月 12 日修订

（原载《澳门理工大学学报》2011 年第 4 期）

再谈五四时期的"反传统"问题

——以家族制度为中心

一

　　五四新文化运动从一开始就有人批评它"反传统"，这种批评基本上是来自维护旧传统的旧营垒中人。但近年来，批评新文化运动反传统的人却完全不同。他们中有海外华人学者及海峡两岸服膺新儒家的学者，以及一部分青年人。美国威斯康星大学的林毓生教授著一本书叫做《中国意识之危机》，书中说，五四新文化运动的领袖分子们"全盘性反传统"。我在 1989 年五四运动七十周年时，曾撰文反驳林先生的观点。① 我在那篇文章里，主要强调指出，五四时期新文化运动的领袖分子（主要指陈独秀、胡适、鲁迅——这三个代表人物是林氏书中提出的），从他们个人的言论主张到他们的工作实绩，都表明他们并非什么"全盘性反传统主义者"，而是努力于中西结合，创造中国的新文化。有关这些内容，本文自然不需重述。我在这里要着重讨论的，是新文化的领袖和健将们为什么对旧传统持强烈批判的态度，或者说，他们数十年来一直被指为"反传统主义者"，此"罪案"的要害在何处？

　　为了行文的方便，也是为了同讨论的对方对话的方便，我准备在本文中也借用"反传统"这个提法。但是必须事先说明，不加特别界定，简单地说五四新文化运动是反传统，是不恰当的。胡适在《新思潮的意义》这

---

① 《五四新文化运动的再认识》，《中国社会科学》1989 年第 3 期。

篇纲领性文献里明确地说："新思潮的根本意义只是一种新的态度，这种新态度可叫做'评判的态度'。"又说："'重新估定一切价值'八个字便是评判的态度的最好解释。"① 陈独秀、鲁迅、李大钊等，大体上也是同样的主张。因此，准确地说，新文化运动的领袖分子们对传统是采取评判的态度，他们不是盲目地反对一切传统，而是对传统的制度、习俗、观念等等作出分析，重新认识其好处与坏处，对坏的一面自然要加以反对，对其好的一面，或对其不致阻碍社会进步的方面，则加以继承或加以适当的改造，成为有益的东西。

当然，五四时期，新文化的领袖和健将们用力最多的是批判传统中坏的方面，并且有时表现出很激烈的态度。受这种影响，一部分青年在言论和行为上，往往有过分情绪化的表现。我在本文借用"反传统"的提法，主要是指领袖分子对传统的坏的方面的严厉批判，而不是对新文化运动的总评价，更不是对其领袖分子的总评价。这点是必须说明的。

二

我们现在通常所讲的传统，主要是指秦汉以来逐渐积累和形成起来的那一套政教、风俗、伦理、道德等东西。这些东西虽历代略有因革，但根本性质未发生大的变化。明清之际曾有人有所质疑，但没有从根本上否定的意思。直到清末才有人明确反对，并提出一些新的观念来。但是两千年积累下来的东西，绝不是几年、十几年能够革除或改造的，也绝不是少数人写些文章，讲些道理就可以解决问题的。所以，直到最后一个君主专制的王朝被推翻若干年后，表现于观念上、伦理规范上、风俗习惯上的那一套传统的东西，仍未发生大的变化。民国成立后，短短六年之中，竟发生两次复辟。有识之士皆以为是传统旧习惯势力过大所使然。陈独秀在1917年5月初，袁世凯的帝制失败还不到一年就指出，"大家都觉得中国以后帝制应该不再发生，共和国体算得安稳了，鄙人却又不以为然"。果然，两个月后就发生了张勋复辟的事。陈氏又说："中国多数国民口里虽然是

---

① 《胡适文存》一集卷四，亚东图书馆1921年版，第152—153页。

不反对共和，脑子里实在装满了帝制时代的旧思想，欧美社会国家的文明制度连影儿也没有，所以口一张，手一伸，不知不觉都带君主专制的臭味。"① 当年 7 月，胡适从美国留学回来，船到日本，正赶上国内张勋复辟。回到国内，他写的第一篇文章《归国杂感》，文中说："七年没见面的中国，还是七年前的老相识！"② 他们的观察说明，除了皇帝换成了总统，朝廷变成了内阁，另外增加了一个不能主导大局的国会以外，社会国家生活几乎没有发生什么大的变化。传统的旧势力的影响仍在人们的观念中、行为习惯中占着支配的地位。陈独秀、胡适等都觉得，要造成真正共和的新国家必须改变这种状况，也就是胡适所说的，"要在思想文艺上，替中国政治建筑一个革新的基础"③。中国的现实情况决定了新文化运动领导者们必须对传统进行批判改造的工作，或者说要做一番"反传统"的奋斗。

五四前后对传统的批判，涉及广泛的方面。陈独秀在《〈新青年〉罪案之答辩书》中列举反对势力举出《新青年》同人之罪状有"破坏孔教，破坏礼法，破坏国粹，破坏贞节，破坏旧伦理（忠、孝、节），破坏旧艺术（中国戏），破坏旧宗教（鬼神），破坏旧文学，破坏旧政治（特权政治），这几条罪案"④。这个表述方法不很精当。其中"礼法"、"国粹"涵盖范围都不很清楚，而贞节宜在伦理之属，与伦理并列亦不妥当。但我们从中可知，成为新文化运动冲击的目标的旧传统，包括旧政治、旧道德、旧学艺（学术、文艺）、旧宗教诸领域，而孔学、孔教实包容或渗透上述各领域。大概就因为批判所涉及的范围很广，所以，有的学者就得出了所谓"全盘性反传统"的结论。正如在 30 年代关于"本位文化"与"全盘西化"的争论中所表明的那样，"全盘"的提法是很不精当的，所以"全盘西化"的提法很快被学者们抛弃了。在评估五四新文化运动对传统的态度时，同样也要慎重。"全盘"就意味着百分之百，就有绝对化的意味，而实际上不可能如此，例如对孔教、孔学，陈独秀、李大钊等均明确说明

---

① 《旧思想与国体问题》，《新青年》3 卷 3 号。
② 《胡适文存》一集卷四，亚东图书馆 1921 年版，第 1 页。
③ 《我的歧路》，《胡适文存》二集卷三，亚东图书馆 1924 年版，第 96 页。
④ 见《新青年》6 卷 1 号。

他们并不否定孔子本来的历史地位，而只是指明"孔子之道不合于现代生活"，反对以孔子之道统一人心。而胡适则在他的《中国哲学史大纲》（上卷）中更给孔子以极重要的地位，对他的思想有相当充分的肯定。人们往往抓住一两句口号，一两句概括的话，就望文生义，把胡适说的"打孔家店"，说成是"打倒孔家店"，更进一步把"打倒孔家店"说成是"打倒孔子"、"打倒孔学"。其实"打孔家店"与"打倒孔家店"，意味已有不同，而"打倒孔家店"与"打倒孔子"、"打倒孔学"就更不能同日而语了。但有两点是非常明显的：一则是，秦汉以来的中国政教制度是中央集权的专制主义，历经两千年的发展完善，它几乎笼罩了国家、社会、家庭生活的各方面。二则是，孔学孔道确曾为历代专制君主（及其帮闲者）们所利用，并使之渗透到政治、教育、文化乃至人们精神生活的诸多领域。为了在共和国体下，循名责实，清除专制主义，充实和巩固共和制度，先觉分子在广泛的领域掀起批判曾为专制制度服务，并与之密不可分的孔学及旧传统，实乃势所必然。

三

但是，如果细心检索当年的文献，我们可以发现："新旧之争点，最大者为孔教与文学问题。"① 当时人已作如此概括。而当时最轰动一时，也最能代表守旧派心声的《林纾致蔡元培公开信》，指责新文化运动主要罪状亦是两条：即"覆孔孟、铲伦常"与"尽废古文，行用土语为文字"。②

有关文学革命方面的问题本文不作探讨。就思想革命的内容而言，批判旧传统最集中的是在孔学与伦理方面。这一点我们可以从新文化运动的领导人物所发表的影响最广、震撼力最大的言论著述中看出来。如陈独秀的《吾人最后之觉悟》、《孔子之道与现代生活》、《〈新青年〉罪案之答辩书》，还有他许多精彩的通讯答辩文字；胡适的《〈吴虞文录〉序》、《易卜生主义》、《美国的妇人》、《贞操问题》、《我的儿子》；鲁迅的《狂人

---

① 隐尘：《新旧思想冲突平议》，《每周评论》1919 年 4 月 13 日。
② 见《公言报》1919 年 3 月 18 日，《新潮》1 卷 14 号载。

日记》、《我之节烈观》、《我们现在怎样做父亲》以及吴虞的《家族制度为专制主义之根据论》、《吃人与礼教》、《说学》等等，都非常严厉地批判了旧礼教、旧道德。他们指出："宗法社会之奴隶道德，病在分别尊卑，课卑者以片面之义务，于是君虐臣，父虐子，姑虐媳，夫虐妻，主虐奴，长虐幼。社会上种种之不道德，种种罪恶，施之者以为当然之权利，受之者皆服从于奴隶道德下而莫之能违，弱者多衔怨以殁世，强者则激而倒行逆施矣。"① 此种奴隶的道德是片面的道德，是一部分人压迫另一部分人的道德。以文明社会眼光看，正是不道德，正是造成堕落、乃至造成罪恶的一种根源。鲁迅在《狂人日记》中更指斥旧道德就是"吃人"的道德，即活活把人害死、吃掉，还美其名目为"道德"。例如提倡"孝"的道德，有多少本可以有为的青年，被家长的威严所压制，昏昏噩噩地终老于家庭四壁之内；有多少不甘碌碌，力图有所作为的青年遭受家族制度的摧残。所谓"孝子"，以延续家族香火为最高职责，或以升官发财光前裕后为荣耀，唯独少有独立的人格，创造的事业，公共的意识。又例如，提倡贞操的观念，完全不尊重女子的人格，把女子作为男子的附属品、私有物。自宋代理学家提倡"饿死事小，失节事大"，历代官府，帮闲文客，标榜节烈，劝人以死殉夫，甚至要殉未嫁之夫，以再嫁为失节，都不啻杀人、害人的理论，在这种所谓名教观念下，所谓节烈观念下，真不知害死多少无辜的女子。

因为极端歧视妇女，故女子无继承权，有女不为有后，因而造出过继承嗣这种极不合理，极不尽人情的制度。李超女士就是受此种制度所害，竟至抑郁病死。而尤可注意者，因女子于不能承嗣，为了生男而纳妾成风，遂使家庭之内，妇姑勃豀，妯娌反目，妻妾斗法，种种腐败丑恶现象成为不可免，在这种家庭氛围中，一切道德都只剩虚名，实际成为不道德甚至是罪恶的渊薮。

陈独秀、胡适、鲁迅等人对旧道德、旧家族制度的批判着重指明了旧道德的片面性，只有父责子，长责幼，夫责妻，男责女，因此是一部分人压迫另一部分人的道德，是奴隶的道德。这一点在前面已经说过了。其

① 陈独秀：《答傅桂馨》，《新青年》3卷1号。

次，他们揭示了旧道德的虚伪性和不合人道。鲁迅就指出，道德必须具有普遍性、可行性和有利性。所谓孝的观念，贞节的观念，都不是人人能做，人人可行，而且多半是非出于本心所愿，实行起来，不但自己是牺牲，于他人，于社会亦无益，是"提倡虚伪道德，蔑视了真的人情"①。第三，旧道德严重摧残人的身心，束缚人的个性发展，绝不利于社会的进步。孝的观念源于祖先崇拜，以事事顺认为孝，以"无改于父之道"为孝，故以保守为风气，绝对不利于个性的发展，绝对不利于民族的进步。鲁迅说，自然之理，"置重应在将来"，"本位应在幼者"②，而中国恰相反，牺牲幼者以适合长者，牺牲将来以照顾过去，实属逆天拂理，戕贼人性。陈独秀反复强调，之所以批评孔教与旧道德，即因为它们是"文明改进之大阻力"③。反对和批判孔教与旧伦理，实为的是求国家社会的进步。

须知，这种传统的旧道德已存在了千年以上，其束缚人心，规范人伦的作用大得超乎人的想象，如不加以猛烈的批判，不把它最坏的方面充分揭示出来，让人刿心怵目，否则绝对达不到解放人心，摆脱束缚，以求建立新道德的目的。就事实上说，自清末民初以来，因旧道德渐渐失其制裁力，而新道德规范尚未确立，因而在一般人的行为上，比较缺乏规范，出现一些不良的消极现象，人们对此有所感慨是可以理解的。但绝对没有理由把这看成是新思潮、新文化的罪恶。恰恰相反，这正是旧的专制主义和为它所利用的旧道德钳制人心太久引起的反动。如果因为顾虑这种转型期的失序现象，而断言旧传统不可改变，旧道德不能批评，那就只有让中国人永远做专制主义的奴隶，永远不得翻身。我想大多数人是不会赞成的。

四

从新文化运动在青年界引起的反响，以及一般社会人士的观感也可以看出，批判旧的宗法式的家族制度及其旧道德，确是当时思想革命的中心

---

① 见鲁迅《我们现在怎样做父亲》，《鲁迅全集》第 1 卷，人民文学出版社 1987 年版，第 138 页。

② 同上书，第 132 页

③ 《答俞颂华》，《新青年》3 卷 3 号；《复辟与尊孔》，《新青年》3 卷 6 号。

问题。当时比较有影响的一些刊物，如《新青年》、《新潮》、《晨报副刊》、《国民》、《湘江评论》、《星期评论》、《觉悟》、《建设》、《少年中国》等等，都有许多讨论改造家庭、女子解放之类的文章。例如《建设》杂志，它本是孙中山为改造革命党而创办的刊物，并不处于新文化运动的中心地位。但此刊也有很多讨论家庭伦理问题的文章和通信。举例说，该刊第2卷第2号通信栏有朱执信（他是孙中山周围最重要的思想家）写给杨庶堪的信即谈到"所谓伦常，所谓秩序，亦正与轨道同，皆欲以一终古不变之规绳，驭转变无常之人类社会，尤复望其一一适合，而其终则无一而可，惟有祸患贻人类而已。纵使不能一切蠲弃不道，而现代之所谓伦常秩序者，已成死骸，不足牵制恶人，而恰可以束缚良士，必须立为湔洗改作"。

　　至于在青年界的反应，我们可以举出傅斯年为代表。1919年初，他在《新潮》第1卷第1期上，发表《万恶之源》一文，文中说，人的一切善的行为皆发源于"个性"。倘没了个性，一切善都无从发生，所以他说"善"是一定跟着"个性"来的，那么反过来，一切不善的，恶的东西必然同破坏个性相联系。于是他又说，"可以破坏个性的最大势力就是万恶之源"。但是，"什么是破坏'个性'的最大势力？"他认为是中国的家庭。他论证道，家庭要你"赚钱养家"，于是你"不能不屈了自己的人格"，放弃自己的独立的事业，为钱奔波。家庭教育你要服从社会，服从别人，于是你并且连带你周围上下左右的人都"寸步不由自己"。还有的家庭娶妻纳妾的怪现状，姑媳之间的怪现状，妯娌之间的怪现状，等等，等等，总是弄得人心神不能清白，人格不能独立，能力无从发挥，"一天一天向'不是人'做去"，谁若不按现有的格式去做，便有"名教罪人"的帽子戴上。他的结论是"名教本身是罪人"，"名教本身是杀人"的。

　　傅氏的言论颇可代表那个时代一般不满现状的青年人的普遍心理。比如瞿秋白就深叹："宗法社会的旧观念和大家庭真叫我苦死。"[①] 那时有许许多多的青年因感受家庭桎梏的痛苦，特别是父母包办的婚姻之苦而千方

---

　　① 见瞿秋白致胡适信，耿云志编《胡适遗稿及秘藏书信》第41册，黄山书社1994年版，第160页。

百计逃出家庭。政界著名人物易宗夔之幼女易群仙，逃出在北京的家庭，找工读互助团青年朋友帮忙，拒不回家。甚至他父母提供帮助，她都拒绝接受。① 湖南一位女子赵五贞，被父母逼迫成婚，她在花轿中自杀以抗议。② 另一位女子李欣叔，为逃避逼迫成亲而只身逃到北京。③ 李超为逃避嗣兄的压迫，走出家庭，到广州，到北京，为求学问，求独立而经历种种困苦，终于病死在北京，这是人所熟知的故事。在那个时候，为求自主，求学问，求婚姻自由而纷纷离开家庭的青年男女真不知有多少。可见，旧式家庭压制青年的个性，阻碍他们的成长，甚至摧残青年的身心健康，傅斯年谓旧家庭是"万恶之源"，实是有感而言。

五

宗法式的家庭制度是君主专制社会的根本基础，一个人一出世，首先遇到的外部环境就是家庭。两千年的专制制度在家庭制度中深深扎根。它的表现形态就是渗透儒家思想的一套礼教。从孔子开始，基于古老的祖先崇拜，建立以"孝"为核心的伦理体系。《论语》中说"孝"为"仁之本"。《孝经》中记载孔子的话说："夫孝，德之本也，教之所由生也。"又说："夫孝，天之经也，地之义也，民之行也。天地之经而民是则之。"显然是把孝看作是人伦之最根本的东西。能够做到孝，则"居上不骄，为下不乱，在丑不争"，如此才能天下太平。反之，不孝必是大乱之源。所以孔子又说："五刑之属三千，而罪莫大于不孝。要君者无上，非圣者无法，非孝者无亲，此大乱之道也。"④ 忠君是孝的观念的推移。孔子说："君于事亲孝，故忠可以移于君；事兄悌，故顺可移于长；居家理，故治可移于官。"⑤ 这更进一步说明了孝为德之本，孝可推移扩充到各个人伦层

---

① 有关易群仙情况，参见耿云志编《胡适遗稿及秘藏书信》，黄山书社 1994 年版，第 29 册第 396 页，第 38 册第 462—472 页，第 39 册第 546—555 页。

② 见中华全国妇女联合会《中国妇女运动史》，春秋出版社 1989 年版，第 104 页。

③ 见耿云志编《胡适遗稿及秘藏书信》第 28 册，黄山书社 1994 年版，第 214 页。

④ 引自郭斤校补本《孔子集语校补》，齐鲁书社 1998 年版，第 427、429、430 页。

⑤ 同上书，第 421 页。

次，从而造成家齐、国治、天下平的局面。我们这里引据孔子的话，皆出于《孝经》。《孝经》乃古代读书人自幼必读之书，它的影响十分深远。吴虞曾很正确地指出："儒家的孝悌二字为二千年来专制政治与家庭制度联结之根干而不可动摇。"①　因此历来"忠孝并用，君父并尊，教立于家，效著于国"。"君主以此为教令，圣人以此为学说，家长以此为护符。"利用这一套说教，"教一般人恭恭顺顺地听他们一干在上的人愚弄，不要犯上作乱，把中国弄成一个'制造顺民的大工厂'"②。每个宗法制的大家庭就成了这个大工厂的分车间。早在清末就有人指出，由于家庭制度牢不可拔，所以大多数中国人，受此制度的束缚，眼界狭隘，"家之外无事业，家之外无思想，家之外无经济，家之外无社会，家之外无日月，家之外无天地"③，犹如沉入陷阱之中。可见封建宗法制的旧家庭，实在是牢笼人、束缚人的天性的第一道枷锁，要求得个人的解放，非首先冲破这道枷锁不可。当然，并非说所有旧时代的家庭都一样只有桎梏人，戕贼人的恶的性质。一般说来，下层社会，礼教熏染或不甚深，上层家庭中亦有少数仁厚长者，减轻了家庭制度中恶的一面。但总的说来，旧家庭制度不利于青年人的个性发展，这是肯定无疑的。辛亥革命推翻了皇权专制，并没有破除旧的家庭制度，更何况在清政权的废墟上建立起来的不是名副其实的民主制度，而是产生了遍布各地的大大小小无数的专制者。他们在各自权力所及的范围内，仍然实行着专制主义。军阀、政客，以及各地、各行各业的"土老大"，仍能从旧式家庭培养的"孝子"中，找到可为己用的奴才或顺从的工具。孝子、忠臣在"民国"的时代，仍起着维系旧制度的作用。

正因如此，切望循名责实，在民国的招牌下，真正着手建设民主的制度，建立自由民主的新国家的人们，便认定必须批判旧家庭制度，打破它的桎梏，解放一代青年，造成一代新国民。陈独秀创办《新青年》，开篇第一义便申明：要青年人"自主而非奴隶"，指出"忠孝节义"乃"奴隶

---

①　《家族制度为专职主义之根据论》，《新青年》2 卷 6 号，载《吴虞集》，四川人民出版社 1985 年版，第 63 页。

②　以上引文皆见吴虞《说孝》，载《吴虞集》，四川人民出版社 1985 年版，第 173 页。

③　家庭立宪者：《家庭革命论》，《江苏》第 7 期。

之道德"。① 以后屡屡强调，要巩固共和制度，建自由民主国家，必不容旧
的家族伦理制度继续存在。因为此种道德实质是讲尊卑别贵贱专制主义的
阶级制度。② 胡适写《易卜生主义》一文，借介绍易卜生的机会鞭挞旧家
庭的四大罪恶：自私自利；奴隶式的依赖；装腔作势的假道德；怯懦。大
声疾呼，要摆脱这种家庭的桎梏，解放个人，养成健全的个人主义。他告
诉青年们，要使自己人格独立，必须自己负责任、担干系。他要青年人明
白，要想有益于社会，必须先把自己这块材料锻造成器。这篇文章被诩为
"个性解放的宣言"，它在当时发生了"最大的兴奋作用和解放作用"。鲁
迅则疾呼"完全解放了我们的孩子！"③ 他要觉醒了的人们"自己背着因
袭的重担，肩住了黑暗的闸门，放他们（指孩子——引者注）到宽阔光明
的地方去，此后幸福地度日，合理地做人"④。

可见，当时的思想家们大力批判旧的家庭制度和旧的伦理观念，完全
是为解放人，完全是为了最终摧毁专制制度。所以说，在家庭制度方面，
在伦理方面的"反传统"，实即是反专制。或者更具体一点说，批判中世
纪式的家庭制度，伦理观念，就是批判中世纪式的专制制度。其实不单局
限于此。因为中国的中世纪式的专制制度得到了最充分的发展，达到了非
常完善的程度。因而，专制主义的精神贯穿和渗透到社会的各个层面，各
个角落。所以在各个层面批判旧传统，客观上都具有反专制的性质。不过
详细论证这一点，便超出本文的范围了。

（原载《中华文史论丛》（上海）2003 年 3 月第 61 辑）

---

① 见《敬告青年》，《青年》创刊号。
② 见《吾人最后之觉悟》，《新青年》1 卷 6 号；《旧思想与国体问题》，《新青年》3 卷 3 号等
文。
③ 《随感录·四十》，《鲁迅全集》第 1 卷，第 323 页。
④ 《我们现在怎样做父亲》，《鲁迅全集》第 1 卷，第 130 页。

傅斯年对五四运动的反思

——从傅斯年致袁同礼的信谈起

　　五四新文化运动（本文中所提"五四"、"五四运动"，皆指五四新文化运动，而以"五四学生运动"、"五四爱国运动"专指狭义的五四运动。）是中国近代史上划时代的伟大事件，其参与群众之广泛，规模之浩大，其先锋队之觉悟的程度，及其所发生的影响之深远，都是空前的。而值得注意的是，当运动的高潮刚刚过去，躬与其事的青年领袖分子即发生很深刻的反省，这也是很少见的，故尤属难能可贵。

　　傅斯年以其主办《新潮》杂志，发表多篇思想性很强的文章而早在五四运动爆发前即已为人所瞩目。五四运动中，他又是学生爱国运动的著名领袖。可以说他是个很有代表性的人物。研究他对五四新文化运动的观察和感受，研究他五四后的反省心态，对我们进一步认识这场运动，进一步认识经历这场运动的洗礼而成长起来的一代青年精英是很有意义的。

　　1919 年 8 月 26 日，傅斯年给他的好友，北大毕业后在清华学校任职的袁同礼写了一封信。这时，傅斯年已确定以山东公费的名额去欧洲留学。当时他病后初愈，大约病中不能做事，有暇思考。因而信中所谈，颇深入地触及到一些重要问题。本文即以这封信为主，联系其他资料，分别讨论傅氏所提出的一些问题。

一　"中国新动机大见发露"

　　傅斯年在信中说："自从五四运动以后，中国的新动机大见发露，顿使人勇气十倍。"这时离开五四爱国运动之爆发，仅只三个多月，而距离五四新文化运动的发起——通常人们皆以文学革命运动的发起为标志——则已有两年半了。傅斯年这里所说的五四运动，应当是指由学生奋起而波及全国的五四爱国运动，而这一运动在他们这一批五四健将的心目中，则无疑是经历两年多的新文化运动而鼓动起来的社会新思潮凝聚成的一种结果，又是许多新运动继涨增高的一个起点。最早提出"五四运动"这一概念的，是傅氏的好友，新潮社的骨干罗家伦。[①] 罗家伦在五四爱国运动爆发仅仅三个星期之后，就在一篇题名为《五四运动的精神》的文章里，不仅最早提出了"五四运动"这一内涵丰富而又意义明确的概念，而且分析了五四运动所反映的基本精神。这些精神是：（一）学生牺牲的精神；（二）社会制裁的精神；（三）民众自决的精神。学生是运动的先驱，是最先觉悟、最早奋起的力量。他们无所倚傍，赤手空拳，为国家，为民族的命运奋斗。这显然是极可贵的牺牲精神。所谓社会制裁，是指社会运动起来，对政府发生监督制约的作用，迫使他们不能不有所改变。至于民众自决的精神，则是指，一向被内外反动势力压得奄奄无生气的民众，起来向外交使团，向外部世界宣告自己的主张，向国内的统治当局抗争。对外、对内都喊出民众的声音，表现出一种民众自决的精神。由这三种精神作原动力，一则促进了改革思潮的进一步发展；二则催生了许多社会的组织；三则提升了民众的势力。[②] 傅斯年所说的"五四运动以后，中国的新动机大见发露，顿使人勇气十倍"，我们看了罗家伦的观察和总结，可以有进一步的理解。傅斯年在 1919 年 10 月出版的《新潮》2 卷 1 期发表《〈新潮〉之回顾与前瞻》一文，也谈到了五四运动所发生的影响。他写道："五四运动过后，中国的社会趋向改变了。有觉悟的添了许多，就是那些不曾自己觉悟的，也被这几声霹雳吓得清醒。……以后是社会改造运动的时代。"这几句话显然可以看作是前引傅氏信中的那句话的一种注释。

---

① 周策纵在其《五四运动史》（陈永明等译，岳麓书社 1999 年版）一书中指出，"五四运动"一词最早见于 1919 年 5 月 19 日北京学生联合会发出的《罢课宣言》中。但此《宣言》使用"五四运动"一词仅是叙述五四事件的一个代词，不曾揭示运动的意义。作为一个历史概念来看待"五四运动"，仍以罗家伦的文章为最早。这是胡适的看法（见胡适《纪念五四》一文，载《独立评论》第149 期），我比较倾向于采用胡适的说法。

② 罗家伦：《五四运动的精神》，《每周评论》第 23 期，1919 年 5 月 26 日。参见《一年来我们学生运动底成功失败和将来应取的方针》，《新潮》2 卷 4 期，1920 年 5 月。

不过为了说明他的观察和评估不错，我们还是应该看看五四后的一段时间里，中国社会到底发生了些什么变化。

（一）国民的觉醒

这是五四运动引发的最显著的新气象。为反对巴黎和会牺牲中国主权，反对日本侵占山东，为营救五四运动中被捕学生，全国各地，各个阶层：包括工人、工商业者、教育界、学术界、新闻界，甚至军界中，都有人奋起抗争，游行示威，宣言通电，派请愿团，组织各种团体等等，用各种方式，表达他们爱国、救国的意志。这种席卷全国，囊括各界的群众运动，在中国历史上是前所未有的，是国民觉醒的明确表示。在有的地方，青年学生还到农村做宣传，使一部分农民也加入这觉醒的行列。

（二）社会团体的大量涌现

从前人们都说中国民众是"一盘散沙"，没有组织，没有活力。五四运动的勃兴，遽然改观，各种群众团体如雨后春笋，到处涌现。从大城市到中、小城市，学校、工厂、街市，各种行业，都有社会团体的组织。名目之多，数量之大，至今无人能够提供比较准确的统计数字。他们的活动多种多样，除了组织集会游行之外，他们办报刊，做社会调查，讨论国内外大事，办平民教育，办宣讲团……凡是有利于相互结合，有助于爱国运动，有助于动员群众的事情，他们都要做。于是，一个奄奄无生气的社会，活跃起来了；一个散漫无组织的社会，开始组织起来了。这种努力改造社会的团体的大量涌现，正就是傅斯年所说的"新动机大见发露的"重要表现之一。

（三）青年人个性解放的发露

个性解放是五四新文化运动最重要的内容之一。陈独秀、胡适、李大钊、鲁迅等人都曾发表过多篇文章提倡个性解放。胡适的《易卜生主义》一文更被誉为"个性解放的宣言"。个性解放的基本要求是个人意志的自由，强调发展个人的才性，自由表达自己的意愿，做自己喜欢和需要做的事，但同时要对自己的言行负完全的责任。傅斯年是对此最有领悟的青年先觉分子。他在自己的文章里说："'善'是从'个性'发出来的，没有'个性'就没有了'善'。"又说："要是根本不许'个性'发展，'善'也成了僵死的、不情的了。……所以，摧残'个性'，直不啻把'善'一件东西根本推翻。"①他解释说，只有听凭个人的意志做善事，才是真正的善。若被人逼迫着去做，即使真是好事，也失去了善的意义。因为他既可被逼做"善"事，无疑的也可被逼着去做坏事。诚然，个性中也可能会有不好的东西，但要求得善的东西，则离开个性的发展是万万不行的。制裁个性中不善的东西的办法，最重要的是个人对自己的言行负完全的责任。

五四运动大大激发了青年个性解放的要求。他们从被动地受教育（广义的，包括家庭和尊长的教训等），变为主动地磨炼自己。他们有的自动地走出家庭，摆脱宗族、家族的压力，到学校，到各种团体中去求知识，求训练。在校的学生们则主动地建立各种研究会、读书会、互助团体等等，办报纸、办刊物，进行各种社会活动等等，发展自己的兴趣和才性。当时北京大学就有20多个这样的自动组织起来的团体。更有不少青年勇敢冲破礼教的桎梏，要求婚姻自由等等。他们攻击旧式的家族、宗族的压制，反对各种不合理的限制，要求更多发展个性的空间。我们必须明白一点，个性解放的呼喊，实际表示"个人的发现"，"个人的解放"。中国传统一直是蔑视个人的存在，蔑视个人的价值。即使圣君贤相，也不是真正作为"个人"而存在，而是作为特定理念的载体才确定其地位和意义。五四时期的个性解放，是普普通通的独立的"个人"被发现。而且由于"个人"被发现，从而推及对女子地位的重新认识，引发了女子解放的运动。所以，个性解放实具有划时代的意义。五四时期，中国青年，主要是学生青年表现了前所未有的主动精神和创造精神。

（四）移风易俗的新气象

这也是五四新文化运动所引发出来的一个重要的社会现象。婚丧礼俗一向被视为神圣，代代相传，不可改易。中国传统价值观念最核心的内容是敬天法祖，在婚丧礼俗中最能体现出这一精神。五四时期，作为新文化

---

① 傅斯年：《万恶之源》，《新潮》1卷第1期。

运动的领袖人物，胡适率先垂范，大胆进行婚礼丧礼的改革，各地效尤者，大有人在。如，一个叫李平的人，就自行改革其父的丧礼，并对婚姻问题提出崭新的观念。[①] 李平对婚姻主张"四不避"（1. 不避孀妇；2. 不避不贞之女；3. 不避离婚之妇；4. 不避妓女。）"五不偶"（1. 无真正之恋爱者不偶；2. 无相当的知识程度者不偶；3. 身弱多病，任性善恶者不偶；4. 无家事常识和育儿能力者不偶；5. 无社会交际本能者不偶）。又如，一个叫刘象庚的人，也曾对自家丧礼作出改革。[②] 至于服饰、发式的改变则更较普遍。这些看起来似乎不很重要的变革，其社会意义是很深刻的，都是社会新的生机焕发的一种反映。

以上所说的这些新机发露的表象，有些是傅斯年所亲见，有些是报章杂志有所反映。其中有些方面，在 1919 年以后还有一个持续发展的时期。它们都可证明傅斯年的观察很敏锐，很深刻。

二　"厚蓄实力，不轻发泄"

傅斯年虽看到社会"新动机大见发露"的好兆头，但他并不盲目乐观。他是个好学深思的人。他颇知清末以来，中国有过好几次"新动机发露"的时候，但"都是结个不熟的果子，便落了"。他很盼望这一次能避免前辙，思想界要"厚蓄实力，不轻发泄"，做持久的努力，做长期的积累，使新动机引发出来的社会新因素，从容生长，发达，最后结出成熟的果子来。他所期待的成熟的果子，是社会的变革取得成功，中国随着世界进步的潮流，由一个老旧的中国变成一个新中国。这中间要做的工作实在太多太多了。所以，他最担心重复以往的轨辙，运动很快地兴起，很快地进入高潮，又很快地衰息。他对中国人根深蒂固的老毛病，很有深刻的反省。还在五四爱国运动爆发前一个月，在《白话文学与心理的改革》一文中，他就指出："凡是一种新主义、新事业，在西洋人手里，胜利未必很

---

① 见李平致胡适信，耿云志主编《胡适遗稿及秘藏书信》第 28 册，第 25—26 页，又第 32—36 页。

② 刘象庚致胡适的信，见《胡适遗稿及秘藏书信》第 40 册，第 143—145 页。

快，成功却不是糊里糊涂。一到中国人手里，总是登时结个不熟的果子，登时落了。""因为中国人遗传性上有问题"，"因为中国人都以'识时务'为应世上策"。① 凡事只得皮毛，便求速成。应当说，这是相当深刻的针砭。五四爱国运动爆发四个月之后，傅斯年在《〈新潮〉之回顾与前瞻》一文中又说道："我觉得期刊物的出现太多了，有点不成熟而发挥的现象。""厚蓄实力一层也是要注意的，发泄太早太猛，或者于将来无益有损。"他希望《新潮》的同人能做扎实的努力，以期"在十年之后，收个切切实实的效果"②。

一个身处五四运动高潮期中的青年，能有这样深沉的反省的思考，可谓极属难得。他在出国七个月后写给胡适的信里仍强烈表示出循循遵此反省的精神。他告诉胡适，自己决心要在自然科学和社会科学方面培植根底，要认真读书，认真研究，不轻作文章。他对留学界"求速效，急名利，忽忘学业"的情形非常不满。他表示，希望胡适警惕成名所带来的危险，"愿先生终成老师，造一种学术上的大风气，不盼望先生现在就于中国偶像界中备一席"③。

傅氏担心五四运动会重复以往的旧轨辙，不待结出成熟的果子，就滑落下去，这是很有理由的。人们不能否认，过去几十年，的确有许多次机运就这样丧失掉了。而在五四运动时期，也确曾浮现出某些旧病复发的朕兆，出现一些值得担心的负面现象。

当年，领导新文化运动的一些人，或被公认为青年导师的人，或与傅斯年差不多相同经历的一些人，或关心新文化运动前途命运的人，也都曾指出过同类的现象，发出过类似的警告。

当时在思想上对傅斯年影响最大的胡适，就在傅斯年写信给袁同礼的一个多月前，在《每周评论》第 31 号上发表《多研究些问题，少谈些主义》的文章，就是看到人们太迷醉于各种主义，各种理论，甚至仅仅是口号，而不肯脚踏实地地研究问题，是一种很大的危险。（过去很长一个时

---

① 《新潮》1 卷 5 号。
② 见《新潮》2 卷 1 号。
③ 傅斯年致胡适（1920 年 8 月 1 日），见耿云志编《胡适遗稿及秘藏书信》第 37 册，第 352、353 页。

期，人们都把胡适的这篇文章说成是向马克思主义猖狂进攻，这是不合事实的。从这篇文章的中心思想，以及它在当时所发生的社会效应来看，主要是提倡研究实际问题，而不要迷醉空论的各种主义。他的思想与马克思主义有原则区别是事实，但说他是向马克思主义猖狂进攻显然不是事实。当时宣传马克思主义最用力的李大钊也不是这样看。）对于青年学生，他更是谆劝他们不要浮躁，不要动辄罢课，而要自觉地在学校生活中，团体生活中训练自己。①

当时的教育界领袖，北京大学校长蔡元培先生也给学生们指出，"因群众运动的缘故，引起虚荣心、依赖心，精神上的损失也着实不少"②。说得虽然简单，且较含蓄，但所指的是一种消极的偏向，是一种傅斯年也为之担心的现象则是很明白的。

对于五四以后出现的负面现象，不少人都有所察觉，并表示某种忧虑。查毓瑛在给胡适的信里，专门对北京大学等著名学府的一些不良倾向提出批评。他说，北大学生热衷于开会，每年大小会议不下千次，而"关系学术的恐怕不能占百分之一"。有些学生以"五四功臣"自居，"甚有将前什么会议代表、主任等字样印于名片"。③ 大家无心于学问，反对考试，或考试舞弊等现象，不一而足。苇丛芜、李霁野的信里说："高谈阔论的大有人在，实地做事却未必有人，这或者是全国普俱的病象。"为了纠正这种倾向，他们表示决心"不侈谈主义，只注重以浅显明了的理论，实地去宣传"，"把少数人的信念，脚踏实地地宣传到普通一般人的心里，使它变成一般人的普通信念"。④ 胡适的同学好友张奚若，甚至对《新青年》、《新潮》、《每周评论》也提出批评，认为其中有不很健全的因素。他认为，《新青年》中颇有"一知半解，不生不熟的议论，不但讨厌，简直危险"。他认为，守旧党固然是中国进步的大敌，但是"一知半解的维

----

① 见胡适与蒋梦麟的《我们对于学生的希望》，原载《晨报副刊》1920 年 5 月 4 日。现收入欧阳哲生编《胡适文集》第 11 册，北京大学出版社 1998 年版，第 47—54 页。
② 蔡元培：《去年五月四日以来的回顾与今后的希望》，原载《新教育》2 卷 5 期。现收入《蔡元培全集》第 4 册，浙江教育出版社 1997 年版，第 139—141 页。
③ 查毓瑛致胡适（五四后某年的七月三日），《胡适遗稿及秘藏书信》第 30 册，第 622—624 页。
④ 苇丛芜、李霁野致胡适，同上书，第 649 页。

新家"更可畏。其"大弊在对于极复杂的社会现象纯以极简单的思想去判断，发为言论，仅觉可厌，施之事实，且属危险"①。张氏的批评并非无中生有，《新青年》的主要撰稿人之一高一涵自己也有反省。他在给胡适的信里说："我从前东涂西抹，今天做一篇无治主义，明天做一篇社会主义，到现在才知道，全是捕风捉影之谈。我以为现在的'新思潮'，也多犯了这个大毛病。"②

傅斯年在给袁同礼的信中也同样有这种反省，他自认为"半年新潮杂志的生活，说了许多空话"。我还可以举出一个有代表性的人物的观察来证明傅斯年力倡"厚蓄实力，不轻发泄"的社会背景的真实性。在早期共产主义者中，最具学者气质的张闻天，在给张东荪的信里说："吾们且看现在青年普遍的心理什（么）样？他们自己没有对于各种学问做根本的研究。人家要研究问题，他也加入研究，拿他的直觉写出来。写出直觉还不要紧，而心目中另抱出风头的目的。……在思想改造的时代，此种事情当然免不了。但是此种现象，只能一现，长此以往，国家破产、思想破产。"③ 中国近代史上凡有志做一番事业的人物皆甚推重曾国藩的"扎硬寨、打死仗"的精神。的确，曾氏于清朝国力衰微，政治腐败，民变大起的年代里，以一书生起而练兵，与叱咤半个中国的太平军相抗，且终于打败太平天国，成就所谓危朝"中兴"的大业。他这种能"扎硬寨、打死仗"的做事精神，自然也可以成就个人的某种野心，可以成就在历史上并无很大正面意义的事业。但是，要成就一种正当的伟大事业，没有这种精神肯定是不能成功的。傅斯年所谓"厚蓄实力，不轻发泄"，实与曾国藩的意思有相通之处。在五四运动的高潮中，在漫天"救国"、"革命"、"启蒙"、"改造"等等响亮的口号声中，能冷静思考，能见到运动中所暴露的种种负面的现象，立意有以救之，这实在不是一般青年人所能有的表现。

五四运动的主要参加者之一的李璜，在事隔十几年之后，回忆当时青

① 张奚若致胡适（1919 年 3 月 13 日），《胡适遗稿及秘藏书信》第 34 册，第 278—279 页。
② 高一涵致胡适（1920 年 5 月 2 日），同上书，第 31 册，第 187 页。
③ 张闻天致张东荪（1919 年 12 月 12 日），《张闻天早期文集》，中共党史出版社 1999 年版，第 37 页。

年的思想状况时曾说："自五四以来，这十二三年间，我们真是受不了。十五六世纪的文艺复兴所有'人性'的要求，十七八世纪启明（蒙）运动所有'个性'的要求，及十九世纪的'国性'的要求，三样东西一齐来，怎不令青年朋友要发狂了呢！"[1] 李璜的说法是很有道理的。西方人经历三四百年的酝酿、生发，逐步做到的"人"的解放、"个性"的解放和"民族国家"的觉醒，在中国，因五四运动的爆发，这些观念和由这些观念所激发出来的种种欲望、理想、要求，一下子如山洪暴发，倾泻而来。人们没有充足的准备和从容消化吸收的时间，客观的社会环境同样没有为这些新观念、新形式的生活准备好适当的条件。所以，在新潮澎湃的过程中，不免发生种种不健全的因素。它既带来了社会改造的机遇，也带来了过渡时期、转折时期的种种困惑。在这样的时期，注重理性的思考，明确新的方向，把握恰当的方法，脚踏实地努力做事，实是极端重要的。傅斯年正确地提出了问题，并且努力探求解决问题的途径和方法。

三　"Sociability 实在是改造中国的一种好原素"

傅斯年在致袁同礼的信中，在谈到思想界应该"厚蓄实力，不轻发泄"之后，紧接着又说："清华学生的 Sociability 实在是改造中国的一种好原素。若再往精深透彻上做几步，便可为学界之冠。"接着又对袁同礼说："你是清华的职员，又曾是大学（指北京大学——引者注）的学生。若把大学的精神输进清华，或者青出于蓝而胜于蓝了。——这是你的责任。"这段话最核心的内容是他提出了"Sociability 是改造中国的一种好原素"。Sociability，这个英文字的意义是爱交际、善交际、亲和性、群居性，就是在社会中，各个个人之间互相结合的意思。傅氏强调社会的结合是改造中国的一种好原素。因为他有一个重要的基本观念，他认为中国有群众而无社会，所以至今难以摆脱原始的落后的宗法式的生活方式。还在五四爱国运动爆发前，他就已开始思考这个问题。他曾说："中国一般的社会，有社会实质的绝少，大多数的社会不过是群众罢了。"在他看来，"凡名称其

---

[1]　李璜致胡适（约在 1931 年），《胡适遗稿及秘藏书信》第 28 册，第 100 页。

实的社会，——有能力的社会，有机体的社会，——总要有个密细的组织，健全的活动力。若果仅仅散沙一盘，只好说是'乌合之众'。十个中国人所成就的，竟有时不敌一个西洋人"。他认为，这原因之一就是"西洋人所凭托的社会，是健全的，所以个人的能力，有机会发展；中国人所凭托的社会只是群众，只是有名无实。所以，个人的能力就无从发展"①。他在《〈新潮〉发刊旨趣书》中也说："西人观察者恒谓中国有群众而无社会。又谓中国社会为二千年前之初民宗法社会，不适于今日。寻其实际，此言是矣。"② 中国社会之所以如此有名无实，或者说，只有群众而无社会，是因为"两千年专制的结果，把国民的责任心几乎消磨净了"。如是，人们便没有公益心，便没有公共生活的要求。由此，中国人一直习惯于群众的生活，而不习惯于社会的生活。在傅氏看来，社会和群众的生存状态最根本的区别：（一）前者有组织，后者没有组织；（二）前者有活力，后者没有活力。因为有组织，所以有公共的规范；因为有活力，所以凭借社会、个人可以格外发挥创造力。傅斯年把有组织有活力的社会称之为有机的社会，而把无组织、无活力的社会称之为机械的社会。中国人因一直生活于有群众而无社会的状态下，因而不习惯于过有规范的团体的生活，和主动参与公共的事业，宁可在千年不变的宗法式的僵化的生活状态里，倒觉得省心省力，过得舒服。傅斯年认为，中国之所以落后，首先是社会不曾进步，或者说，是始终不曾造就有组织有活力的有机体的社会。他认为，今后应是社会改造的时代，最中心的任务就是造就有机体的社会。

我们从王汎森先生所编的《傅斯年文物资料选辑》中得知，在我们所谈论的傅氏给袁同礼的信之后，在1919年下半年，他有两篇未刊遗稿，都与我们本文所讨论的问题密切相关。一篇是《时代与曙光与危机》，一篇是《欧游途中随感录》，前者大致已完篇，有一万余字，后者是未完稿，只有（一）北京上海道中一节。这两篇文字在那本《文物选辑》中都有部分影印照片，文字尚依稀可辨。后来，王汎森先生在《中国文化》

---

① 傅斯年：《社会—群众》，见《新潮》1卷2号。
② 见《新潮》1卷1号。

（1996年）上发表《傅斯年早期的"造社会"论》一文，文中于上述两篇遗稿的内容有一些摘引。我们不得见两篇遗稿全貌，仅据上文提到的一书一文所披露者，略作分析。

首先，傅斯年认为五四运动是一个重要的开端："从五月四日以后，中国算有了'社会'了。"① 他提出了一个很有启发意义的见解，他指出，五四运动原是无领袖，不用手段和不计结果的，是自下而上生发出来的社会运动。因而可说是真的社会运动。这一点极具深刻意义。如果运动是由极少数领袖事前计划好的，"有领导"地搞起来的，这就有"运动群众"的意味。此种运动如果成功，其结果会造就一批"神圣"，他们拥有崇高的威望和巨大的势力、影响。以致权力集中到这少数人甚至一个人的手里，所成就的仍然不会是有机的社会，仍只是有群众而无社会。五四运动的起来，是基于各个人对社会的责任心的觉醒。用傅斯年的话说，"五四运动可以说是社会责任心的新发明"②。这种基于各个人的责任心而起的运动，才是真的社会运动。沿着这个方向扎实做去，才会成就一个有机的社会。相反，若是在大众还没有自觉的责任心的时候，少数人乘社会某种失控失序的情况，用一些响亮动听的口号把群众鼓动起来，那是不可能真正造成有机的新社会的。

其次，傅斯年表达出一个明确的看法：改造社会必须是自下而上的，"凡相信改造是自上而下的，就是以政治的力量改造社会，都不免有几分专制的臭味。凡相信改造是自下而上的，就是以社会的培养促进政治，才算有彻底的觉悟"③。这一点同样有极深刻的意义。回首过去一百多年来，不少仁人志士都相信政治革命是根本解决中国问题的唯一途径，他们为此奋斗甚至牺牲生命。但到头来，剖析一下中国的社会，究竟改造了多少，真是令人感慨万千。

再次，与前述两点密切相关的，傅斯年认为社会的改造，社会的进化，不能"跳墙"，就是不能超越必经的阶段。他说："兼程并进的进取，

---

① 傅斯年：《时代与曙光与危机》（未刊稿），转引自王汎森《傅斯年早期的"造社会"论》，见《中国文化》第14期，第207页。

② 同上书，第208页。

③ 同上。

何尝不是中国此刻所要求的。不过，分别看来，快走则可，隔着个墙跳过去则不能。我以前很觉得跳墙的进取最便当。现在才知道社会的进化不能不受自然律的管辖，从甲级转到乙级，必须甲级试验失败了，试验他的人感觉着不彻底不圆满了，然后进入乙级，乙级的动作方有魄力，否则乙级建立在空中，力量必然薄弱。"①（必须指出，傅斯年这段话有不精确的地方，既然说的是不能"跳墙"，则甲级试验失败，应另求正确方法，必求试验成功，然后方可进到乙级。否则，甲级失败了，越过甲级，进入乙级，则还是"跳墙"。但从上下文的意思，我们知道傅氏要表达的意思是不能越过甲级直接进入乙级。）

中国社会的改造、进步，能否"越级"，能否"猎等"的问题，自清末以来就争论不休。傅斯年以其极端锐敏的思想力，总结前人的思想遗产，加上切身的体验得出他自己的不可"跳墙"论，实在也可称得起是了不起的真知灼见。

最后，傅斯年在其改造社会的思考中，提出另一个重要的问题，是社会与政府的关系问题。他在纪念五四运动一周年写的文章《青年的两件事业》里说："假使中国有社会，决不会社会一声不响，听政府胡为，等学生出来号呼。假使中国有社会，决不会没有舆论去监督政府。假使中国有社会，绝不会糟到这个样子。"② 显然，傅斯年认为，社会具有制约政府的功能。正因为中国无社会，因而无制约政府的力量，才使专制制度垂二千年而不亡。傅氏指出："专制是和社会力量不能并存的。所以专制存在一天，必尽力破坏社会力。"③ 验之中国历史，可谓不勘之论。傅斯年也正是着眼于铲除中国的专制制度，才要改造社会。这才是真正从根本上下功夫。没有一个足以制约、监督政府的社会，打倒专制，追求民主的口号喊得再响，或者用暴力打倒再多的"专制者"，结果仍摆脱不了专制。这是相当深刻的思想。

---

① 傅斯年：《时代与曙光与危机》（未刊稿），转引自王汎森《傅斯年早期的"造社会"论》，见《中国文化》第 14 期，第 208 页。

② 傅斯年：《青年的两件事业》，见《晨报》1920 年 7 月 3 日。

③ 同上。

四　"改造社会的方法第一步是要改造自己"

前面说过，傅斯年给袁同礼的信，是在他已确定赴欧留学的情况下写的。在对五四以来的经历做过深刻反思之后，他郑重地下决心，要以留学为始，过一种新的生活，按新的要求严格训练自己。所以他向袁氏表示："要把放洋的那一天做我的生日"，也就是要成为他人生的新起点。

傅氏既认为，中国的问题，根本在于造成有机体的社会，所以今后最大的目标就是做真正的社会改造运动。但从何做起呢？在《欧游途中随感录》之（一）《北京上海道中》他说道："社会是个人造成的，所以改造社会的方法第一步是要改造自己。"又说："我现在对于青年人的要求，只是找难题目先去改造自己。这自然不是人生的究竟，不过发轨必须在这个地方。若把这发轨的地方无端越过去，后来就有貌似的成就，也未必能倚赖得过。"他相当深刻地指出："人生的真价值，现在看来，只是就其'端'扩而充之，待后来充满了，作一个相当的牺牲。"① 傅氏这些话，使我们想起胡适当时借易卜生的话，大力鼓吹个性解放，提倡"健全的个人主义"时所说的话。易卜生说："你要想有益于社会，最好的法子莫如把你自己这块材料铸造成器。"② 胡适解释说："把自己铸造成器，方才可以希望有益于社会。真实的为我，便是最有益的为人。把自己铸造成了自由独立的人格，你自然会不知足，不满意于现状，敢说老实话，敢攻击社会上的腐败情形，做一个'贫贱不能移，富贵不能淫，威武不能屈'的斯锋曼医生。斯锋曼医生为了说老实话，为了揭穿本地社会的黑暗，遂被全社会的人喊作'国民公敌'。但他不肯避'国民公敌'的恶名，他还要说老实话。"③ 傅斯年所说的"人生的价值只是就其'端'扩而充之，待后来充满了，作一个相当的牺牲"。这同胡适所说的先把自己铸造成器，然后

---

① 见王汎森编《傅斯年文物资料选辑》，第35页。

② 胡适：《易卜生主义》，原载《新青年》4卷6号，收入欧阳哲生编《胡适文集》第2册。引文见该书第486页。

③ 胡适：《介绍我自己的思想》，见欧阳哲生编《胡适文集》第5册，引文见该书第511页。斯锋曼医生是易卜生所作《国民公敌》中的主人公。

去做改造社会的功夫，那时才可做到无所畏惧地去同社会恶势力奋斗，其含义是极为相似的。

青年人怎样才能把自己铸造成器？在傅斯年看来，最重要的是树立起一个堂堂正正的人生目标，然后生死以之，不懈地奋斗。他说："人的精神的大小简直没法量他出来，以强意志去炼他，他就可以光焰万丈。所以，愚人未尝不可做不朽惊天的事业。不炼他，他就会枯死。所以，虽清风亮节的人，常常不生产一点东西。"① 这显然同五四时期个性解放的思想是完全一致的，并可以说是一种更深刻的领悟和更彻底的发挥。强调个人的价值，强调每个人自己去发掘、发挥自己潜在的能力，以有利于社会。他劝告青年，切不可过分依赖，过分迷恋群众运动。他说："我觉得若是青年人只知道有群众运动，而不知道有个人运动，必有好几种毛病。（一）（群众运动）一时未尝不可收'疾风摧劲草'的效力。但久了，便多因分子不健全的原故而不能支持。（二）社会是生成的，不是无端创作的。所以，为谋长久永安不腐败的社会，改善当自改善个人始。若忘了个人，就是一时改得好了，之后也不免发生复旧的运动。（三）群众运动太普遍了，怠惰的人——自然占太多数——安于'滥竽'之列。（四）（从略）。"② 这里傅氏提出个人运动与群众运动相对举，意义不甚明确。不过，我们根据他有关的论述可以大致理解他的意思：群众运动，一般是在某种可以刺激多数人情绪的事件发生的情况下，或有某人（或某些人）登高一呼，群涌而起。这时必定会有多数人，在不甚明了真实情况，不甚了解事件的实在意义，因而难以作出明确的独立判断的情况下，被来势如潮的运动裹挟而去。因而造成加入运动的成分很复杂，往往不久就会发生分化。傅氏强调个人运动，我以为首先他是想强调个人在自觉自主的基础上进行运动，有自己的判断，有自己的理解，不盲从。其次他想说明，个人运动，应指参加运动的每个个人在自觉自主的前提下，应有主动和创造的精神，和自己对自己言行充分负责的精神，不是一切依赖群众。傅氏所指出的通常群众运动常有的几种毛病，显然是符合实际的。他强调个人运动就是为了克服

---

① 见《傅斯年文物资料选辑》，第 35 页。
② 同上。

这些毛病。这完全符合他改造社会的总的想法。所以他说："改造社会不专靠群众运动，个人运动更是要紧。"① 他又解释他所谓的个人运动，"一是个人学行的砥砺，一是个人的牺牲"②。他所说的个人的牺牲，不专指肉体生命的牺牲，而是泛指个人对社会的奉献。这与当时胡适所提倡的健全的个人主义是相一致的。

五　成熟的学生

从上面对于傅斯年在五四后思想的介绍和分析，我们可以看出他的思想的敏锐和深刻。在五四运动 40 年后，胡适在一次讲演中说到当年的文艺复兴运动——胡适一直喜欢把那场由文学革命带动起来的新文化运动称作中国的文艺复兴运动——的时候，他提到：当时北京大学一般高材学生，已经成熟的学生，里面有傅斯年先生，有罗家伦先生，有顾颉刚先生等，他们办了一个学生刊物，叫《新潮》。他说："《新潮》杂志，在内容和见解两方面，都比他们的先生们办的《新青年》还成熟得多，内容也丰富得多，见解也成熟得多。"③ 在 20 世纪 70 年代后期，我最初读到胡适这篇讲演的时候，还颇疑胡适的话有矫情的成分。现在看来，并非如此。经过对傅斯年五四后的思想的分析，我相信，以傅斯年为代表的一小部分五四青年精英，他们的思想，的确比一般大学教授们显得更成熟。第一，他们不但有热情，而且有理性，不因运动高潮而忘乎所以，不因高潮过后而心灰意冷。他们能冷静分析运动的积极影响和某些必须警惕的负面影响。第二，他们不尚空谈，不热衷于新名词、新概念、新口号（这是青年人最容易犯的毛病），而更多留意于实际问题的考察和研究。第三，他们对中国问题的思考达到了相当深刻的程度。如傅斯年分析中国有群众而无社会，今后最重要的事业就是改造社会。而改造社会，须强调自下而上的功夫，强调从改造个人做起。这些，他们的许多老师都不曾如此敏锐，如此

---

① 见《傅斯年文物资料选辑》，第 35 页。

② 同上。

③ 胡适：《中国文艺复兴运动》，载《胡适演讲集（一）》，见台北远流出版公司出版《胡适作品集》第 24 册，第 178—179 页。

明确地提出过。第四，他们能深自反省，自我戒约，从改造自己做起，脚踏实地磨炼自己。正因在这些方面，表现出他们的成熟，所以才能为他们一生的事业打下坚实的基础。不论是做学问，还是干事业，都能取得相当的成功。即以傅斯年而论，其学问、事功，无人不佩服。

中国有句古话，叫做"时势造英雄"。五四时期，因种种机缘，把一些青年推上时代的潮头。时势需要英雄，也为英雄准备了舞台。但究竟能不能成为英雄，还要看个人能否认清时势，认清客观的需要，然后能自我砥砺，不懈奋斗。傅斯年提出，一要砥砺学行，二要有牺牲精神。他自己做到了，所以他能成为不可多得的知识界的领袖人才。傅斯年的思想、言行，他一生奋斗的实迹，应可为教育家们提供一个"育人"的楷模。

2003 年 3 月 25 日

附言：本文所依据的傅斯年致袁同礼的信，是由袁同礼先生的哲嗣美国俄亥俄大学历史学教授袁清先生提供的复印件。志此以表谢忱。

（原载《历史研究》2004 年第 5 期）

重读《新思潮的意义》

一

胡适的《新思潮的意义》一文，是新文化运动期间，胡适所发表的最重要、最有影响力的文章之一。此文发表于 1919 年 12 月的《新青年》第 7 卷第 1 号上。同一号上发表了代表新青年同仁共同主张的《本志宣言》。

宣言明白交代它的来历说：“本志具体的主张，从来未曾完全发表。社员各人持论，也往往不能尽同，读者诸君或不免怀疑，社会上颇因此发生误会。现当第七卷开始，敢将全体社员的公同意见，明白宣布。”

此前，在《新青年》6 卷 1 号上，陈独秀曾发表《本志罪案之答辩书》，从前，许多人把这篇文章当作是《新青年》的共同宣言。虽然没有什么大错，没有哪位新青年的同仁，表示不同意那篇文章的意思。但它毕竟不是大家讨论过的共同意见，仍只是陈独秀一个人写的文章，具有很强的辩论的色彩，只是它客观上反映了同仁们的主要意思。而本卷的这篇宣言，从文字上明显可以看出，不是出自某一个人的手笔，它是经过讨论后，把大家的意见用罗列的方式正面表述出来。意思比较全面，完全没有辩论的色彩。

《新青年》同仁们为什么想到此时要发表一个“共同宣言”呢？

1919 年的五四运动在全国范围造成了空前的政治高涨，大家都把《新青年》看成是这一运动的总司令部。这场席卷全国的运动，一时遮蔽了《新青年》同仁间已经开始暴露的思想分歧。

新青年同仁中，有人很激进，有人很平和，这一点，当时海内外都有人指出过。如有一位汪懋祖先生对《新青年》中有人喜用谩骂的语言，表示不满。① 又有一位戴主一先生，他指明批评王敬轩的文章，通篇充满骂人的文字，对此很不以为然。② 当时尚在海外留学的张奚若写信给胡适说："吾非谓《新青年》等报中的人说话毫无道理，不过有道理与无道理参半，因为他们说话好持一种挑战的态度，谩骂更无论了。"③ 这些外人的观察表明，《新青年》同仁确是有激进与温和不同的两种人。

不过，最重要的分歧还是关于"问题与主义"的辩论。这场辩论发生在五四运动爆发后的两个月多一点。关于这场辩论，已有很多研究的成果发表，大体是越来越客观，越来越接近事实。这里不能详论。只需指出，这场辩论其思想和理论上的意义是十分深远的。一般地说，醉心理想，忽视达到理想的途径、方法的研究，是中国士大夫传统的大病。但特殊地说，这个时期，是中国的思想史和文化史上空前开放的时期，正是人们所谓"王纲解纽"的时代。久处封闭和半封闭状态下的中国人，尤其是读书人，其中有些成见不深的人，对于忽然展现在眼前的五光十色的西方思想学说，表示极大的好奇和向往。若指望这个时候，凡谈论西方传来的主义或思想学说的人，对他所谈论的主义和思想学说，都能有比较明确的了解，能和中国社会的问题恰当地结合起来，恐怕也有些苛求。当时最流行，对广大青年最有影响的是无政府主义和社会主义。当时有好多人恐怕还分不清无政府主义与社会主义有什么区别。

陈独秀6月被捕，9月出狱。这期间《新青年》处于停顿状态。陈独秀出狱后，经《新青年》同仁商量，改变1918年以来轮流编辑的做法，重新交给陈独秀一人主编。陈独秀要发表一个共同宣言，应该是出于重整旗鼓，团结奋斗的考虑。本来，《新青年》的同仁们，并不太强调大家统一思想，按钱玄同的说法，若让外界觉得《新青年》是主张统一思想的，那是很丢人的。因为他们这些提倡新文化的人，本来就是反对思想定于一尊的，是提倡独立思想的。所以，这个宣言的发表事实上并没有阻止《新青年》同仁们思想分歧的进一步加深。李大钊这时已经是义无反顾地走上

---

① 见《新青年》5卷1期《通信》。

② 同上。实际上，胡适也对捏造王敬轩其人，再把他痛骂一通的做法很不赞成。见胡适致钱玄同的信（《胡适来往书信选》上册，第24—25页）。

③ 见耿云志编《胡适遗稿及秘藏书信》第34册，第279页。

宣传马克思主义的道路；陈独秀则因被捕坐牢的经历，其思想更加激进，更加关注现实政治的问题。半年多以后，他踏上了领导中国共产主义革命的道路。这与《新青年》以往基本上是思想文艺的刊物渐渐拉开距离。难怪一年之后，这种拉开的距离终于导致就《新青年》的办刊方针问题陈独秀与胡适闹到不得不摊牌的时候，钱玄同会"以为适之所主张较为近是"。认为，道理在胡适一边。① 胡适显然仍主张沿着原有的方向走，即仍以思想文艺为主。这也正是胡适发表《新思潮的意义》的重要思想基础。

二

我们明白了胡适写作这篇文章的背景和他的思想基础，就比较容易解读他这篇文章的意思了。

文章一开篇就说，当时有不少人企图给新文化运动作一个概括的总结或解释。但这些总结或解释都不能令胡适满意。凭我们的经验说，能对一个尚未成为历史的还在继续进行中的重大社会运动作出比较概括而又准确的总结的人，他本人必须身历此一运动，并且是引领这一运动的人，否则他是无法作出这种总结的。在当时，比较有资格、有能力作出此种总结的人，应该是发动、领导新文化运动的几个人，比如陈独秀、胡适、李大钊、鲁迅等。陈独秀是大家公认的领袖，他也确有几篇文章带有总结的性质，其中最重要的是他那篇《〈新青年〉罪案答辩书》。胡适也很称赞这篇文章有概括力，但不免失之笼统。思想笼统、激进（有时甚至失之偏激），这是陈独秀的大毛病，他的一生，为此付出了沉重的代价。李大钊，如我们上面所说，他这时已是义无反顾地走上宣传马克思主义的道路，注意力转移了。鲁迅是个思想很深刻的人，但他主要是在新文学的建设方面，承担着引路人的角色。上面我们说，胡适是明确坚持新文化运动既定方向，此时无心于其他方面。为此，在这个面临抉择的时刻，他有意识地从自己的立场出发，要为新文化运动做一个富有前瞻性的总结。

胡适揭示新思潮的本质意义说，"据我个人的观察，新思潮的根本意

① 见《钱玄同日记》影印本第 4 册（原书无页码），福建教育出版社 2002 年版。

义只是一种新态度。这种新态度可叫做'评判的态度'"①。胡适又指出，著名德国哲学家尼采所说的"重新估定一切价值"八个字，可作为这种"评判的态度的最好解释"②。

"评判的态度"也好，"重新估定一切价值"也好，这都是鼓励独立思考，反对盲从和迷信。要避免盲从和迷信，要能够独立思考，就要养成一种健全的怀疑态度，就是对既有的祖辈相传的习俗、制度等等，要重新评判它的意义与价值，要拷问它在今日的社会现实中是否仍具有积极意义，对最大多数的人群，是否还有积极意义。然后再决定弃取。

怀疑是思想的起点。任何人，如果他对他所面对，他所接触的任何事物都不发生疑问，心中没有问题，他就没有思想的必要，他就不会去思想：这个事情为什么是这样的？它是怎样发生的？它可能会有什么样的变化？它对我们会有怎样的影响？等等。这些都是疑问，有了这些疑问，你才会去思考。所以我说，怀疑是思想的起点。我们中国的孔夫子对于人伦、社会问题有疑问，所以他思考的都是这方面的问题。但对于自然界，他没有疑问。"天何言哉，四时行焉，百物生焉，天何言哉！"天、自然界有什么可说的？完全不去管它。受孔老夫子的影响，传统的中国读书人，大多数都对自然界没有探究的兴趣。可见，怀疑作为思想的起点是何等的重要。

历史的经验告诉我们，凡一种习俗和制度被建立起来，它一定是符合某一强势人群的利益和需要。那么，这一部分人群就成为既得利益者，他们毫无疑义地要努力维护这种习俗和制度。所以，当有人对这种习俗和制度提出怀疑，进行挑战时，就一定会遭到既得利益人群，通常是强势人群的反对和压制。所以，对旧习俗、旧制度提出怀疑和批判的人，是要冒风险的。中外历史上启蒙时代的先驱者们的经历，是我们都知道的。

我强调，应提倡一种"健全的怀疑态度"。什么是"健全的怀疑态度"呢？在实际生活中我们常常遇到两种不同的怀疑态度，一种是有所据而疑，为求真而疑，我称它是积极的怀疑，也就是健全的怀疑态度。另一

---

① 见《胡适文存》卷四，亚东图书馆 1925 年第八版，第 152—153 页。
② 同上书，第 153 页。

种是无所据而疑，全无具体目标的疑。我称它是消极的怀疑态度。思想史上，往往把它叫做"怀疑主义"。黑格尔说过，对于"怀疑主义者"，我们实在没有办法，正如我们无法使一个瘫痪的人立即站起来一样。胡适在《新思潮的意义》这篇文章里所主张的，显然是一种健全的怀疑态度。往后，一直到他的晚年，他都坚持要人们养成独立思考的习惯，不要轻信，更不要迷信前人和他人，不要被别人牵着鼻子走。他把这又叫做科学精神或科学态度。他说："科学精神在于寻求事实，寻求真理。科学态度在于撇开成见，搁起感情，只认得事实，只跟着证据走。"[1] 当胡适 67 岁就任中央研究院院长时，他说，什么东西都要拿证据来，这种方法，可以打倒一切教条主义、盲从主义，可以不受人欺骗，不被人牵着鼻子走。[2]

所以，我认为，《新思潮的意义》一文，最根本的，是提倡一种怀疑的精神，评判的精神，独立思考的勇气。

怀疑、评判、独立思考，对于既有的观念、习俗、制度等等具有挑战性和破坏性，因此遭到排斥、压制，是很自然的。双方的壁垒有时显得很清晰，但大多数情况下，各方都有不同的层次。在保守的一方，有的很顽固，大体是主要的既得利益者；有的比较倾向于调和，有条件地容纳一些新东西。在进取的一方，有些人很理性，比较温和；有的很激进，不免有疑而过，或疑所不当疑的情况发生，这是在转型时期难免的现象。在胡适看来，在中国刚刚走向开放的时代，怀疑与破坏的功夫不免要占到首要的位置。1936 年 1 月 2 日，在写给汤尔和的信中，胡适说："'打破枷锁，吐弃国渣'当然是我的最大功绩，所惜者，打破的尚不够，吐弃的尚不够耳。"[3]

胡适提倡怀疑，提倡评判的态度，提倡独立思考，这与他基本的价值观是密切相关的。一般中国人对西方个人主义的价值观都多少有些排斥，误认为个人主义就是自私自利。这种误解根深蒂固。古代的杨朱因主张"为我"而被孟子诬为"无君"，是禽兽。无君自然是专制君主所不容，

---

① 见《介绍我自己的思想》，《胡适论学近著》，商务印书馆 1935 年版，第 645 页。

② 见《就任中央研究院院长典礼致词》，《胡适作品集》第 25 册，台北远流出版公司 1986 年版，第 88 页。

③ 见《胡适遗稿及秘藏书信》第 20 册，黄山书社 1994 年版，第 116 页。

禽兽自然被自命为君子的人所不齿。于是杨氏背千古骂名，不为人所理解。其实，杨子不过是主张，凡是"我的"，我决不让与；凡不是"我的"，我决不苟取。这是个人主义应有的基本含义。现代个人主义，比较更注重精神的层面，强调思想自由、言论自由和出版自由，等等。中国的思想先行者们，对个人主义，通常喜欢用中文的"个性主义"来表达，似乎意义更为贴切，也比较容易为人所接受。胡适解释个性主义有两个最基本的条件：一是个人要有自由意志，二是个人要对自己所言所行负责任。因为你的主张，你的行为是你经过怀疑、思考然后自己作出的选择，是出于你的自由意志，不是古人或他人所强加于你的。所以，你必须对自己的言行负责任。中国人因为排斥个性主义，所以总是起哄者多，负责任者少。历来政客、野心家都喜欢利用"群众"的这种不负责任的爱起哄的心理，去达到他们自私的目的。从这里，我们可进窥到《新思潮的意义》是何等深远。

三

《新思潮的意义》第一节，胡适批评已有的几篇总结性文字的缺点时，主要说它们或因细碎，或因笼统而不能揭示新文化运动的本质意义。同时也说到它们都"不能指出新思潮的将来趋势"。这透露出胡适做这个总结，不但要对已发生的运动作出"真确解释"，而且还要"指出新思潮的将来趋势"。这一点十分重要。因为我们前面曾指出，胡适是立足于继续推进新文化运动，来思考对运动加以总结。要"指出新思潮的将来趋势"，就要提出运动追求的目标。人们有了评判的眼光、评判的态度，不是仅仅指指点点，发发议论，而是要建设适合新时代的中国新文化。新文化不会从天上掉下来，也不会从某某人，或某些人的头脑里迸出来，只能是在孕育和发展中华文化数千年的中华大地上来建设中国的新文化。之所以要建设新文化，是因为旧有的文化出了问题。到底出了什么问题，怎样解决这些问题，这是在考虑"新思潮的将来趋势"的问题时，必然要面对的问题。胡适说："为什么要研究问题呢？因为我们的社会现在正当根本动摇的时候，有许多风俗、制度，向来不发生问题的，现在因为不能适应时势的需要，不能使人满意，都渐渐的变成困难的问题，不能不彻底研究，不能不拷问旧日的解决法是否错误；如果错了，错在什么地方；错误寻出了，可有什么更好的解决方法；有什么方法可以适应现时的要求。"① 胡适举出孔教与文学革命两个问题来说明研究问题的迫切需要及其寻求解决的过程。我们大家都知道文学革命是基本获得解决了的问题。至于孔教问题，胡适认为是一个已被历史淘汰，已是不成问题的问题。这一点，他估计错了。孔教与儒学的问题，是整个 20 世纪一直争论不休的问题，甚至到了新世纪，它仍然是被许多人密切关注的问题。照我的观察，它将会伴随整个中国现代化的历程，继续缠绕着相当一部分中国人的头脑的一个大问题。

研究问题，是胡适提出的一个重大的议题。1919 年 7 月间，胡适因不满一些人太热衷于讲论一些他们一时还没有弄得很清楚的冠以某某"主义"的名目的外来思想学说，而不太关心中国当时社会上实际存在的种种问题。他认为这是个危险的倾向。所以，他发表《多研究些问题，少谈些主义》一文，强调研究问题的重要，指出脱离社会实际问题，空洞地高谈主义的危险性。

胡适的文章立即引起他的《新青年》的同事和朋友，这时正以坚毅果决的姿态从事马克思主义宣传的李大钊，和一直作为《新青年》的同盟者，《国民公报》的主持人蓝公武先生的质疑。双方讨论的大块文章有五六篇，持续时间却不过一两个月。实质上，他们没有一方是抱绝对化的态度，完全否认对方的意见；而是各自强调一个方面的重要性。胡适强调主义、学说、理论不可脱离具体的时间、环境、条件等方面的具体情形；李大钊、蓝公武则强调主义、学说、理论的指导意义，不能陷于具体的问题而迷失了大的方向。这场争论其实对中国思想界的意义十分重大。如能深入展开，对于中国思想、社会应可产生极其有益的影响。可惜因时势的急剧发展，争论很快就草草收场。一方面是政府当局出手封闭了作为这场争论的主要阵地《每周评论》；另一方面是时局的变化，把许多人的注意力

---

① 见《胡适文存》卷四，亚东图书馆 1925 年第八版，第 156 页。

引到政治方面去了。①

　　胡适非常注意研究问题的重要性。我们前面曾说过，怀疑是思想的起点，而怀疑就是由问题引起，有问题才逼使人去思想。问题必须是真问题，真问题必来自于现实。如果不从现实的实际问题出发去思考，而是仅仅根据某种主义、学说、理论去演绎，这样演绎出来的问题常常不是真问题，把思想用到不真实的问题上去，至少会是一种徒劳无功的浪费；严重的时候，还会带来某种危险。胡适在《新思潮的意义》一文中讨论研究问题的这一节之后，特别附注参考文献，就是问题与主义的讨论中最主要的四篇文章，包括李大钊的一篇。②

　　胡适指出，这两三年以来，"新思潮运动的历史应该给我们一种很有益的教训。什么教训呢？就是，这两三年来新思潮运动的最大成绩差不多全是研究问题的结果"③。因为问题都是来源于实际的真问题，真问题必然与人们的生活发生真实的联系。有了真实的联系，必能引起人们真实的关切。于是能够引起讨论，许多人参与研究、分析和寻求解决的办法，往往就使问题获得解决。不是来源于实际的问题，很难引起多数人的注意，很难引起广泛的讨论的兴趣，因此也就不容易产生具体的结果。这里，胡适显然有意地在引申那场关于"问题与主义"的讨论。

四

　　我们已经说过，建设中国的新文化，须在中国固有文化赖以生存发展的土地上来建设，不但需要研究现实中存在的问题，还需要对中国已经存在和传承了数千年的文化做一番认真清理的功夫，当时叫做"整理国故"。研究问题和整理国故，都需要有理论和方法。理论和方法无非是中国先贤们的经验与智慧的提炼和外来思想、学说的引进与借鉴。对于先贤们的经验与智慧的提炼，正需在整理国故的过程中实现，这自然是一项长期的工

---

　　① 参见耿云志《近代中国文化转型研究导论》第十章第一节，四川人民出版社2008年版，第387—397页。

　　② 见《胡适文存》卷四，亚东图书馆1925年第八版，第160页。

　　③ 同上书，第158页。

作。大概可以说，从新文化运动到抗战前这十几年里，中国学者所从事的有关中国一切历史文化的研究工作，都可以看作是整理国故这项大题目的内容。对外来思想、学说的引进与借鉴，也是一项需要花费人力、物力的长期工作。胡适对于整理国故和输入学理的工作，都曾有过富有前瞻性的计划（如《整理国故的计划》、《世界丛书》的出版、"中基会的编译计划"等）。可惜，因战乱和民族危机而未能按部就班地实行这些计划，以致到如今，还有许多该做的学术工作没有做。

无论是关于整理国故，还是关于输入学理，都是有争议的。这里不能详述这些争论及其孰是孰非。但我们必须弄清楚胡适在这些问题上的基本主张。

胡适认为，输入学理是为了"帮助问题的研究"，是拿"学理做参考比较的材料"，不能视学理为"天经地义"。所以，他提倡"在研究问题上面做输入学理的功夫"①。显然，这仍是他"多研究些问题，少谈些主义"的主张的延伸。

关于整理国故，胡适说，这是新思潮的评判的态度应用于中国旧有学术的基本主张。详细地说："我们对于旧有的学术思想有三种态度：第一，反对盲从，第二，反对调和，第三，主张整理国故。"②盲从是评判的态度的反面，反对盲从自是必然。但为什么反对调和呢？胡适说："因为评判的态度只认得一个是与不是，一个好与不好，一个适与不适——不认得什么古今中外的调和。调和是社会的天然趋势。人类社会有一种守旧的惰性，少数人只管趋向极端的革新，大多数人只能跟你走半程路。这就是调和。"③这是胡适一个很重要的见解。对于中国人来说，也是一个极富启发意义的见解。胡适是大家公认的新文化运动领袖中的稳健派的代表人物。但他的稳健，他的温和，绝不陷入折中调和。他始终坚持"是其所是，非其所非"，坚持一种独立的评判的态度。在文学革命的问题上，在思想革命的问题上，在整理国故与输入学理的问题上，他容人讨论，不像陈独秀

---

① 见《胡适文存》卷四，亚东图书馆1925年第八版，第158、160页。
② 同上书，第161页。
③ 同上书，第161—162页。

那样，以自己所主张为绝对之是，必不容他人以讨论。他认为有根据的反对意见，比捧场的议论要重要得多。这是他的稳健，与折中调和毫无共同之处。但他自以为是真理的东西，他绝不会放弃，绝不跟人讲折中调和。

胡适认为，整理国故的实质，"就是从乱七八糟里面寻出一个条例脉络来；从无头无脑里面寻出一个前因后果来；从胡说谬解里面寻出一个真意义来；从武断迷信里面寻出一个真价值来"。用一句话说，就是"都还他一个本来真面目"①。"还他一个本来真面目"，说起来容易，真正做到，非常之难。这既需要有科学的方法，更需要有钻深研极的功夫。不但此也，还要与崇古、泥古的老先生们苦苦周旋。因为古代历史文化中有些东西，久认为神圣，不断贴金贴银，弄得灵光四射。若把它还原本来面目，人们看了，那么神圣的光芒万丈的东西，变得"不过如此"，像胡适所说的"化神奇为臭腐，化玄妙为平常，化神圣为凡庸"。②钱玄同则说，这是对圣人和圣经干"裂冠，毁冕，撕袍子，剥裤子的勾当"③。这当然会激起尊古一派人的大反感，大攻击。其实，整理国故，也曾把过去因正统观念的压抑而被埋没千百年的许多有益的东西，给挖掘出来，在新时代里，大放光彩。整理国故的工作是一项学术大课题，具体做起来，可以讨论的问题甚多。有些问题远未能作出最后结论。但有一点是必须肯定的，要建设中国的新文化，必须要做整理国故的功夫。这是不容回避的。

五

人们一定都会注意到，在《新思潮的意义》这篇文章的标题下，胡适写上四个短语作为文章的副标题，就是："研究问题；输入学理；整理国故；再造文明"。我过去每每强调，这是胡适关于新文化运动的完整纲领。我在 2001 年为《胡适全集》所写的序言中说道："新文化运动在更大的规模上做西学介绍和批判旧传统的同时，顺理成章地提出了建设新文化的问

---

① 见《胡适文存》卷四，亚东图书馆 1925 年第八版，第 162 页。
② 见《胡适文存》第三集卷二，亚东图书馆 1930 年再版，第 211 页。
③ 见钱玄同致胡适的信（1921 年 12 月 7 日），《胡适遗稿及秘藏书信》第 40 册，黄山书社 1994 年版，第 298 页。

题。而作为新文化运动主要领袖之一的胡适，也才可能较全面，较系统地提出一种新文化运动的纲领性主张。这就是他在《新思潮的意义》一文中所标出的'研究问题，输入学理，整理国故，再造文明'。"① 2002 年，我在为《社会科学报》（上海）写的《新世纪从头说胡适》一文中，更明确地说道："在新文化运动中，只有胡适明确提出了一个较为完整的纲领：那就是'研究问题，输入学理，整理国故，再造文明'。"②

胡适的这篇纲领性文献，提出四个方面的问题。前三个方面，我们在前面都分别作了分析论述。现在我们着重谈谈第四个方面，再造文明。

文明与文化，两个词语不完全相同。按胡适自己的说法，"文明（civilization）是一个民族应付它的环境的总成绩"，"文化（culture）是一种文明所形成的生活的方式"。③ 如此说，它们的差别是很微妙的。作为人类创造的东西的累积，说它是文明，但作为人类一种生活的方式，它可叫做文化。其实，一种生活方式，难道不是人类的创造吗？所以，我认为，文化与文明，就其所指涉的事物的范围而言，是同一个东西，只是在不同的角度来说明它们时，可用不同的词语。假如这种理解不为大谬的话，我们的讨论就比较容易进行了，否则，我们会陷入困境。这样一来，我们可以把胡适的"再造文明"即理解为创造中国的新文化。

那么，胡适对于建设中国的新文化，提出怎样的主张呢？

胡适说，新思潮的唯一目的是再造文明。但他强调："文明不是笼统造成的，是一点一滴地造成的。进化不是一个晚上笼统进化的，是一点一滴地进化的。"他又说："再造文明的下手功夫是这个那个问题的研究，再造文明的进行，是这个那个问题的解决。"

其实，研究问题，输入学理，整理国故，都是创造新文化必做的功夫，也可以说，研究问题，输入学理，整理国故的过程，也就是创造新文

---

① 见《胡适全集》第一卷，安徽教育出版社 2003 年版，第 37 页；又见《耿云志文集》，上海辞书出版社 2005 年版，第 495 页。

② 见《社会科学报》（上海）2002 年 12 月 19 日。又见耿云志《蔓草续集》，黑龙江教育出版社 2009 年版，第 116 页。

③ 见《我们对于西洋近代文明的态度》，《胡适文存》第二集卷一，亚东图书馆 1925 年 3 月再版，第 4 页。

化的过程。而关于研究问题，输入学理，整理国故的意见，在前面都已说到。所以，胡适在这里强调的是建设新文化的方式。提出这个问题是因为五四运动以后，革命主义主导了知识界，特别是青年界的大多数人的思维。大家都以为，打倒或推翻一切旧东西，就可以"根本解决"一切问题，新世界、新文明就立地实现。这种情况正是胡适提出"多研究些问题，少谈些主义"时所深为关注的问题。而这个问题实际上，也正是导致胡适与陈独秀等半年多以后终于逐渐走向公开分裂的深层原因。我一再强调，《新思潮的意义》与《多研究些问题，少谈些主义》存在着紧密的内在关联，在这里，再一次鲜明地表现出来。

　　文明或文化的发展，社会的进步，在通常状态下，都是一步一步地向前，一点一滴地积累。那种看来像是爆发式的突然转变，历史上并非完全没有。但那是经过长期的不显眼的变化积累起来，加上许多因素的聚合，才有可能发生的。人们如果没有耐心和毅力去做一点一滴的积累的功夫，而总是梦想革命的爆发，梦想通过革命解决一切问题，那么或者是革命遥不可期，或者是靠人为地勉强制造出来的革命，也许会有某种爆发的形式，但却没有真正新的东西产生出来。即使产生了，也没有营养可供其生存。所以，胡适始终强调要做一点一滴的积累，而不可迷信什么"根本解决"。

　　但是我们也须指出，胡适为了强调进化、发展的点滴积累的过程，而完全忽略积累到一定程度时，会有某种类似突然爆发式的跃进，也有失全面。其实，胡适也并不完全否认革命，他只是反对主观制造革命，反对借口革命拒绝做一点一滴的改革和积累的功夫。新文化运动本身，何尝不是一场带有革命性的文化变革运动！人们对于欧洲18世纪的启蒙运动，也同样承认它是一场革命运动。著名哲学家黑格尔在他的《哲学史讲演录》的导言中，论到这场启蒙运动时，热情洋溢地说道："自从太阳在天空中照耀，而群星围绕它旋转以来，人类第一次进入用头立地的时代。"① 可见，在思想文化的历史上，革命性的变革是存在的。

　　胡适不去讲革命的那一面，而再三再四地强调一点一滴地进化，一点

①　"用头立地"这个译法，我总觉得不是最佳，但一直没有机会找到德文原文去向专家请教。

一滴地积累，是为什么呢？笔者以为，胡适当时处于新文化运动领袖的地位，他对于这个运动在社会上，在知识界，特别是在青年中所发生的影响，比一般人要观察得更为清楚。他发现青年们越来越激进，越来越没有耐心，越来越热衷于革命的思想和行动。而他们中的许多人，对于革命到底是什么，革命应当怎样进行，革命会发生哪些后果，等等问题，并没有认真思考过。这就很容易流于"革命浪漫主义"，把种种美好的理想，美好的愿望，都寄托于革命幻想之中。革命就是一切，一切为了革命，此外都是瞎说。笔者把这叫做"革命主义思维"。这种思维经历半个世纪的酝酿、陶冶、磨砺，终成了相当一部分人的思维定式，以致对于他们，没有革命的生活，没有革命的日子，几乎是不堪设想的。于是革命再革命，革之又革，终于革出一个空前惨酷的"文化大革命"来。说到这里，我们不能不承认，胡适当年如此费力地，不怕舌敝唇焦，再三再四地强调，一点一滴地积累，一步一步地改革的思想主张，实在特别值得我们深思和加以借鉴。

2011 年 4 月 2 日初稿，5 月 5 日校定。

（原载《广东社会科学》2011 年第 6 期，《新华半月刊》2012 年第 2 期转载）

下　编

今日的中西文化问题

一

近代史开篇以来，中西文化的冲突就一直困扰着中国人。鸦片战争后的几十年，西方文化像潮水般冲入中国人的生活界域中。不幸的是，比较先进的西方文化恰好是西方殖民主义者所挟以侵略和压迫中国人的手段。这经验是非常痛苦的。广大的人民群众在反侵略反压迫的斗争中，民族的义愤使他们不容易把一种先进的文化和野蛮的殖民主义者的罪恶区分开来，因而不容易承认和认识西方文化的长处。即使在知识阶层里，大多数也由于民族的义愤，再加上传统文化的负担而不同程度地怀有仇视和鄙视西方文化的心理。只有极少数先觉者能够摆脱各种障蔽，逐渐看到西方文化的长处。特别是戊戌维新运动前后，中国的先进分子更明白地承认了西方文化的先进性，其中最有影响的自然要数严复与梁任公先生。

然而，那时候，国家民族的存亡是最逼人的问题。救国——这是清末以来中国知识分子最关切的问题。因而，革命与各种政治改革运动吸引了他们最大的注意，真正从文化的层次上讨论问题便推迟了。直到辛亥革命以后，特别是五四运动以后，这样的讨论才在比较自觉的基础上展开来。但即使到了这时，激烈的国内外阶级斗争的环境，仍使这种讨论不能不受到强烈的影响，对中西文化问题不容易进行冷静的深入的分析和从容的讨论与验证。所以不可能出现精心结撰的著作。

新中国成立后，中西文化的问题似乎从人们的视野里消失了。

我想，这是有深刻的历史原因的。

一方面，从鸦片战争以来，一切向西方学习的中国人所追求的目标是救国。新中国成立了，作为一个独立的新国家立于世界之上，人们感到实现了最大的心愿，以为向西方学习已经达到了目的，所以这个问题便从日程上悄悄地消失了。

另一方面，因为人们是在马克思主义的旗帜下从事创建新中国的斗争的。他们理所当然地以为中国革命的胜利就是马克思主义的胜利。而马克思主义是代表西方文化的最新成果。由此又很自然地认为中国在文化思想上不但不落后，而且是最先进的国家了。相比之下，西方世界还处于资本主义社会，其文化是行将朽败的东西。在这种思想观念之下，对西方文化，只能是批判。而这种批判不是学者心目中的批判（分析与扬弃），而是简单地否定，是打倒，是搞臭。随着"左"倾教条主义思想的猖獗，这种心理日益增强。因此，平心地冷静地研究中西文化问题便根本不可能了。

还有，接连不断的政治斗争，使学者单是为政治服务已应接不暇，文化及文化史的研究不能不被冲淡。况且，由于政治太突出了，使人们长期摆脱不了狭隘的文化观念，即把文化只理解为阶级意识形态的一部分，遂使不同阶级、不同国度的文化没有比较研究的可能，中西文化问题还如何研究起呢？

最后还应指出，几个主要的西方大国，很长时期坚持敌视新中国的态度，封锁禁运，在中国周围连连挑起战争等等，这种情况促成了新中国某种程度的闭关锁国状态。这自然也是阻碍中西方文化的正常交流，阻碍中西文化问题的深入探讨的重要原因。

我们在经历了一些曲折和挫折之后，特别是十年动乱结束之后，中国人重新睁开眼睛看世界，中西文化的问题再度成为人们日益关注的问题。

70年代后期，当我们刚刚主动地打开大门的时候，首先便发现我们在科学技术方面大大地落后于西方。于是开始积极引进技术设备，派遣学生留学，派干部出国考察、进修等等。不久，发觉许多进口的技术设备并没有充分发挥预期的效益，留学人才也远未能尽其所长，还有许多环节存在问题。于是又注意到管理体制、制度设施方面的问题。而当着手解决这些问题的时候，又逐渐遇到种种有形无形的阻力，发生种种事前未曾预料的情况。这时，人们终于从思想与文化的总体上思考一些问题。近两年来中西文化及文化史研究的课题重新被重视起来，就是一个明证。这几年的思想历程实际是我们的前辈大约用了 80 年所走过的历史行程的简化了的缩影。这是熟悉中国近代史的人所共喻的。

但是很显然，我们是在完全不同的历史条件下重新面对中西文化的问题的。

首先，我们的先辈是在西方殖民主义者的炮火打进中国之后，才开始看到中西文化的问题。他们了解西方，学习西方完全是被动的，是迫不得已的，在相当程度上是不情愿的。因此，他们都或多或少是出于"应急"的考虑而以片面的实用主义的态度对待西方文化。极少有人——几乎可以说没有人——能在平心静气地总结本土文化的基础上去观察、体验、充分认识西方文化的价值。严复一生翻译了许多种最有代表性的西方名著，但他自己却从未做过总结本土文化的工作。因此，一旦看到他所一度相信的西方思想无济实事之后，便回复到旧传统中去了。

其次，我们的前辈所面临的最紧迫的问题是救国的问题。因此他们大多数人最关心的是各种各样的救国的方案。不仅仅是革命家、政治家是如此，甚至许多学者在讨论中西文化问题时，也受到这一点的强烈影响。我在《胡适与中西文化问题》一文中曾指出，关于本位文化建设问题的争论就显示有政治背景在起作用。胡适的不加限制的西化主张是反映了英美派知识分子的政治理想，十教授的本位文化主张则是国民党中相当一部分迷信德、意国家社会主义的人的思想。这种情况同样妨碍对中西文化问题进行深入系统的探讨。

再次，既然那时中国人民受到西方帝国主义的侵略和压迫，燃眉之急是救国，救民族。这就使那时人们的各种斗争，包括文化领域的斗争，都不能不带有强烈的民族主义的色彩。而民族主义总难免要容纳相当一部分保守的成分。这同样决定了人们难以解决好中西文化的问题。

和我们的前辈相比，我们今天的历史条件已大不相同了。

现在，西方文化不是伴着军舰、大炮强行冲进国门，而是我们自己主动打开大门迎它进来。我们是在自信心的基础上自觉地这样做的。因此再不会有，至少是不应有前人那种被迫的，甚至是耻辱的感觉。而且，国家独立的根基已经确立，政治稳定、人民团结，在长期发展的轨道上来处理中西文化的问题，可以有系统研究、从容选择、认真消化的良好条件，理应可以避免从前那种病急乱投医的盲目性。

人们还应该特别注意到一个重大的社会历史条件的变化。在我们这个土地辽阔、人口众多的大一统的国家里，在文化方面，社会的上层与下层一向存在很深的鸿沟。由于近百年的频繁历史运动的结果，特别是经过新中国成立后各种群众运动的结果，——尽管这些运动产生了明显的消极后果——使这个鸿沟大大缩小了。文化的问题不仅是思想和知识水准的问题，尤其重要的是对某种生活方式所取的态度问题。人们不少次地发现，某些博学的人倒很可能是个保守分子，而知识水准不高的小百姓，对一种新生活往往表现出更真挚的热情。

中国人口80%的农民，由于近年富有成效的农村经济改革，已经大批大批地涌入现代化的潮流，中国历史上从来没有见过这么多的下层群众对国家现代化，对于改变自己的生活表现出如此高涨的热情和如此充满信心。尽管在某些方面——比如婚姻家庭、伦理道德等方面还存在不少旧东西，但从总的趋势看，中国人民大众渴望现代化，不排斥任何可以提高和丰富他们生活的新东西，这是一个有极大历史意义的演变。八亿农业人口投入现代化进程，这不仅是中国历史上千载难逢的机遇，恐怕在世界历史上也具有不寻常的意义。

我们就是在这样的历史条件下重新面对中西文化的问题的。

二

如今在"现代化"，在"开放"的喊声中，有些人眼睛紧盯着西方的商标，即使最喜欢标榜国粹并以此表示"爱国"的某些人，也不拒绝享用能使他们的生活增加便利和舒适的西方式的消费品。至于引进西方的技术设备，签订数不清的技术投资合同等等，更是令人眼花缭乱。而出国留学、考察、观光，更是一些人艳羡不已的事情。

对于这些现象，已经有人忧心忡忡了。他们担心这样下去，我国固有的文明传统要丧失殆尽了。

我认为，引起这些人担心的那些现象，并不代表一种自觉的文化观念。因此，据此而发生的忧心忡忡的议论是没有道理的。

不过，我们从这里却可以得到一种启发，就是说，在一种传统文化熏陶下的人，对于另一种文化，并非天悬地绝。在没有人为障碍的情况下，人们并不拒绝去接触、去了解、去品尝异域的文化。向来有一派学者，过于强调中国文化的排他性，认为中国文化有绵延数千年独立发展的传统，很难容纳外来文化的渗入。我认为，任何民族的文化都有自己的传统，而任何传统都多少有排他性。中国文化的传统历史悠久，其本身的负荷又十分庞大而沉重。因此，排他性会表现得更强烈一些，这是可以承认，可以理解的。但决不应把它夸大到不适当的程度。事实上，中国文化本身经历了许多次吸纳改造外来文化的过程，最显著的例子就是佛教文化在中国的独特发展。所以不应把中国文化传统看成是一成不变的东西。应当说，中国文化既有独立发展，自成系统，因而具有排他而自固的传统，同时也有吸纳和改造外来文化的传统。只是近代历史的特殊条件，中国文化的保守自固的传统才表现得特别突出。这一特别现象成了某些学者用以解释各种问题的方便而现成的论据。他们要中国文化对所发生的一切事情负责，好像这是唯一公平的态度。有一个真实的历史故事可以证明我的话。1903年，在反满革命的高潮中，在上海，章太炎和邹容因"苏报案"被拘捕于工部局。清政府为达到镇压革命的目的，千方百计要将章、邹引渡内地，按中国法律制裁。西方列强考虑到在华的特权利益，不肯答应。恰好这时另一位革命志士、自立军起义时的主要领袖之一沈荩在北京被捕，被杖死于刑部。这种野蛮处罚革命者的情形，被外国租界当局抓着为借口，坚决拒绝引渡政治犯。而且在华的外国报纸纷纷就此事猛烈批评清政府。这时，拖着长辫子的中国洋学生出身的学者辜鸿铭出来说话了。他写信给当时在中国非常有影响的一位外国人，《泰晤士报》驻京记者莫里逊。他在信中宣称，西方人士目前如此猛烈地指责中国政府残酷和野蛮，是不公正的。他说，这种指责应当针对中国的文化，而不应针对中国的政府。他认为，发生这种野蛮和残酷对待政治犯的情形是中国文化造成的。显然，我们不能赞成辜鸿铭的态度。即使抛开对革命者的同情不谈，仅就刑法本身看问题，我们也必须承认，虽然中国封建文化传统中确有野蛮不人道的东西，但同时也确有文明的人道主义的传统。有不少有头脑的政治家、学者真诚地提倡轻刑、提倡人道地对待囚犯的主张。因此不能说，中国的法律一向只是残酷和野蛮的；更不能说中国文化只配产生这种残酷野蛮的法律。任何一个经历了长久的发展过程的文化系统，绝不会只有消极的东西，必定有更多积极的东西。问题只是，在某些社会的经济、政治条件下，传统文化中积极的东西会充分活跃起来，而在另一种社会的经济、政治条件下，这些积极的东西会遭到扼抑，而消极的东西反会膨胀起来。这样的情况，我们在任何民族的历史上都可看到。这并不是什么异常的不可理解的事情。辜鸿铭要整个的中国文化，对某一个统治集团的所做所为负完全的责任，仿佛中国民族的文化只配造就这样一个政府，只配让这个政府做出那些残酷野蛮的事情，这才真正叫做不公平。

我的意思是说，我们中国的文化，同世界上任何一个大的文化体系一样，既有它开放的一面，也有它保守的一面；既有它积极进取的一面，也有它消极落后的一面。所以，在文化传统的问题上，决不应有盲目性。片面夸大民族文化的优秀传统，会鼓励盲目排外的夸大狂；相反的，片面夸大民族文化的消极面，会降低民族自信心，还会不自觉地宽免了人们理应担负的历史责任。

现在让我们回到本节开头的话题上来。我说，那种对西方技术产品的迷信，对出国机会的艳羡等等并不代表一种自觉的文化观念，而只是对异域文化的一种极表浅的反映，是由于多年关闭之后，对异域文化充满好奇感的反映。在这种反映方式下，我们确曾看到了某些在西方文化中并非积极的东西或并非上等的东西也被引到中国来了。这大约是产生那些忧心忡忡的议论的直接原因。

我以为这是不值得大惊小怪的。

人们都会说，我们学习外国，只应学它好的东西，对我们有用的东西，而不应学它不好的，于我们无用的东西。谁能说这话不对呢？但是，两种文化交流，断不会像跑一趟商场去买一双鞋子那样容易，何况，即使买鞋子，也不见得每次都十分合意。

实际上，认清异域文化中哪些是好的，于我们有益的东西，哪些是不好的，于我们无益的东西，这本身便是一件相当繁杂的工作，需要非常耐心地观摩、考察、分析、研究的过程。谁也不能担保，自己一下子就能认准，毫无差错。我们当作好的有用的东西引进来的，最后很可能被证明是不好的，对我们无用的东西。这种事，历史上还少吗？

但困难还不止于此，世界上的事物，都是具体的，不是抽象的。好的、坏的，是从具体事物中抽象出来的价值判断。事实上，纯粹好的东西和纯粹坏的东西并不多见。往往是一个事物可能从主要方面看是好的，但同时包含着一些不好的方面；或者，从这个意义上说是好的，在另一个意义上说却是不好的。如果我们严格地只要纯粹好的东西，最后很可能什么也得不到。举例说，黑格尔是对辩证法思想有卓越贡献的唯心主义哲学家。他的辩证法思想，无疑是可以借鉴和学习的。这一点，大概最顽固的教条主义者也不敢反对，因为马克思、恩格斯多次明确地讲过这一点。可是，如果要求把黑格尔的辩证法不带一点唯心主义杂质地绝对纯净地介绍给中国人，这恐怕全能的上帝也办不到。唯一可行的办法只能是将黑格尔的著作原原本本地翻译过来，让中国的哲学家去冷静地研究、辨析，剥掉其唯心主义的杂质，吸收其辩证法的合理内核。在这个过程中，自己的辨析能力和哲学素质也就提高了。

吸收异域的文化，很像进食一样。人吃东西只吸收其对身体有益的营养，但谁也不能只吃纯营养的东西。总难免要吃些杂质，通过咀嚼和胃肠运动，将营养和杂质分离，吸收其营养、排除其杂质。如果只许吃纯净的营养，不许吃一点杂质，那就像夏洛克的不许带一滴血的一磅肉一样，无法得到。我们吸收异域的文化也是这样。我们的目的当然是为了吸收于我们有益的好东西。但纯净的好东西是难得有的，只好连带一些杂质引进来，经过我们自己的分析研究功夫和实地试验，最后使好东西为我们所用，不好的东西加以淘汰。在这个过程中，我们对异域文化的分析辨别，消化吸收的能力也就得到增强，我们民族文化的生机也就会更加活跃。

把吸收异域文化比作进食的过程，还可以启发我们思考更进一层的道理。人人都知道，吃着相同的食物长大的孩子，不可能长得完全一样，因为各个孩子本来是不一样的。文化交流所表现的规律也一样，尽管我们借鉴了外国的东西，但这种东西既经为中国人所用，它就同它在母国的表现形式不一样了。同样的，两个国家从同一个第三国引进同样的东西，其结果在这两个国家绝不会以完全相同的方法，相同的形式再生出来。正因为这个道理，所以在对待异域文化的态度上，我们既反对盲目排斥，也反对盲目照搬。应当强调在吸收异域文化时，必须使之民族化，必须加一番创造的功夫。

从前有一位学者在讨论中西文化问题时说，中国文化传统太独特了，西方的东西不可能照原样移植中国。西方搞德谟克拉西，则中国可以搞德谟克拉东。这多少像是一句笑话，但其中却包含有几分道理。如果我们把德谟克拉（Democra 一）当作语根，看作民主制的精义所在，而把词尾"西"（一cy）或"东"当作不同条件下民主制的适当表现形式，那么，这句话就是很可以接受的了。民主制在各个不同的民族国家里应当有不同的表现形式，但无论表现形式如何不同，民主制的精义不能丧失。

其他事物也一样，任何值得学习和借鉴的东西，只要我们真正下了功夫学习、研究，并反复实践，那么，最终一定会与本土文化系统相结合，取得本土人民喜闻乐见的表现形式。那些动不动就悲天悯人地叫喊"中国人要被'西化'了"，"中国文化传统要失掉了"等等论调的人，都是浅见无识，既不懂西方文化，也不懂中国文化的人。

三

我们已经看到，由于生活本身的需要，在没有人为和外部强制的情况下，人们不会长久地拒绝接受那些来自外国而又能够改善他们的生存条件的东西。就是说，需要某种新的文化，通常并非一定要学者特别加以鼓吹。学者的责任主要是帮助人们减少盲目性，减少失误。在我们这个广土众民的国家里，由于广大人民群众极少有与异域文化直接接触的机会，所以学者、专家的帮助就更显得重要。文化的问题都牵涉着价值观念，最容易掺入各种感情的因素。因此在对待异域文化的态度上，人们往往被主观愿望或各种情欲所蔽，而不能作出冷静的分析和客观的判断。同一般人比较，真正有训练的学者、专家比较能够避免感情因素的干扰，对事物冷静地观察、分析，作出比较客观的判断。这就是学者、专家的工作应当特别受到重视的理由。

但是，我认为，学者、专家最重要的工作是要通过历史经验的总结，帮助人确立一种比较自觉的、健全的中西文化观。

　　自从中西文化的冲突发生以来，曾经出现过各种各样的中西文化观。有所谓"全盘西化论"，有从"中学为体、西学为用"一直到"本位文化建设"的各种色调的折中论，也有所谓"国粹主义"。这些主张都已成了历史的名词，都不足为今日的中国人所尊信。正确的中西文化观只有在正确总结本土文化和正确总结一百多年来中西文化关系的历史的基础上才能确立起来。

　　总结本土文化绝非易事。俗话说，当局者迷。我们生长在本民族文化的氛围中，不容易看清这个文化的本来面貌。按哲学的说法，要认识一个事物，就要把这个事物对象化。就是要把这个事物看成是完全独立于我们之外的客观的对象，然后才有可能比较清楚地认识它。我们怎样把我们自己处身其中的本土文化对象化呢？实在是困难得很。从此可知，只有能够多少超脱本土文化的局限，对异域文化有所了解的人，或者说，只有具有世界眼光的人，才有可能对本土文化有比较清楚的认识。中国古代学者之所以不能摆脱孔孟的窠臼，不能对古代文化作出批判性的总结，除了其他原因之外，他们缺乏异域文化的知识，没有世界的眼光，是一个重要的原因。由此我们又可以知道，当中国人刚刚接触一点点西方文化的时候，出现杨光先和倭仁等辈的那种狭隘鄙陋的见解是不足为怪的。

　　对本土文化做批判性的总结，是资产阶级学者首先提出来的。他们做了一部分有益的工作，但不幸被打断了。过去，在"左"倾教条主义猖獗的时候，不加分析地把前代学者对本土文化的批判性总结一概目为"民族虚无主义"，是极端错误的。其结果是造成封建顽固派的理论得到某种程度的复活，以至于到今天，我们还须做一些重复前人的工作。

　　我们先要说明，今天所要总结的传统文化，指的是秦汉大一统以来持续了两千余年的封建时代的传统文化。这其中自然也包括先秦时代的某些东西，但只要不怀偏见，总会承认，春秋战国时代的文化精神是同后来有很大不同的。既然我们说的传统文化是指封建时代的文化，那么，我们自然应该用批判的态度来对待它。而且不言自明，这个传统文化自从清末封建专制制度逐步解体以来，已经经历数次较大的震动和变化，它已不完全是原来的样子了。我们今天之所以还要批判地总结这个传统文化的问题，是因为前人没有完成这个任务。况且，由于中国特殊的历史条件，这个封建的传统文化至今还有其消极的影响。

我们总结传统文化的目的是为了提高自觉性，减少盲目性，是为了弄清自己进步的起点。所以，越是实事求是，越是勇于看到自己的不足，才越能够保持清醒的头脑，才越能够明确努力的方向。近一百多年来，一切先进的中国人，都是批判旧传统的。他们没有被"离经叛道"、"崇洋媚外"之类的咒骂吓倒，坚持批判的精神，揭示传统文化的种种弊病（当然，他们的批判并非总是正确无误），他们每一次集中地批判旧传统，都为民族的进步争得一次较大的机会。戊戌辛亥时期是这样，五四运动时期尤其是这样。假如没有清末以来先进分子对旧传统的怀疑与批判，就不会有戊戌维新与辛亥革命，就不会有五四新文化运动，从而也就不会有马克思主义在中国的传播，也就不会有中国革命的胜利。今天，国家现代化的事业是一场比以往任何革命都更加深刻的革命。因此，传统所经受的冲击、震动以及行将发生的变故，必然要比历史上任何转变时期更大更深刻些。在这个时候，进一步批判地总结传统文化是十分必要的。我们已经取得了很大进步，我们有理由要求今天的学者在批判地总结旧传统时能够达到较高水准。但是，正如前面已经说过的，正确认识传统文化是十分困难的任务，不是一下子就可以认识全面而正确、毫无差错。我们需要的是积极的探索，而不是先知的预言；是冷静的研究功夫，而不是激烈的道德义愤。

前代学者在总结本土文化时，首先谋求描述出中国传统文化的特征。但他们往往只抓着一些外在的特征，做些抽象而笼统的论述。这自然是不能令人满意的。我们最应关注的是，在现代化的挑战面前，传统文化中有哪些东西已不能适应？我们应当怎样加以调整和改造？

比如说，"天人合一"是大家比较一致承认为中国人——至少是士大夫阶层——的传统观念。此一观念，其基本意义是要人依靠内心修养的功夫，达到人道与天道合一的境界。本来，人的主体意识的发展，就是基于把自己同自然界区别开来，并把自然界作为自己的对象。"天人合一"观念排斥了把自然界对象化的途径，因此妨碍了人对自然界的积极探索，妨碍了自然科学的发展。这种观念显然是不能适应现代世界的。正因为如此，中西文化冲突以来，最先遭到打击的就是这种观念。在靠天吃饭的单纯小农经济基础上，中国人在这种观念下，平安度过了两千年。我们没有必要说这个观念压根儿就是坏的。甚至如果把"天人合一"观念加以引申，把它理解为在认识自然和改造自然的过程中，使人与自然相统一，那么，在现代也还有可取的一面。但必须指出，中国古代儒家学者的"天人合一"观念，本身完全是个唯心主义的命题，并没有人与物质自然界相统一的含义。在天人合一的命题下，物质自然界实际被摒开了。所以，上述引申的意义，实际上是对古代思想观念的一种改造。人与自然的和谐不是消极地静止地实现的，是在人不断增加对自然的认识，在更深更广的程度上利用自然以丰富和提高自己的生活的基础上实现的。所以，它同古代的"天人合一"观念完全不能同日而语。

自从第一次世界大战的大灾难发生以后，东西方都出现一批学者，他们认为是人类认识和改造自然的智慧造成了灾难，因此企图否定科学与工业以及与之相应的一切社会进步的价值。当时有一位学者出来，联络世界上最知名的一批学者分头撰写文章，从各个角度批判这种论调。这些文章汇成一本书叫做《人类的前程》，这是那个时代人类健全的理智的有力的声音。现在似乎又隐隐有一股思潮，企图抑制人类认识和改造自然的进取精神。我认为这是一种病态心理。人类不应以消极的态度来寻求精神的平衡。人类既然有能力使自然为自己的福利服务，当然也就有能力克服因改变自然所产生的新矛盾。（事实正是如此，最早提出环境保护观念的恰是那些工业发达的国家，而不是发展中的国家。而保护环境的能力，必然同改造环境的能力成正比。）那种把某些人为的祸患归咎于人类文明的进步，从而要求拉向后退的理论是绝对不能接受的。人类始终应当问自己：我们的创造力发挥得够吗？都发挥到有益的方向了吗？对于我们中国人来说，我们应该更加勇猛地探索自然，改造自然，用更高的智慧，更大的生产力去创造更高水准的人与自然的和谐。如果我们也跟着某些西方人喊"停止对大自然的征服"，重温"天人合一"的美梦，那岂不是有点像狐狸吃不到葡萄而声称葡萄太酸吗？

我们的先哲在"天人合一"的观念支配下，认为物质自然界是无需花费心力的问题。于是便把自己的聪明才智都转向了人际关系的事物上去，发展出了一大套异常繁琐的伦理规范。人生在世，被层层伦理之网所包围，他所面对的不是一个一个同他平等的个人，而是一组一组的人伦关系。他对待别人的态度都是按先人的教条早已规定好了的。所以，尽管在这上面花去了先哲大量的聪明智慧，却未曾发展出近代社会科学来。人们在无比繁琐的伦理规范之下，精神受到层层束缚，遂迫使人们养成内倾的心理特点。这种内倾心理也并非绝对的坏。人，回向本心，认取价值，在正常情况下，它是塑造崇高的精神品质的必要功夫。中国历史上许多很杰出的思想家、政治家，在内心修养上都曾毫不含糊地下过功夫。但是，在某些情况下，这种内心修养或者只是逃避现实的一种途径，或者完全流于虚伪。平心而论，这一特点最主要的消极作用是妨碍人变革现实的努力。因此，它同样是不完全适应现代化发展的需要的。现代化需要人有开放性的心态，只有在这种心态下，才能胸怀开阔，高瞻远瞩，才能勇于实践，奋发有为。

既然"天人合一"观念所造成的心态，妨碍了人对自然界的探索，妨碍了自然科学的发展；既然内倾心理，或者说内倾的心态妨碍了人对社会关系的认识，妨碍了社会科学的发展；那么，其结果必然会影响到社会的进步。我们知道，在人类文明与社会进步的过程中，自然科学是发生革命性影响的一个重要因素。自然科学的进步，可以不断改进人的思想方法，改进人的各种工具，从而提高人认识和改造世界的能力。而自然科学的某些成果，往往直接改变人的世界观，从而推动社会进步。太阳中心说的历史作用是人所熟悉的例子。著名科学史家萨顿在《科学与传统》一文里，抱怨人们在讲到对人类历史有重要推动作用的法国大革命时，过于夸大了伏尔泰及百科全书派的作用，而忽略了科学家的作用。他的抱怨不是没有道理的。不过，我不赞成为了指出科学家的作用而反过来压低伏尔泰及百科全书派的重大作用。至于内倾心态，则使人的认知能力在另一个重要领域——社会生活实践中受到又一重压挤，进步思想不易产生；产生了也不易立足，不易发展。社会进步又失去了一种契机。

"天人合一"是个精神修养问题，内倾心态更是个精神修养问题。而精神修养是个进德进善的过程。这个过程的产物是个庞大的、多层次的、复杂的价值观念体系。本来价值观念应是认知活动的结果；依存于认知活动。然而，价值观念既然主要是通过精神修养体认得来，它便带有"超绝"的色彩。它基本上不接受或很难接受认知活动的修正与调整。这样就窒息了新的价值观念代替旧的价值观念的机运，遂使价值观念成了历久不变的教条，带有绝对化的性质。它反过来干预、限制甚至阻碍认知活动的自由伸展。一旦人的认识稍稍触犯固有的价值观念，绝少有人敢于坚持下来。从董仲舒提出"天不变，道亦不变"，到戊戌时期守旧派所说的"纲常实千古不易"，是一脉相承的价值观念绝对化的心态。因此，历史上偶有见识超群的人提出改革的主张，总是很快被卫道者所摧垮。这种教条化与绝对化的价值观念，使人有不得不服从之感。它长久地压抑人的认知活动的积极性与主动性。同时，它凌驾于人的权威性还造成另一种心态，即一事当前，人们往往不肯花功夫仔细观察研究，而是力求尽快地使其与固有价值观念"合模"，即先用价值尺度去衡量它，合则取之，不合则弃之。这样，其取舍便不是建立在充分认知的基础上，由此造成人们拥护某种东西或反对某种东西常常带有很大的盲目性，常常出现"起哄"的现象。这就便利了某些野心家伪造民意，专己自恣，欺世盗名。

　　既然精神修养在人的意识中占了主导地位，遂使人的思维模式也受到严重的影响。精神修养主要靠内心体认，靠感悟，不注重观察、实验和逻辑推理。感悟自然也有认知功能，但终不如基于实践基础上的由感觉到理性，由个别到一般的辩证思维。这种思维模式，造成了重要的后果，即下层小百姓本能地倾向于经验主义，做人做事，一循前人法式，父子相传，师徒相授，历久如此，很少变更。读书人则本能地倾向于教条主义，恪遵圣贤遗教，奉之为大经大法，不敢稍有逾越。他们皓首穷经，无非于传注中求义理，绝少敢于独抒己见，另辟蹊径。这样，产生于社会下层的经验、技艺难得上升到科学理论；指南针的发明，被广泛用为风水迷信的工具，火药的发明，更多被用于制爆竹去增加迎神喜庆的热闹。而读书人的义理之学则成了无源之水，无本之木，缺乏经验事实的依据与生活实践的检验。比附类推，不是废话连篇，就是谬解奇出。其结果，实验科学不易诞生，理论思维也不易发展，而且还造成更严重的后果，即社会下层文化与上层文化的鸿沟太深，窒息了民族生机的活跃。

　　一方面经验主义流行，一方面又是教条主义猖獗。而经验主义又总是难免成为教条主义的俘虏。因为教条主义最易缘附传统价值观念以助其淫威。所以在中国文化史上，教条主义实具有最大的危害性。

宋儒提出"格物致知"的命题，初看来，似乎可能有产生新思想、新观念、新价值的重大机会。然而实际上，他们的"格物"从不曾去格那独立于人的外在世界，而是"近取诸身"，仍不出"读书穷理"、"尚论古人"与"待人接物"的范围。所以仍脱不出先圣所定的"天下之理"。清代考据学者，按其治学方法的实质说来，确很接近于科学。但他们目注心营的仍只是几本经书，而未尝把聪明才智移向广大的外部世界。所以除了几部古书的校勘、训诂与考辨之外，仍未能建立起崭新的价值观念。中国思想史，中国文化史两千年中始终没有摆脱古圣先贤的价值观念的藩篱，竟一直未能琢磨出一个自觉的认识外部世界的科学的方法论，这是最大的不幸。

欧洲也曾经历过千年黑暗的中世纪，在那个黑暗世纪里，其知识分子大多数也都受宗教教条的束缚，以亚里士多德的演绎推理为唯一的思维模式。但到16、17世纪，便已孕育出新的方法论，大胆破除前人的藩篱，凭借切身的经验活动，凭借自己的理性，去独立认识那展现在面前的广大世界。我们看培根的《新工具》，笛卡儿的《方法谈》，真如解冻的春风，融化了宗教教条的冰层。冰消雪化之后，绿树香花，布满大地。他们的思想方法为欧洲人开辟了一个崭新的世界。而与他们差不多同时的中国学者，使尽浑身解数，不过整治几本古书，正如孙悟空的筋头云仍不能脱如来佛的掌心一样，他们仍在古圣先贤的遗籍里折跟头，仍未摆脱古人的价值观念的束缚。直到近代，因受西学的冲击，这种局面才渐有改变。然而余威未灭，阴魂不散。

在这里，我想声明一句，中国人的价值观念绝对化倾向，似亦未可全盘否定。世界各民族的文化史上都有这样的情况：即古代先哲所提出的某些伟大的理想，至今仍值得他们的子孙继续为之奋斗。例如中国古人的大同理想，西方古代的理想国，人们坚持这些信条，度过许多黑暗和灾患频仍的年代。一个民族，一个经历许多伟大变迁的民族，总是有所守，有所变，才有今天。而所守的，就包括古圣先贤所辛勤创立的某些经得起磨折的价值观念。我想做了这样的声明，我们的态度才显得更公允。

　　我这里不打算深入系统地讨论中国文化的特点（我将在另一篇文章里略为详细地加以讨论）。我觉得人们应当注意到，上面谈及的问题，就其对现代化的关系而言，情况是很不一样的。似乎没有多少根据认为，"天人合一"的观念今天仍然是妨碍我们进步的主要障碍。同样的，我觉得也没有多少理由可以说内倾的心理特点今天仍是严重阻碍我们进步的东西。但由此而产生的价值观念绝对化的倾向，却远不是一下子即可消除的。因此教条主义也就仍有大肆猖獗的机会。在近现代史上，尤其在当代，教条主义给中国人带来的灾难实在太深太重了。现在每一个成年的中国人，对教条主义的祸害都有切身的感受。然而教条主义的最大罪恶还不是造成身体上和精神上的痛苦，而是由于它的作祟，中国人失掉了许多变革和发展的大好机会，从而阻碍了中国进步，阻碍了社会主义现代化进行。简言之，它使中国历史拖后了许多年。最近数年来我们所取得的成绩、进步，都是和清算"左"倾教条主义分不开的。

　　教条主义在中国源远流长，有深厚的文化根基，还有现实的土壤。所以严防教条主义为患作祟，仍须我们极大的警惕。

四

　　研究中西文化的问题，最浅近的目的是要加强文化交流，取人之长，补己之短。可是，讲本土文化的短处，与讲西方文化的长处，在相当一部分人的心理上是很不情愿的。人们习惯于闭塞状态下的生活，听惯了某些片面的宣传，对于异域的东西总不免持某种怀疑的态度。解决这个问题没有别的办法，只有在中西方文化广泛深入的交流过程中，逐渐开启茅塞，扩大眼界，提高认识。必须明白，民族自信心决不是靠关起门来自吹自擂能够培养起来的。只有在参与整个世界规模的文化交流与竞争，经历考验，弃旧添新，长足进步，为人类多做贡献，这才是加强民族自信心的可靠途径。我们应当相信，在这种世界规模的文化交流与竞争当中，凡是我们民族确有的长处，决不会丧失，只会发扬光大；而那些一经与异域文化接触就如泥菩萨过河一样的东西，断然不是民族文化中值得珍惜的东西。我们所失掉的，只会是那些封建时代遗留下来的各种赘疣，而我们所得到的，将是更加旺盛的民族生命力。没有这样的眼光和胸怀，那只有退回到闭关自守的封建时代去，根本不配生存于现代世界。

当然，我们不赞成任何民族虚无主义与民族自卑观念。前代学者在辩论中西文化的问题时，有时流露出这种倾向，是应当批评的。但也要看到，那时保守反动的势力还相当强大，他们的某些过当之论也是有所激而发，是可以理解的。在今天，任何民族虚无主义与民族自卑观念都是毫无道理的。

我们的目标是在这种世界规模的文化交流与竞争之中，以海纳百川的精神，尽量吸收别人的长处，提高本民族的创造力。但我们用什么达到这个目的呢？或者说，我们学习异域的文化，应从何处下手，向何处用力呢？

把别人有而我们自己没有的现成东西引进来，这是谁都能做的，这是最低级形态的交流。我们的目标既是提高本民族的创造力，我们的注意力就不应仅仅放在这上面。据历史记载，俾斯麦曾对清政府派遣赴欧考察的官员说："日本人来这里最注意了解教育与科技；而你们来这里最喜欢看克鲁伯炮厂。"（大意如此）我想，清末的"洋务"、"新政"之所以失败，除了其他重要的原因之外，当时的人对中西文化问题没有一种比较正确的态度也是一个重要的原因。这个历史的经验与教训也值得我们注意。在世界上做任何事情最重要的是两条：一是材料，二是方法。研究一下科学史就可知道，一切科学的发展和进步，总是循着两条脉络行进：一是材料的范围愈加扩大；一是研究的方法更加精密。推而广之，整个人类文化的进步与发展也是如此。即一方面是人类所利用的自然资源的种类与范围日益推广和扩大；一方面是利用这些资源以为人类谋福利的方法越来越精密。物质文化、精神文化都是如此。懂得这个道理，我们就能认定，学习异域文化的长处，应当着意于推广材料的范围和提高方法的精密性。新材料与新资源还比较容易引起人的注意，更重要的是运用这些新材料与新资源的方法。方法有各种层次。比如，就整个社会的发展进步而言，发展教育与科学是最重要的方法。但教育与科学本身又各有其方法。各类教育有各类教育的方法，各门科学又有各门科学的方法。在生产工艺领域，其方法更加繁密。但我想指出，在各种方法中有一种最具普遍意义的方法，那就是哲学的方法。历史上有充分的证据可以证明，哲学方法的变革，每一次都引起了科学的重大进步。科学又推动了社会生产的发展，带来整个文明的进步。所以，哲学至今仍然是最令人神往和最令人起敬的一门学问。诚然，总有一部分科学家对哲学表示不以为然，甚至是有几分鄙夷的态度。但是历史的教训是，凡是鄙视哲学的科学家，往往都要受到哲学的惩罚。即每当他们稍稍涉足于他们自己学科狭窄范围之外时，就陷于很可笑的境地。这种情况，恩格斯和列宁都曾多次提到。我认为这种教训具有普遍性意义。我甚至想冒昧地说一句，在中国科学界，重温一下这种教训，还是有现实意义的。

五四运动以后，中国人找到了马克思主义，中国革命随即逐步走上正确道路，并终于取得胜利。马克思主义是完整的世界观。我们学会了用马克思主义夺取革命的胜利，然而还不曾学会，至少是不曾完全学会用马克思主义去夺取社会主义建设的胜利。我们需要重新学习马克思主义。一种伟大的学说，其生命力就在于它能够不断吸收和容纳新东西。如果我们不打算做教条主义者，不打算被抛在历史的后头，我们就必须永远保持清醒的头脑，随时注意吸取世界上任何有价值的思想成果，随时注意研究和解决新问题。我们应当在社会主义现代化的事业中丰富和发展马克思主义，又用活生生的马克思主义推动社会主义现代事业顺利进行。

五

我说过，在中西文化的问题上，我们的根本目标是活跃本土文化的生机，提高民族的创造力。中国人的聪明才智不亚于世界任何民族（无论从人类学的角度看，还是从历史文化积累上看，都是如此），美国著名专栏作家艾尔索普讲过一句名言，他说："中国人只要得到一半的机会，就会创造出伟大的奇迹。"这句话可能多少有些恭维的意思。我们可以换一个非常公允的说法，比如可以这样说："中国人如果得到同等的机会，就会创造出不亚于任何民族的伟大奇迹。"

由于人人知道的近代特殊的历史条件，造成中国人极其悲惨的命运。激烈的中西文化冲突在中国人心里留下了不愉快的记忆，致使中西文化的问题成了容易牵动民族感情的问题。这是一种不正常的情况。中国革命胜利以后，这种情况理应改变。可惜由于国内外历史条件的凑合，这个问题仍没有得到很好的解决。现在是该着手解决的时候了。

文化落后是历史条件造成的，并非可耻之事。人类史上迄今还没有哪个民族是始终走在最前列的，各个民族都有自己光荣的时期，也度过一些倒霉的年代。中国文化曾长期处于世界的前列，只是近三百年来落后了。自知落后，发愤为雄，仍不失为一个伟大的民族。但如果不敢面对落后的事实，却关起门来在落后之中自我陶醉，那就未免是愚蠢且有些可耻了。因此，我们坚决反对任何国粹主义思想的复活，坚定地继续沿着一百年来先进的中国人所走的道路，振兴民族精神，学习一切先进的东西，力争尽快地走入世界前列。

当19世纪中期，西方列强用军舰、大炮打开中国的大门的时候，中国社会的发展水准差不多要比西方主要资本主义国家落后两百年左右。经过一百多年一切先进的中国人的奋斗，现在我们同发达国家的差距不过三五十年。而这一百多年中，内忧外患，天灾人祸几乎接连不断。有理由设想，如果不发生意外的情况，中国人民再团结奋斗几十年，我们一定能跃居世界的前列。到那时，中西文化的问题就根本不同往昔了。正是着眼于此，我认为，今日的中西文化问题，其主要意义不在于——至少是不仅仅在于——如何学习西方文化的长处，改变自己落后面貌的问题。如果把眼界与思想局限于此，那么，很可能将来某个时候，人们又回到"天朝上国"的观念中去自我陶醉，使我们重新经历一个闭塞落后的时期。我们不应重犯历史的错误。在今天，讨论中西文化的问题，最根本的，应着眼于确立一种全民族的健全的文化心态。这种心态，简括地说应当是：用开放的眼光，积极的态度，加入世界规模的文化交流与竞争之中，充分活跃本土文化的生机，大力吸收世界上一切先进的东西，提高民族的创造力，为人类作出更大的贡献。

活跃本土文化的生机，提高民族的创造力，当然只有在开放的条件下才能实现。关起门来是不行的，一潭死水不能使生命活跃。这个道理是不难懂得的。但开放只是一个条件，只有这个条件还不足以达到活跃生机的目的。我们还必须从内部实行一系列的改革，使社会的结构，包括经济结构、政治结构、教育结构都更加合理化；克服官僚主义、教条主义的毒害；打破种种束缚人的创造精神的枷锁；大力提倡实事求是的科学态度，鼓励人们独立思考、大胆创造：不为前人所蔽，不为成见所蔽；让人民中久已蕴藏着的无比巨大的创造力尽量充分地发挥出来。

20 世纪初，梁任公先生曾喊道："我有耳目，我物我格，我有心思，我理我穷。高高山顶立，深深海底行。其于古人也，吾时而友之，时而师之，时而敌之，无容心焉。"（《新民说·论自由》）又喊道："生今日灿烂之世界，罗列中外古今之学术，坐于堂上而判其曲直，可者取之，否者弃之。斯宁非丈夫第一快意事耶！"（《保教非所以尊孔论》）这是一种开创新世界的精神。这种精神，在前人是可欲而不可达。今天的中国人，目光向着 21 世纪，应能迈越前贤，大智大勇，在同世界各民族比肩并进的过程中，创造出更加光辉灿烂的中华民族的新文化。

（此文写于 1985 年，1986 年 1 月提交上海"第一次中国文化国际研讨会"，会后收入《中国传统文化的再估计》（上海人民出版社 1987 年版）一书中）

儒学遗产与中国现代化

一

　　儒学在中国传统文化中占据重要地位。在中西文化冲突的背景下追求现代化的中国人，因屡受挫折而感到困扰：在中国国家现代化的进程中，儒学到底扮演怎样的角色？这个问题早在清末就提出来了。张之洞发表《劝学篇》，针对康梁及其追随者动摇了儒学正统的权威而发出警告。民国以后，这种争论一直不曾休止，五四时期，曾达到白热化的程度。陈独秀、胡适等人认为，儒学不适宜现代生活，任何尊儒或复活儒学权威的企图都被他们看作是开倒车。相反，一部分坚守儒学立场的人，则指责陈、胡叛离中国传统，走上了邪路。梁漱溟就是提出这种指责的一个人。[①] 30年代读经与反读经之争，本位文化与全盘西化之争，是这一争论的继续。尤令我们感兴趣的是，这个争论直到今天，仍为中国学者们所关注。当大陆思想界为"左"倾教条主义所笼罩，尊儒的言论无法公开发表的时候，一部分台、港和海外学者却以很高的热情宣扬复兴儒学的主张。而当大陆上"左"倾教条主义的统治结束之后，尊儒的思想也有骎骎抬头之势，去年在山东曲阜举行的儒学讨论会就有所反映。

　　张君劢先生可说是中国现代尊儒思想的代表人物。他从 20 年代起，一直坚守这一立场不变，晚年发表过一系列言论著作，阐述他的一贯立场。1958 年，他与唐君毅、牟宗三、徐复观联名发表《为中国文化敬告

---

　　① 见梁漱溟《合理的人生态度》，《漱溟卅前文录》。

世界人士宣言》；1960 年前后，写成《新儒家思想史》①；都强烈表现出复兴儒家思想的热忱。1965 年，张先生在韩国高丽大学举行的"亚洲现代化问题国际学术讨论会"上所作的报告，更明确提出"复兴儒家哲学是现代化的途径"②。这类极端尊儒崇儒的思想，在中国学者中间，一直遇到强有力的批评。我也是对此持批评态度的一个人。1986 年在上海举行的中国文化国际讨论会上，我提交的论文《今日的中西文化问题》，强调反对恪守传统的教条主义，主要是指儒家教条。今年 3 月 21 日，我在《人民日报》学术版发表《近代文化与儒学》一文，更明确地反对复兴儒学的主张。我提出，对儒学遗产，亦如对其他古代文化遗产一样，应当研究整理，但不应当作神圣教条加以崇拜，尤不应把现代化纳入儒学复兴的轨道。

另有一种看法，认为儒学是中国现代化的主要障碍，只有彻底肃清儒学的影响才能实现现代化。我认为，这同指望靠复兴儒学实现现代化的想法一样，都是规避现实问题的艰苦探索，把现实问题幻化成古人的问题，减轻自己的责任。而且，也似乎太高估了儒学在现实生活中的作用，太不了解一种思想学说在社会运作过程中发生作用的实际机制。

关于现代化，人们有种种说法，颇不易给出一个一目了然的定义。我们或可尝试指明，现代化是这样一个发展过程，这个过程对于中国来说，主要包含这样两个方面：一是使国家、民族尽量地摆脱中世纪传统的羁绊，全体人民能够创造和享有基于现代物质条件和精神条件之上的新的生活方式。二是使国家和民族积极参与世界现代发展进程。就第一个方面说，现代化将经历一个大转变的历史时期，传统文化必须经受这个大转变的考验，相当一部分将被淘汰，相当一部分将不得不改变自己以求适应新的条件。作为传统文化的重要部分的儒学，也不可能逃避这种命运。就第二个方面说，传统文化作为本土文化，必将经受各种外来文化的挑战，并在世界规模的竞争、交流与互相琢磨的过程中谋求自我更新。近年较为人

---

① 张君劢的女儿张敦华为此书写的《再版记》说此书上册完成于 1957 年，下册出版于 1963 年。而作者自写的《再序》则是写于 1960 年。

② 此文载于台北牧童出版社出版的《中国哲学思想论集》之《现代篇》第二册。

所熟知的改革与开放的说法，可以认为是对现代化过程的比较简明的概括。

人们只有对现代化的过程有比较清楚的认识，才可能对儒学与现代化的关系建立比较正确的了解。

二

如果我上面所述对现代化的理解不太谬误的话，那么，就让我们分析一下，儒学遗产在这个过程中会发生怎样的情况。

我在《近代文化与儒学》一文中，把儒学遗产概括为四个方面：一是得君行道的仁政学说，二是家族本位的伦理学说，三是士大夫的心性修养学说，四是知识论与教育学说。

仁政学说是同君主专制制度紧密相联系的，是为专制君主说法的。不少人把孔孟重民思想或民本主义看成是民主思想，这是极大的误解。君主的重民，与民主的重民根本不同。君主重民是基于害怕民众暴动，推翻自己的权力。民主的重民是人民自觉到自己的权利而自重。在民主政制之下，一切制度、法律设施，其根本宗旨都在防制执政者专权，侵害人民的权利。君主专制之下，一切制度、法律设施，其根本用意都在防制人民"犯上作乱"。两者性质决然不同，把孔孟仁政学说中的重民思想比附为民主思想是原则性错误。我们顶多可以说，在由中世纪向近代最初的转变开始的时候，古代的重民思想可以被人们改造利用，作为思想过度的一个环节。例如清末梁启超等人就曾利用先儒的重民思想来批判专制主义，这在当时有一定启蒙作用。但如果到今天，还以孔孟的重民思想冒充民主思想来宣扬，那不但没有什么启蒙作用，而且只能认为是一种愚民之技了。它可能使人满足于偶尔被重视一下，而忘记了争取和保卫自己的权力。因此，我认为儒家的仁政学说对当前中国的现代化进程是不会有什么帮助的。它仅仅是一种历史遗产而已。

以家族为本位的儒家伦理学说是同家天下的君主制度联系在一起的。它强调"臣事君以忠"，"子事父以孝"，且常以"忠孝"并举。甚至认为"孝"具有更根本的意义，谓"孝"是"仁之本"（《论语·学而》）。

"悌"是以弟事兄的规范。"孝悌"，归根结底是要求人们尊敬和服从亲长。所以，它与忠君有紧密的内在联系。后世统治者常标举"以孝治天下"就是这个道理。人能孝悌，就不会犯上作乱，人不犯上作乱，君主权力便得以巩固。

男女有别，是儒家伦理另一个重要节目，它包含三种意义：一是男女授受不亲，严男女之大防；二是男尊女卑；三是男女严格分工，男治外，女治内。显然，男女有别，男尊女卑的观念具有维系君父血统纯正的作用。儒家伦理中还有朋友一伦，列为五伦之末。①

儒家伦理是基于以家庭为单位的自给自足的农业经济基础之上的宗法制度，现代化的大生产将无情地毁坏这个基础。家庭的结构与功能亦随之发生重大变化，相应的，道德观念亦必定随之变化。在这种情形下，或是放弃儒家教条，顺应时代，建构新的伦理观念；或是拘守旧贯，不惜与新的时代逆搏，结果便会造成畸形的道德破损。有识之士不能不严肃地对待这个问题。

家族本位的儒家伦理还有其根本的缺陷，即缺少现代社会的公德观念。作为一个现代人，作为国家的公民和社会的成员应有的权利和义务，远较他在家庭四壁之内的权利义务具有更为重大的意义。在现代社会条件下，"父为子隐，子为父隐"绝不是任何有现代教养的人所能承认的。我们应当鼓励人们学会做合格的公民，而不应继续把他们禁锢在家族伦理的旧框架之内。

心性修养学说，是儒学极有特色的一部分，也是至今尊儒的思想家最津津乐道，揄扬不已的东西。古代儒家学者以此把他们的政治学说、伦理学说、知行学说，乃至哲学本体论，皆贯穿一气，融为一体。他们认为，通过学问习行和敬谨养心的功夫，可以尽心、知性、知天，达到天人合一。于是修身、齐家、治国、平天下的大纲领亦庶几可达，堪称为圣贤。

在孔子那里，原没有明确的"天人合一"的思想。《中庸》始提出

---

① 《孟子·滕文公上》述五伦："父子有亲，君臣有义，夫妇有别，长幼有序，朋友有信。"

"天人合一"的观念，① 复得孟子强调之②后儒便争相转述，宋明理学家尤多所发挥。如张载说："天地之塞，吾其体；天地之帅，吾其性。"又说："儒者则因明致诚，因诚致明。故天人合一。"③ 程颢说："仁者以天地万物为一体，莫非己也。"又说："学者不必远求，近取诸身，只明人理，敬而已矣，便是约处。……故有道有理，天人一也，更不分别。浩然之气，乃吾气也，养而不害，则塞乎天地。"④ 程颐说："在天为命，在义为理，在人为性，主于身为心，其实一也。"⑤ 朱熹说："天地以生物为心者也，而人物之生，又各得夫天地之心为心者也。"⑥ 陆九渊说："心之体甚大，若能尽我之心，便与天同。"⑦ 王阳明说："大人之能与天地万物为一体也，非意之也，其心之仁本若是，其与天地万物而为一也。岂惟大人，小人之心亦莫不然。"⑧ 又说："盖天地万物与人原是一体，其发窍之最精处，是人心一点灵明。"⑨ 宋明儒学家，特别是几位理学大家，通过对"天人合一"论的阐释和发挥，使之成为一套精心建构的心性修养学说。它的客观意义，一是把儒家学说贯通起来。宋儒特重《大学》一书，置为四书之首，就因为《大学》的"三纲领、八条目"（《大学》首章即揭出"大学之道，在明明德，在亲民，在止于至善"即是所谓"三纲领"；"八条目"则是：格物，致知，诚意，正心，修身，齐家，治国，平天下。）以心性修养为中心，贯穿起儒家学说的各项基本内容，被程子喻之为"初学入德之门"。二是提出理想人格的目标，这目标即是达到"体天知道"，"与天地合其德"，以及"赞天地之化育"，"与天地参"⑩ 和追求实现此目标的途径。三是此说以向内的追求排斥了外逐的欲望。由之，对外部世界

---

① 《中庸》第二十二章："唯天下至诚为能尽其性；能尽其性，则可以赞天地之化育；可以赞天地之化育，则可以与天地参矣。"

② 《孟子·尽心上》："尽其心者，知其性也；知其性则知天矣。"

③ 《正蒙·乾称》。

④ 《遗书》卷二上。

⑤ 《遗书》卷十八

⑥ 《仁说》。

⑦ 《全集》卷三十五。

⑧ 《大学问》，《全书》卷二十六。

⑨ 《传习录》下，《全书》卷三。

⑩ 见《易·乾卦·文言》及《中庸》。

的认识和参与改造等事都被忽略了。甚至孔子原来很重视的习行锻炼功夫也被忽略，而专意提倡"主敬"、"主静"，走上极端主观主义和神秘主义。儒学中的这部分遗产在现代生活中甚少可取之处。（关于此点，应当说明，儒家的心性修养学说，对于塑造君子人格，是有相当意义的。而任何时代，人格总是需要提倡的。）

儒学遗产中最有价值的，我认为是它的知识论与教育学说。孔子最强调对知识的诚实态度，"知之为知之，不知为不知，是知也"①。又提倡"毋意，毋必，毋固，毋我"②，力戒主观武断，这些都是至今为人所服膺的至理名言。孔子把追求知识，追求真理视为人生无上的快乐，"发愤忘食，乐以忘忧。不知老之将至"③。"朝闻道，夕死可矣。"④他的"每事问"⑤和"不耻下问"⑥的态度，亦极富教育意义。孔子作为中国古代最伟大的教育家，私人办教育的先驱者，他的"有教无类"（《论语·卫灵公》）的原则，"诲人不倦"（《论语·述而》）的精神，既强调全面发展，（《论语·述而》谓："子以四教：文、行、忠、信。"）又重视"因材施教"的方法（《论语·雍也》谓："中人以上，可以语上也；中人以下，不可以语上也。"而且，孔子为弟子讲仁，每因人而异，都体现了"因材施教"的方法），都给后世优秀的儒家学者树立了楷模。他们的思想和实践至今可给我们相当的启示。

现代化最重要的环节之一就是教育。孔子及儒学在教育方面的遗产，应令其大放光芒。

三

儒学作为在中国古代延续了两千余年的一种学说体系，就整体而言，

---

① 《论语·为政》。
② 《论语·子罕》。
③ 《论语·述而》。
④ 《论语·里仁》。
⑤ 《论语·八佾》。
⑥ 《论语·公冶长》。

肯定是已经过时，不可能以固有的形态继续存在下去了。但历史上发生过作用的伟大思想学说，除了应付过去时代所提出的具体主张以外，某些基本精神或一般原则往往会继续发生影响。儒学遗产也一样，它为专制君主说法的那套仁政学说，及其家族本位的伦理学说，它为知识分子设计的精神模式和修养功夫，基本上都已失去意义。但是儒家学者追求社会政治生活和伦理生活的和谐秩序的想法，它所依循的推己及人的修身原则，仍可发生有益的作用。它的心性修养论虽是主观的甚至是神秘的，带有宗教气味的，但其通过内心生活的调整，以求维系精神平衡，乃至其对于塑造君子人格，都并非全无意义。至于其知识论与教育学说，含有大量涉及一般原则的有积极意义的东西，至今仍保有其价值。但是，古代思想学说中一切有积极意义的东西，并非自动地能对现代化发生推动作用，这要取决于现实社会环境，社会运作的主要机制如何。中国现代化的运动已有 120 余年的历史。即从戊戌维新算起，也有 90 年了。何以至今未见成功？日本亦儒学影响甚深的国家，其实行现代化 40 年即跃居为世界强国；何以儒学的故乡，儒学遗产最丰富的中国，在现代化过程中却不曾得到儒学的助力呢？尊儒者埋怨是世人不尊儒有以致之，反儒者则认为是儒学除之不尽有以致之。到底如何呢？我觉得，泛泛的文化讨论往往会淹没了重要的实际问题。日本现代化之所以成功，首先是因为它有一个有决心，有能力领导国家现代化的社会力量和政治力量。这保证了它的国家在坚强的政治领导之下有步骤地实行改革。这样，无论本土的或外来的文化中一切有益的东西都有被选择运用参与现代化过程的机会。中国最初被迫面对现代化的挑战时，没有这样一种坚强的社会力量和政治力量足以担当起领导的责任。中央政权腐朽，地方自治没有得到发展，国家在混乱、外患与暴力革命交相迭乘之中艰难地挣扎着。稍具识力的领袖分子不能把注意力集中到国家现代化的问题上来。共产党夺得政权后，建立了强有力的统一的中央政权，但各级领导人，大多是教育不完全的知识分子和农民革命的领袖，他们缺乏现代知识与训练，因此长时期不曾自觉到国家现代化的迫切课题。只是在经历一场空前的浩劫之后，人们才有所觉悟，在没有充分的思想准备的情况下，大胆迈出了改革开放的步子。机会是良好的，希望是巨大的。中国现代化能否顺利发展，主要将取决于领导力量在知识、训练与道德等方面的自我完善程度和整个国家教育工作的进展。无论政治改革、经济改革和文化更新，都将主要取决于这两个环节。这两个环节若能稳健地充满生机地发展进步，那么，古今中外的一切好东西，皆可为我所用，否则，再好的先圣遗教，再高明的外来学说，都无意义，都只能是逾淮之桔变成枳了。

在我看来，在中国现代化仍处于起步的阶段，提出复兴儒学，以儒学为人民精神生活的主导，是完全错误的。验之古史，儒学从不是社会变革的指导思想，儒学的被尊崇总是在一个朝代赢得安定巩固之后。创业和开国的领袖们，大都不很重视儒学。睽之近代，因为儒学和过时了的君主制度关系太紧密，常常得不到大多数知识分子的同情，提倡复兴儒学只会激起人们的反感，只会挫伤追求民主自由的热情。况且，从理论上讲，任何将一家一派的思想学说奉为一尊的做法都不利于科学教育与文化的繁荣。我对中国古代伟大的天才们创造的一切优秀的思想学说都怀有相当的敬意，对儒学也一样。但我不赞成复兴儒学，再造儒学一尊的地位。相反，我倒宁愿看到再现先秦时代那种百家争鸣的景象。

写于 1988 年 7 月 23 日

（此文是在日本东京大学、上智大学 1988 年 9 月举办的东亚文化研讨会上所作的报告）

从保守主义的角色演变看中国
近代文化的发展进路

在中国近代文化转型的过程中，保守主义在各个时期都充当了传统守护者的角色，只是随着历史的发展，它所扮演的角色也不断有所变换。这是因为它们所要保守和所能保守的东西变得越来越少，同时在精神上却又越来越被放大，有时甚至显得很玄妙。

十几年前，我在《传统与未来》一篇短文里说："传统是一个民族或一个社会群体累代传承下来的，凝结在其文化中，长久地制约着规范着人们的思想、行为和情操的那些东西。"① 传统既然是累代生命历程中形成起来的东西，它就是与民族或社会群体的生命紧密连接在一起的，是不可随意抹杀，不可骤然取缔的。但另一方面，它既然是历史上形成的，也就不可能是一成不变的。所以，关键就在于我们如何对待传统。就中国近代文化转型的历史而言，既不乏利用传统以开拓进步事业的先进分子，也有不少固守传统，抵抗进步潮流的人物。鸦片战后至洋务运动时期，一些主张改革的人所鼓吹的"西学中源"说以及"中体西用"说，在一定意义上，都是利用传统，对传统作出新的解释，以为进步事业开辟出路。康有为直接利用孔子的招牌，为其政治改革制造舆论，更是人所共知的了。而固守传统的人，无论是反对同文馆招收正途人员的倭仁，还是反对康、梁变法主张的王先谦、叶德辉，以及一定程度上的张之洞，都坚持中国传统，或者是全部或者是其"本体"不可变。

关于保守主义，其含义向来不十分确定。保守主义可以是对开放主义

---

① 《传统与未来》，原载《炎黄文化》1995 年增刊，后收入《蓼草集》，中国社会科学出版社 2000 年版，第 126 页。

而言，保守本民族的文化，拒绝外来的文化。保守主义也可以是对任何改革或革命的趋势而言，主张保持现状，维护固有的东西。保守主义也可以是对激进主义——如暴力革命或急进的改革——而言，主张温和的缓进的改革，不赞成急遽地或大幅度地改变现状。在中国近代史上，保守主义曾以各种不同的面目出现过，他们的主张各有不同，其所扮演的角色，所起的历史作用亦各不相同。这一点很值得我们加以探讨。

一　洋务运动时期的保守主义：拒绝"师夷"

魏源提出"师夷长技"，冯桂芬提倡"采西学"，可以说是引发洋务运动的直接思想先驱。最初学习西方，自然只能是从显明易见之处开始，如船、炮、机械之类，由此而推及算学。1866 年 12 月和 1867 年 1 月，主持洋务的恭亲王奕䜣两度上折要求在同文馆添设天文算学馆。其理由是"洋人制造机器、火器等件，以及行船行军，无一不自天文算学中来"。因此，拟从满汉举人及恩拔岁副优贡所谓正途出身五品以下京外各官，其年龄在二十以上者中选拔学生；随后又将招生范围扩大到翰林院编修、检讨、庶吉士及进士出身之五品以下京外各官，年龄在三十以下者。被录取者须常川住馆学习，实行月考、年考。馆中专聘洋人充教习。此事自是洋务之一端，目的在培养人才，若能认真举办，当然有益无害。但奕䜣奏折中称："倘能专精务实，尽得其妙，则中国自强之道在此矣。"① 以为自强之道即在于此，显然不对。

此奏一出，即遭到守旧大臣们的反对。首先是掌山东道监察御使张盛藻上奏朝廷，主要是反对以科甲正途出身人员入馆学习。他认为"若令正途科甲人员习为机巧之事，又借升途、银两以诱之，是重名利而轻气节，无气节安望其有事功哉？"他认为，若办此馆，"止宜责成钦天监衙门考取年少颖悟之天文生、算学生，送馆学习。……至轮船、洋枪，则宜工部遴选精巧工匠，或军营武弁之有心计者，令其专心演习，传授其法"，不可

---

① 见《筹办夷务始末》（同治朝）卷四十六，第 4 页。

用科甲正途官员习其事。① 张氏的奏折遭到朝廷的驳斥。守旧派很不甘心，乃推出有"一代儒宗"之称的大学士倭仁出而上奏，反对奕訢的主张。按，倭仁（1804—1871）原为河南开封驻防旗人，家境清寒，以学优而仕。道光九年（1829）中进士，授翰林院庶吉士，得与京中士林为伍，相与切磋，学益长进。其学原宗王阳明之心学，入京师以后，受吴廷栋、唐鉴影响转而尊程朱，遂终生笃奉朱子之学，以卫道崇德自任，渐为士林所重，被视为"道光以来一儒宗"。由此，其仕途亦称顺，相继为帝师，为翰林院掌院学士，随后复以大学士兼管户部。到同文馆之争起，倭仁已是望重朝野的理学名臣，士林尊奉的"一代儒宗"。由他出来力争，虽未得朝廷采纳，事实上却产生了重大影响。据有学者分析，按奕訢奏请的招收条件，在招生范围内的正途人员，他们获取功名多半都在1862—1867年间。而这期间，倭仁恰好担任翰林院掌院学士，又担任历次会试正考官，或殿试读卷官，或朝考阅卷大臣。以此，适合参加应考的人员，几乎都可算是他的门生。既是门生，自然极易接受他的影响。再加上，倭仁身兼帝师、大学士的头衔和理学名臣、"一代儒宗"的声望，其对年轻士子的影响力，可想而知。这就是应考天文算学馆的人员甚少的基本原因。②

倭仁反对奕訢与朝廷添设天文算学馆的计划，主要理由有两个方面。

一、坚持"夷夏之防"。倭仁最不能容忍的是"以诵习诗书者而奉夷为师"③。这里所说"诵习诗书者"，是泛指读中国圣贤之书的士子，自然包括天文算学馆准备招考的那些科甲正途人员。倭仁认为："议和以来，耶稣之教盛行，无识愚民，半为煽惑，所恃读书之士讲明义理，或可维持人心。今复举聪明隽秀，国家所培养而储以有用者，变而从夷，正气为之不伸，邪氛因而弥炽，数年以后，不尽驱中国之众咸归于夷不止。"④ 在倭仁看来，读圣贤书的中国士子，乃系维持圣道人心的砥柱，是维系中国之

---

①　见《筹办夷务始末》（同治朝）卷四十七，第16页。

②　参见李细珠《晚清保守思想的原型——倭仁研究》，社会科学文献出版社2000年版，第174—178页。

③　倭仁：《奏陈奉夷为师之害并述自强之道仍须以礼义为本》，见《筹办夷务始末》（同治朝）卷四十八，第11页。

④　倭仁：《奏陈学习西洋天文数学为益甚微延西人教习正途学士为害甚大》，同上书，卷四十七，第24—25页。

所以为中国者的民族精英。让他们去奉夷人为师，"无论所学必不能精，即使能精，又安望其存心正大，尽力报国乎？恐不为夷人用者鲜矣"①。倭仁强调，夷人是我们的仇人，"咸丰十年，称兵犯顺，凭陵我畿甸，震惊我宗社，焚毁我园囿，戕害我臣民，此我朝二百年未有之辱。……能一日忘此仇耻哉？"② 他还指出，"夷人机心最重，狡诈多端。今欲习其秘术以制彼死命，彼纵阳为指授，安知不另有诡谋？"③ 倭氏说："闻夷人传教，常以读书人不肯习教为恨。今令正途从学，恐所习未必能精，而读书人已为所惑，适堕其术中耳。"④

显然，倭仁坚持认为，夷与中国不能并容，夷夏之防不可破。以正途学士奉夷人为师，将使本可赖以维系中国圣道人心的砥柱之人才，反为夷人所用，为害中国，这岂不是助夷人以亡我之国，亡我之种，亡我之教？这是他强烈反对设立天文算学馆，延西人教习正途士子最基本的原因。

二、他坚持认为，立国之道，根本之图在人心不在技艺。倭仁所上反对奕䜣的第一折就从这一点上立论。他说："窃闻立国之道，尚礼义不尚权谋；根本之图在人心，不在技艺。今求之一艺之末，而又奉夷人为师，无论夷人诡谲，未必传其精巧；即使教者诚教，学者诚学，所成就者不过术数之士。古今来未闻有恃术数而能起衰振弱者也。"应该说倭仁这段话是有几分道理的。奕䜣误以为，"举凡推算学格致之理，制器尚象之法，钩河摘洛之方，倘能专精务实，尽得其妙，则中国自强之道在此矣"⑤。这话是不对的。任何国家，欲求强盛，首先须有一种较好的制度，使人民皆得其所。从而上下齐心，各尽其力，国家始能强盛。只是，倭仁不懂得政治制度为何事，依然尊奉古圣先贤的礼义人心的说教，不足为训。他所说的礼义，即是围绕君权专制的，以孔孟学说为核心的一套纲常名教；他所

---

① 倭仁：《奏陈奉夷为师之害并述自强之道仍须以礼义为本》，《筹办夷务始末》（同治朝），卷四十八，第11页。

② 倭仁：《奏陈学习西洋天文数学为益甚微延西人教习正途学士为害甚大》，同上书，卷四十七，第24页。

③ 倭仁：《奏陈奉夷为师之害并述自强之到仍须以礼义为本》，同上书，卷四十八，第11页。

④ 倭仁：《奏陈学习西洋天文数学为益甚微延西人教习正途学士为害甚大》，同上书，卷四十七，第25页。

⑤ 见《筹办夷务始末》（同治朝）卷四十六，第4页。

说的人心是与前者密切相关的道德规范，诸如忠、孝、仁、义、廉、耻之类。值得注意的是，倭仁把传统士大夫的本末观推至极端。照经典的说法，本末之论是强调重本轻末，本与末是轻与重之分，并非只要本，不要末。但倭仁却明确地反对向西人学习其技艺之长。他说："天文算学，止为末艺，即不讲习，于国家大计，亦无所损，并非谓欲求自强，必须讲明算法也。"① 如此说来，兴办天文算学馆，本属多此一举。而又招收正途人员，奉夷人为师，更是大谬误国。

倭仁的立场和思想主张，是洋务运动时期保守主义的典型代表。以"夷夏之防"为理由，拒斥西方文化，这是封闭主义的文化心态。在 19 世纪 50 年代之初，魏源提出"师夷长技"的主张，在 19 世纪 60 年代之初，冯桂芬倡"采西学"，并主张"以中国之伦常名教为本，辅以诸国富强之术"。这些主张，显然已突破了传统的"夷夏之防"的观念。而到了 1867 年，倭仁却以"夷夏之防"为理由，反对添设天文算学馆，尤其反对招收正途人员入馆学习，奉夷人为师。他比魏源、冯桂芬倒退了一大步。须知，当时洋务运动刚刚兴起，中国人都还不曾认识到西方的政教制度之善。人们还只能从西方国家强大的一些最表面的东西上看到值得学习仿效的地方。这是非常自然的，不可避免的一个认识阶段。所以，在当时，开创洋务的那些人，就代表了那时的进步趋向。倭仁反对洋务派官员兴办的事业，就是反对中国朝向进步的方向走。可以说，他是鸦片战争后，沿海口岸开放以来，统治集团上层中，第一个系统表述保守主义思想主张的人。

倭仁的保守主义的第一个特点，他仍以"天朝上国，唯我独尊"的心态对待外国人。在他心目中，西方人与中国历来所遇的蛮夷没有区别，不承认他们的文化有任何可取之处。他认为，西人所传之教不是正当的宗教，视彼教为"邪氛"。他认定，西人"机心最重，狡诈多端"。他不加分别地视西人皆"吾仇也"。这与中国古代士大夫对待周边经常侵扰我国的游牧民族的态度完全一致。

倭仁的保守主义的第二个特点，他以为天下只有孔孟之学为"正学"，可为治国大道。倭仁说："有关圣贤体要者，既已切实讲求，自强之道，

---

① 倭仁：《奏陈立国之道以礼义人心为本天文算学止为末艺》，同上书，卷四十八，第 19 页。

何以逾此？"① 所以，他坚持认为，自强之道仍须以圣贤之礼义为本。读圣贤之书者，方可成"忠信之人"、"礼义之士"。此等守忠信，秉礼义之士，方能"伸正气"，"除邪氛"，"维持人心"，"平治天下"。可以说，在倭仁的心目中，除中国之圣贤孔孟学说以外，无所谓学问。西人"一艺之末"，何足道？

　　从以上两个特点我们可以看出，倭仁以为，中国之外没有高度文明的民族，孔孟学说之外没有高等的学问。这就是洋务运动时期保守主义的基本思想特征。

　　但应该看到，像倭仁这样的保守主义者，在当时决不是个别的例外，相反，他反映了当时社会大多数人的思想状况。徐一士在《倭仁与总署同文馆》一文中说："清总理各国事务衙门之设同文馆（按，当指添设天文算学馆一事——引者注），士大夫多守旧，以'用夷变夏'非议者甚众。倭仁以大学士为帝师，负众望，反对尤力。虽连旨，而一时清议极推服之。"② 接着，他引了《翁同龢日记》中多条记载，以实其说。翁氏《日记》同治六年二月十三日记道："同文馆之设，谣言甚多，有对联云：'鬼计本多端，使小朝廷设同文之馆；军机无远略，诱佳子弟拜异类为师'。"③ 同月二十四日又记道，针对同文馆，"京师口语藉藉，或粘纸于前门，以俚语笑骂：'胡闹，胡闹！教人都从了天主教！'云云。或作对句：'未同而言，斯文将丧'；又曰：'孔门弟子，鬼谷先生'"④。所反映的都是一般民众，从"夷夏之防"的观念出发，而对同文馆招收正途士子的做法表示义愤。其思想的心理基础与倭仁可谓同出一辙。徐氏复引李慈铭的日记，记载李氏见到朝廷驳斥杨廷熙关于同文馆事所上的奏折，并责令倭仁假满即到总理衙门上任的上谕后，所写："草土臣慈铭曰：当咸丰末之设总理各国事务衙门也，慈私谓其非礼，宜以理藩院并辖，而添设侍郎一人，以恭邸总理之，不宜别立司署。尝为一二当事者言之而不听也。……至今年开同文馆（按，应是指添设天文算学馆——引者注）以前

---

①　倭仁：《奏陈奉夷为师之害并述自强之道仍须以礼义为本》，同上书，卷四十八，第 12 页。
②　徐一士：《一士类稿·一士谈荟》，书目文献出版社 1984 年版，第 380 页。
③　见《翁同龢日记》第一册，中华书局 1989 年版，第 519 页。
④　同上书，第 521 页。

太仆卿徐继畬为提调官，而选翰林及部员之科甲出身年三十以下者学习行走。则以中华之儒臣而为丑夷之学子，稍有人心，宜不肯就，而又群焉趋之（按，李氏当时丁忧在籍，不甚明了情况。实则，因倭仁等保守势力的影响，报名参考者并不多——引者注）。盖学术不明，礼义尽丧，士习卑污，遂至于此。驯将夷夏不别，人道沦胥，家国之忧，非可言究。"李氏还责备杨廷熙的奏折说得不够到位，未能"深切著明"地指陈"西法之不足用，夷心之不可启，国制之不可不存，邪教之不可不绝"①。李氏当时尚未成进士，但其学问已渐为人知。他的思想见解，可反映出一般读书人的态度。据《郭嵩焘日记》载，自倭仁、张盛藻与总理衙门为天文算学馆招考正途人员事发生争论以后，"湖南京官会议，有入馆从洋人肄业者，不准入会院，其各部司员皆不得分印结。山西人亦从而和之"②。这也可反映出一般官场上的态度。

总之，就总理衙门添设天文算学馆，招收正途人员入馆学习一事，倭仁以"夷夏之防"和"立国之本末"为理由所进行的抗争，是得到相当广泛的同情和支持的，说明在当时，排斥西方文化的保守主义是很有社会基础的。正因此，中国近代文化的萌蘖期，对待外来文化，只能从借鉴西方一些最表浅的层面开始，即只限于引介器艺之类。

二 戊戌维新运动中的保守主义："师夷"当止于"工艺"

以倭仁为代表的保守主义者所要保守的，是洋务未兴以前的固有状态。那么，在维新运动起来以后所发生的保守主义，则其所针对的已不是洋务运动，而是在批判洋务运动基础上新兴起来的维新变法运动。这时的保守主义者，已可以承认洋务运动的正当性；但反对更进一步的变法。所以，他们不同于倭仁为代表的近代原初形态的保守主义，而是对变革的范围和深度持保守态度的一些人。

人们知道，在戊戌维新运动中，湖南省做得最为有声有色，那里既有

① 见《越缦堂日记》同治六年七月三日。
② 见《郭嵩焘日记》同治六年四月初三日，湖南人民出版社1982年版。

一批极其活跃的维新志士，也有一批很典型的保守派代表人物。在这里，保守派对维新派的攻击比任何地方都来得更为激烈。而他们的保守主义的思想言论也具有一定的系统性和代表性。

湖南维新运动最惹人注目的是时务学堂、南学会和《湘学报》、《湘报》两份报纸。南学会是维新志士们想把它做成地方议会一样的东西，聚集绅、学等各界人士，定期讲演，宣讲新学新理，议论时政。时务学堂则是他们培养和训练维新人才之地。两份报纸则是维新派为推进变法大造舆论的机关。这三个方面都有一批康有为、梁启超的朋友、学生在其中充当骨干力量。保守派即抓住这三个方面的问题向维新派发动反击。其代表人物主要有王先谦、叶德辉及宾凤阳、曾廉、苏舆等人。其中又以王、叶两人为最重要。

王先谦（1842—1917），长沙人，同治间进士，历任翰林院编修、国子监祭酒、江苏学政等职。还曾任云南、江西、浙江等省乡试考官，长沙岳麓书院、城南书院院长，其学问淹博，著述甚丰，在湖南乃至全国都很有名望。他曾颇积极地参与湖南洋务事业的举办，甚至后来成为他们攻击的重要目标的时务学堂，也是王先谦领衔禀请开设的。所以王氏绝非一般意义上的保守分子。叶德辉（1864—1927），湘潭人，光绪间进士，曾任吏部主事。他对西学西事，略有所知，尝说，"谓西人无伦理者，浅儒也；谓西教胜孔教者，缪种也"[1]。他也参与过一些地方洋务。所以，他与王先谦一样，与以往的保守主义者是有区别的。至于时任湖广总督，发表《劝学篇》批评康有为等维新派的张之洞，乃清末主持洋务新政最重要的大员之一。论其思想，亦远非倭仁之流可比。

我们试分析一下他们的思想言论，以明其不同的时代特点，及其所发挥的不同的历史角色作用。

我们把张之洞与王先谦、叶德辉三人作为戊戌维新运动时期保守派的代表人物，是因为他们有明显的共同立场和共同的思想主张。第一，他们都赞成并参与洋务事业，对西学有相当的容纳；第二，他们都激烈地反对康、梁。

---

[1]　《明教》，引自《翼教丛编》卷三，光绪二十四年八月武昌刻本，第35页。

　　王先谦说："所谓西学者，今日地球大通，各国往来，朝廷不能不讲译学。西人以工商立国，……我不能禁彼物使不来，又不能禁吾民使不购，则必讲求工艺以抵制之，中国机庶可转。故声光化电及一切制造矿学，皆当开通风气，力造精能。国家以西学导中人，亦是于万难之中求自全之策，督抚承而行之，未为过也，绅士和之，未为过也。"① 正因此，他本人亦曾"掷万金于制造，实见中土工艺不兴，终无自立之日"②。叶德辉亦认为，"中国欲图自强，断非振兴制造不可"③。他本人也多少参与过一些洋务事业。至于张之洞之与洋务事业的关系，那是尽人皆知的了，无需再赘。

　　在对西学的认识和态度上，他们之间亦有差异。约而言之，张氏比较更开明，王氏次之，叶氏则比较落后。张氏在《劝学篇》的《序》中说，"西艺非要，西政为要"。他这里所说的"政"，当然不是指政治制度，但显然是不限于"艺"，是在"艺"之上，应当是指管理方面的学问。承认应该重视学习西方在行政及各种社会事业的管理知识，这种认识，在当时无论如何都是很前沿的。在《明纲》篇中，他甚至在一定程度上，承认西方人也有君臣、父子、夫妇的伦纪。这种认识很可能只是得自传闻，并且目的是为了批评激进的西化论者。但此种认识在中国士大夫中间，同样亦属开明之见。王先谦认为，西人"究其所学，皆工艺之学也"。"西人之学专在工艺，故舍工艺而谈西学，犹断航而求至海，南辕而北其辙也。"④ 所以，他又总括地说，"西学无论巨细，止当以工艺统之"⑤。他的见识，显然不如张之洞开阔。至于叶德辉，其对西学的认识比王先谦还要落伍。如他说："西俗合众公主之法，由于无君臣之伦；其无君臣，由于无父子；其无父子，由于无夫妇。"⑥ 他还费尽力气地企图证明中国与中国人在地球上之特殊地位。他说："亚洲居地球之东南，中国适居东南之中，无中外

---

① 《王祭酒与吴生学兢书》，《翼教丛编》卷六，第9页。
② 《王祭酒复毕永年书》，同上书，卷六，第6页。
③ 《叶吏部与俞可恪士观察书》，同上书，卷六，第35页。
④ 《与俞中丞》，见《虚受堂书札》卷二，第12—13页。
⑤ 《复万伯任》，同上书，第21页。
⑥ 《叶吏部与俞恪士观察书》，见《翼教丛编》卷六，第34页。

独无东西乎？四时之序，先春夏，五行之位，首东南。此中西人士所共明，非中国以人为外也。五色，黄属土，土居中央。西人辨中人为黄种，是天地开辟之初，隐与中人以中位。西人笑中国自大，何不以此理晓之？"[1] 他还有一种颇为奇特的见解，认为西方的宗教实际上都是中国儒、道之绪余。他说："老氏之学，一变而为儒，再变而为法；其入夷狄而为浮屠也，又变而为释。释教盛于身毒，即今之印度也。今西域海西诸教，若回回、若天方、若天主、若耶稣，又本释氏之支流余裔，各以其一鳞一爪纵横于五大洲之间。"[2]

尽管他们对西学的认识有如此差异，但他们的思想水准，至少与洋务运动是同步的。他们所要保守的，是洋人所不可企及的那些中国传统的宝贝，就是中国数千年奉若天条的所谓纲常名教，说白了，就是君主专制制度和宗法制度。我们看，张、王、叶等都极力反对民权平等之说，坚认纲常名教不可破。张之洞说："亲亲也，尊尊也，长长也，男女有别，此其不可得与民变革者也。五伦之要，百行之原，相传数千年，更无异议。圣人所以为圣人，中国所以为中国，实在于此。故知君臣之纲，则民权之说不可行也；知父子之纲，则父子同罪，免丧、废祀之说不可行也；知夫妇之纲，则男女平权之说不可行也。"[3] 他认为，西方的议院，其意不过是"民间可以发公论达众情而已，但欲民申其情，非欲民揽其权"。他认定，民权的提法，纯属误译西语所造成的错误。若倡民权，教人以争权力为主义，则"使民权之说一倡，愚民必喜，乱民必作，纪纲不行，大乱四起"。所以，"民权之说，无一益而有百害"[4]。王先谦认为，"纲常实千古不易"。"梁启超承其师康有为之学，倡为平等平权之说，转相授受。……而谭嗣同、唐才常、樊锥、易鼐辈，为之乘风扬波，肆其簧鼓。学子胸无主宰，不知其阴行邪说，反以为时务实然，丧其本真，争相趋附，语言悖乱，有如中狂。"[5] 王氏还颇独到地认为，康、梁辈"其言平等，则西国

---

① 《叶吏部与南学会皮鹿门孝廉书》，《翼教丛编》，第20—21页。
② 《明教》，同上书，卷三，第32页。
③ 见《劝学篇·明纲》，《内篇》第17页，光绪二十四年刻本。
④ 见《劝学篇·正权》，《内篇》第30、29页。
⑤ 《湘绅公呈》，见《戊戌变法》（二），第640页。

并不平等；言民权，则西主实自持权"①。意谓康、梁倡民权之说，并无所本，乃是别有用心的欺人之谈。叶德辉认为，"敬天、孝亲、爱人之理，中西所同，独忠君为孔教特立之义，西教不及知也"②。康、梁倡民权，显违忠君之义，是背离孔教。曾廉则更指责康有为"主泰西民权平等之说，意将以孔子为摩西，而已为耶稣，大有教皇中国之意，而特假孔子大圣，借宾定主，以风示天下。……浸假而大其权位，则邪说狂煽，必率天下而为无父无君之行"③。宾凤阳等也是抓住康、梁们的民权言论，上书其师长，要求向上峰检举康、梁。其书中说："舍名教纲常，别无立足之地；除忠孝节义，亦岂有教人之方？今康、梁所用以惑世者，民权耳，平等耳。试问，权既下移，国谁与治？民可自主，君亦何为？是率天下而乱也。"④

可以看出，这时期的保守主义者，最关注的是要保守住中国的纲常名教；他们反对康、梁的最主要的理由，也是为此。

他们对康、梁之学有两种研判。一种是说，康、梁所宣扬者，实际上并非是西学，而是他们别有用心地编造出来的东西。王先谦说："康、梁今日所以惑人，自为一教，并非西教。……康、梁谬托西教以行其邪说，真中国之巨蠹，不意光天化日之中有此鬼蜮。"⑤ 宾凤阳在其《上王益吾院长书》中也明确说，康、梁辈"究其所以立说者，非西学，实康学耳"⑥。王、宾两氏的指责，应当说，是有部分的道理的。康、梁等当时对西学确实知之不多，他们不过是痛时局之危迫，略袭西学之大意，将孔子学说改造成变法救国的理论而已。另一种研判则宣称，康、梁是尽从西学、西教。文悌在其参劾康有为的奏折中说："此日讲求西法，所贵使中国之人明西法为中国用，以强中国。非欲将中国一切典章文物废弃摧烧，全变西法"；但康有为"则专主西学，欲将中国数千年相承大经大法一扫

---

① 《王祭酒与吴生学兢书》，见《翼教丛编》卷六，第9页。

② 《王祭酒与俞恪士观察书》，见《翼教丛编》卷六，第34页。

③ 《应诏上封事》，见《戊戌变法》（二），第492页。

④ 《宾凤阳等上王益吾院长书》，见《戊戌变法》（二），第638页。

⑤ 《王祭酒与吴生学兢书》，《翼教丛编》卷六，第9—10页。

⑥ 见《翼教丛编》卷五，第5页。

刮绝",简直是"使中国之人默化潜移,尽为西洋之人"①。这一指责,就有一点"大批判"的味道了。而且可以看出,保守主义者对康、梁的批判是互相矛盾的:一则说,康、梁所谓西学,并非西学,只是康学而已;一则说,康、梁主张尽用西学,全变西法。这种矛盾暴露出保守主义者们在理论上的脆弱。

说到这里,我想顺便指出,此时期保守派的言论确实有不少"大批判"的语言和口气。如苏舆说樊锥"首倡邪说,背叛圣教,败灭伦常,惑世诬民,直欲邑中人士尽变禽兽而后快"。又在《驳南学分会章程条议》中说,章程谓之"开办章程",是待开办后更有新章,而言"大略",是"以细目不好明言也,一俟会徒既众,便于任意更改,凡一切平等禽兽之行,为所欲为"。又评论平等之说谓:"人人平等,权权平等,是无尊卑亲疏也。无尊卑是无君也;无亲疏是无父也;无父无君,尚何兄弟夫妇朋友之有?是故等不平则已,平则一切倒行逆施,更何罪名之可加,岂但所谓乖舛云乎?"② 这些都明显地表现出大批判的文章特点:有罪名而无罪证,尽量将对方妖魔化,无限上纲,大作诛心之论。

综观此时期保守主义的思想,基本上都在"中体西用"的思维框架内。张之洞的《劝学篇》虽通篇未有"中学为体,西学为用"的字样,然而其全书贯穿着"中体西用"的精神。他所谓《内篇》务本,《外篇》务通,务本者,即是立中学之根本,立纲常名教之根本;务通者,即是通西学以济用。他责备一般"旧者不知通,新者不知本。不知通,则无应敌制变之术;不知本,则有菲薄名教之心"③。其思想实质正是"中体西用"。王先谦强调,"设立学堂本意,以中学为根柢,兼采西学之长"④,亦正是此意。文悌参康有为折称"必须修明孔孟程朱四书五经小学性理诸书,植为根柢,使人熟知孝悌、忠信、礼义、廉耻、纲常、伦纪、名教、气节以明体,然后再学习外国文字言语艺术以致用"⑤。这里所表达的

---

① 见《戊戌变法》(二),第484—485页。
② 见《翼教丛编》卷五,第1—2页。
③ 见《劝学篇序》。
④ 《湘绅公呈》,见《戊戌变法》(二),第640页。
⑤ 见《戊戌变法》(二),第485页。

也是"中体西用"之意。所以,我们说戊戌维新运动时期的保守派,其文化观念已较洋务运动初起时的保守派向前迈进了一步。这反映出,向西方学习,在文化上向一个从前不曾了解的新世界开启门户,已成不可阻挡的历史潮流,保守主义者也不得不随时代而前行了。

三 排满革命高潮中的国粹主义:倡"国粹"而不反"欧化"

在辛亥革命高潮中出现一股国粹主义思潮。这一思潮与日本的国粹主义思潮有一定的关系。黄节于1902年发表在《政艺通报》上的《国粹保存主义》一文中说道:"昔者日本维新,欧化主义浩浩滔天,乃于万流澎湃之中,忽焉而生一大反动力焉,则国粹保存主义是也。当是时,入日本国民思想而主之者,纯乎泰西思想也。如同议一事焉,主行者以泰西学理主行之,反对者亦以泰西学理反对之,未有酌本邦之国体民情为根据而立论者也。文部大臣井上馨特谓此义,大呼国民,三宅雄次郎、志贺重昂等和之。其说以为,宜取彼之长补我之短;不宜醉心外国之文物,并其所短而亦取之,并我所长而亦弃之。"[①] 黄氏的话表明,他和他的同道者的思想是受到了日本国粹主义思潮的影响。但更重要的是时势的发展诱发了这一思潮的产生。当时中国面对严重的民族危机:一方面,受西方列强的侵略与压迫;另一方面,相当一部分人又特别不能忍受少数之满洲贵族的专制压迫。所以,特别需要激扬民族大义,促进民族觉醒,推动排满革命。黄节在《国粹学报叙》里,痛陈受制于"外族专制之国体"和"外族专制之学说"之苦。认为欲求复兴吾国,复兴吾学,必须大力提倡国粹主义。他表示,"同人痛国之不立,而学之日亡也,于是瞻天与火,类族辨物,创为《国粹学报》"[②]。其所谓国不立,学日亡,既是针对西方列强而言,也是针对满清朝廷而言。他和他的同道者们都把国粹与国学紧密联系起来。他们所谓国学,是指一国之所以为一国的国学。国学与国粹虽不能简单地认为同一物,但国学实属于国粹之精华。他们认为,"国有学则虽亡

---

① 《政艺丛书·壬寅政学文编》,卷五。
② 见《国粹学报》第1年第1期。

而复兴，国无学则一亡而永亡"①。国粹主义者们，例如其主将邓实、黄节、马叙伦、章太炎、刘师培等等，当时都是反满革命论者。他们都毫不讳言以国粹、国学激动种姓，推动革命。马叙伦曾回忆说，他们倡导国粹主义，办《国粹学报》"实阴谋借此以激动排满革命之思潮"②。同时也要指出，国粹主义思潮之兴起，也确有针对欧化日趋日烈的形势的一面。黄节说："宇内士夫痛时势之日亟，以为中国之变，古未有其变，中国之学诚不足以救中国。于是醉心欧化，举一事，革一弊，至于风俗习惯之各不相侔者，靡不惟东西之学说是依。"他认为这是"奴隶于人之学"③，必须纠正这种偏弊，树自己之国学，其办法就是大力提倡国粹主义。

研究国粹主义者的言论著述，我们发现，他们在形式上是保守主义者，而在实质上却是趋新的和革命的。

先谈其实质的方面。

国粹主义的提倡者们，都是对西学有所了解的，他们或者有留学的经历，或者有海外游历的经验，或因师友的关系，得读一些西学书籍。他们虽不赞成醉心西学，但并不排斥西学。他们认为，"国粹也者，助欧化而愈彰，非敌欧化以自防"④。他们更主张借鉴西学，以重新整理中国之旧学。代表国粹主义者之共识的《拟设国粹学堂启》文中说："凡国学微言奥义，均可借皙种之学，参互考验，以观其会通，则施教易而收效远。"⑤

他们趋新和革命的特点还表现在他们对中国传统旧学的分析评论上。须知，一般保守主义者都有一个共同的特点，即对中国传统旧学无分析地认为都是值得珍惜的东西。国粹主义者不然。他们把中国传统旧学一分为二：一种是为历代统治者所张扬的，是所谓"君学"；一种是为历代在野之学者所悉心研究的，这才是所谓"国学"。邓实说："君学者，经历代帝王之尊崇，本其学说，颁为功令，而奉为治国之大经，经世之良谟者

---

① 许守微：《论国粹无阻于欧化》，见《国粹学报》第 1 年第 7 期。
② 马叙伦：《石屋余沈》，转引自郑师渠《晚清国粹派文化思想研究》，北京师范大学出版社 1997 年版，第 10 页。
③ 《国粹学报叙》，《国粹学报》第 1 年第 1 期。
④ 许守微：《论国粹无阻于欧化》，《国粹学报》第 1 年第 7 期。
⑤ 见《国粹学报》第 3 年第 2 期。

也。……若夫国学者，不过一二在野君子，闭户著书，忧时讲学，本其爱国之忧，而为经生之业，抱残守缺，以俟后世而已。"① 他们认为，君学是应该淘汰的，只有国学才是值得继承发扬的。这种认识，实在是非常具有革命性的。

不仅如此，我们通常都承认，孔子与儒学是中国传统旧学之主导。一切保守主义者最为极力保守的也正是孔子与儒学。但国粹主义者却并非尊孔崇儒主义者，他们对孔子与儒学颇能持一种分析和评判的态度。邓实说："我国自汉以来，以儒教定于一尊，传之千余年。一旦而一新种族挟一新宗教以入吾国，其始未尝不大怪之，及久而察其所奉之教，行之其国，未尝不治，且其治或大过于中国。于是而恍然于儒教之外复有他教，六经之外复有诸子，而一尊之说破矣。"② 他们还具体指出独尊孔儒所造成的弊害。例如，他们指出，孔儒学说与君主专制紧密结合，成为专制君主的得力工具，以致"其学能使天下之人驯服而不敢动，而一听君主之操纵也"。③ 他们还指出，独尊孔儒，又造成思想学术的僵化、窒息。孔儒既树为一尊，则"诸子之学遂绝于中国"④。不宁唯是，将独尊的孔儒之学定为官学，由统治者操纵，必守一家之言，不容异说出现，"借孔子以束缚天下之人之思想言论"。一旦出现异说，必严行取缔，攻伐，焚毁，杀戮，无所不用其极。章太炎等还揭露孔儒之学本身的种种弊病。在《诸子学略说》中，章氏批评儒家"以富贵利禄为心"，"唯在趋时"，所谓"君子时中，时伸时绌，故道德不必求其是，理想亦不必求其是，唯期便于行事则可矣"。所以，"用儒家之道德，故艰苦卓厉者绝无，而冒没奔竞者皆是"。"用儒家之理想，故宗旨多在可否之间，论议止于函胡之地"。因之，"儒术之害，则在淆乱人之思想"⑤。在清末，这是批评孔子和儒家最激烈的言论，正可表现出国粹主义者们的趋新与革命的精神。

但国粹主义者们的保守主义的一面也是不容否认的。我们说它的保守

---

① 《国学无用辨》，《国粹学报》第 3 年第 6 期。
② 《古学复兴论》，《国粹学报》第 1 年第 9 期。
③ 黄节：《孔学君学辨》，《政艺通报》1907 年第 3 期。
④ 邓实：《国学复兴论》，《国粹学报》第 1 年第 9 期。
⑤ 见《国粹学报》第 2 年第 8 期。

主义主要表现在形式方面，是指它包裹着一层浓重的民族主义的外衣。他们强调，国学系国家民族之存亡。他们鼓吹，要用国学、国粹铸造国魂。他们说，"国学即国魂所存"。所以，"保全国学，诚为最重要之事"①。民族主义在文化上，不可避免地会带有保守主义的特征，这是古今中外的历史所明白昭示的。正因此，尽管国粹主义者们声明，他们并不反对欧化，但他们还是无法抑制地表现出他们对欧化的担忧。如前引黄节那篇与发刊词有同等意义的《国粹学报叙》中，指责"醉心欧化"者，"靡不唯东西之学说是依"，是"奴隶于人之学"。这种心态是完全合乎逻辑的，以民族主义为其基本立脚点，当然要对非本民族的外来的东西保持相当的警惕。事实上，国粹主义者们对西方的认识和了解是很有限的。他们在保国学、保国粹的使命感的笼罩下，宣扬旧学，礼赞旧学成了他们的主要基调，而这又恰是他们所优为之事。《拟设国粹学堂启》里面，开篇即深以时人"不尚有旧"为忧，竟悲叹道："嗟乎！户肄大秦之书，家习劫卢之字，宿儒抱经以行，博士倚席不讲，举凡三仓之雅诂，六艺之精言，九流之坠绪，彼嬴秦蒙古所不能亡者，竟亡于教育普兴之世，不亦大可哀邪！"② 这里所表现出的对旧学的珍惜和依恋之情是何等深切。章太炎尽管对孔儒之学有很深刻的批评，但精熟于中国旧学，毕竟是他的最大优势。他在《原学》一文中，缕述诸多中国所长，而"远西"所"弗能为"的事情之后，说："世人大共儇弃，以不类远西为耻；余以不类方更为荣，非耻之分也。"③ 国粹主义者的保守主义的内心世界显露出来了。

　　国粹主义者们曾把欧洲文艺复兴时期的思想家和学者引为同道，以为他们自己所做的是中国的文艺复兴。这种心态是可以理解的。但是在当时的中国，做文艺复兴的事业，无论是客观条件，还是主观条件都不具备。于是他们随着时势的发展演变而使其国粹主义时而表现为激昂的革命精神，时而表现为落伍的保守主义情绪。由于他们自身的西学知识不足，缺乏新的理论与方法的训练；同时，在旧学的整理方面也缺乏足够的积累。

---

① 许之衡：《读国粹学报感言》，《国粹学报》第 1 年第 6 期。
② 见《国粹学报》第 1 年第 1 期。
③ 见《国粹学报》第 6 年第 4 期。

所以，他们因直接投身于反满革命斗争而激发出来的进取与革命的精神，随着辛亥革命的退潮而逐渐被其固有的保守主义的形式所压抑，甚至窒息。剩下来的就只有恋旧、恋古的心理了。也正因如此，他们的保守主义也就为后来反对新文化的学衡派承接起来了。

　　不过，我们明显可以看到，国粹主义所保守的，与戊戌时期的保守主义所保守的已大为不同。后者所要保守的是所谓纲常名教，最主要的是君主专制制度。而国粹主义者不但不要保守君主专制制度，而恰恰是要打倒君主专制制度。那么，他们着力要保守的是什么呢？这就要看看他们所谓的"国粹"到底是什么。

　　黄节说："发现于国体，输入于国界，蕴藏于国民之原质，具一种独立之思想者，国粹也。有优美而无粗犷，有壮旺而无稚弱，有开通而无锢蔽，为人群进化之脑髓者，国粹也。"[①] 邓实说："一国之立，必有其所以自立之精神焉，以为一国之国粹，精神不灭，则国亦不灭。"[②] 许守微说："国粹者，一国精神之所寄也。其为学，本之历史，因乎政俗，齐乎人心之所同，而实为立国之源泉也。"我们仔细审读这些文字，可以有几种观念。第一，他们所说的国粹，显然不是物质性的东西，而是一种精神。第二，这种精神应是一国所独有的。所谓"发现于国体，输入于国界，蕴藏于国民之原质，具一种独立之思想者"，此之谓也。第三，这种精神是足以使国家民族自立的，没有此种精神，国遂以亡，它是国家与民族存亡所系的东西。第四，这种精神是由整个国家民族的历史所凝聚、铸造出来的。所谓"本之历史，因乎政俗，齐乎人心之所同"，即此之谓也。国粹主义者所描述的这种作为一国之国粹的精神，不免有些失之笼统、抽象。我们开篇所说，保守主义越到后来越在精神上加以放大，甚至变得有些玄妙，就是指此而言。若正面地，具体地说清国粹到底是什么，是很难的。但我们却比较容易说清国粹不是什么。首先，它肯定不是物质的器物。其次，它也不是国家的制度。国粹主义者非常明确地反对中国固有的君主专制制度。所以，他们所说的国粹，肯定是器物、制度以外的东西。由此便

---

① 《国粹保存主义》，见《政艺丛书·壬寅政学文编》卷五。

② 见《政艺通报》1903 年第 24 期。

可以看出，国粹主义者所要保存的，只是中国之所以为中国的那些精神性的东西。这就比戊戌时期的保守主义者更进了一步。这也是他们能够同后来主要由留学生构成的学衡派连接起来的一个重要原因。

四　新文化运动时期的学衡派：最高文化精神，中西古昔为一

新文化运动时期有过不同形态的保守主义，例如有初期的以林纾为代表的古文派，有稍后出现的以梁漱溟为代表的所谓"东方文化派"，有后期出现的以梅光迪、吴宓等为代表的学衡派。就其声势之大、持续之久，尤其是其反对新文化之激烈程度而言，自然是以学衡派为最重要。所以，这里我们主要研究一下学衡派。

首先，我们看学衡派是怎样攻击新文化的。

他们指责提倡新文化者弃绝传统。吴宓认为，"新文化运动者反对中国的传统"，说他们将中国传统文化中一切"普遍性的文化规范一并打倒"，因此"损害了人类的基本美德与高尚情操"[①]。梅光迪则攻击新文化派称，"彼等以推翻古人与一切固有制度为职志，诬本国无文化，旧文学为死文学，放言高论，以骇众而眩俗"[②]。胡先骕则说，新文化之提倡者们，"为求破除旧时礼俗之束缚，遂不惜将吾国数千年社会得以维系，文化得以保存之道德基础根本颠覆之"[③]。以此，不能不造成政治腐败，人心浇漓，国本动摇。这等于说，新文化运动对于中国社会、政治、文化之发展，是一大罪恶。

学衡派又指责提倡新文化者们，对于西方文化毫无研究，缺乏理解，所倡导之欧化，乃是"伪欧化"。梅光迪说，提倡新文化者"其所称道，以创造矜于国人之前者，不过欧美一部分流行之学说，或倡于数十年前，今已视为谬陋，无人过问者。……马克思之社会主义，久已为经济学家所

① 见《中国之旧与新》，《中国留学生月报》第 16 卷第 3 期。
② 《评提倡新文化者》，见《学衡》第 1 期。
③ 《中国今日救亡所需之新文化运动》，见《国风》1 卷 9 期。

批驳，而彼等犹尊若圣经。其言政治，则推俄国，言文学，则袭晚近之堕落派（The Decadent Movement），如印象、神秘、未来诸主义皆属此派。所谓白话诗者，纯拾自由诗（Verslibre）及美国近年来形象主义（Imagism）之唾余，而自由诗与形象主义亦堕落派之两支。乃倡之者数典忘祖，自矜创造，亦太欺国人矣。……彼等于欧西文化，无广博精粹之研究，故所知既浅，所取尤谬。以彼等而输进欧化，亦厚诬欧化矣"①。吴宓在这一点上，也是攻击不遗余力。他说："彼新文化运动之所主张，实专取一家之邪说，于西洋之文化，未识其涯略，未取其精髓，万不足代表西洋文化全体之真相。"认为，"其取材则惟选西洋晚近一家之思想，一派之文章，在西洋已视为糟粕为毒鸩者，举以代表西洋文化之全体"。他还更为激烈地攻击说："今新文化运动之流，乃专取外国吐弃之余屑，以饷我国之人。闻美国业电影者，近将其有伤风化之影片，经此邦吏员查禁不许出演者，均送至吾国演示。又商人以劣货不能行市者，远售之异国，且获重利，谓之 dumping。呜呼！今新文化运动，其所贩入之文章、哲理、美术，殆皆类此，又何新之足云哉！"② 梅、吴两氏被视为"学衡派"的灵魂人物，也是该派攻击新文化之最偏激者。他们诬称，新文化提倡者们所输入之学理，通通都是最坏的东西，实难令人信服。

他们对新文化的另一个严重指责是其平民主义。梅光迪说："吾国近年以来，所谓'新文化'领袖人物，一切主张皆以平民主义为准则。惟其欲以神道设教之念，犹牢不可破，其行事与其主张相反，故屡本陈涉、宋江之故智，改易其形式，以求震骇流俗，而获超人天才之名。"③ 彼又说："今日吾国所谓学者，妄以平民主义施之于天然不可平等之学术界，雅俗无分，贤愚夷视，以期打破智识阶级。故彼等丛书杂志之多而且易，如地菌野草。"④ 将新文化一派的丛书、杂志概诬之为地菌野草，显属污蔑之词。梅氏又说："学术为少数之事，故西洋又称智识阶级为智识贵族。人类天材（不）齐，益以教育修养之差，故学术上无所谓平等。……文化之

---

① 《评提倡新文化者》，见《学衡》第 1 期。
② 以上引文均见吴宓《论新文化运动》一文，见《学衡》第 4 期。
③ 《评今人提倡学术之方法》，见《学衡》第 2 期。
④ 《论今日吾国学术界之需要》，见《学衡》第 4 期。

进，端在少数聪明特出不辞劳瘁之士，为人类牺牲，若一听诸庸惰之众人，安有所谓进乎？"① 所以，在梅氏看来，一切思想学说，一切文化现象，"其本体之价值，当取决于少数贤哲，不当以众人之好尚为归"②。而一切文化之创造，亦仅为极少数优异分子之事，与大众毫无关系。吴宓、胡先骕等也都抱持此种知识贵族的立场，极力排斥平民主义。当然，梅光迪曾说过，"平民主义之真谛，在提高多数之程度，使其同享高尚文化，及人生中一切稀有可贵之物，如哲理、文艺、科学等，非降低少数学者之程度，以求合于多数也"③。这话自然不错，但像他们那样，高居于"象牙之塔"内，眼中全无大众，根本不知大众之需要为何，又何从"提高多数之程度，使其同享高尚文化，及人生中一切稀有可贵之物"呢？所以，其所谓"提高多数之程度"云云，不过是些空话而已。

学衡派攻击新文化还有一项罪名，是说他们相信和追求进步。吴宓说："物质科学以积累而成，故其发达也循线以进，愈久愈详，愈晚出愈精妙。然人事之学，如历史、政治、文章、美术等，则或系于社会之实境，或由于个人之天才，其发达也无一定之轨辙。故后来者不必居上，晚出者不必胜前。因之，若论人事之学，则尤当分别研究，不能以新夺理也。"④ 当时提倡新文化者，都颇相信进化主义，认为历史是进化的，因之，人类都有追求进步的要求。提倡新文化，批判旧文化，正所以推动社会进步，增益人群之幸福。而学衡派则恰相反对，他们认为进化主义是毫无道理，甚且是导致社会堕落的一大原因。梅光迪早在胡适最初提出文学革命的问题时，便与胡适争辩，他批评胡适"以为人类一切文明皆是进化的"，这是他所深不以为然的。他说："科学与社会上实用智识（如 Politics Economics）可以进化，至于美术、文艺、道德则否。"他认为，人们尊信进化主义，乃受卢梭以来之所谓"浪漫主义运动"的影响。"其流弊乃众流争长，毫无真伪善恶之别"，遂使"价值混乱，标准丧亡，天下皆

---

① 《论今日吾国学术界之需要》，见《学衡》第 4 期。
② 《现今西洋人文主义》，见《学衡》第 8 期。
③ 《论今日吾国学术界之需要》，见《学衡》第 4 期。
④ 《论新文化运动》，见《学衡》第 4 期。

如盲人瞎马。卒之，抉择之力失，智识上之发达退步千里"。① 在梅氏看来，因迷信进化主义，人类文明不但没有进步，反而倒退。他更武断地说，第一次世界大战就是迷信进化主义的结果。

在一些具体的学术文化领域（例如文学革命），学衡派对新文化攻击的言论甚多，此处不再赘述。上述四个方面，基本反映出学衡派对待新文化的立场和态度。下面我们再看彼等其他方面的思想言论。

学衡派攻击新文化弃绝传统。那么，他们自己是如何对待传统的呢？他们坚信中国传统有不可磨灭的价值，而其中最核心的东西是孔子代表的儒学。梅光迪早年即认为，"孔子之大，实古今中外第一人"②。儒家学说是塑造"君子人格"的最好教材。此种认识，后来迄无改变。吴宓认为，"中国文化，以孔教为中枢"③。而孔子与儒学的基本精神又集中体现于礼教之中。学衡派中著述颇多的柳诒征在其《国史要义》中说："礼者，吾国数千年全史之核心也。"④ 吴宓则说："吾侪居今之世，颇欲讲明礼教之精意，而图保存之。"而在他看来，"礼教之精意，亘万世而不易者也"。学衡派中之后进，《学衡》杂志的主要撰稿人之一缪凤林更明确说："中国文化的根本在礼"，"中国文化最伟大之成就，即在其礼教之邃密"。⑤ 礼教的内容即是通常所说的纲常节目。新文化提倡者们批判得最厉害的正是旧礼教。在这一点上，可谓两派针锋相对。吴宓曾不止一次地指出，他只是要保存和发扬礼教的精意，而不拘守于礼教之末节。但他本人及学衡派的其他人，都不曾虚心地冷静地研究和分析礼教之精意到底是些什么东西。因之，一味笼统地鼓吹礼教，势必教人安于旧礼教之三纲五常的束缚，而不能得精神之解放。

学衡派攻击新文化派输入西方文化都是其糟粕，甚至是毒鸩。他们自己并不反对输入西方文化，只是他们强调要特别注重选择。他们选择了什

---

① 以上引文见《胡适与梅光迪——从他们的争论看文学革命的时代意义》，《耿云志文集》，上海辞书出版社 2005 年版，第 431 页。

② 见《耿云志文集》，第 432 页。

③ 《论新文化运动》，见《学衡》第 4 期。

④ 《国史要义·史原第一》，第 9 页。

⑤ 《谈谈礼教》，见《国风》第 1 卷第 3 期。

么呢？他们选择了据他们自己说是西方文化中最无弊病的一种，那就是他们的恩师白璧德的所谓"新人文主义"。这种新人文主义之所以令他们极端崇信，其原因大致有如下几个方面。一、白璧德等新人文主义者认为，人性分为"理"、"欲"二元。"若人诚欲为人，则不能顺其天性，自由胡乱扩张，必于此天性加以制裁，使有节制之平均发展。"① 此说与中国理学家"以理制欲"，乃至"存天理，灭人欲"之说恰相吻合。因此，以白璧德弟子为主体的学衡派，便以为这是放之四海而皆准的真理。二、白璧德等新人文主义者力辟西方近代以来提倡科学、民主、人权的主流思想，贬之为"机械主义"和"浪漫主义"。认为正是这些思想潮流导致人欲横流，道德堕落，直至发动战争，互相残杀。这又与学衡派对于第一次世界大战的感性反映相契合。三、最重要的是，白璧德等新人文主义者大都赏识中国的孔子和儒家思想，这与学衡派依恋传统的情怀正相默契。白璧德等人一向标榜其新人文主义是综合古代中西文化精神而成者。他们认为西方近代以来，受前述所谓"机械主义"和"浪漫主义"之害，以致文明趋于没落，"亟应取亚洲古昔之精神文明，以为药石"。② 白璧德甚至认为，"孔子之道有优于西方之人文主义者"。他期望结合孔子与亚里士多德之学说，以造成一种"人文的君子的国际主义"③。前面曾说过，梅光迪认为孔子与儒家思想之最高价值正是能够塑造"君子人格"此说本有相当道理。但因此否定近代以来的自由、平等、人权诸说之价值，则不免失之"颂古非今"之偏蔽。吴宓在阐释其师说时称："白璧德先生不涉宗教，不立规训，不取神话，不务玄理，又与佛教不同。……实兼采释迦、耶稣、孔子、亚里士多德四圣之说，而获集其大成。又可谓之为以释迦、耶稣之心，行孔子、亚里士多德之事。"④ 学衡派诸子皆高标继承与会合中西古代文明之精神，以造成一种超乎物质，超乎时代，超乎国界的具有普遍永恒价值的"新文化"。但可惜的是，学衡派中除王国维、陈寅恪、汤用彤、柳诒征等少数具有专业精神的学者，在自己的专业范围内，于中西古

---

① 见胡先骕译《白璧德中西人文教育谈》，载《学衡》第 3 期。
② 《白璧德论欧亚两洲文化》，见《学衡》第 38 期。
③ 《白璧德中西人文教育谈》，见《学衡》第 3 期。
④ 《白璧德论民治与领袖》，见《学衡》第 32 期。

代学术有具体而深入的研究，并著有成绩之外，作为学衡派的灵魂人物，梅光迪、吴宓等并无具体成就可言。

在过去"左"倾教条主义笼罩的年代，一般论及学衡派的著述，一概将之视为反动，不免失之武断和简单化。近年研究学衡派的论著颇多，其中以台湾大学出版委员会出版之沈松侨所著《学衡派与五四时期的反新文化运动》（1984），和北京师范大学出版社出版之郑师渠所著《在欧化与国粹之间——学衡派文化思想研究》（2001）两种著作最为重要。前者对学衡派的思想主张基本肯定，略有批评；后者则大体是肯定与批评参半。他们都是以学者的立场，对学衡派的相关文献作过系统深入的研究而得出自己的结论。对同一事物，经过研究，而得出不尽相同甚至相反的看法，这在学术史上和当今学术界里，乃是常见而且合乎情理的事。其原因大致缘于时代环境，师承渊源，与以往的学术积累及其所侧重之不同。

我本人对学衡派之激烈反对新文化运动这一点，是基本否定的。因为在我看来，他们的说法都不能成立。如他们说，新文化提倡者们弃绝中国一切传统，然而却不曾作出任何有说服力的论证。后来所有否定新文化运动者，大体也都如此。最多不过引证所谓"将线装书都抛到茅厕里去"之类的情绪化的说法和某些青年的过激言行。以此作为评判新文化运动的根据，未免过于皮相了。新文化运动最主要的领袖和灵魂人物诸如陈独秀、胡适、李大钊、鲁迅，以及新文化运动的护法者蔡元培，他们都不曾有什么弃绝一切传统的思想主张。他们对传统持批判的态度，这是理性的思想家和学者所应有的态度。至于究竟传统中哪些应予扬弃，哪些应予发扬光大，则是可以长期从容讨论的问题。像陈独秀那样"必不容反对者有讨论之余地"的说法自属不可取。也正因此，胡适批评他这位老朋友，不赞成他这种武断的态度。

又如，学衡派批评新文化提倡者们输入西方新学理，皆是"糟粕"、"毒鸩"，因此称他们在搞"伪欧化"。此说就更加不能令人信服。即使不考虑新文化提倡者们所介绍的西方新学理对中国人是否具有启蒙的意义，试问，学衡派专注于西方新人文主义一派的学说何以就是"真欧化"？而新文化提倡者们所介绍的实验主义、写实主义、个性主义，以及科学、民主等等就是"伪欧化"？对此，任何一个稍具客观立场的人都是无法信服的。

再如，学衡派攻击新文化提倡者们主张平民主义。我们即使不去讨论近代逐渐消除贵族与平民之间在文化上的鸿沟是否有利于社会之进步，那么究竟有什么理由让我们相信，保持甚或加深这种鸿沟就一定是好事呢？梅光迪曾说："平民主义之真谛，在提高多数之程度，使其同享高尚文化，及人生中一切稀有可贵之产物，如哲理、文艺、科学等，非降低少数学者之程度，以求合于多数也。"① 这话自然不错。可是，事实是新文化运动确曾做到将新教育、新文学等向广大平民阶层普及。所以新成长起来的一代青年学子和一般受过一定新教育的青年，都怀着感激的心情说，他们之所以能够容易地做到开口讲话，提笔作文，都是蒙文学革命和新文化之赐。反过来看，梅光迪辈究竟将多少人提高到与他们"同享高尚文化"的程度呢？实践是检验真理的唯一标准，漂亮话是代替不了事实的。

至于学衡派批评进化主义和进步主义，未尝没有一定的道理。提倡新文化者中，确有些人，有些时候，在有些问题上，把历史上的进化与进步看得太简单，太绝对了；看不到其中的复杂性和曲折性。但究不能因此而主张复古，或过分揄扬古代文化，否定近代以来文化上所取得的进步。

学衡派最大的弱点是其言行不一。除前述王、陈、汤、柳等真正具有专业精神的几个学者之外，以梅、吴为代表的最激烈地攻击新文化运动的几个人，往往陈义过高，而所见甚隘；笔舌颇健，而心胸褊狭；目标远大，而成绩甚微。

梅光迪曾说："改造固有文化与吸收他人文化，皆须先有彻底研究，加以至明确之评判，副以至精当之手续，合千百融贯中西之通儒大师，宣导国人，蔚为风气，则四五十年后，成效必有可睹也。"② 这话说得也并不错。可是梅氏本人对中西学术的任何一个具体领域都谈不上有什么"彻底研究"。他对实验主义、马克思主义、文学写实主义，以及对卢梭等人的非常片面的抨击，也更说不上是"至明确之评判"。谁也无法相信，他的这些批评与攻击是经过"至精当之手续"而得出的结论。吴宓也曾有过宏

---

① 《论今日吾国学术界之需要》，见《学衡》第 4 期。
② 《评提倡新文化者》，见《学衡》第 1 期。

大的志愿，他曾说："今欲造成中国之新文化，自当兼取中西文明之精华而熔铸之，贯通之。吾国古今之学术、德教、文艺、典章，皆当研究之，保存之，昌明之，发挥而光大之。而西洋古今之学术、德教、文艺、典章，亦当研究之，吸取之，译述之，了解而受用之。若谓材料广博，时力人才有限，则当分别本末轻重、小大精粗，择其尤者，而先为之。"① 这可以说是一个很不错的建设中国新文化的纲领之大旨。但很可惜，吴宓、梅光迪及除开前面指出的王、陈、汤、柳等几个学者之外的学衡派诸子，从未曾实际动手去做这种功夫。吴宓在其一生最可有为的时期，大部分用于编刊物和教育与教学的组织工作，尚情有可原。而梅光迪，照吴宓的说法，此人"好为高论，而无工作能力"②。假如他们若能将其有用之精力用于对中西文化某一两个具体领域做深入精细的研究，就像王、陈、汤、柳等人那样，以他们所具备的中西学术基础，是应当有一些实际的建树的。可惜，他们不此之务，而独喜发高论和攻击别人，后人不止为其本人惜，亦为中国文化惜。

　　思想、学术、文化赖有批评与争论而获进步。马克思有云，历史是从矛盾的叙述中清理出来的；真理愈辩而愈明。但批评与辩论当有一定的规范，应当平心说理，言之有据，不当逞意气，攻击漫骂，无限上纲，且作诛心之论。学衡派中有些人，颇犯此忌。梅光迪是一突出的典型。他在《学衡》所发的几篇文章，如《评提倡新文化者》（第 1 期）、《评今人提倡学术之方法》（第 2 期）、《论今日吾国学术界之需要》（第 4 期）等，常被研究者所征引，视为学衡派精神之代表作。然而，这几篇文章实在有失学者仪范。漫骂之词，诛心之论，所在多有。如骂"今之吾国学者，……如政客娼妓之所为"③。"故语彼等以学问之标准与良知，犹语商贾以道德，娼妓以贞操也。"④ 又骂人是"门外汉及浮华妄庸之徒"⑤，等等。

---

① 《论新文化运动》，见《学衡》第 4 期。
② 见《吴宓自编年谱》，三联书店 1995 年版，第 235 页。
③ 见《评今人提倡学术之方法》，《学衡》第 2 期。
④ 见《评提倡新文化者》，《学衡》第 1 期。
⑤ 见《论今日吾国学术界之需要》，《学衡》第 4 期。

吴宓等其他人也时有詈骂之语。这与他们所标榜的"平心而言,不事漫骂"①,实在相去甚远。不仅如此,梅光迪等辈还好为诛心之论。如他说:"专制时代,君主卿相操功名之权以驱策天下士,天下士亦以君主卿相之好尚为准则。民国以来,功名之权操于群众,而群众之智识愈薄者,其权愈大。今之中小学生,即昔日之君主卿相也。否则,功名之士又何取乎白话诗文与各种时髦之主义乎!"② 说民国时期的中小学生,即如昔日之君主卿相掌控功名之权,说胡适等人是为着向中小学生们讨取功名而提倡白话文,这岂不是极端的诛心之论吗? 习为漫骂之语,好为诛心之论,这是"大批判"运动的典型特色。我们读梅光迪的《评提倡新文化者》一文,如同读一篇古代的讨罪檄文,尤像是读"文化大革命"时期的一篇大字报。他给提倡新文化者列出四大罪名:"一曰,彼等非思想家,乃诡辩家也";"二曰,彼等非创造家,乃模仿家也";"三曰,彼等非学问家,乃功名之士也";"四曰,彼等非教育家,乃政客也"。通篇只见罪名,而不见罪证;满纸都是声讨和漫骂,而不见有任何具体的分析。攻其一点,不及其余,动辄出漫骂之语,为诛心之论,这是中国儒家一个很坏的传统(儒家自然有许多好东西,但坏东西也不容否认),由孟子开其端,后世以孔孟真正传人自居者承其绪,其余毒残焰在"文化大革命"中,竟成遍地野火。中国人真欲造成现代文明,必须学会尊重对手,与对手同守游戏规则,平心地讨论问题。

任何民族的文化都有其不可磨灭的精神在,学衡派强调要维系中国文化的基本精神,自有其道理。但此基本精神要做具体分析,不可笼统地抽象地提倡和鼓吹,以致造成复古、崇古之风,遏抑新文化的成长。学衡派的保守态度虽有其消极作用,但文化之发展,历来都是在进取与保守的互动中前进的。我们这里关注的不是对学衡派作出全面的评价,而是要指出学衡派在近代中国文化转型过程中,其在保守主义系谱中的角色特点。

学衡派最大的特点是他们以西学为武器,与新文化运动相抗衡。这是与以往各时期的保守主义者截然不同的。近代中国思想文化上的保守主义

---

① 《弁言》,见《学衡》第1期。

② 《评提倡新文化者》,见《学衡》第1期。

者，历来都在某种程度上对西方文化采取排斥的态度，并且以中国传统思想为武器，来抨击西方文化。唯有学衡派反而是根据西方一个学派的学说来做保守中国传统的工作。这表明，排斥西方文化已经是根本不可能了。世界化的大趋势已无法阻挡，要不甘于完全被淘汰，就只有顺应这种大趋势。中国的保守主义者，也无法逃避这个世界化的潮流。他们终于从西方新人文主义那里，找到了共同的精神园地和共同的语言。他们说，你们看，西方著名思想家和学者也是主张保守传统的，你们不是主张学习西方吗？那就应保守传统才是。否则，你们岂不是搞的"伪欧化"吗？保守主义者本意是要借用西洋武器来阻遏新文化运动的发展。但这种西洋武器原是对付西方过度膨胀的近代性的某些东西；而这些东西在中国还基本上没有长成。近年来颇有些学者喜欢把五四前后的中国保守主义者与西方的后现代主义相提并论，这是很不妥当的。西方后现代主义是在现代化充分发达的基础上，取得某种略高于资本主义现代化的视角来批评现代化，所以含有合理性。而中国的保守主义者们基本未识现代化为何物，来批评那些提倡现代化的人。他们的批评不是基于某种高于现代化的视角，而是骨子里满怀对古代的依恋之情。所以过分高估学衡派诸子的文化主张是没有道理的。

至此，我们可以对近代中国文化保守主义者角色演变的轨迹及其文化史的意义略作一番检讨。

第一，保守主义者起初极端排外，对西方文化一概排斥。鸦片战争后二十年左右，渐渐兴起"师夷长技"的洋务运动，其所师者，不过器物、工艺而已。这些洋人的事物渐渐被士大夫之稍具开放眼光者所承认。但人们坚持认为中国的政教制度、人伦道德远高于西方，故必不许稍有失坠。人们把这叫做"中体西用"。在那时期，保守主义者人数众多，他们所要保守的"中体"，是中国固有的君主专制制度与纲常名教。19世纪90年代至20世纪初期，由于内外环境的逼迫，改革派与革命派先后继起，他们深知，要救国，须图强，要图强，就必须废除腐朽的君主专制制度，建立立宪的近代民主制度（改革派希望避免暴力革命，故主张通过和平改革，实现君主立宪；革命派则主张通过暴力革命，推翻清朝的君主专制制度，建立民主共和制度）。从这时起，直到民国初年，一般保守主义者（其人数已经大大减少）知道君主专制制度已保不住，于是退而保中国固有的伦理道德、圣圣相传的学说思想等等纯属精神文化的东西。清末的国粹主义者，民初的尊孔主义者，以及新文化运动初起时的一些保守主义者均属此类。学衡派，从大的方面说，也属于此类之范围。但其特出之点在于，他们已不津津于一般旧道德和旧的思想学说之保守，而尤致力于提倡中西文化自古以来就绳绳相继的共通的基本精神。可见，保守主义者所能排拒的西方文化，和他们所能保守的中国文化，其范围都愈缩愈小，最后在退无可退的情况下，于西方新起的一种保守主义的特别流派中，找到托命之地。

第二，这里有一点非常有趣，即提倡新文化者的理论依据之一就是承认中西文化本质上是可以互通的。他们认为，西方文化因某些内外环境的因素，近代以来，走快了几步，跑到前边了，中国人需要赶上去。学衡派则强调说，西方因一味地往前跑，结果出了大乱子。现在人家已经反省了，要回复到古代的文化精神里去。而古代的文化精神是中西所共通的。中国要学西方，就要学习西方的新人文主义，学习那些与中国古代的文化精神相通的西方文化。于是两派的争论与以往进步与保守之间在中西文化问题上的争论大不相同，不是要不要学习西方文化的问题，而是遵循哪一派西方学说的指引的问题。也就是说，中西文化要打通，已经没有疑问了。这就表示，中国文化不可避免地要走世界化之路。

第三，一个民族的文化精神到底是什么，是很难说得清楚的；中西共通的文化精神到底又是什么，这就更难说得清楚了。强为之说，必不免抽象、笼统。既失于抽象、笼统，即不免苍白无力，难以真正说服人。但民族文化各有其特别之精神，则是不应否认的。这种精神并非只存在于文字典籍中，那不过是这种精神留下的记号、痕迹而已。真正的民族文化精神是存活在千千万万的民众的生活实践之中。当胡适与后来提倡"本位文化"者们争论时，胡适指出，那真正的文化本位，"就是那无数无数的人民"。他的说法实在比讲"文化本位"的十教授和讲"文化精神"的学衡派要切实得多，也高明得多了。惟其如此，讲文化问题，尤其是讲文化传统问题，是决不能忘记千千万万的人民大众的。如今我们发现，在中国大陆以外的儒家文化圈里，把儒家文化中之真正优美的东西保存很多，且保存得很好，岂不是大可发人深省吗？人民最根本的需要就是安定的生活，美好的传统只有在人民安定的生活中，才会得到最好的护持。从这里我们又可更清楚地看出，学衡派最值得重视的见解，是他们反对激烈的变革这一点。而在这一点上，他们与最受他们攻击的，提倡新文化的胡适是没有根本分歧的。胡适在他的博士论文里就曾指出，一个具有光荣历史以及自己创造了灿烂文化的民族，在一个新的文化中绝不会感到自在的。如果那新文化被看作是从外国输入的，并且因民族生存的外在需要而被强加于他的，那么，这种不自在是完全自然的，也是合理的。如果对新文化的接受不是有组织地吸收的形式，而是采取突然替换的形式，因而引起旧文化的消亡，这确实是全人类的一个重大损失。因此，真正的问题可以这样说：我们应当怎样才能以最有效的方式吸收现代文化，使它能同我们的固有文化相一致、协调和继续发展。这里不同的是，胡适所追求的，仍是现代的新文化，而不是学衡派所刻意追求的中西古典文化。

从上述这一点出发，我们又可进一步认识到，在文化的问题上，最要注意的是避免偏激的态度。过于激进的革新，或过于偏激的保守都是脱离民众的大多数，都难以收到好的结果。

但反对过分的激进与过分的保守，不等于简单地折中，那种站在争斗着的激进与保守者的旁边高唱调和折中论调的旁观者，绝不是我们所提倡的。我个人认为，在中国文化发展的进路中，最重要的是要提倡躬行实践，即或者是致力于向国人介绍外来的新东西；或者是努力整理、发掘传统文化的精华；或者是努力做两种文化某些具体的结合创新的尝试。这中间可能会经历许多曲折甚至是失误，但新文化只能是在这种充满曲折，包括无数成功与失败的长期积累的基础上发展起来。

2008 年 8 月 27 日改定

（原载《湖南大学学报》（社会科学版）2008 年第 6 期）

世界化与个性主义

——现代化的两个重要趋势

深切关心中国历史命运的海内外知识分子，百余年来一直围绕着近代中国历史发展的主要趋势问题进行思考和讨论。20 世纪 80 年代，中国内地历史学界曾有过一场关于近代中国历史的中心线索是什么的争论。一些人认为中心线索是反帝反封建的革命运动；一些人则认为是如何现代化的问题。前者明显地是反映革命主义的思维，后者则显然关照到历史中更深刻更本质的东西。谁都知道，革命不是目的，它是为了实现某一目标而采取的手段。但在激荡的革命斗争年代，一般人无暇思考更深层的东西。80 年代，人们才提出现代化的问题，因为激烈的革命斗争年代已经过去，改革开放已经开始。这场争论很有象征性意义。

实际上，早自 19 世纪末，中国启蒙思想家和改革思想家们就已经意识到了现代化的问题。只是由于特殊的历史条件，改革与建设总是无法坚持进行，迫使人们投入革命的运动。而且革命一波又一波，继长增高，席卷一切。遂使人们观念上起了变化，以为革命是根本解决中国问题的不二法门，革命就是一切。取得政权的政党，未尝不曾顾到建设与现代化的问题。但由于革命主义几乎已上升为一种世界观，一种意识形态，用革命主义的思维对待建设问题，对待现代化的问题，则现代化无法走上健全的轨道。

现代化本身的界定是一个长期有争论的问题。我倾向于不把现代化看成是某种固定的可以具体加以描述的标准，而最好把它如实地描述为一种发展的趋向。现代化主要是两个相互紧密联系的发展过程，发展趋向。从外部关系上说，它是个世界化的过程，从内部关系上说，它是个个性化（即个人价值——自主权利及其创造精神——逐步充分实现）的过程。我以为，对于后发展国家，这两个趋向尤为明显。如此观察，可以比较更深刻地，更准确地把握现代化的实质。

世界化与个性主义，都是极大的题目，本文略从宏观文化的角度，力求揭示近一百多年来中国历史发展的大趋势，以及人们对这种大趋势的认识的曲折历程。此前，尚无人这样明确地提出这个问题并加以阐释，笔者甚望就此引起讨论和批评。

一

世界化的过程是伴随着近代世界市场的形成和逐步拓展而发生的。被卷入世界市场的各个国家之间，由物资交流而人员往来，进而发生文化的交流。对于一个具体的国家而言，世界化首先是对外开放，只有开放了，才会有逐渐发展的相互交流（经济的、政治的、文化的）。其次，在交流的过程中，对外来的东西有所吸收，固有的东西则有些向外流传。再次，外来的东西与固有的东西不可避免地会发生一些碰撞，多次碰撞之后，有些可以互相化合，有些因碰撞而互相砥砺、磨洗，从而各自更加显出其固有的光彩。最后，化合了的或固有光彩更加显现的东西，就会构成新的世界文化的有机组成部分。

中国的开放起初是被迫的。因此，中国人对世界化趋向的自觉意识颇经历一番曲折，发育迟缓。从鸦片战争后被迫开口通商，数十年下来，人们仍然没有意识到这种世界化的趋势和自觉地去适应它。绝大多数人仍为朝贡体制的天下观所束缚，仍不肯以普通国家间的关系来处理对外事务。为了外国使臣晋见中国皇帝的礼节问题长期争持不下，绝大多数中国官吏都坚持须跪拜始能晋见。对于外派使臣，他们更以为是将朝廷重臣放逐蛮邦，有类于人质。李善兰在其与艾约瑟合译的《重学》一书出版序言中，竟然说："异日人人习算，制器日精，以威海外各国，令震慑，奉朝贡，则是书之刻，其功岂浅鲜哉？"① 可见一般士大夫的观念，仍未摆脱古代朝贡体制下的思想框架。

---

① 转引自王扬忠《傅兰雅与近代中国的启蒙》，科学出版社2000年版，第8页。

在官吏阶层，除了后来出使外洋的郭嵩焘、薛福成等较具世界眼光之外，在国内重臣之中，大约李鸿章算是较早产生世界意识的人。他对于创办同文馆，建江南制造局，派幼童留学，或为倡首，或为赞助，皆有大力。他在同治朝最后两年已主张不必坚拒外使晋见，"礼与时为变通"①，可以不必拘执跪拜之礼。他意识到当时所处时势"实为数千年未有之变局"②。此话成了后来人所经常引用的一句名言。更可贵的是，他认识到，泰西各国富强，"皆从各国交好而来。一国的见识无多，聪明有限，须集各国的才力聪明，而后精日益精，强日益强。国与人同，譬如一人的学问，必要出外游历，与人交际，择其善者，改其不善者，然后学问益进，智识愈开。国家亦然。或者格物的新理，制造的新式，其始本一国独得之秘，自彼此往来，于是他国皆能通晓效法。此皆各国交际的益处"③。这是对世界化的一种积极的姿态。

中国人对世界化发生自觉意识，第一个重要时期是戊戌前后到辛亥前后的十几年中。

维新运动的领袖康有为正是看到了世界化的大趋势，所以极力主张变法以应世局而图存求强。他早就明白今之列强，非古之夷狄。他在《进呈日本明治变政考序》中说："今者四海棣通，列强互竞，欧美之新政、新法、新学、新器，日出曹奏。欧人乃挟其汽船、铁路以贯通大地，囊括宙合，触之者靡，逆之者碎。采而用之，则与化同，乃能保全。"④ 他的学生梁启超则认识到："今日地球缩小，我中国与天下万邦为比邻，数千年之统一，俄变为并立矣。"⑤ 当时由维新派主办的《湘报》上，相继有两篇文章激烈鼓吹中国应一切效法发达的西方各国，追步世界进步潮流。易鼐著文称："若毅然自立于五洲之间，使敦槃之会，以平等待我，则必改正

---

① 李鸿章：《奏复洋人恳请觐见应予开导并酌定礼节一案大概情形》（同治十二年四月五日），载《筹办夷务始末》，第 90 卷，第 5 页。

② 李鸿章：《奏陈方今天下大势及分条复陈练兵造船筹饷各事》（同治十三年十一月四日），载同上，第 99 卷，第 13 页。

③ 李鸿章：《李文忠公全集·译署函稿》第 6 卷，第 13 页。

④ 汤志钧编：《康有为政论集》上，中华书局 1981 年版，第 222 页。

⑤ 梁启超：《论中国与欧洲国体异同》，《饮冰室合集·文集之四》，第 67 页。

朔，易服色，一切制度悉从泰西。"① 另一位激进的维新志士樊锥则认为，中国应该"一切繁礼细故，……一革从前，搜索无剩，唯泰西者是效"②。这听起来极像是后来被人们称为"全盘西化论"的思想。其实质，我以为就是对世界化大趋势一种急激的反应。

戊戌维新运动，志在改变君主专制制度，朝向君主立宪的目标做一些开路的工作。维新志士力图证明旧的君主专制制度及维系这一制度的一切旧章、旧法、旧观念，都无法原封不动地继续存在下去。中国要生存，要立于平等竞争的新世界，就必须变革。尽管西太后发动政变，杀戮维新志士，废弃已经宣示的变革，引起一次大反动。但变革的闸门一开，就再也无法完全堵住这一股世界化的潮流。此后十几年间，有越来越多的人自觉到这一潮流。革命运动，立宪运动，都是这一潮流的集中表现。孙中山认识到"人群自治为政治之极则"③，这是他流亡国外，体察外国政治制度的运作，并读许多西书后得出的结论。梁启超流亡日本后著文数百万言，其中相当多数都是论述中国处列强竞争之世，如何新我国民，开我民智，新我民德，强我民力，以适应世界潮流，成宪政之国家，求并立于各国之林。至民国肇建，他发表《中国立国大方针》一文，第一标题就叫做"世界的国家"。"世界的国家"一词，很可能是梁启超最早提出的。其文大旨谓："今代时势之迁进，月异而岁不同，稍一凝滞，动则陵夷。故有国有家者，恒竞竞焉内策而外应若恐不及。然则今日世界作何趋势，我国在世界现居何等位置，将来所以顺应之以谋决胜于外竞者，其道何由？此我国民所当常目在之而无敢荒豫者也。"④ 有趣的是，当时荷兰阿姆斯特丹一家报纸登出一幅时事画，画有一室，室中有代表美国及世界共和国家的人物五个，另有一个从门口刚进来的着中式服装的小男孩，代表新中国，表示世界共和国家欢迎这个新生的共和国。⑤ 此画很有一点象征意义。显示中国开始被世界正式接纳，成为梁启超所说的"世界的国家"。

---

① 《中国宜以弱为强说》，《湘报》第 22 号。
② 《开诚篇》（三），《湘报》第 24 号。
③ 见《孙中山全集》第 1 卷，第 172 页。
④ 见《饮冰室合集·文集之廿八》，第 40 页。
⑤ 见《胡适留学日记》第二册所收"时事画四十五幅"之第 31 幅，商务印书馆 1947 年版。

五四新文化运动前后，中国的世界化进程和中国人的世界化意识都达到了新的高度。

从清末到民国，中国从各个方面努力借鉴和效法西方。从尝试君主立宪到建立共和国，这是政治方面趋向世界化。办新式工业，办近代交通、邮政，这是经济方面世界化的成绩。废科举，兴学堂，逐步发展出近代教育体系；办报纸，译西书等等，这是在教育文化方面推进世界化的表现。与此同时，中国陆续加入许多国际组织，或颁行一些国际通用的规制等等，也正是"与国际接轨"的表示。到五四前后，留学欧美的学子络绎回国，对各项新事业的发达，对中外之间更广泛的沟通，对新思想、新观念的传播，无疑增加了新的动力。

讲到这一时期，不能不提到第一次世界大战对中国的影响。

本来，战场在欧洲，表面看来，与中国无大关系。但战争牵及了当时大多数主要西方国家，这些国家又都在中国有势力范围和种种特别权力，战争的结果将会导致他们在华势力范围和特别权力的某种变化。当时美国特别鼓动中国参战。中国一部分政治家觉得这是中国主动参与世界事务，争得适当国际地位的一个机会。以梁启超为代表的一些人为此积极鼓吹，热心奔走，终于推动当时的北京政府于1917年决定加入协约国，对德宣战。

这场战争对中国的影响主要有四个方面：

第一，由于协约国战胜，中国得以作为战胜国的一员参加巴黎和会。虽在会上备受西方大国欺压，但毕竟是第一次在国际场合主动争取权利，发出一个主权国家的声音。中国代表团拒签损害中国主权的和约，从此开始了争取废除一切不平等条约的斗争。从前，中国一直是被强迫、被强制接受列强种种损害我主权的条件，完全处于被动地位。此次战后，以巴黎和会拒签和约为契机，中国开始逐渐有一些主动争取权利的自觉。有此自觉，才谈得上以平等的独立的主权国家的身份参与世界化进程。

第二，由于战争耗去了许多西方大国的主要精力，中国民族工业第一次获得较好发舒的机会，各方面都有很大进步，获得经济世界化的重要新起点。

第三，由于日本利用西方列强无暇东顾的机会，不但窃夺原德国在中国的势力范围和权益，而且进一步提出二十一条要求。从此，日本成了中国的最大威胁。觉悟了的中国人，一改清末以来学习日本的热心，继而直接向西方国家学习和借鉴。留学欧美的学生逐渐取代了从前留日学生在各个方面引领现代化潮流的地位。从而，中国在政治、经济、教育、文化等各方面的世界化进程更具有了新的面貌。

第四，由于战后巴黎和会上列强不以平等待我，曲从日本的要求，剥夺我山东的自主权利，从而引发五四学生爱国运动。这次运动唤起了农、工、商各阶层的觉醒，使原已发生的新文化运动，以前所未有的规模把中国思想文化进一步推上世界化的轨道。

讲到新文化运动，不能不首先提到陈独秀。他是引发新文化运动的重要先驱。1915年他创刊《青年》杂志，第一篇文章《敬告青年》，通篇都洋溢着世界化的精神。而其宣示杂志六大宗旨之第四项，则专门阐发"世界的而非锁国"的重大意义。他说，当今世界"海陆交通，朝夕千里。古之所谓绝国，今视之若在户庭。举凡一国之经济政治状态有所变更，其影响率被于世界，不啻牵一发而动全身也"。故"居今日而言锁国闭关之策，匪独力所不能，亦且势所不利。万邦并立，动辄相关。……各国之制度文物，形式虽不必尽同，但不思驱其国于危亡者，其遵循共同原则之精神，渐趋一致。潮流所及，莫之能违。于此而执特别历史国情之说，以冀抗此潮流，是犹锁国之精神，而无世界之知识。国民而无世界知识，其国将何以图存于世界之中？"[①]

另一位新文化运动的领袖胡适，在1917年春写成的博士论文《先秦名学史》的《导论》中就以世界化的眼光提出："我们应怎样才能以最有效的方式吸收现代文化，使它能同我们的固有文化相一致、协调和继续发展？"[②] 其实，胡适在美留学期间，因广泛结交各国学生，积极参与学生活动，尤其是"世界学生会"的活动，并担任干事及会长职务。通过这些，已为他培植起深厚的"世界主义"的观念。所以，中国应当走世界化的道路，在胡适看来，简直是不成问题的问题。

---

① 见《青年》1卷1号，又载《陈独秀文章选编》（上），三联书店1984年版，第76页。
② 胡适：《先秦名学史》，学林出版社1983年版，第8页。

梁启超在大战结束后游历欧洲一年多，在其《欧游心影录》中，他再次强调"世界主义的国家"。他认为大战之后，国际联盟的出现，"国家与国家相互之间从此加一层密度了，我们是要在这现状之下，建设一种'世界主义的国家'"。他还特别指出，爱国是应当的，但不要局限于褊狭的旧思想之中。"不能知有国家，不知有世界。我们是要托庇在这个国家底下，将国内各个人的天赋能力尽量发挥，向世界人类全体文明大大的有所贡献。将来各国的趋势都是如此。"①

的确，第一次世界大战后，世界化的趋势是更加明显了。新文化运动的一个重要趋向就是世界化。当时批判以专制主义为核心的旧传统，建设新文化，人们心目中的一个标准就是世界化，就是代表人类文化发展趋势的先进世界文化。这只要检验一下当时整理国故的文献，再看看他们筹划和实施《世界丛书》的计划，就可明白这一点。

五四运动以后，尽管继续发生过许多曲折、反复，以及相应地展开多次论争，但这个世界化的文化大趋势是不曾改变的。在东西文化的争论、本位文化与全盘西化的争论之后，胡适提出"充分世界化"的主张，是这个不可改变的大趋势的反映。但我以为，"充分"两个字尽可去掉，因为它仍含有主观设定的意味。

第二次世界大战后，中国本可出现一次世界化的新的大好机遇。但由于大规模的内战吸聚了民族的大部分精力，当内战结束后，世界形成两大阵营，冷战开始，中国除了与苏联、东欧及亚洲少数国家有所交往之外，对广大世界几乎是处于封闭状态。晚清以来的世界化潮流告一段落。

二

如果说，近代中国曾经被迫、被强制地推到世界化的潮流中，随后较快地引发了自觉世界化的意识。那么，个性主义在近代中国的历史上，却要经历更加艰难曲折得多的过程。这里说的个性主义，本质上与西方的个人主义是同一的东西，只不过由于两千多年来，中国人久处专制主义桎梏

---

① 见《饮冰室合集·专集之二十三》，中华书局 1989 年影印本，第 21 页。

之下，对个人主义一直存有根深蒂固的恐惧和敌视。所以，还在新文化运动期间，那个中国近代史上最提倡个性解放的年代，人们也还尽量避免直用"个人主义"这个词，而经常说的是"个性"。如果要说"个人主义"，也要加上形容词，称为"健全的个人主义"。

在中国古代，本来有过张扬个性主义的思想学说。由于专制主义将孔孟思想定于一尊，于是个性主义就一直处于被压抑，被排斥，被摧残的地位，没有伸张的机会。所以，到了近代，当客观上需要唤起个性主义的时候，人们却以介绍西方个人主义的方式使它复活起来。

最早介绍西方个人主义的是严复。他在《论世变之亟》一文中说，中国与西国最根本的不同点，在"自由与不自由异耳"。他加以阐释说："夫自由一言，直中国历古圣贤之所深畏而从未尝立以为教者也。彼西人之言曰：唯天生民，各具赋畀，得自由者乃为全受。故人人各得自由，国国各得自由。第务令毋相侵损而已。……中国理道与西法自由最相似者，曰恕，曰絜矩。然谓之相似则可，谓之真同则大不可也。何则？中国恕与絜矩，专以待人及物而言；而西人自由，则于及物之中而实寓所以存我者也。"① 严复对个人主义的介绍还是相当准确的。第一，个人主义与自由不可分，是一而二，二而一的事。第二，个人主义即是于"待人及物之中"，要"存我"，不能把我，把个人消融在待人与及物之中。严复此文发表于1895年。第二年，梁启超在《时务报》上发表《论中国积弱由于防弊》一文，其中说："西方之言曰：人人有自主之权。何谓自主之权？各尽其所当为之事，各得其所应有之利，公莫大焉？"② 在《国民十大元气论》一文中他又指出，"人而不能独立，时曰奴隶"③。都是对个性主义略有领悟的表示。谭嗣同在其《仁学》中，从伦理学的角度申说道："五伦之中于人生最无弊而有益，无纤毫之苦，有淡水之乐，其惟朋友乎！所以者何？一曰平等，二曰自由，三曰节宣惟意。总括其义，曰不失自主之权而

---

① 见天津《直报》1895年2月4—5日（光绪廿一年正月初十、十一日），又载《严复集》第一册，中华书局1986年版，第2—3页。

② 引自《饮冰室合集·文集之一》，第99页。

③ 《饮冰室合集·文集之三》，第62页。

已矣。"①

戊戌以后到民国肇建这段时期里，革命运动与改革风潮互为激荡，人们主要的注意力都放在政治方面。言自由则旨在倡民族自由以求独立；倡政治自由以去专制；于深层意义上的个性自由则注意甚少。梁启超是这时期启蒙思想家之佼佼者。他说："吾以为不患中国不为独立之国，特患中国今无独立之民。故今日欲言独立，当先言个人之独立，乃能言全体之独立。"② 其《新民说》倡言自由、自治、自尊、权利思想等等，其义都在尊重个人的价值、地位亦即所以尊个性。

在近代中国，五四新文化运动堪称是个性主义的黄金时期。新文化运动的起因很大程度上就是人们觉悟到，清末以来，人们全力争取立宪，争取民主共和制度，结果，尽管共和国建立起来了，但民主制度并没有落实。其原因就在于个人不能独立，长期专制统治下造成的奴隶主义思想未曾扫除。所以陈独秀说："所谓国民政治，果能实现与否，纯然以多数国民能否对于政治，自觉其居于主人的主动的地位为唯一根本之条件。"③ 若自觉居于主人主动的地位，必须扫除奴隶思想，树立自主人格。"盖自认为独立自主之人格以上，一切操行，一切权利，一切信仰，唯有听命各自固有之智能，断无盲从隶属他人之理。"④ 陈氏把个人独立，自由自主视为"吾人最后之觉悟"。李大钊指出，中国传统"不专重个性之权威与势力"；"视个人仅为较大单位中不完全之部分，部分之存在价值尽为单位所吞没"。⑤ 个性被吞没，必然压抑人们的创造精神，人们的创造精神长期受压抑，则社会、国家、民族的进步必然迟滞。傅斯年在《新潮》发表文章说："'善'是从'个性'发出来的。没有'个性'就没有了'善'。"又说："必然'个性'发展，'善'才能随着发展。要是根本不许'个性'发展，'善'也成了僵死的，不情的了。僵死的，不情的，永远不会是

① 见《谭嗣同全集》（增订本），中华书局 1998 年第 3 次印刷本，第 349—350 页。
② 梁启超：《十种德性相反相成义》，《饮冰室合集·文集之五》，第 44 页。
③ 《吾人最后之觉悟》，《青年》1 卷 6 号，又载《陈独秀文章选编》（上），三联书店 1984 年版，第 107 页。
④ 《敬告青年》，《青年》1 卷 1 号，载同上书，第 74 页。
⑤ 李大钊：《东西文明根本之异点》，原载《言治》季刊第 3 册，引自《李大钊文集》第 2 册，第 205 页。

'善'。所以摧残'个性',直不啻把这'善'一件东西根本推翻。"① 高
一涵非常明确地指出:"吾国数千年文明停滞之原因即在此小己主义不发
达之一点。"② 那么,要谋求国家社会之进步、发达,最基本的就是要
"养成健全之个人","非尊重个人之价值不为功"。③

我们应当记得,在清末,人们也曾宣传过个人自由之类的思想。但那
时,往往只把个人自由作为救国、强国的一种手段。如梁启超强调"团体
不保其自由,……则个人之自由更何有也?"故他又说:"自由云者,团体
之自由,非个人之自由也。"④ 严复说得更干脆:"今之所急者,非自由
也,而在人人减损其自由而以利国善群为职志。"⑤ 由此可见,五四时代启
蒙思想家们提倡个性主义、个人自由,与他们的先驱们已有很大不同,而
与其西方的先驱们更加接近。胡适甚至针锋相对地对青年们说:"现在有
人对你们说,'牺牲你们个人的自由,去求国家的自由!'我对你们说:
'争你们个人的自由,便是为国家争自由!争你们自己的人格,便是为国
家争人格!自由平等的国家不是一群奴才建造得起来的。"⑥

五四新文化运动中,思想领袖们对个性主义或个人主义重新作了诠
释。其中以胡适的诠释最具代表性,亦最富影响力。他在 1918 年《新青
年》4 卷 6 号上发表《易卜生主义》一文,通篇盛赞个性主义,因而被誉
为"个性解放的宣言"。他在这篇文章中给个性主义提出一个极明白易懂
的界说。他说:"发展个人的个性须有两个条件。第一,须使个人有自由
意志。第二,须使个人担干系,负责任。"从前在清末,严复、梁启超宣
传自由思想时也曾说过:自由,须是人人自由而以不侵他人之自由为界。
意思当然是对的。但较之胡适的说法,终嫌简括而不够通俗明晰。胡适所

---

① 傅斯年:《万恶之源》,原载《新潮》1 卷 1 期,见欧阳哲生编《傅斯年全集》第 1 册,湖南
教育出版社 2003 年版,第 104—105 页。

② 高一涵:《国家非人生之归宿论》,《青年》1 卷 4 号。

③ 蒋梦麟:《个性主义与个人主义》,《教育杂志》第 11 卷 2 期,载《蒋梦麟学术文化随笔》,
中国青年出版社 2001 年版,第 45 页。

④ 梁启超:《新民说·论自由》,《饮冰室合集·专集之四》,第 46 页。

⑤ 严复:《民约平议》,《严复集》第 2 册,中华书局 1986 年版,第 337 页。

⑥ 胡适:《介绍我自己的思想》,《胡适文存》四集卷五,《胡适全集》第 4 册,安徽教育出版社
2003 年版,第 663 页。

提第一点，指出个性主义最基本的是要有自由意志。这是非常明确的。第二点极重要，也可说是胡适的一个新贡献。个人须对自己的思想言行担干系，负责任。这既包含了积极方面的意义，也包含了消极方面的意义，积极的意义是，个性主义的个人是独立的，自主的，不依赖于任何人的。它与奴隶最大的不同，就是奴隶不能自主，因而不须自负责任。消极的意义是，个性主义的个人，其思想言行须接受社会的裁判，裁判的结果都须个人去承担。这个界说，根本上廓清了数千年来专制主义者所加给个性主义的种种莫须有的罪名，什么"自私自利"、"为所欲为"、"人欲横流"等等，均与个性主义毫无关系。这个界说也使不够成熟的青年人，对个性主义有了正确的了解，有了一种戒慎的态度，增强社会责任感。应当说，对个性主义给出一个通俗易懂、意义明晰的界说，对于个性主义的提倡和争取广泛的理解与支持是有积极意义的，在专制主义盛行两千多年的中国，尤其如此。

　　五四时期的启蒙思想家们提倡个性主义的另一个新贡献，是他们十分注重个性主义或个人主义与民主政治的关系。陈独秀所说："国民政治果能实现与否，纯然以多数国民能否对于政治自觉其居于主人的主动的地位为唯一根本之条件"，已经凸显了这一层意义。当时的思想家们就这一主题发表了许多富有启发意义的见解。政治学家高一涵在论述个人与国家的关系时指出："盖先有小己，后有国家；非先有国家，后有小己。"因此，事实是"为利小己而创造国家"，而不是"为利国家而创造小己"。"社会国家之价值，即合此小己之价值为要素所积而成。"① 陈独秀也非常明确地说："国家利益，社会利益，名与个人主义相冲突，实以巩固个人利益为本因也。"② 蒋梦麟说到意思完全相同的意见，他说："国家与社会者，所以保障个人之平等自由者也。"③ 既如此，则所谓民主政治，就是可以保障个人自由的一种政治制度。不承认个人自由，不承认个性主义或个人主义之合理性，不承认个人权力乃国家权力之本原，就谈不上民主政治。这也

① 高一涵：《共和国家与青年之自觉》，《青年》1卷2号。
② 陈独秀：《东西民族根本思想之差异》，《青年》1卷4号。
③ 蒋梦麟：《个性主义与人个主义》，《教育杂志》第11卷第2期。

就是历来以国家社会的名义压制个性的发展，抹杀个人权力的专制主义者之所以畏惧和敌视个性主义的原因所在。

前面曾谈到梁启超在清末宣传自由主义时，往往要强调先争国家的自由。五四后他的认识也有所变化。在《欧游心影录》一书中，他直截了当地说："国民树立的根本义在发展个性。"他把这叫做"尽性主义"，他解释这所谓"尽性主义"，"是要把个人的天赋良能发挥到十分圆满。就私人而论，必须如此才不至成为天地间一赘疣。……就社会国家论，必须如此，然后人人各用其所长，自动的创造进化，合起来便成强固的国家，进步的社会。"① 他并且说："这便是个人自主的第一义，也是国家生存的第一义。"②

五四时代，除了民主科学即所谓德、赛两先生外，大概最令青年人动心的就要算是"个性解放"的口号了。经过五四新文化运动的洗礼，一代知识青年中确实有相当大的多数，多少领悟了个性主义，挺身摆脱宗法家庭的拘执，自择学校去读书，自择伴侣建立新生活，自抉信仰走上社会，或为一种政治理想而投身革命，或为一种事业理想而选定一种职业去奋斗。五四后的中国，确有了一些新的气象。但若战胜两千年专制主义的森严壁垒，使个性主义获得全社会的认同，那还有很长的路要走。不过有一点是比较清楚的，五四以后，中国人对个人权利的关注要明显地强于历史上的任何时代，个性主义的存在空间，也较任何一个历史时期为佳。后来在抗战时期，国民参政会第二次宪政运动兴起时，人们即比较专注于个人自由权利的保障。这是很值得注意的。③ 及至抗战胜利前夕，中共领袖毛泽东在其《论联合政府》一文里，也难能可贵地提到"保障广大人民能够自由发展其在共同生活中的个性"④。

可以看出，自清末以来，个性主义及个人自由，已是中国思想家关注的历史主题。在五四时期，个性主义的倡导达到了前所未有的高峰。后

---

① 《饮冰室合集·专集之二十三》，第 24 页。
② 同上书，第 25 页。
③ 参见耿云志等《西方民主在近代中国》第 13 章，第 2 节，中国青年出版社 2003 年版，第 570—578 页。
④ 毛泽东：《论联合政府》，《毛泽东选集》第 3 卷（横排本），第 1007 页。

来，在实际社会生活中，虽未成为绝大多数人认同的主张，但毕竟已不能完全抹杀。

三

经过空前规模的内战，共产党胜利地夺取全国政权。新中国向苏联"一边倒"，在世界两个阵营对垒的格局下，中国除了跟苏联、东欧及亚洲几个社会主义国家有交往之外，对广大的西方世界几乎处于隔绝状态。从此，世界化的话题，再无人提起。而且，50年代曾有一度严厉批判"世界主义"观念。至于个性主义，则更是思想禁区。毛泽东在评白皮书的文章里批评"民主个人主义"。自此，人们将个人主义与资本主义、资产阶级紧紧地扣在一起，个人主义、个性主义都成了完全负面的东西。1957年，扫荡了大批"右派分子"之后，普遍宣传"个人主义"是"万恶之源"。这同傅斯年在五四时期宣称，抹杀个性主义的宗法制度是"万恶之源"，真是天悬地隔。在此后一个时期里，曾广泛流行所谓"驯服工具论"的说法，以与个性主义针锋相对。很明显，一个人的个性若完全被抽空，岂不就只是一个工具了嘛！

世界化与个性主义，完全被摒除于人们的视野之外了。

与此相应，这以后二十多年，中国历史学家（内地范围）笔下的中国近代史，也完全见不到世界化与个性主义。就是说，我们前面两节中所引述的思想家的言论主张及历史实践的发展趋势，在历史学家们的著作中都消失不见了。对此有兴趣的人们不妨去检查一下，从1950年到1978年，中国内地出版之近代史著作，看看是否曾有哪一本书，曾正面叙述过有关世界化和个性主义的问题。

出现这种情况最基本的原因是"反帝反封建"的革命运动、革命战争吸引了人们最大的，几乎是全部的注意力。自然，意识形态方面的需要，也是不可忽视的原因之一。

1978年，开放改革的方针确定之后，这种情况才渐渐有了改变。

开放即是对世界开放，中国置身世界之中，世界容纳中国，中国容纳世界。应当说，这个趋向的萌动，可以追溯到70年代初期，以中国恢复在联合国的一切合法地位与权利和中美关系解冻为标志。中国开始表现出了解世界的兴趣；世界许多大国也同样表现出了解中国的兴趣。1972 年开始，学习英语的热潮在中国大陆陡然兴起，外国（主要是美、日）工业技术方面的信息，乃至外国（主要是美、日）电影都陆续进入中国。虽然多半是以"内部"的形式与公众见面，但传播的层面是相当广泛的。

最近出版的《毛泽东传》的作者说道：1971 年的林彪事件，"它在客观上宣告了'文化大革命'的理论和实践的失败"[①]。这个判断是对的。应该说，林彪事件之后，中共的主要课题是收束"文革"。只是由于"四人帮"的一再捣乱，才一直拖到 1976 年毛泽东逝世之后。

改革开放的路线一经确定，中国现代化就加速运行起来。自然，人们首先关心和奋力去做的是经济方面的事情。但关闭的闸门一旦打开，大潮倾下，所带来的变化是十分巨大的。

中国一向以地广人众号称大国，但它在世界贸易中所占的地位却微乎其微。到了 2002 年，中国进出口贸易总额已达 6000 亿美元，占世界第五位。据估计，2003 年进出口总额将突破 8000 亿美元，跃居世界第四位。在这个数字的背后更有许多人们切身感受到的事实。一位美国朋友描述说，如今，在美国，一个普通家庭，从早晨起床叫醒的闹钟，到晚上洗浴就寝一应生活用具，几乎全都离不开"中国制造"。而一个中国人，如果不是辟居山村，哪怕走进一个小城镇，也可看到满街充斥着洋货广告。一般青少年，对洋货，包括衣着、用具、食品等等更格外喜欢。从耐克运动鞋、运动服到麦当劳、肯德基，皆投其所好。如果说过去外国人眼中的中国人，都是一样的毛式服装，一片蓝色或灰色。不用看面貌，只从服装就一眼可以看出是中国人。那么，今天，如果不看面貌而只看其着装，则中国人，特别是青年人，他们与外国人已经很少差别了。二十多年前，在中国城市的街道上，一个高鼻子白皮肤的外国人走过来，立即会围上一群人"好奇地参观"。现在这种现象已经完全绝迹了。

中国从清末开始到 1949 年，出国留学人员总共不过十余万人。但到

---

① 中共中央文献研究室编：《毛泽东传》（1949—1976）下册，中央文献出版社 2003 年版，第 1605 页。

2002 年，当年中国出国留学的就有 12 万人。从 1978 年到 2002 年，出国留学的累计达 38 万人。值得注意的是，外国来中国留学的人数也迅猛增加，2002 年这一年就有 8.6 万人。

至于每年因经济、文化等方面的交流，而互相来往的中外人员就更以百万计了，这还不包括私人进出旅游的人数。

由于现代信息产业发达，传媒事业大发展，世界各地的大事件，中国人随时可以了解到；同样的，中国所发生的大事件，外国人也可以随时了解到。

总之，历史上从来没有像今天这样，中国人深切感受到自己是生活在世界之中。世界各国人也同样深切感受到中国的存在，而且就在他们的身边。

现在，中国除了在联合国中发挥重要作用外，还通过参加各种经济的、社会的、政治的、文化的、学术与艺术的国际组织和机构，与各国同行合作。中国参加多种国际公约，履行责任与义务，其中单是有关人权方面的公约就有二十个之多。中国作为国际大家庭的一员越来越为各国所熟识，而中国也越来越自觉意识到自己对世界的责任。一句话，中国更加世界化了。

开放推进世界化。改革，就其最深刻的本质而言则是解放人，就是谋个性发展的个性主义的张扬。

与 25 年来的世界化大趋势的发展相比，个性主义的发展相对明显滞后。但与 25 年前相比，毕竟也有了很大的变化。

一个重要的变化是相当多的个人，可以自主择业，即有了职业的自由。从前，青年人从学校出来，一概听从组织分配。组织分配到哪里，就只能到哪里去工作。除非根据"组织的需要"，偶有重新调配之外，一个人的一生，就要在组织一次性安排的岗位上直干到退休为止。现在的青年人，有相当的学历，再加上适当的训练，可以有相当宽的自由择业的机会。一个 30 岁上下的青年，往往经历过 3—5 次重新择业。这种情况对于发展个人，保障一定程度的个人自由无疑是有益的。

另一个重要变化是私人空间的扩展。从前，一个人的时间精力差不多全部分配在工作岗位和家庭事务之中，几乎没有什么个人活动空间。现在，由于生活条件改善和社会服务业的大发展，一个人在工作之余，可以参加多种活动，或者从事社会活动，或者从事业余爱好（如体育、娱乐等活动），或者从事交际。个人的生活空间大大扩展，个人的兴趣，爱好得到发展的机会。这是 25 年前的中国人所无法想象的。

再有一个变化是个人得到一定程度的言论自由。这是至关重要的。择业自由，生活空间的活动自由，都是个人意志自由的表现。而思想言论的自由则是近代社会个人的一项最基本的自由权力。从前，一个人的生活只有两部分：一部分由组织安排，一部分根据家庭需要来安排，几乎没有多少个人独立思考的机会。何况，媒体不发达，自然也没有多少个人发表言论的机会。现在不同了。媒体事业有很大的发展，除党报党刊以外，小报、杂志多如牛毛，个人有很多机会得到自己需要的信息，也有时间进行独立思考。只要有足够的训练，在一定范围内，就一些事物、现象发表意见是有相当的机会的。

还有一个必须提到的变化是知识产权制度的确立。十几年前，"知识产权"对于绝大多数中国人来说，还是个完全陌生的词汇，如今已经制定了相关法律并已加入国际保障知识产权的公约。虽然法律尚有不够完善之处，在执行上还有种种不够落实的情况，但毕竟实现了从无到有的过渡。知识产权的确定，对于鼓励个人创造精神和保障个人权力是一项重大的进步。

最近中共中央关于修改宪法的建议，要求增入"公民的合法的私有财产不受侵犯"，"国家依照法律规定保护公民私有财产权和继承权"，以及"国家尊重和保障人权"的内容。这显然是有利于保护个人独立地位的。尽管在文字上、解释上和实行上，可能发生某种局限，但这毕竟是 1949 年以来在修宪方面的重大进步。

自主择业，私人空间扩展，一定程度的言论自由，知识产权制度的确立，将"公民合法的私有财产不受侵犯"[①] 写入宪法，所有这些，都是新时期有助于个人独立，个性主义发展的重要条件。

人们对个性主义的重新觉醒，可以 1979 年纪念五四运动 60 周年为起

---

① 《中共中央关于修改宪法部分内容的建议》，《光明日报》2003 年 12 月 23 日第 1 版。

点来考察。那一年举行了一次规模空前的纪念五四运动的学术研讨会，会上有几篇论文都提到了五四时期提倡个性主义、个人主义的问题。有人指出"个人主义是他们（指新文化运动的领袖们——引者注）的新信仰、新思想的核心"①。有的论文对于陈独秀，特别是胡适倡导个性主义给予肯定的评价。指出，在中国，"个人的解放或者说个性的解放，乃是十分迫切的问题"②，甚至论证马克思主义"并不一般地否定个性"，"社会全体成员普遍的个性发展，乃是共产主义的理想目标之一"③。这显然是当时所能做到的论证个性主义合法性的最恰当的说法。

十年后，再次举行纪念五四运动的学术研讨会时，关于个性主义的讨论进入到一个新阶段。人们充分肯定对压抑个性发展的专制主义传统进行批判的必要性和迫切性，为新时期个性主义的发展开辟道路。有学者写出专书，系统严厉地批判传统的礼制秩序桎梏个性伸展，呼唤个人价值的确立。④有学者指出，个性主义并非完全是舶来品，中国古代本有倡导个性主义的学说。后来在专制主义的压制和摧残之下，仅一线相承，不绝如缕。个性主义是有本土理据和本土资源的。⑤特别值得注意的是，有的学者已经充分意识到了，没有个性主义的伸展，没有个人权力意识的养成，民主制度是不可能落实的。"在改革开放的条件下所做的文化反思中，人们重新发现了'个人'的价值，想到了个人基本权利的问题，想到了民主制度的建设问题。"⑥"个人的发现就是指个人自主自立，而自主自立必须以个人基本权利为前提。民主制度就是建立在个人自主自立的社会基础之上，就是建立在个人基本权利的基础之上。"⑦

把个性主义、个人独立自主的问题与民主制度的建设紧密联系起来，这本是五四时期先觉者的共识。但在中国，一直未被广大的人群所认同。

---

① 胡绳：《论五四新文化运动中的民主和科学》，《纪念五四运动 60 周年学术讨论会论文选》（一），中国社会科学出版社 1980 年版，第 304 页。

② 耿云志：《胡适与五四时期的新文化运动》，同上书，第二册，第 319、320 页。

③ 同上。

④ 参见刘再复《传统与中国人》第三章《礼制秩序与主奴根性》，三联书店 1988 年版。

⑤ 见耿云志《五四新文化运动的再认识》，《中国社会科学》1989 年第 3 期。

⑥ 见耿云志《个人的发现与民主的建设》，《科技日报》1989 年 4 月 27 日。

⑦ 同上。

但我相信，随着中国改革开放的深入发展，这一点，也正如世界化的大趋势一样，必将为更多的中国人所认识。

我在1993年8月所写的一篇文章里指出："新文化第一是具有现代性。现代性最中心的特点是充分承认个人的价值，鼓励个人的创造性，同时也要求个人负起对社会的责任。第二是它的世界性。新文化不是封闭的，不是狭隘民族主义的，它应该是可与世界各民族的文化相互融通的，应该吸收一切民族的优秀文化成果，同时又向人类贡献自己民族的优秀文化成果。我认为，中国的新文化应该继续朝着这两个目标前进。"①

世界化与个性主义，是现代化深层的两个紧密相连的历史趋势。不管出于什么原因或什么理由，过去和现在都有人对此并不认同。但我相信，历史过程在一定意义上也颇类于自然史的过程，它不依赖某些人们的意识，顽强地为自己开辟道路。

（此文初为向美国加利福尼亚伯克利大学于2004年1月举办的中国近代文化研讨会上提出的报告。略加修订后刊发于《中国社会科学院学术委员会集刊》第1辑，社会科学文献出版社2005年版）

---

① 耿云志：《中国新文化的源流及其趋向》，《历史研究》1994年第2期。

近代中国的文化转型：问题与趋向

　　我们讲的近代中国的文化转型，其基本含义是指中国文化由古代转化到近代。说详细一点儿，是由基本封闭的，与大一统的中央集权的君主专制制度相联系的，定孔子与儒学为一尊的，压抑个性的古代文化，转变为开放式的，与近代民主制度相联系的，自由与兼容的，鼓励个性发展的近代文化。对于像中国这样有数千年连续不断的文化传统的国家来说，这个转化过程是相当长期和复杂的。我认为，在中国，这个由传统文化向近代文化转型的过程，是从鸦片战争后开始的。[①] 这个历史大转变的过程至今尚未完全结束。我将鸦片战争到新文化运动这一个时段作为我的考察范围。因为我觉得，这一段历史时期，中国人的民族觉醒经历了一个相对完整的过程。这一点，在学术界已有很高程度的共识。再则，新文化运动在一些最基本的方面，为中国的现代发展开辟了道路。例如，倡导开放的文化观念；传播科学的精神与方法；强调自由和民主的落实，并把这与个性解放紧密结合起来，等等。可以说，中国文化基本上是沿着新文化运动开启的方向继续前进的。所以，尽管中国的文化转型仍在继续，但从鸦片战争到新文化运动是近代中国文化转型一个相对完整的段落。据此，本文即就这一时期中国文化转型过程中的主要问题作一些分析和评述。

---

　　① 在中国，有一部分学者认为，由传统文化向近代文化转型的过程是从明代晚期开始的。参见（1）侯外庐等《中国思想通史》第五卷《中国早期启蒙思想史》，人民出版社 1956 年版；（2）萧萐父、许苏民：《明清启蒙学术流变》，辽宁教育出版社 1995 年版。

一　文化转型中的困惑

从晚明开始，到鸦片战争前，中国传统文化虽然已经发生了一些值得注意的变化，但毕竟仍没有突破君主专制制度和宗法制度的笼罩。所以，当鸦片战争的结局，带给中国丧权与屈辱的同时，在中国人民面前展示了完全不熟悉的近代文化。尽管中国人有着根深蒂固的"华夷之辩"的观念，但这种外来文化的先进性，终究还是会逐渐为一些人所见识。由此便产生了一些长期不易化解的矛盾与困惑。

第一个重大的困惑是中西问题。

中国号称有五千年文明发展史，且是独立的，连续不断的，所以文化积累极其丰富，数千年来，不曾遇到任何真正的挑战。中国人视域所及的范围内的其他民族，其文化发展都不同程度地低于中国。中国读书人寝馈于丛如山积的文化典籍中，从未想到在中华之外还有其他高等的文化，还有可与中国相比肩的拥有高等文化的民族。这种心理几乎是牢不可破的。鸦片战争以后，中国累次遭遇西方列强的侵夺，割地赔款，受尽屈辱。在如此情况下，绝大多数士大夫仍不肯承认我们有不如人处。一则，西人形貌、言语、行为皆属异类。在中国人的观念和字典里，异类只能是蛮夷。古希腊哲学家普罗泰格拉说，"人是万物的尺度"。可以说，每一个层次的相对稳固的群体，也都把他们自己作为观察他们群体以外的一切事物的尺度。这是很自然的，因为他们没有别的尺度。既然在中国人的固有观念里，自己民族以外的民族都是蛮夷，那么，这个陌生的西方民族，也必定是蛮夷。更何况，西方列强强卖毒品，掠夺土地，虐杀人民，其所作所为又确有与蛮夷相类之处。这种根深蒂固的观念很久很久都难以消除。魏源的"师夷长技"，冯桂芬的"采西学"，不过是对西方列强所拥有的文化的一种极其表浅的认识。而由此引发的洋务运动长期未曾得到多数读书人的认可，经常受到攻击和辱骂。在中国读书人的心目中，只可"用夏变夷"，不可"用夷变夏"，这同样是根深蒂固的。直到洋务运动遭遇失败之前，洋务仍未得到读书人普遍的认可，只是事实上被容忍了。其所以被容忍，是因为在传统士大夫们看来，工艺之学，以及相应的"奇技淫巧"

之类，西方即使稍占优胜，亦无损于中华文明在礼教等方面的优越地位。当康有为、梁启超辈进而提出变革制度的主张时，遭到强烈的反对，理由是祖宗之法不可变，礼教之大防不可违。然而，列强之割土地，建租界，主海关及领事裁判权等等，都早已破坏了祖宗之法；八国联军攻进北京，皇帝及太后狼狈西逃，此时，尚何有礼教之大防！可是，在中国人自家圈内，讲说中华文明高于任何其他国家和民族，仍是大多数读圣贤书者深信不疑的。正因如此，在经历立宪运动和革命运动，直至君主制被推翻，成立民主共和，仍有很多读书人，甚至是很有学问的人，如王国维、罗振玉、沈曾植等，仍以改革与革命有损于中华文明之传统而宁做大清之遗民，坚不肯断发易服，做共和国的国民。即在我的出生地，穷乡僻壤，文化并不发达的辽河边上不足百户的小村子里，我也曾亲眼见到一位至死不肯剪掉辫子的老童生，那已是 20 世纪 40 年代的事了。

民国建立后，由于缺乏必要的社会基础，缺乏必要的支持力量，共和派不能掌握政权。而旧营垒中又派别不一，想完全回复旧制也归于失败。于是，整个社会呈现无序状态。这时，以中国文化护法者自居的人们便纷纷出来，大讲一切问题都出在效西法上。中国自古依孔孟学说，上追三代之遗风，下垂礼、义、忠、信之教；要摆脱当前这种混乱无序，道德堕落的险境，必须摒弃西法，回到孔孟学说的轨道上来，也就是必须回到中国固有的传统上来。他们认为，如果真正按孔孟之道去做，中国一切事情都会好起来。过去的种种失败，不是因孔孟之道不足以应世变，而是人们不识真正的孔孟之道为何事。主张借鉴、学习西方的人，面对当前的形势，则说，眼前一切弊病不是因效西法而致，乃是人们尚未知真正的西学、西法为何事。

应该说，两方的说法都有一定的道理。不过前者所说，是把孔孟学说高度理想化。其实，孔孟学说本来就有高度理想化的特点。大抵，孔孟学说中，凡涉治国平天下者，都属理想。而对于如何实现此理想，其方法、手段、途径，或则根本不谈，或则言之笼统，不切实际。所以，孔孟学说完全付诸实行是根本不可能的。所以，历来承平时代，一二明君贤相，略本孔孟之学说理想，体察国情民心，施以善政，使小民略能得其所，从而保一个时期的天下太平。而大多数情况下，统治者不过以孔孟之仁义忠信等说教，欺天下之愚民，以行其盗敛之实而已。孔孟学说从积极的方面说，其最大价值是帮助养成君子人格。数千年来其学说为人所宗仰的最大理由，实在此而不在彼。然修身、进德，为人生除衣食等事之外，最为切近之事。所以孔孟学说之于人生之影响亦最大。以此，每次文化演进的重要关头，传统思想观念都能挟孔孟学说以与新观念相颉颃，成为一种阻力。由于时代提出的尖锐挑战，是关乎国家民族的命运问题。而在这一方面，人们很难从传统和孔孟学说中找到直接有用的答案，而不得不"向西方寻求真理"。何况，孔孟学说中，虽有不少有益于塑造君子人格的内容，但它同时也含有大量宗法伦理的内容，束缚人的个性。所以，对时代最敏感的青年，绝大多数都不肯尊信以孔孟学说为核心内容的传统道德。青年本属血性未定，易于走极端，在动荡的社会氛围中，难免有个别逾闲荡检的行为，乃更成为守护传统和孔孟学说者进行攻击的口实。

就主张效西法的人而言，他们的说法也是对的。即使到民国时期，中国人对西方的了解，特别是对西方文化的了解，仍是很有限的。近代以来，中国人了解西方，了解西方文化，大体不出以下几种渠道。1. 西方来华人员，包括外交官员、商人、传教士和少数在教育界、新闻界、金融界、海关等部门从业的人员等。中国人中能够和这些人发生来往的，可以说是凤毛麟角。2. 中国派出人员，包括驻外使领人员、驻外商业机构人员、留学生和访学人员等。他们中绝大多数都未能深入所在国人民的生活中去深入了解那里的文化。他们也未能更多地以口说或文笔向国内普通人民系统介绍外国的文化。3. 报纸刊物。从清末以来，报纸刊物逐渐形成中国近代传媒系统的主干；广播事业兴办很晚，且极不普遍。报刊中有一部分常能介绍一些外国的消息、事件、人物及各地风情。自然只能是一些极其肤浅的，支离片断的，有些难免还是错误的。4. 译书，清末至民国时期所译外国书，主要是科学、技术方面的书，政治法律方面的书，文学艺术方面的书，高等学校的教材，以及少量学术方面的书。因为国家常处于战乱之中，译书的工作缺乏较好的组织和计划，或者是为应付急需，或者是出于商业利益，或者是其他偶然性的原因。这样不成系统的翻译介绍，自然难期更好的效果。所以，近代中国，开关一百多年，中国人，包括其知识阶级，对西方文化仍然缺乏了解。历次有关文化的论争表明，反对西文化者对西方文化固属隔膜，即赞成学习借鉴西方文化者对西方文化，有些亦属一知半解。

中西文化的问题，不是简单的差异比较的问题，更不是简单的孰优孰劣的问题。重要的是从不同文化的接触、交流中认识人类文化的同一性，认识到人类文化发展的大趋势，从而发生深刻的文化自觉。在文化的接触、交流中，如果不加以外部的强制，一切优秀的东西决无丧失之虞。文化决不等于文字典籍，而是包括文字记载，口头传说，实物实迹，个人与群体行为，风俗习惯等等在内的所有东西。这些东西在特殊情况下，尤其是在有巨大外部强制力的情况下，或许可以暂时地，局部地被扭曲，被淹没，但决不可能完全丧失，或完全被取代。中国人在中西文化遭遇后之所以长期不能解决好文化心态，不能从容、理性、正确地处理好这个问题，除了因为长期封闭，对西方文化缺乏了解之外，主要是因为旧纲解纽，新纲未立之际，政治不上轨道，有志于文化事业者，无法坚持一贯地，有组织、有系统地从事文化的整理与建设的工作。一旦发生文化问题的争论，亦往往不能平心地讨论，或失之急进，或失之固守，且常常被政治所裹挟，被政客们所利用。这就是国人长期未能走出困惑的重要原因。

第二个重大的困惑是古今问题。

前面说过，中国文化绵延五千年，积累异常丰富，这是个极大的优点。但如果不能正确认识它，也会变成包袱。在西方的挑战面前，在现代的挑战面前，国家贫弱，民族受辱，国人便常常有人以祖宗的光荣和历史上的辉煌相夸耀，借以安慰自己。这样，反而会麻痹民族进取心，延搁现代化的进展。更可虑的是，一部分顽固守旧的文人和一部分政客相结合，利用人们对往日之辉煌的怀恋，引导人们向后看，大力鼓吹复旧、复古。这显然更是淆乱视听，妨碍人们寻出正确的进路。

本来，在各民族文化的发展历程中，都会经常遇到古与今的问题，也就是人们常说的传统与现代的问题。这个问题在中国，呈现为一个老、大、难的问题，是一个困惑着许许多多读书人不能自我超拔的问题。之所以如此，与第一个问题有密切的关联。按照许多被旧观念束缚的读书人的想法，若没有西方列强的侵略，若没有西方文化的扰乱，中国人在自己的传统里生存，本来是很舒服自在的。所以，在他们看来，文化的出路应当是尽量地抵制西方文化，即使实在不得不学习它的某些长处，也应该把这种学习的范围限定在一定的范围里。与此同时，则应尽量保持固有的传统，使其不受损坏。这显然是以古胜今的思想。这种思想之不能解决问题是显而易见的。但只要中国的社会，中国的文化，还没有走上新的健全的发展道路，还没有让绝大多数人都看到新社会、新文化的曙光，这种以古胜今的思想就仍有广阔的市场。人们在行进中，遇到一时无法越过的障碍时，往往在歧路彷徨的心态下，退而向后看，想回到原路上去。只有很少的，具有冒险精神的人才敢于往前闯，去探求超越障碍的出路和方法。对于像中国这样一个广土众民，文化传统异常悠久的民族来说，要使整个民族动员起来，以冒险的精神去探寻新的出路，那绝不是一件容易的事情。所谓冒险的精神，说得平和一点儿，其实就是创造的精神，创新的精神。要使一个老大的民族，从它所习惯地生存于其中的传统里走出来，尝试一种新生活，这当然不会是一件容易的事情。

客观上，还有着强大的力量，强化人们的今不如昔的心理。那就是外受列强的侵略、压迫，内部充满争斗和动乱，再加上灾荒和疾病，以致民不聊生。在这样的社会现实里，人们看不到未来的希望，除了向后看，除了以昔日祖上的光荣来安慰自己之外，还能有什么东西可以让他们对中国的文化产生起码的自信呢？恐怕只有那些对中国固有文化和西方文化都有相当了解的人，才能不受古今问题的困惑，对传统能有评判和反省的态度，对西方文化能持一种开放的眼光和开放的心态。而这样的人在中国，实在是一个非常有限的少数。他们还往往被冠以民族虚无主义，甚至是更难听的所谓崇洋媚外的骂名。这就使古今文化的困惑更加难以解脱。

以上所谈是近代中国文化转型过程中，国人所难以解脱的最重要的两种困惑。此外当然还有其他种种困惑。但相对于以上所说的两种，毕竟是较次要的。我们这里拣出一种略为人们所熟知的，简单谈一谈。

关于物质文化与精神文化关系的困惑。

中国传统最重人文，最重人的精神生活，所谓"人是万物之灵"，"人贵有精神"。在传统士大夫看来，如果人们把物质生活看得与精神生活同样重要，甚至比精神生活还重要，那就够不上人的标准，就是所谓"与禽兽相去几希"。在清末，有这样一个真实的故事，一个外国人将中国一位官员引到外国军舰上参观过后，这位官员被问及有何感想。他说，中国人所重者，一向不在这类工艺、技巧上，所重者在文章。[①] 他这里所说的文章，似不宜简单地理解为狭义的写文章的那个文章，而应是泛指精神文化生活。在洋务运动时期倭仁反对同文馆添设天文算学馆的争论中，在戊戌时期有关变法改革的争论中，在民初关于道德问题的争论中，在新文化运动时期关于东西文化和新旧文化的争论中，乃至在20—30年代的各次文化论争中，偏于守旧一方都有一个共同的重要论点，那就是，中国文化之精神的方面，无可争议地高于任何其他民族。有不少人则明白地说，中国的文明是精神文明，西方的文明只是物质文明。这也就是说，中国的文化是重精神的文化，西方的文化是重物质的文化。

应该说，在文化上持守旧立场的中国人，他们的这种说法，并非毫无来由。从秦汉奠定大一统的君主专制制度以来，作为官方认定的以儒家为中心的主流文化，确实一向强调精神文化的重要性。而且，一般地说，适当强调人的精神生活的重要意义，适当强调精神文化的重要性，亦不为错。但决不可错误地以为精神文化可以脱离物质文化而存在。其实，即在儒家那里，两者也不是完全分割开来的，孔子就说过"富而后教之"的话。物质文化的发展为精神文化的发展提供必要的基础，这已是现代人们的一种常识。但在清末和民国时期，却是相当一部分中国人所不肯认同的。他们在遭受侵略与压迫，备受屈辱，国家长期陷于政治混乱，人民痛苦的现实面前，竟以中国的精神文化高于西方这种经不起事实检验的观念来安慰自己，并从而遮蔽自己的眼睛，回避现实的严峻挑战。这种观念，这种心态，显然很大程度上妨碍人们去正确地认识西方和世界的新文化，妨碍人们正确地认识中国的传统文化，妨碍改革和创造的自觉心的发生。

我们谈这些所谓困惑的问题，就是说，在近代中国文化转型的问题上，人们，或者说是多数的人们，存在着这些难以解开的"心结"。我们同时也指出，这些"心结"的存在及其难以解脱，一个很重要的因素是来自社会现实方面。现在我们就来讨论社会现实方面的问题。

---

① 张喜：《探夷说帖》，见中国史学会主编《中国近代史资料丛刊》之《鸦片战争》（五），上海人民出版社1957年版，第337页。

二　社会条件的制约

我们在讨论文化转型问题时，所说的文化，一般都是指作为精神现象的文化。不消说，这个文化是以一定的社会条件为基础的。这些社会条件包括物质条件和制度性条件，以及人的基本素质条件，等等。

制度性条件，是指社会制度及体制结构等因素。这一方面几乎用不到说明，人人都知道，近代中国长期深陷在战争与动乱之中，任何社会事业维持连续的发展，几乎不可能。这就是我们前面说过的，旧纲解纽，新纲未立，社会没有一套有效的制度来维系其稳定，社会处于无序状态。这对于文化的转型，特别是对于新文化的建设，是极为不利的。这一点，似无需多说。我们可以稍微详细地讨论一下物质条件和人的素质条件方面的问题。

就物质条件而言，近代文化是以近代的经济基础为依托的。没有一定发展程度的近代经济，是不可能发展出近代文化的，最多只可能产生某些个别的不太明确的含有近代性的观念而已。从长时段观察，近代文化的发展程度是与近代经济的发展程度相应的。或者可以说，经济的近代转型没有实现之前，一般地说，文化的近代转型也难以实现。

中国近代经济的产生，一般学者都认为是从洋务运动，即从19世纪60年代开始的。经过60年的发展，到1920年，据经济史学者估计，包括外国资本、官僚资本和民族资本在内，全部近代经济总产值在整个国民经济中只占不到8％，① 也就是说，国民经济90％以上仍是旧式的农业和手工业。在这样的经济基础之上，不可能实现由传统文化到近代文化的转变。在全国绝大多数人口仍在小农经济中生存，仍旧以家族或家庭为主要生产单位，则家庭、家族、乡土必然极大地限制他们的眼界，继续支持和巩固传统的宗法观念。在这种情况下，让他们接受近代新的文化观念是极为困难的，甚至是根本不可能的。这就是为什么长期以来，近代新文化主要局限于沿海、沿江和近代交通可达的狭窄地域范围内的根本原因。

----

① 见许涤新、吴承明主编《中国资本主义发展史》第二卷，人民出版社1990年版，第1051页。

由于微弱的近代经济处于旧式经济的汪洋大海之中，表面看来是先进的城市领导落后的农村，实则，农村以很大的牵制力影响着城市。城市中的资产者，有相当大部分仍有其农村的根基。而且即使在经济上已完全脱离了农村，那也不过是一两代人的时间，他们的思想观念，他们的行为习惯，仍然无法摆脱农村的影响。他们的经营理念，管理方式，行业内外的交往方式，都可见到这种影响的痕迹。① 加之，外国帝国主义和国内专制统治者的双重压迫，使中国的近代民族经济很难得到大的发展。城市中的工资劳动者，他们基本上是刚刚脱去农民服装的农民，在中国，很难说得上有多少血统工人。他们虽然已不同于农民，但却无法完全去掉农民的观念和习惯。从社会结构上说，资产者和工人是近代化的主体力量。而这个力量在中国，不但数量微小，且受到传统思想观念的拘牵。他们在创造近代新文化的过程中所发挥的力量不能不受到限制。事实上，在近代中国，创造近代新文化的力量长期主要由一部分知识分子承担着。知识分子思想敏锐，视野开阔，他们所从事的事业主要是在教育、卫生、法律、报刊等领域，易于对广泛的社会人群发生影响。然而，知识分子是一个缺乏独立性的不稳定的社会阶层，他们的事业往往不易稳定持续地发展。更何况，内外反动势力交相煎迫，战争、动乱不息的社会条件下，他们的事业就更是步履维艰了。胡适、蒋梦麟等几次计划要系统地翻译、介绍西方学术文化经典和系统整理中国历史典籍都不能不半途而废，就是明证。

再从国民素质上考察。国民素质包括很多方面，这里无法全面地讨论这个问题。我们仅从受教育程度这一点略作讨论。影响国民素质的，最基本的是初等教育。在中国，长期为之奋斗的目标是争取普及初等教育，对一般国民来说，根本谈不上中等以上的教育问题。那么，近代以来，中国的初等教育的发展情况如何呢？

根据《第一次中国教育年鉴》所载，到1909年，全国小学生在校人数仅为1532746人。不消说，这在一个拥有四亿多人口的国家里，是一个

---

① 创办中国近代企业的先驱，著名实业家张謇，其事业于其死后即形衰落。承其业的儿子张孝若壮年不幸身死。张謇生前好友刘垣曾评论说，张氏事业的悲剧即在于他们未能完全摆脱旧式家族主义的影响。（《刘垣致胡适的信》，见耿云志编《胡适遗稿及秘藏书信》第39卷，第571—573页。）

多么微不足道的数字。到民国时期，我们以 1930 年的教育部统计为例，当年全国在校的初等小学学生是 9145822 人，高等小学在校学生是 1396704 人，两项合计是 10542526 人，在四亿五千万人口的国家里，这一千万多一点的数字，仍是一个很小的数字。我们再看一看当年小学毕业生的数字，将帮助我们推想当时整个国家人口中，受过初等教育的人口的大概数量。1930 年之初等小学毕业生为 2712383 人，高等小学毕业生为 763677 人，合计为 3476060 人。[①] 我们曾估计，到清末，各种受过新教育的人约在二三百万之间。如果假定民国时期初等教育的成长率为 2%，则按 1930 年的数字推算上去，再逐年相加，总计得出，1930 年受过各种教育的人（受过中等、高等教育的人，自然也都受过初等教育）当有 55402726 人。自然，这是一个极不准确的估计，偏高的可能性或许更大一些，但也不会相去太远。将此数字加上清末的数字，则总计有五千七八百万，去掉这期间的死亡及外流的人数，大约仍可有五千五百万左右。以总人口 4.5 亿计算，约占 12.2%。上述教育部的统计，还有一些可供参考的数字，不妨在这里介绍一下。该书有一张《我国初等教育与各国比较表》。按此表，1930 年我国每一万人口中得受初等教育人数为 236 人，而加拿大为 2082 人，美国为 1768 人，日本为 1582 人，英国为 1580 人。[②] 我们与这几个发达国家相差 6.7—8.8 倍。国民素质决定于许多因素，但不能不承认，受教育程度是其中最基础和最重要的因素。

由于国民受教育人数太少，程度太低，社会上层文化与下层文化之间的鸿沟就比较阔而深，这就不利于先进文化的广泛传播。况且，中国社会的传播媒介本来就相对落后，交通又极欠发达（到 1920 年，全国铁路通车里程只有 1 万公里，而当时与中国土地面积相当的美国却有十多万公里），所以文化的更新就不可能很顺畅。

近代文化一个很重要的特点，就是文化的平民化。平民化的根本意义是社会上文化产品的拥有和享受没有太悬殊的差别。例如看电影、听音乐，这在发达国家，即使相对贫困的阶层也不算是奢侈。但在清末民初的

---

① 教育部普通教育司编：《全国初等教育统计》（1933 年印行），第 21 页。
② 同上书，第 34 页。

中国，贫困的下层群众是根本不能奢望的。他们的艺术享受，差不多只限于逢年过节或乡村庙会、赛会时看看地方戏和杂耍表演而已。至于物质文化产品的拥有和享受，其差别就更为明显了。官僚、巨富之家，其衣、食、住、行与贫苦大众相比，简直是天壤之别。

文化上的这种巨大反差，由于内外矛盾所激成的革命形势，遂使上层文化与下层文化尖锐对立起来，形成人们心目中的反动统治阶级的文化与革命的被压迫的人民大众的文化之间的对立和斗争。革命——这里主要是说暴力革命——是自然发展过程的中断。处于革命中的文化也是如此。文化的更新，文化的转型，只有新质的东西积累到一定的程度才可能实现。在自然发展进程中断的情形下，难以完成这个必要的积累过程。革命家和革命的思想家在热血沸腾的从事革命斗争的岁月里，往往以为革命应该可以加速这个过程，也就是可以加速实现文化的转型。然而，古今中外的历史都证明，事实并非如此。一切暴力革命都是紧紧围绕着政权问题展开的，尽管在革命中也会引起某些文化的变化，但这些变化都是服从于夺取政权的需要。要想实现文化的近代化、现代化，必须在革命后着手去做革命前来不及做，在革命中不可能做的事情，即扎扎实实地积累和发展新文化。如果说，这个道理在从前绝大多数人都难以理解的话，那么在经历了长期"不断革命"的曲折之后，又经历了将近三十年的改革开放之后，稍能理性地思考问题的人都应该很清楚了。

在一个社会里，存在着上层文化与下层文化，或者说存在着精英文化与大众文化的区别，这是很自然，很正常的。问题是要建立起两者之间的良性关系。在和平发展的和谐社会条件下，活跃的下层文化经常会产生一些值得注意的新东西。这些东西被上层文化摄取和吸收，遂丰富和发展了上层文化。反过来，丰富发展了的上层文化，又会影响下层文化的提高。在我国近代史上，这种良性关系经常会因尖锐的内外矛盾和斗争而被打断。诚然，在革命营垒内部，或在反动营垒内部，也存在着某种形式的上层文化与下层文化的互动关系。但就全民族、全社会来说，这种良性的关系毕竟是不完全的，甚至是被打断了的。自从20世纪80年代起，我国社会中，这种上层文化与下层文化，精英文化与大众文化之间的良性关系，才开始逐渐形成起来。我们有理由相信，在改革开放的条件下，我国文化的近代转型，或者说文化的现代化，将会比以前任何历史时期都更加顺畅地向前发展。

三 中国新文化的源流及其趋向

近代中国的文化转型从鸦片战争后开始，经过戊戌至辛亥时期和新文化运动时期，新文化逐渐初具规模。这个过程往往被一些人误解，以为中国的文化转型，只是被动地对西方文化作出反应的过程，中国近代的新文化，只是西化的一种结果。这显然是不对的。文化转型最基本的含义，是文化改变了自己的前进和发展的方向，从而也改变了自己的性质和表现形式。这种改变，都是在自身基础上发生改变，决不是完全被动地被他种文化所替换。我们没有必要否认西方侵略所造成的巨大刺激作用，也没有必要抹杀西方文化东来，对我们古老的中国文化所发生的某种激活的作用。但文化的转型必须以我们的文化固有的某些东西可成为新的文化生命为基础。否则，再大的外部刺激，也无法凭空造出新文化来。所以，必须明确，文化的转型需要有内在的基础。我们认为，传统文化中的某些非主流因素，和传统文化内部的变动，都可以为近代文化转型积累内在的条件。从理论上说，这种内在条件积累到一定程度时，就可能促成文化转型的启动。但中国的历史事实是，在这种积累还没有达到一定程度时，西方侵略者就来轰开了封闭的国门，在中国人面前出现了从未曾见的一种极富挑战性的新文化。在绝大多数人对之采取敌视、抗拒、排斥的态度的情况下，少数先觉分子或者本身就属于传统文化中的非主流一脉，或者至少受过某些异端思想的影响，因而起来回应西方文化的挑战，倡导改革，尝试新文化的创造，逐渐走出旧传统的藩篱，开出文化发展的新路。由于对外抗拒的一再失败，加之内部腐败的无可救药，使越来越多的人明白，不能再沿着老路走下去了，必须选择走一条新路。这就是文化转型发生的历史条件。用教条主义的态度讨论内因、外因孰主孰次的问题没有多大意义。在这里，有一条更为根本的道理在起作用，即人类必须与自己的生存条件相统一，或者是改变生存条件以适应自己，或者是改变自己去适应新的生存条件。在当时的中国，显然不可能改变由资本主义创造的那个新世界，只能设法使自己去适应这个资本主义的新世界。就是这个大趋势，使当时处于前沿地位的一些中国人都感受到，中国面临数千年未有之变局。

我们考察中国近代文化转型的大致轨迹，可以看到，各时期的先觉分子们都很注意利用传统资源以推动新的思想观念和新文化的传播。这一点在新文化运动时期也同样表现得很明显。我在十几年前的一篇文章里指出："在新文化运动各种思想尖锐冲突的当时，胡适、鲁迅、周作人等人就很注意从传统中汲取自卫和反击的力量。他们把从先秦直到清末，一切多少肯面对事实，肯作独立思考的人都引为同道，把一切'异端'都努力发掘出来。"又指出："我们从那个时代的思想、学术界一些新人物的著述、言论中，大致可以看出几种主要的非正统的东西直接影响着这些人的思想：1. 先秦的非儒家学派；2.《诗经》以来的民歌、民谣和一切白话式的作品；3. 魏晋时期一些特立独行的人物情操；4. 从王充到康有为、章太炎的不迷信权威的怀疑与批评的态度；5. 从《墨经》的重效验，到王充的'疾虚妄'，到顾炎武、颜元的崇实证，重实用，再到清中叶以后经世致用思想的复活；6. 从王莽、王安石、张居正到戊戌时期康、梁、谭等改革家的思想与活动；等等。"① 当然，还可以说出更多的非主流的和异端的思想，对新文化运动起过滋养和助推的作用。例如杨朱的"为我"，李贽的追求自由思想等等，甚至还应当包括儒家思想中以前不被注意的某些方面，或者对儒家思想的重新解释等等。

我们强调说明这一点，因为它有重大的理论意义和实践意义。文化的转型，不是一夜之间，一种文化突然变成另一种文化，不是骤然以一种文化取代另一种文化，而是在文化内部变动逐渐积累的基础上，又受到外来文化的刺激，并吸收其若干有益成分之后产生出新的文化。这种变化不论有多么巨大，多么深刻，它终究是在旧有文化积累的基础上发生的，旧有文化中一切有用的东西是决不会丧失掉的。过去长时期里，一些人以丧失美好的传统为理由，抗拒对传统的批评性反思，抗拒吸收外来文化，在理论上是完全没有根据的。他们的这种抗拒的态度可能基于两种情况：一种

---

① 耿云志：《中国新文化的源流及其趋向》，《历史研究》1994 年第 2 期。

是他们的实际利益与旧秩序有太密切的关系；一种是他们太脱离人民大众，他们心目中的传统，只是他们从旧书本里咀嚼出来的东西。殊不知，真正有生命的民族文化传统，那个摧不垮，打不烂的民族文化传统，是在千千万万人民大众的现实生活中，是沉淀在他们的文化心理和最基本的行为规范中。文化再变，终究不能把中国人都变成外国人。所以，在文化转型的问题上，我们既要有开放的文化心态，虚心迎受一切于我们有益的外来文化；同时，又要基于人民大众的立场而提起坚强的民族自信心；一个伟大民族的文化，在经历不可避免的转型之后，必定会更加焕发青春朝气。

由此，我们就无可回避地要讨论一下中国新文化的未来发展问题。

我以为，现代世界文化的发展，最基本的是两个趋向：一是世界化，一是个性主义。

先谈世界化。

世界化，就是以开放的文化心态处理中华文化与世界文化的关系。马克思在论述资本主义的进步性时，很强调它所造成的世界化的大趋势。共产主义是在资本主义所带来的一切进步的基础上继续前进或消除其不合理的弊病——例如，消除各国内部的阶级压迫和世界范围内的民族压迫——而决不是从世界化的轨道上退回到闭关锁国的状态里去。文化上的封闭主义之不利于文化的发展进步，是任何稍具理性的人都能承认的。回顾我国近代以来的文化发展进路，可以清楚地看到，任何一种重要的文化进步，都是与借鉴和吸收外来文化相关联的。例如，与文化之发展进步关系最大的教育、书报出版等项事业，其他如文学艺术，各门科学之现代基础之确立，都离不开对西方文化的借鉴和吸收。诚然，在此过程中，难免有曲折，有失误，但这是一个必经的过程。指望在认识、借鉴和吸收外来文化的过程中，始终一帆风顺，那是根本不可能的。中国共产党人在学习和运用马克思主义的过程中，不是也经历了许许多多的曲折和失误，有些还是非常严重的失误吗？再回顾一下中国近代史，凡是我们比较自觉地实行开放政策时，我们的社会与文化进步就快一些，反之，就慢一些。例如，鸦片战争后直到庚子事变之时，60 年中我国在近代文化事业上进步之迟缓，是人所共知的。而在 1905 年清政府决定仿效西方预备立宪之后，六七年时间里，社会和文化之进步，比以往 60 年所取得的进步还要大些。由于第一次世界大战的关系，中国更加自觉地参与世界事务，造成更加开放的趋势，于是才有伟大的新文化运动之发生，而新文化运动又反过来进一步推动社会的开放。这种近代中国历史上最开放的形势，造成了文化的空前进步。如今，凡不怀偏见的人都承认，中国近代文化在许多方面，都是由新文化运动辟出新路的。在 20 世纪 50 年代前后一段较长的时期里，由于战争和动乱，以及某些大国的封锁等原因，中国处于封闭和半封闭的状态，社会和文化之进步相对迂缓。当十年动乱结束，国家实行开放政策之后，不到 30 年的时间里，我们所取得的进步，简直超过了以往一百多年所取得的进步的总和。这再明白不过地证明了开放之于文化进步的重大关系。

有了开放的文化心态，才可能对文化的世界化有健全的认识：这就是把中国文化如实地看成是世界文化的一部分，我们从世界文化中汲取于我们有益的成分，丰富和发展我们的文化，同时又把我们的文化之优秀的东西贡献给世界，促进世界文化之进步。所以，文化之世界化，绝不是要超脱各国各民族的文化，另造成一种所谓的"世界文化"；更不是以某一个民族的文化取代各国各民族的文化而成为所谓的"世界文化"。文化的世界化，只是要造成一种世界各国各民族的文化相互交流，相互沟通，各取其有益于己者，以发展各自的文化，同时，又各献其所长，以丰富和推动世界文化的进步。过去，我们长期没有形成世界文化的观念，心中只有中国文化与西方文化的尖锐对立，长期化解不开"夷夏之防"的"心结"，化解不开中西文化的困惑。因此，对中国文化与世界文化的关系缺乏正确的认识和足够的自觉与自信。随着改革开放的深入，随着中国现代化事业的发展，中国人对这一点必将会有越来越清楚的认识。由此，中国文化在整个世界文化的发展中，也必然会发挥越来越大的作用。

再谈个性主义。

所谓个性主义，是指解放人，解放人的个性，解放各个人的创造精神、创造力。我们在解释文化转型的含义时，曾强调说，是使中国文化从适应大一统的君主专制制度和宗法制度的需要而定于一尊的比较封闭的束缚个性的中世纪的文化，向适应某种民主制度的开放的尊重个性的近代文化转变。这里面一个重要的内容是由"束缚个性"变到"尊重个性"。"尊重个性"，"解放个性"，在近代中国实在是一个具有根本意义的重大问题。因为，在中国延续了两千余年的大一统中央集权的君主专制制度，和与其紧密相连的宗法制度，一贯抹杀、压制人们的个性，把任何展现个性的思想、言论、行为皆视为"异端"，视为大逆不道，必除之而后已。很显然，要尊重个性，就要允许各个人有思想、言论的自由，就要承认个人在不损及他人自由的情况下，有其自由行动的权利。若这样，则大一统的中央集权的君主专制制度就无法存在了。这种制度下，"普天之下，莫非王土；率土之滨，莫非王臣"。这种制度下，君要臣死，臣不得不死，小民更无论矣！所以，在王权之下，不可能有臣民的个性自由；在贵族之下，不可能有百姓的个性自由。这种制度，经历二千余年，形成了一整套的礼仪、名教制度与之相配合。每个人从一生下来，就被教以一系列人伦规范，什么三纲五常，三从四德等等。这些礼仪、名教、纲常等等，如同编织起来的一张网，人一生下来，就被置于这个网罗之中，不得自由行动，也无从自由思考。正像梁启超所说，中国人一生下来，就要按一定的型模做人，若离了型模，就会站不住脚。因此，人们天生都是谨小慎微，不敢稍有逾越。试想，在这样的社会条件下，如何能发挥人的自主能动性，发挥其创造性？而一个把人们的自主能动性和创造性都压抑下去的社会，还能指望它生机活泼，顺畅发展吗？在古代，偶遇明君贤相，还可有一度短暂的"盛世"景象，到了封建末世，就连这种偶然的景象也无从再现了。所以，近代以来，先觉者都相继呼唤个性之解放。从严复以"存我"来介绍西方的个人主义，到梁启超以"新民"唤起个性的苏醒，再到新文化运动时期，胡适等人明明白白地大倡个性主义。至此，个性、个人，才在中国人的头脑中稍稍取得一点合法的地位。

我记得，梁漱溟先生，这位一向被视为文化保守主义者的人，曾说过一句很令我佩服的话。他说，中国文化最大的缺失是个人不被发现。应当说，新文化运动的最大功劳就是发现了个人，使个性主义，个性解放的观念，堂而皇之地进入中国文化，进入许多人的头脑。

仔细想起来，新文化运动在个性主义的问题上，有三点重要的贡献：

第一，提出了对个性主义的清晰的界定：一是必须有个人意志自由；二是必须个人承担责任。前者同一切奴隶主义划清界限；后者则同任何自我放纵，为所欲为的自私自利者划清界限。有没有这样清晰的界定是不一样的。有了这样清晰的界定，个性主义就有了正当的意义，除了与专制主义有直接利益关系的人，除了思想极端顽固的人，就有可能接受个性主义的观念，或采取同情的态度，或最少可以采取中立的态度。第二，明确了个人自由与国家自由、民族自由、群体自由的正确关系。严复、梁启超是中国早期自由观念最重要的启蒙者和宣传鼓动家。然而，他们两人都在个人自由与国家自由、民族自由及群体自由的关系的问题上陷入困惑。他们甚至认为，为了国家的自由，民族的自由，应当放弃和牺牲个人的自由。这显然是不对的。历史证明了，人们都放弃了个人的自由，结果所争来的国家的自由，民族的自由，都只会成为供新的专制主义者用来压制个人自由的最好理由和根据。所以，新文化运动的领袖们明白地指出，争个人的自由，就是争国家的自由，争民族的自由，两者是根本上一致的。只有自由的人民才会创造出自由的国家；而自由的国家，它的人民一定是自由的。第三，把个性主义、个人自由同民主制度的落实直接联系起来。认定个人自主、自立，以及个人自由是近代民主国家的根本基础，个人不是国家的附属物，国家以保护其每个公民的权利、利益为其根本使命。所以，真实的民主制度是以个人权利的保障为基础的。①

提倡个性主义，首先就要把"个人"从专制制度和宗法制度的桎梏中解放出来，使每个人都成为自主、自立的人。由此，人民、百姓、大众不再是某种抽象物，而是由一个一个真实的、具体的个人组成的社会主体。真正认识了这个社会主体，民主制度才能落到实处。在这样的条件下，才能使每个人有机会发挥其主动精神和创造才能，社会才能充满生机，不断进步。在这样的社会条件下，文化方可谓真正走上了近现代的发展轨道。

对外，养成开放的文化心态，造成中国文化与世界文化的良性的互动

---

① 参见耿云志《世界化与个性主义——现代化的两个重要趋势》，载《中国社会科学院学术委员会集刊》第1辑，社会科学文献出版社2005年版。

关系；对内，充分地解放个性，发挥每个社会成员的主动精神和创造才能；这就是近代中国新文化发展的基本趋向。

（原载《广东社会科学》2008 年第 3 期

其英文版载于 *Journal of Modern Chinese History* Volume 1 Number 2 December 2007）

中国近代文化转型中政治与文化的互动

从清末以来，中国社会就进入近代转型期。政治变革与文化转型交相迭乘，投身变革的潮流中人，常常为如何处理两者的关系而备感困惑。新文化运动兴起之前夕，陈独秀、黄远生都曾有对政治极端失望，欲转而从思想文化入手，谋求变革的想法。章士钊则认为，政治不达水平线以上，其他也无从谈起。陈独秀创办《青年》杂志，明言谈论政治"非其旨也"。然而，后来他谈起政治比谁都更积极，更急进。这是人们都知道的情况。

但是很明显，从戊戌维新开始，直到民国时期，变革政治制度成为人们最迫切的追求。政治革命与改革遂成为社会大变局中最中心的议题。我们研究这一时期的文化转型，处处都会碰到与政治变革的关系问题。所以，从理论上适当说明政治变革与文化转型之间的关系很有必要。

一 政治与文化的意义界定

要了解政治变革与文化转型的关系，先要对政治与文化作一清楚的界说。但很遗憾，至今尚无世所公认的权威的界说，无论是政治，或是文化，都是如此。为了提出我们对于政治变革与文化转型的关系的见解，我们只好综合各家的说法，提出我们自己对政治与文化的界说。

《中国大百科全书·政治学卷》关于政治是这样说的：政治是"上层建筑领域中各权力主体维护自身利益的特定行为以及由此结成的特定关系。它是人类历史发展到一定时期产生的一种重要社会现象，在阶级社会中主要表现为阶级之间的斗争；在剥削阶级作为阶级消灭之后，主要表现为调整人民内部关系和管理公共事务。政治对社会生活各方面都有重大影响和作用"。接着，它又指出："这一社会现象很复杂，各时代的政治学家和政治家都从不同角度和不同侧重点对它作过各种论述，但至今还没有公认的确切定义。"① 该书还介绍了西方学者关于政治的一些界说的大意。它列举出下述几种说法："认为政治是国家的活动，是治理国家，是夺取和保存权力的行为"；"认为政治是权力斗争，是人际关系中的权力现象"；"认为政治是人们在安排公共事务中表达个人意志和利益的一种活动。政治的目标是制定政策，也就是处理公共事务"；"认为政治是制定和执行政策的过程"；"认为政治是一种社会利益关系，是对社会价值的权威性分配"。② 该书也征引了几条马克思主义创始人的论述。如"一切阶级斗争都是政治斗争"；"政治是经济的集中表现"；"政治就是各阶级之间的斗争"；"政治就是参与国家事务，给国家定方向，确定国家活动的形式、任务和内容"。③

从上述各种界说来看，一方面确如该书编者所说，历来政治学家和政治家从不同角度和不同侧重点对政治作出不同的界说，还没有一个为大家所公认的唯一权威性的定义。另一方面，我们还是可以透过各种不同的界说，发现这些界说中含有某些共同的因素。第一，都涉及各社会行为主体，即各阶级、阶层、群体、集团和个人，以及他们的权力和利益。正如《政治科学》一书的作者指出的："权利是政治的最主要的组成部分。"④第二，都离不开国家事务，通过对国家事务的参与，争取和保护本阶级、阶层、群体、集团和个人的权力与利益。第三，国家通过一定的机构制定和执行政策以调整权力和利益的分配。由此我们可以尝试给出一个大体涵盖上述诸因素的界说：政治是社会各阶级、阶层、群体、集团和个人，通过参与国家事务，为争取和保护自己的权力和利益而进行的活动；以及国家通过制定和执行政策以调整权力和利益分配的过程。

关于文化的界说，历来更加纷繁复杂，莫衷一是。在研究文化转型的问题时，我们只能采取狭义的文化界说。按广义的文化界说，文化是人类

① 《中国大百科全书·政治学卷》，中国大百科全书出版社 1992 年版，第 481 页。

② 同上书，第 482 页。

③ 同上。

④ 迈克尔·罗斯金等：《政治科学》，林震等译，华夏出版社 2001 年版，第 14 页。

所创造的物质财富和精神财富的总和。按狭义的文化界说，文化专指人类所创造的精神财富而言。稍展开一点说，文化是人类在改变自然以取得生活资料、不断改善生存条件的过程中，以及在社会生活不断追求进步的过程中所获得的精神产品（诸如技术、科学以及政治、法律、军事、艺术，等等）和在此过程中所形成的信仰、道德、风俗习惯，等等。

根据上述的文化界说，政治是属于文化范围内的。因此，在讨论政治变革与文化转型的关系时，文化的范围势必更加缩小。在这里，文化是相对于经济、政治、军事而言，只包括技术、科学、艺术、信仰、道德、风俗习惯等。既然是相对于政治等而言，则明显可见，它是与政治等处于同一层次的东西。原则上说，它与政治的关系是互动的关系，不是决定与被决定的关系；不是主从关系。但因为政治是经济的集中表现，是直接关涉权力与利益的分配问题，所以，它在社会生活中就具有极大的影响和作用，从而，对其他的精神文化便会发生某种不对称的强大作用和影响。

这里还须说明，我们所说的政治变革，包括暴力革命与和平改革，就近代中国而言，就是通过暴力革命或和平改革，以某种形式的近代民主制度（君主立宪或民主共和）取代君主专制制度。所说的文化转型，是指从近乎封闭的，与大一统的中央集权的君主专制制度相联系的，以孔子与儒学定于一尊，严重压抑个性的古代文化，转变到开放的，与某种形式的近代民主制度相联系，否定一尊的权威，鼓励个性发展的近代文化。这两个变革（即政治变革与文化转型）的过程，方向是一致的，是同流并进的，两者之间存在着互动的关系。

二　政治觉醒带动文化趋新

中国人自觉地产生政治变革的观念是从维新运动开始的，也就是在1895 年前后。当时，维新派的康有为、梁启超等人，都主要是关注政治制度的改革，没有独立地考虑文化变革的问题。他们的言论涉及文化问题时，只是从政治变革的需要出发。到了 20 世纪初，当革命运动与立宪运动都蓬勃兴起的时候，人们才比较清楚地意识到，为建立新的政治制度，需要改变人们的思想观念，需要有一番移风易俗的文化变革。很显然，那时，人们仍是从政治变革的需要出发考虑问题的。直到辛亥革命推翻清朝统治，建立民国以后，因旧势力强大，民主力量太弱，以致"在民主国体之下，人民备受专制之苦"。到了这时，人们才开始觉悟到，必须改变人们的思想观念，必须创造一种新的文化，民主制度才会有必要的社会思想基础。陈独秀把这称之为"吾人最后之觉悟"。

可见，在近代中国，人们是先有政治觉醒，然后才有文化觉醒。政治觉醒会带动某种程度上的文化变动；反过来，文化觉醒则可为政治觉醒在制度上落实提供相应的思想基础。

近代中国人的政治觉醒

近代中国人是在民族危机和国内政治危机的双重压迫下开始政治觉醒的。自从鸦片战争，中国被迫割地赔款，开放口岸以后，又累次遭到帝国主义列强的侵略、掠夺和压迫。土地日蹙，主权日削，人们真有国亡无日之感。人们曾有过各种形式的反抗和抗争：有组织的反侵略战争，自发的反侵略战争，反洋教运动，等等。"师夷长技"的所谓"洋务运动"，也是这一系列抗争中的一种。但所有这些，都还不能算作政治觉醒，只能说是民族自卫的反应。其所以达不到政治觉醒的地步，一则，当时人们还不知道列强之所以强的原因和道理；二则，还不曾觉悟到中国本身之所以弱败的根本原因何在。在19世纪90年代之前，只有极个别的中国人，略窥西方国家之所以致强的政治制度上的根源，并暗示，中国之政教精神与西人相反，是以与强者遇，而归于弱败。① 进入90年代之后，始有部分先觉者意识到，中国欲免败亡，当改革政治制度。郑观应、王韬、马建忠、陈炽，甚至重要朝廷官员张树声、崔国因等都先后提出模仿西方，建立议院制度的思想主张。② 经戊戌维新运动的洗礼，中国比较开明进取的知识分子和部分官绅，都陆续卷入改革与革命的政治漩涡中，至少也对革命或改革表示同情和赞助的态度。1903年以后，革命运动渐渐进入高潮。1904

---

① 郭嵩焘对英国政教制度之演化成熟，对其议会政治、政党政治、法制之健全等有所认识是在光绪二、三年，即1877—1878年。见《郭嵩焘日记》光绪二年十一月十八日，光绪三年十一月十八日、二十日，十二月十八日等条。

② 参见耿云志《近代中国文化转型研究导论》第三章第五节。

年以后，立宪运动亦渐渐进入高潮。无论革命，还是立宪，都是要以某种形式的民主政治制度，取代君主专制制度，都是要建立近代的民族国家。这就是近代中国人政治觉醒的本质内容。在革命党方面，可以孙中山的三民主义为代表。他的三民主义与林肯的民有、民治、民享，在精神上是一致的。在立宪派方面，可以梁启超的思想为代表。他的人民主权的思想和国会与责任政府的主张是很清楚地表达出近代君主立宪的政治要求。两者的思想实质，都是要使人民成为国家主权的担当者。遗憾的是，孙中山的三民主义，中国人能够真正理解和接受的却很少。梁启超思想的命运也好不了多少。这也是革命党与立宪派虽然通过短暂的联合达到推翻清朝，建立民国的目的，却没有能力在中国落实民主制度的重要原因之一。

不过，我们看到，政治觉醒曾在一定程度上带动了文化变动。在维新运动时期，为了人才的需要，他们极力主张改革科举制度，建立新学堂，并发行报刊杂志，宣传新思想、新观念。难能可贵的是，这时就有人提出用白话来宣传和吸引群众参与政治变革；还从戒缠足入手，开始进行解放女子的工作。鉴于这些情况，人们一直公认，戊戌维新运动也是一场重要的思想启蒙运动，它造成了近代文化在某些方面的初步萌芽。后来，革命运动和立宪运动进入高潮时期，传统的忠君崇儒的观念大为动摇。而且，无论是革命党，还是立宪派，都需要争取尽可能多的群众参与到自己的运动行列。为此，他们更加需要大力从事宣传和教育运动。有更多的人，用更多的力量，办报纸、杂志，办学堂，倡游学并实际资助有为之青年出国留学。根据方汉奇等编的《中国新闻事业编年史》所附的《报刊名索引》加以检索，估计清末为鼓吹革命与改革而创办的白话报刊已达 190 种左右。① 科举制废除，新教育迅速发展，粗略估计，在清末，在新式学堂受过教育的人，可能达到二三百万之多。② 由于报刊的大量增多和新教育的发展，扩大了新知识、新思想、新观念的传播。自由、平等、博爱、民主、共和以及自治、立宪、宪政等新观念，开始有较多的人对它们有所了解。妇女解放以及男女平等的思想，已不算太稀奇了。移风易俗的运动也

---

① 参见耿云志《近代中国文化转型研究导论》第六章第二节。
② 见同上书第五章第一节。

渐渐兴起来了。甚至近代文化的核心观念，世界化与个性主义也已开始萌发了。所有这些，都与当时蓬勃开展的革命与改革运动紧密相关。但也正因此，这种文化觉醒免不了比较狭隘和肤浅。所谓狭隘，主要是指它所波及的层面还是很有限的；所谓肤浅，主要是指，所提到的各种新思想、新观念等等，都还停留在很初步的水平上，还只是略引其绪而已。

关于这一时期的新思想、新观念等等之肤浅、简陋，梁启超在其名著《清代学术概论》中，有比较中肯的批评。他指出，鸦片战后，至戊戌变法时期，是一"学问饥荒"时代，"康有为、梁启超、谭嗣同辈，即生育于此种'学问饥荒'之环境中，冥思枯索，欲以构成一种'不中不西，即中即西'之新学派，而已为时代所不容。盖固有之旧思想，既深根固蒂，而外来之新思想，又来源浅觳，汲而易竭，其支绌灭裂，固宜然矣"①。关于戊戌政变后至辛亥革命一段时期，梁氏又指出其至少三种短处：一、新思想之输入，虽如火如荼，"然皆所谓'梁启超式'的输入，无组织，无选择，本末不具，派别不明，惟以多为贵，而社会亦欢迎之。盖如久处灾区之民，草根木皮，冻雀腐鼠，罔不甘之，朵颐大嚼，其能消化与否不问，能无召病与否更不问也"②。二、这种输入新思想的运动，由于没有西洋留学生的加入（严复是唯一的例外），"运动之原动力及其中坚，乃在不通西洋语言文字之人。坐此，为能力所限，而稗贩、破碎、笼统、肤浅、错误诸弊，皆不能免。故运动垂二十年，卒不能得一健实之基础"③。三、当时人皆无学问独立之思想，其下劣者，为利禄而以新学为"敲门砖"；其高秀者，亦仅以新学为致用之手段。所以，在梁启超看来，清末光宣之际的新学运动，"并新思想启蒙之名，亦未敢轻许也"④。梁启超是过来人，且其本人乃清末新学运动最主要的代表人物。他自己下此严格的评论，我们是应当予以充分信任的。孙中山于民国后亦多有此类反思之论。如他说："中国国民四万万，其能明了了解共和之意义，有共和之思

---

① 见《饮冰室合集·专集之三十四》，第71页。
② 同上。
③ 同上书，第72页。
④ 同上。

想者，尚不得谓多。"① 何止是不得谓多而已，当袁世凯复辟时，孙中山进一步说："民众愚昧，惑溺邪说，义理不辨，向背失所，袁氏势位赖以得保。"② 孙中山甚至还说："中国人民知识程度之不足，……诚有比于美国黑奴及外来人民知识尤为低下也。"③

我在《从革命党与立宪派的论争看他们的民主思想准备》④ 一文中，曾专门考察清末所谓先觉分子们对于民主究竟认识到什么程度的问题。曾指出，革命党人的认识很幼稚，以为，民主制度是可以根据人们的意愿任意加以移植的东西。这本身就说明，他们不了解作为一种制度，民主只有具备必要的社会基础方能建立起来。以梁启超为代表的立宪派，对民主的政治制度稍有研究，看到在当时的中国，难以建立起民主的政治制度。用暴力革命的方法，尤不可能。但他不了解民主的政治制度在各个不同国家，其发育成长的起点和适用的形式是可以有所不同的。

这是一个政治觉醒的时期，是政治主导文化潮流的时期，而精英分子们于最主要的政治观念之认识，尚且如此，遑论其他！论教育，虽说是已有了新学堂，但按梁启超的说法，"时主方以利禄饵诱天下，学校一变名之科举，而新学亦一变质之八股，学子之求学者，其什中八九，动机已不纯洁，用为'敲门砖'，过时则抛之而已"⑤。梁氏的说法，固有些夸张。但清末以降，所谓新教育者，大体皆抄袭日本，而抄袭者又多半是对日本教育一知半解，不能得其精义，直到民国初年，远未形成一套适合中国国情的教育体制和教育内容。更何况，即以读书识字的最低教育目标而言，在四亿多人口的中国，仅有二三百万青少年得到新式学堂的教育，其成就亦何其有限！再以近代传媒事业报刊而论，根据对方汉奇等编的《中国新闻事业编年史》所附的《报刊名索引》加以粗略统计，至 1911 年为止，清末所创办的报刊共有 1500 余种；1912—1919 年创办报刊约 1300 余种；

---

① 《在沪欢迎从军华侨大会上的演说》，《孙中山全集》第 3 卷，中华书局 1984 年版，第 374 页。

② 《致中华会馆董事函》，见王耿雄编《孙中山集外集》，上海人民出版社 1990 年版，第 373 页。

③ 《建国方略·心理建设》，《孙中山全集》第 6 卷，第 209 页。

④ 该文载《近代史研究》2001 年第 6 期。

⑤ 《饮冰室合集·专集之三十四》，第 72 页。

晚清至 1917 年以前，所出现的白话报刊约有 190 种。这就是说，清末至民初 80 年中，全国陆续出现的报刊不过 2800 余种。其中，寿命最长的是《申报》，到新文化运动起来的时候，也不过四十几年的历史；寿命短的报纸，往往不足月而夭折，期刊则有的出版一期就停刊了。发行量大的最多时不过几万份；少的，只有百余份而已。占人口绝大多数的广大农民和城市下层群众，与这些报刊，根本不发生关系。所以，新知识、新思想、新观念，很难渗透到最大多数的人民中间，在中国社会广大的阶层中，思想、文化并未发生多大的变化。大多数的人们，在大多数的情况下，仍然为祈祷平安而拜菩萨；为梦想发财而拜财神；为读书应试而拜孔子。天旱了，去拜神祈雨；发洪水了，去拜龙王。世道乱了，默求真龙天子降世。至于婚丧嫁娶，送往迎来，也多半循着老辈的成规行事。正因此，在鲁迅的许多小说里，所反映的民国初年的中国社会，仍然是沉浸在昏暗的旧传统中。胡适在美留学七年之后，归国所见所闻，令其感慨道："七年没见面的中国，还是七年前的老相识！"[①]

可见，由政治觉醒所带动起来的文化变动是很有限的，是很表面，很肤浅的。

近代中国人的文化觉醒

前面我们指出，政治觉醒的标志是认识到政治制度改革的必要和改革的方向，即以某种类似西方的民主制度（包括民主立宪和君主立宪）取代君主专制制度。那么，文化觉醒的标志又是什么呢？中国人是从何时开始达到文化觉醒的呢？

我在《清末思想文化变迁的几个大趋势》一文中，曾谈到君权的逐渐被否定，孔子及儒家思想一尊地位的动摇，文化平民化的趋势，移风易俗的鼓吹，乃至个性主义的初步萌发，等等。但正如我们前面指出的，所有这些变动还是很有限的，很表面的，很肤浅的。所以，还没有达到文化觉醒的地步。

中国人是怎样由政治觉醒进一步达到文化觉醒的呢？

---

① 《归国杂感》，《胡适文存》卷四，第 1 页。

这个问题，我们试作更深入一步的讨论。

在清末最后的十几年里，当人们满腔热血地为革命和改革，为改造旧的君主专制制度，建立某种形式的民主制度而奋斗的时候，他们是觉得已经找到救中国的最后法宝了。孙中山和他的战友们，都毫不怀疑，推翻腐败专制的满清政府，建立民主共和国之后，中国人民从此就会走上自由、平等的康庄大道。黄花岗烈士的遗书，至今读起来，仍令我们为烈士们的高尚革命理想和他们为此理想而牺牲的精神所感动。他们的革命理想，其实并不高远，他们认为用他们的鲜血和头颅换来的共和国，就是后人幸福的根本保证。立宪派比较革命党人要来得实际些，不那么太理想主义。但他们也是认为，将君主专制制度改造成为君主立宪制度，虽不能一劳永逸地解决一切问题，但却可以避免再度流血和动乱，为调节各种社会矛盾确立起一种有效的政治机制。

但辛亥革命后不久，无论是理想主义的革命党人，还是比较实际的立宪派，都失望了。尤其在经历数年的混乱和两度复辟的闹剧之后，他们都在不同程度上开始反思了。孙中山反省到，革命之所以未获成功，是因为绝大多数党人不听他的话，把他的话，认为是理想难行，因而就不去行了。孙中山把这概括为是"知易行难"的旧心理作怪。所以，他想从灌输"知难行易"的学说入手，他把这叫做"心理建设"。① 老同盟会员柳亚子认为，革命时期，大家都只知道反满的民族主义，对于民权主义，并不了解。至于民生主义就更是莫名其妙了。② 另一位孙中山的老战友田桐认为，真正之共和民主没能实现，是因为大家没有认识到自治精神才是民主共和的实质，不理解自治精神，自然无从建立民主共和制度。③ 一般地说，原来的革命党人们的反省大多还停留在政治的层面上。孙中山略进一步，从心理建设的意义上提出问题。但所关切者仍在政治。

梁启超的反省则进入到思想的层面。1915 年初，袁世凯的复辟尚未完

---

① 参见《孙中山全集》第 6 卷，第 157—159 页。
② 见《柳亚子选集》下册，人民出版社 1989 年版，第 1030 页。
③ 参见《辛亥革命与 20 世纪的中国》下册，中央文献出版社 2002 年版，第 1592—1593 页。

全公开的时候，梁氏已表示要退出政治，转而从事于思想建设，用他自己的话说，是"吾将讲求人之所以为人者而与吾人商榷之。……吾将讲求国民之所以为国民者而与吾国民商榷之"①。他要讲求人之所以为人的道理，那就是要揭示人的价值。其实，文化本来就是人化。我们讲文化转型，其实就是讲人的转变，由古代的人，转变为近代的人。这个转变，实质上是对人的价值的重新体认，重新确立。梁启超没有把这种深层义蕴完全揭开，但他的命题，显然是包含这种义蕴的。把这种义蕴清楚揭示出来的是黄远庸和陈独秀。他们两人虽都比孙中山、梁启超年轻，但也都经历过清末的革命与改革运动，亲眼目睹了民国初年的政治失序与思想界的混乱。所以，他们的反思具有很大的真实性和深刻性。

黄远庸是民初著名的记者，他最早深刻地指出，国人思想上的冲突已临到了一个前所未有的关节点。黄氏强调，新思想最重要的核心，是承认人自身有绝对之价值。觉悟到这种价值，就要求有个人的自由意志，独立的人格，也就是个人自求解放。解放了的个人，才会有创造力的充分发挥。显然，这与旧思想之束缚人心，封闭固陋，视人类如同机械、奴隶，是完全不同的。这样，将后一种境域中的人，转变到前一种境域中的人，势必导致整个社会及其文化的大转变。黄远庸的眼光、识力实不在新文化运动领袖诸人之下。惜其死得太早，否则，其对中国新文化必当有更多更大的贡献。

陈独秀本是清末的一位老革命党。但他并没有参加同盟会。或许，他当时已对同盟会有批评性的看法。所以，民国以后，他很快从政治觉醒向文化觉醒转变。他之创办《青年》杂志，实具无限之深心。相当于杂志发刊词的《敬告青年》一文，劈头第一条就是"自主的而非奴隶的"，就把上述黄氏所要发挥的意思，紧紧抓住。他说，自近代人权之说兴，以奴隶待人或自待之境域，再也不能忍受。所以近代欧洲的历史，称之为"解放的历史"。陈独秀解释解放的意义说："解放云者，脱离夫奴隶之羁绊，以完其自主自由之人格之谓也。……盖自认为独立自主之人格以上，一切操行，一切权利，一切信仰，惟有听命各自固有之智能，断无盲从隶属他人

---

① 《吾今后所以报国者》，《饮冰室合集·文集之三十三》，第54页。

之理"。①

有什么样的人，就会有什么样的文化。奴隶时代的人，只能创造奴隶时代的文化；封建时代的人只能创造封建时代的文化；只有近代的人，才能创造近代的文化。民国成立以后，之所以连年混乱，复古、复辟之风乱吹，是因为人们头脑里的旧思想还盘踞甚深甚固。由此，社会文化就与专制时代的旧文化没有根本的区别。要维护共和，巩固共和，必须去掉人们头脑中的反共和的思想，换上拥护共和民主的新思想。人们的思想变了，社会文化的氛围才会改变。所以，文化觉醒，是基于对人自身价值的体认，个人自由意志的确立。这就是文化觉醒最主要的标志。

文化觉醒的另一个重要标志，是开放的文化观念。

自从中国的大门被列强用大炮轰开以后，中国人被迫和被动地与西方世界发生交往。很长时期，这种交往只限于经济贸易、军事、外交等领域。人们，特别是士大夫阶层，对西方文化是不屑正视的。初则完全排斥，继则有"师夷长技"之说，继则又有"中学为体，西学为用"之说。完全排斥，是封闭固陋；"师夷长技"以至"中体西用"则是半开半闭。这种半开半闭的文化观念，对于大多数中国人，特别是其士大夫阶层，可以说，一直到五四新文化运动起来之前，仍占据着主流地位。当辛亥革命前后，大多数人学西方也只到学其政治制度而止，至于文化中最内在，最核心的人伦道德之属，他们认为，中国固有的东西，仍远在西方之上，不但不应学习西方，而且应该加意护持，使不受西方之浸染。这种观念，甚至到新文化运动起来之后很久，仍残留在一部分人的头脑中。

当先觉者们认识到，人们的思想文化观念不发生变化，民主制度便无从生根落实的时候，他们的觉醒便进入到文化觉醒的层次。这就意味着，从此，中国不但在经济贸易、军事、外交，乃至政治领域对外开放，实行交流，而且在文化的各领域，也要对外开放，实行交流。这就开始形成了开放的文化观念。

前面说到黄远庸，他指出新旧思想的冲突临到前所未有的关节点。他

---

① 见《陈独秀文章选编》（上），三联书店 1984 年版，第 74 页。

所说的新思想，正是指的从西方输入的那些新思想。陈独秀在《敬告青年》中，强调"世界的而非锁国的"，就是他的开放的文化观念的明确表达。与这篇文章同时发表的《法兰西人与近世文明》一文，尤表现出其倾慕西方近世文明，欲使国人同沾其化，以与世界文明共进的想望。在新文化运动中与陈独秀齐名的胡适，在他 1917 年 4 月写成的博士论文的导言里说，"新中国必须正视的，更大的，更根本的问题"就是："我们中国人如何能在这个骤看起来同我们的固有文化大不相同的新世界里感到泰然自若？……我们应怎样才能以最有效的方式吸收现代文化，使它能同我们固有文化相一致、协调和继续发展？"①胡适这里提出的是一个非常重大的问题。即中国对外全面开放状态下，如何处理好中国文化与世界新文化的关系，如何既要充分吸收现代文化，同时又使中国文化与世界新文化相协调，并继续发展。这里丝毫没有对外来文化的任何戒惧心理，也没有不顾一切的贸然以西方文化取代固有文化的盲动心理。而是坦然地面对世界新文化，从容、谨慎地探寻中国文化与世界新文化结合的途径。这是自晚清西方文化输入以来，表现最开放的文化心态，也是最具理性的文化心态。难怪在新文化运动中，只有胡适能够提出一套完整的，合理的，富有远见的建设中国新文化的纲领，就是"研究问题，输入学理，整理国故，再造文明"。

　　我在《中国新文化的源流及其趋向》和《世界化与个性主义——现代化的两个重要趋势》两篇文章里，曾比较深入地讨论过现代新文化的本质特性的问题。②此问题与我们当下讨论的文化觉醒的问题密切相关。既然现代新文化的本质特征是世界化与个性主义，那么，文化觉醒亦必然在这两个方面突出表现出来。我们上面所说的黄远庸、陈独秀、胡适等人关于这两个方面的论述，还只是新文化运动兴起之前的最初觉悟。等到新文化运动蓬勃兴起之后，文化觉醒在这两个方面的表现，就更加充分，更加丰富多彩，也更加深刻得多了。

---

① 《先秦名学史》，学林出版社 1983 年版，第 8 页。

② 《中国新文化的源流及其趋向》一文，发表于《历史研究》1994 年第 2 期；《世界化与个性主义——现代化的两个重要趋势》一文发表于《中国社会科学院学术委员会集刊》第 1 辑，社会科学文献出版社 2005 年版。

　　比如，关于个人价值，自由意志，人格独立，个性解放等等，在新文化运动中通通凝结在一个概念里，叫做个性主义，并对个性主义作出明晰的合理的界说。在西方，通常也是用一个概念来表达这些意思，他们用的是个人主义。但在中国的文献里，个人主义差不多都是在负面意义上被使用。所以新文化运动的领袖们大多使用个性主义这个词，来表达重视个人价值，个人意志自由，人格独立，个性解放等等意思。胡适说，个人主义有两种：一种是"假的个人主义——就是为我主义（Egoism）"；另一种是"真的个人主义——就是个性主义（Individuality）"。① 胡适对个性主义作了比较简明扼要的界说。他指出，要发展个人的个性，"第一，须使个人有自由意志。第二，须使个人担干系，负责任"。② 胡适的这一界说，首先强调了个人意志自由的绝对必要。个人若没有自由意志，就同奴隶一样了。奴隶只是"会说话的工具"，完全没有什么自由意志。其次，他强调，既然个人有自由意志，那么，个人就必须对自己的言论、行为负完全的责任。如果一个人不能对自己的言论、行为完全负责，那也同奴隶没有区别了。因为奴隶没有独立人格，所以不须对自己的言论、行为负责任。对个性主义作出这样的界说，就非常清楚地将个性主义与中国人习惯上所理解的自私自利的个人主义区别开了。

　　在新文化运动中，人们主要从两个方面，阐释个性主义的功能和意义。一方面，从最普遍，最一般的社会意义上，揭示个性主义的意义。指出，只有个人的价值充分确立，个人的才性与能力才会得到充分的展现，整个社会才会生机活跃，国家民族才会发展进步。另一方面，是从个性主义同民主政治的关系方面，揭示个性主义的重大意义。他们深刻地阐明，国家是集个人而成，没有个人，就不会有国家；国家是为保护各个个人的权利而设，不是个人为国家而生。只有各个个人的权利都得到保障，国家的权利才能巩固。

　　新文化运动是近代中国最清晰地展现开放的文化观念的时期，这也是中国人的文化觉醒达到一个新的高度的显著标志。新文化运动的领导者们

---

① 《非个人主义的新生活》，《胡适文存》卷四，第174页。
② 《易卜生主义》，《胡适文存》卷四，第35页。

个个都怀有一种世界主义的倾向，他们无例外地都持有非常开放的文化观念。胡适与陈独秀已是人们所熟知的了。鲁迅早在清末就表述过其世界化的文化主张。① 新文化运动起来之后，他是最积极地从事翻译引介西方文化者之一。他认为，"同是人类，本来决不至于不能互相了解"②。这已经接近于人类文化同一性的认识。

蔡元培更是一位胸怀博大的世界主义者。他担任北京大学校长后，极力提倡"兼容并包"的精神，即是基于他的开放的文化观念。梁启超这一时期也有更为成熟的世界化的开放文化观念。综观这一时期对于开放的文化观念的论述，有如下几点特别值得注意：（一）提出了人类文化同一性的理论。胡适在批评梁漱溟的主观主义的东西文化观时，指出："文化是民族生活的样法，而民族生活的样法是根本大同小异的。为什么呢？因为生活只是生物对环境的适应，而人类的生理构造根本上大致相同。故在大同小异的问题之下，解决的方法也不出那大同小异的几种。这个道理叫做'有限的可能说'。"根据这一人类文化同一性的理论，胡适进一步说："我们拿历史的眼光去观察文化，只看见各种民族都在那'生活本来的路'上走，不过因环境有难易，问题有缓急，所以走的路有迟速的不同，到的时候有先后的不同。"③ 提出人类文化同一性的理论，这是非常重要的。只有承认人类文化本质上具有同一性，才会充分承认世界各民族的文化都可以互相交流，互相容纳，才会从根本上破除一切排外主义和封闭主义的文化观念。（二）他们都相信，不同文化相互接触，相互交流，必能促进文化的进步和更新。蔡元培在美国华盛顿乔治城大学演说《东西文化结合》时指出，历史上，例如文艺复兴时期，西方文化受了阿拉伯与中国文化的影响，已是举世公认的事实。而近代，东方诸民族都在努力地学习借鉴西方文化。然而，即在当下，西方有许多思想家，"几乎没有不受东方哲学的影响的"④。异质文化相交，产生新文化，这同样是一个很重要的

---

① 《文化偏至论》，原载《河南》第 7 号（1908 年 8 月），见《鲁迅全集》第 1 卷，人民文学出版社 1981 年版，第 56 页。

② 《域外小说集序》，《鲁迅全集》第 10 卷，第 163 页。

③ 《读梁漱溟先生的〈东西文化及其哲学〉》，《胡适文存》第 2 集卷 2，第 64、67 页。

④ 见《蔡元培全集》第 4 卷，第 351—353 页。

观念。胡适不止一次地说到中国因吸收印度佛教文化而促成宋代理学的昌盛；坚信吸收西方近代文化的结果，也必然促成中国新文化的诞生。（三）在开放的文化观念之下，文化的交流，不会是单向的，而是互补的。梁启超主张，要"拿西洋的文明来扩充我的文明，又拿我的文明去补助西洋的文明，叫他化合起来成一种新文明"。然后，要将这种新文明再贡献于世界，与人类共享这新的文明成果。

由于当时身居教育文化界领袖地位的这些思想家和学者们，坚定地秉持着开放的文化观念，他们都能尽其所能地身体力行，从事促进东西文化交流的工作。例如，邀请著名的西方学者来华讲学（如杜威、罗素、杜里舒等等），积极组织翻译西方名著（蔡元培、胡适、蒋梦麟组织"世界丛书社"，准备系统翻译世界各国文化名著），派遣学者出国访问和开拓门径，增派留学生等等。

这时期还有一个现象值得注意，即一部分人热衷于提倡世界语。他们中有钱玄同、区声白、黄凌霜、孙国璋等等，陈独秀、鲁迅、周作人也对此表示同情。他们的理由是：中国人所使用的汉文已不适用，须研究一种文字"来做汉文的代兴物"①。"世界语之文法整齐，亦简单易学"②，正可应此需要。他们坚信"世界语为将来人类公用之语言"，"世界进化，已至 20 世纪，去大同开幕之日已不远"，推行世界语将大有助于"世界主义之事业"。③ 所以大力提倡世界语，乃属当仁不让的事情。他们把推行世界语视为推进中国世界化的一种捷径。这种想法本身之正确与否是另一回事，它从一个特别的角度反映出，此时期中国一部分文化精英对世界化的期许和热情。④ 这当然亦应被看作是开放的文化观念的一种表现。

---

① 钱玄同：《致孙国璋》，见《新青年》4 卷 4 号《通信》。

② T. M Cheng：《致新青年记者》，见《新青年》2 卷 3 号《通信》。

③ 《钱玄同致陈独秀》，见《新青年》3 卷 4 号《通信》。

④ 实际上，提倡世界语的主张，当时即遭到批评。其中以陶孟和、朱我农的批评最有理据。他们指出，世界语纯为人造的文字，只可说是"私造的符号"，没有民族生活、历史为基础，没有国民性，所以没有生命力，不足以表达思想感情。尤其是，世界语与世界主义决然是两回事，不可混为一谈。所谓世界大同，只是利益相同，而非一切归于同一（见《新青年》3 卷 6 号及 5 卷 4 号之《通信》）。

个性主义的提倡，个性解放运动的兴起，必然有利于释放人的创造精神，引导青年一代为理想的社会奋斗。开放的文化观念，则必定推动人们了解世界，吸收一切优秀的文化来增益自己，提高自己。于是，那些压制人们的自主创造精神，限制人们向更高的生活努力的现实种种制度、体制、习俗等等，就会被提上改革的议程了。

三　文化觉醒给予政治的重大影响

前面我们已经说到，政治觉醒会带动一定程度的文化觉醒。现在我们要着重谈谈文化觉醒对政治的反作用。仔细考察从清末到民国的政治变革和演进的过程，我们就会发现，五四新文化运动是一个界碑，此前中国人对民主政治的追求主要集中于参政权与对政府的监督权。以孙中山为首的革命党人，强调"由平民革命以建国民政府，凡为国民皆平等以有参政权"[①]。以梁启超为代表的立宪派，集中力量动员群众要求建立国会和责任政府制度。建立国会，核心是解决人民参政的问题；强调责任政府，则是实现监督权的问题。梁启超根据中国的国情，曾特别强调，由人民选举产生的国会，其对政府的监督权远比立法权更为重要。[②] 孙中山和梁启超，代表了清末先进的中国人的最基本的政治意识。到民国初年，宋教仁把议会作为争取民主政治的中心，也正是为解决人民的参政权和对政府的监督权的问题。他为此，竟牺牲了自己的生命。从此亦可见，参政权与对政府的监督权是民主政治最基础的东西。按民主政治最主要的内容有三个方面：一是选举，这是实现人民参政权最基本的途径；二是权力制衡，这是落实监督政府权的必要的制度机制；三是人民个人权利的保障，这是任何民主政治必有的内容，也是一切民主制度最后的底线。一个国家，其人民如果连最基本的自由权力都没有，那就绝对不是一个民主的国家。我们看到，在新文化运动之前，中国人在争取民主的斗争中，主要关注的是前两

---

① 《中国同盟会革命方略》，《孙中山全集》第 1 卷，第 297 页。

② 见梁启超《中国国会制度私议》（原载《政论》和《国风报》，收入《饮冰室合集·文集之二十四》）；《论请愿国会当与请愿政府并行》（原载《国风报》第 7 期，收入《饮冰室合集·文集之二十三》）两文。

点。新文化运动起来之后，人们开始把关注点转向个人权利，亦即人权的问题。个人自由，个性解放，等等，在清末只是稍稍被提到。严复在1895年时所说的，西方的自由略近于中国的"絜矩"之道，其主要意义是"存我"，当时恐怕没有多少人能够理解。《新民丛报》时期梁启超宣扬自由，但他强调的不是个人的自由，而是国家的自由和民族的自由。直到新文化运动时期，个人的自由，个性解放，独立自主等才被提到突出的地位。经过新文化运动的洗礼，差不多一整代的青年都为个性解放的呼声所震撼，他们对于个人自由的渴望和吁求要比他们的前辈们强烈得多，虽然并非都能正确地理解个人自由的真正意义。从五四时期直到抗日战争时期，人们争自由的斗争，都很明显地突出了个人自由和基本人权的内容。这正是新文化运动造成的文化觉醒所带来的中国政治的新趋势。

1920年8月，新文化运动的几个领袖分子胡适、蒋梦麟、陶孟和、张慰慈、李大钊、高一涵、王徵联名发表《争自由的宣言》。他们说："这几年来军阀政党胆敢这样横行，便是国民缺乏自由思想自由评判的真精神的表现。我们现在认定，有几种基本的最小限度的自由，是人民和社会生存的命脉，故把它郑重提出，请我全国同胞起来力争。"他们所提出的几种最基本的，最小限度的自由包括身体、家宅、言论、著作、集会、结社、书信秘密、居住、迁移和财产、营业，等等。他们还特别提出其中的言论自由、出版自由、集会结社自由和书信秘密等四项，认为是最重要、最基本的自由权力。为了能够保障这些最基本的自由权力，他们要求废除现行的"治安警察条例"、"出版法"、"报纸条例"、"预戒条例"等等危害个人自由的法律；要求制定"人身保护法"，以防止政府当局和军警等对个人自由的侵害。这是针对北洋政府提出的要求。这些要求虽然不可能实现，但我们从这里看出由于文化觉醒所带来的政治变化。

20世纪20年代末，国民党取代北洋政府，建立起一党专制的统治。这时，一些尊信民主自由的人士，针对国民党的一党专制，再度发出要求保护人权的呼吁。胡适也再度成为这一运动的领袖。

1929年5月，胡适在《新月》2卷2号上发表著名的《人权与约法》一文。文章激烈地抨击国民党"种种政府机关或假借政府与党部的机关侵害人民的身体自由及财产"；而其以政府名义颁布的所谓"保障人权"的命令，却通篇只提"个人或团体均不得以非法行为侵害他人身体、自由及财产"。胡适说："这岂不是'只许州官放火，不许百姓点灯'吗?"文中列举许多实例，揭露国民党人及其军政机关，滥用权力，迫害无辜，人民含冤莫白，投诉无门的惨痛情形。呼吁"快快制定约法以确定法治基础"，"快快制定约法以保障人权"。

　　胡适的文章引起强烈反响。罗隆基先后发表《论人权》、《告压迫言论自由者》等文，梁实秋发表《论思想统一》，皆是抨击国民党的一党专制，要求保障最基本的人权。罗隆基在《论人权》一文中指出，"人权是人生命上那些必须的条件，是衣、食、住的取得权及身体安全的保障"；"同时要加上那些发展个性，培养人格，成至善之我的一切条件"。罗氏还分析了人权与国家，人权与法律的关系。他指出，国家最重要的功用"就在保障人权，保障人民生命上那些必须的条件；什么时候，国家这个功用失掉了，人民对国家服从的义务就告终了"。至于人权与法律的关系，他强调，法律是为人权而产生的，人权是先法律而存在的。罗氏在此文中列出 35 条人权的要求，这些要求基本涵盖了他所说的"人生命上那些必须的条件"和"发展个性，培养人格，成至善之我的一切条件"[①]。在《告压迫言论自由者》一文中，罗氏特别强调言论自由的重要。他指出，"言论自由，是指不受法律干涉的自由"；"言论自由，就是'有什么言，出什么言，有什么论，发什么论'的意思。言论本身绝对不受何种干涉。"罗氏引证历史事实说明，"自由批评，自由讨论，绝对的言论自由，固然是危险；实际上，压迫言论自由的危险，比言论自由的危险更危险"。古今中外，多少专制主义者为巩固自己的权力，人莫予毒，压制言论自由，结果都以自己的垮台告终。[②] 的确，言论自由实在是诸多自由人权中最最重要的一项自由权力。所以历来一切反专制的斗争无不是从这一点上爆出惨烈的光焰。因这次争取保障人权，争取言论自由的斗争，胡适遭到国民党御用学者的集体围攻，并受到国民党政府教育部的严厉警告。不久，他不得不辞去中国公学校长的职务。

---

① 见《新月》2 卷 5 号。
② 见《新月》2 卷 6、7 号合刊。

罗隆基则竟不免一度牢狱之灾。

抗日战争时期，国民党政府在集中国力于抗战的借口下，继续一党专制的体制，甚至鼓吹"一个党，一个主义，一个领袖"的独裁主义。拥护民主的各党派，各界人士，屡次提出开放民主，开放言论自由的要求，都被国民党当局所拒绝。1939 年掀起的第一次宪政运动失败之后，直到1943 年 9 月，国民参政会三届二次会议期间，由中间党派发起的第二次宪政运动，人权问题，特别是言论自由与人身自由问题受到最大的关注。在参政会开会前，张君劢、左舜生即提议，于此次参政会成立一宪政实施筹备机构，并以开放言论结社自由为重心，展开活动。① 这项提议，是后来成立宪政实施协进会的张本。三届二次国民参政会于 9 月 18 日开会，9 月27 日闭会。在 9 月 25 日的参政会上，参政员纷纷发言，"要求政府立即给予人民以较多之自由。并谓，现时情形，人民不但无言论自由，结社自由，抑且无旅行自由甚或吃饭自由云云"②。参政会闭幕后，10 月 2 日，在协商宪政实施筹备机构的组织和人选时，张君劢等再次表示，特别注重言论自由的开放。宪政实施协进会成立后，以开放言论自由和保障人身自由为中心，以中间党派的民主人士为主干，展开许多活动。例如创办《宪政月刊》，大力从事宣传，张君劢、黄炎培、陶孟和等都曾发表文章和讲演，呼吁开放言论自由和保障人身自由。同时提出提案，要求改善新闻检查及书籍检查办法，整肃滥用职权捕押久禁情事的办法，及要求尽快实行提审法，等等。可以说，以开放言论自由和保障人身自由为中心的第二次宪政运动，是延续了五四以来民主运动的新趋势，反映出新文化运动对中国政治的深层影响。

新文化运动对政治产生重大影响的另一个明显证据是平民主义所发生的巨大作用。

我们知道，平民主义的思想观念在清末已经出现，但成为一种强有力的社会思潮则是在五四新文化运动时期。这是因为，新文化运动的起因就是基于要唤醒民众的需要。当时倡导新文化的领袖分子们都是怀着迫切的

---

① 见《王世杰日记》1943 年 9 月 17 日。
② 同上书，1943 年 9 月 25 日。

心情，寻求有效的途径，采取有效的方法，把一些最基本的近代思想观念输入一般民众的头脑中去。黄远庸所谓要使"现代思潮……与一般之人生出交涉"①，胡适所谓"普及于大多数之国人"②，陈独秀所期盼的"多数之国民"之"最后之觉悟"③，都是把注意力集中在平民的身上。白话文的倡行，平民教育的开展，平民社团的组织④等等，则是将他们平民主义的思想付诸实践的表现。参与这种实践活动的不仅有广大的青年学生，而且许多大学教授们也身体力行，由此推动平民主义思潮日形高涨。这时期的平民主义，已不限于政治方面，而且包括经济的平民主义，教育的平民主义，乃至文学艺术的平民主义，等等。

新文化运动所推动起来的平民主义思潮，与清末以来的平民主义观念大不相同之处在于，它不停留于笼统地诉诸一般的民众，而是直接向最大多数的工农大众说话。还在五四运动发生不久，唐山一个工业专门学校的学生就组织起来，深入到附近的农村做宣传群众的工作。⑤ 其后，青年知识分子深入农村、工厂，与工农相接触，在他们中间做宣传，或开展平民教育的工作，或做社会调查，乃逐渐形成风气。1920 年，天津觉悟社周恩来等与北京的一些青年团体的代表，在李大钊的参与下，作出了以"到民间去"为宗旨的《宣言》和《约章》。它标志着，经五四新文化运动洗礼的新青年，都产生了要与民众，特别是工农大众相结合的觉悟。这是有巨大的历史意义的事情。知识分子与工农民众相结合，在像中国这样落后的国家里，它所产生的社会效果是极其伟大的。因为，通过这种结合，知识分子和工农大众都将改造成为新的社会力量。原来脱离民众，不谙世故，没有实行能力的书生，变成群众的组织者和领导者；原来因无知识而沉埋于愚昧、迷信之中，不关心世事的芸芸众

① 黄远庸致《甲寅》编者的信，见《甲寅杂志》第 1 卷第 10 号。
② 见《胡适留学日记》，商务印书馆 1947 年版，第 956 页。
③ 见《陈独秀文章选编》（上），三联书店 1984 年版，第 107 页。
④ 当时明确以平民主义为旗帜的社团组织很多，如平民教育讲演团、平民教育社、平民周刊社、平民协社、民众社，等等。以宣传平民主义为主要内容的刊物也非常之多，如《新生活通俗周刊》、《平民教育》、《新妇女》、《湖南通俗报》、《平民》、《平民导报》，等等。尤其是还出现了一大批直接向工农大众说话的刊物，如《劳动界》、《劳动周刊》、《工人周刊》、《劳动周报》、《醒农》，等等。
⑤ 见李中襄、许元熙致胡适的信，载《胡适遗稿及秘藏书信》第 8 卷，第 134 页。

生，变成了有一定知识，有一定觉悟，愿意参加政治活动的群众。这种结合，必将产生足以撼动社会的力量。事情正是如此。五四以后，由于一部分具有初步共产主义思想的知识分子到工人中间去做大量的宣传与组织工作，遂为中国共产党的产生准备了条件。而中国共产党的产生，显然是造成中国以后的一系列巨大变化的基本原因。20 世纪 20 年代之初，国民党的改组也同平民主义思潮的推动有明显的关系。国民党改组后对工农民众运动的重视就是明证。可以说，没有平民主义思潮的高涨，就不会有后来的国民革命时期的波澜壮阔的工农群众运动，也就不会有国民革命的迅猛发展。

平民主义思潮的高涨和工农运动的兴起，一则是因为在五四爱国运动中，广大的工农群众表现出自己的觉悟和力量；二则是知识分子受到俄国十月革命的影响，认为中国要走俄国人的路，才能取得革命的成功。李大钊介绍十月革命的文章叫做《庶民的胜利》，罗家伦作《今日之世界思潮》也宣称，将来的革命都应该是俄国式的革命，真正平民的革命。这很明显地反映出，当时站在新文化前沿的知识分子，已经相当清楚地领悟到俄国十月革命的成功是得力于工农大众的觉悟与奋起。所以平民主义因新文化运动而升华，使以后中国的政治运动和革命运动都带上突出的群众运动的色彩。

在随后的数十年间，群众运动成为中国政治运作的一个极重要的手段。这对于中国的政治发展显然起了相当大的积极作用。但也无庸讳言，在某些情况下，由于过分迷信群众运动，也确曾发生不小的消极作用。但这与平民主义思想并无本质上的必然联系。

政治与文化之间的关系是复杂的，我们这里仅就两者的互相促进的关系略作讨论。历史事实说明，政治觉醒或政治变革可以带动文化的变动；反过来，文化觉醒或文化运动也可以给政治带来某些重大的影响。但由于近代中国所处的国际国内环境，中国人所面对的历史抉择，使政治问题具有突出的重要性和超越其他问题的紧迫性。它对各阶级、各阶层、各群体都是生死攸关的问题。政治问题不解决，其他问题都得不到妥适的解决。就在新文化运动兴起的前后，有识者已经认识到这一点。章士钊在答复黄远庸时说："提倡新文学，自是根本救济之法，然必其国政治差良，其度不在水平线下，而后有社会之事可言。文艺其一端也。欧洲文事之兴，无不与政事并进。"① 陈独秀初办《青年》杂志时，本已宣布，"批评时政，非其旨也"②。然而，一年多以后，他就认识到，"盖一群之进化，其根本固在教育、实业，而不在政治，然亦必政治进化在水平线以上，然后教育、实业始有发展之余地"③。后来，梁漱溟更明白地说，政治若无办法，则文化亦无办法。可谓透底之论。在政治已上稳定运行之轨道的时候，无论是奴隶制时代，还是封建制时代，还是资本主义时代，文化都会获得一度辉煌的发展时期。反之，政治上不了轨道，则文化终难得到健全发展的机会。这是古今中外的历史都证明了的不易之规。

　　近代中国政治上所面临的基本课题是要实现独立和民主。要实现独立就必须反对帝国主义，要实现民主就必须反对专制主义。由于近代中国屡遭帝国主义列强的侵略，主权已不完整，故国内的专制主义者与帝国主义者往往是互相勾结在一起。所以反帝反专制两项课题是密切相关联的。近代中国文化所面临的课题，如我们前面所说，是从近乎封闭的，与大一统的中央集权的君主专制制度相联系的，以孔子与儒学定于一尊，严重压抑个性的古代文化，转变为开放的，适应于近代民主制度的，否定一尊的权威，鼓励个性发展的近代文化。中国古代文化中并非完全没有可以滋生近代文化的因子，但久处于与专制主义政治紧密结合的主流文化的压抑之下，若没有外部的刺激因素来激活它们，难以成长起来，更谈不上取代旧的主流文化而成为新的主流文化。不言而喻，能够激活它们的外部刺激因素，恰是来自侵略中国的帝国主义的西方世界。这就极大地增加了文化转型的困难。因为，一个有五千年文明发展史的民族，在内部变化的积累严重不足的情况下，骤然面对一种给自己带来诸多损害与屈辱的西方列强所拥有的文化，实在是很难平心地、从容地去思考和解决问题。因此，政治上实现独立和民主，是实现中国文化近代转型的一个非常重要的条件。也就是政治上有办法，文化上才会有办法。这也就决定了在近代中国的社会

① 见《甲寅》1 卷 10 号
② 《青年》创刊号《通信》。
③ 《新青年》3 卷 5 号《通信》。

转型与文化转型的过程中，政治具有无可否认的主导作用。这既有积极意义，也有负面的影响，其负面的影响就是，在学术及思想、文化领域长期存在着难以克服的泛政治化的倾向。

（原载《四川大学学报》2008 年第 1 期）

五四新文化运动再认识

一　问题的重新提起

五四运动与新文化运动本不是一回事，但人们习惯上总是把它们连在一起。五四运动是一次爱国的政治运动，新文化运动是对民族文化的批判与创新运动。这一运动给五四爱国运动提供了新的思想基础，并在相当程度上决定了它的发展趋向。而五四爱国运动又推动了新文化运动向横广方面发展。本文主要是讨论新文化运动，和"五四"连起来，可以给人一个历史的概念，即我们所讨论的是 1919 年"五四"前后那一时期的新文化运动。

这场在历史上发生重大影响的文化运动包含两个方面：一方面是对中国的专制主义传统与现实的批判运动，是对两千年历史文化的反思。另一方面，是民族文化的振兴运动。由于认识到民族文化的弱点和危机，故亟亟于引进西方新思想，对古代遗产加以整理、提炼，以便打开新出路，创造新境界。

这场新文化运动在政治上产生的巨大震动作用，突出表现在它直接催生了中国共产党，并推动了国民党的更新。所以，这两个党的政治领袖一般都相当肯定五四新文化运动的历史意义。但就在新文化运动的高潮中，已有人对它持强烈的否定态度，后来新儒家一派学者成为这种态度的代表。也有个别原属新文化运动的先锋人物，后来转而产生忏悔心理，如钱玄同自认当时所发议论十之八九都成忏悔的材料。胡适就不赞成这种态度。他坦然地提出，对已经做过的一切，都无须忏悔，为功为罪，造福造孽，唯有挺着肩膀去承担。①

---

① 参见《鲁迅研究资料》第 9 集，天津人民出版社 1982 年版，第 88—89 页。

现在，新文化运动虽然已经过去70年了。但这个运动所发生的影响，却随着时间的流逝，反而显得更清晰了。它所提出的问题，它所开启的新方向，至今仍是我们民族精英们继续思考的问题。经历半个多世纪的奋斗，饱尝斗争与挫折的艰辛、兴奋与痛苦，今天，我们已有可能尽量理智地对这个运动作出进一步的总结。

过去，对新文化运动的批评来自两个方面：一是从"左"的方面的批评，一是从"右"的方面的批评。"左"的批评把新文化运动看成是马克思主义领导的运动，对运动中非马克思主义的派别的思想、活动都做了非历史的评价。实则，新文化运动基本上是资产阶级的启蒙运动和文化再造运动。在这个运动中，马克思主义穿着十月革命的彩衣被介绍到中国来，并较快地吸引了一批思想最激进的知识分子和青年。他们在新文化运动中是勇敢的先锋。但是，非常明显，马克思主义一开始主要是被当作一种救国的武器，而不是当作一般文化思想加以接受的（能够从思想文化意义上去了解马克思主义的并非绝对没有，但是极少数，且理解甚有限）。最初接受马克思主义的那些人，当他们谈论具体的文化问题时，特别是对中国专制主义文化传统进行批判时，实际上仍大体运用资产阶级现成的理论和思想资料。这并不奇怪，中国文化当时面对的问题是如何从中世纪式的专制传统的束缚下解放出来，迫切地需要一场资产阶级性质的启蒙运动。因此，那些发源于西方，经历反教会、反中世纪传统的斗争锤炼出来的资产阶级的思想、学说，自然就被中国当时的启蒙思想家视为最方便适用的武器。

右的方面的批评，来自各色各样的尊古主义者。他们或嗜古成癖，或以精神贵族自待。批判古代的政教制度、思想文艺、习惯礼俗，在他们看来都是亵渎神圣，危及安身立命的基础。从国学大师章太炎，到留学生出身的新保守主义者（如《学衡》派），都反对新文化运动。新保守主义者，自其主观一方面说，自有其产生和存在的理由。但他们对新文化运动采取一笔抹杀的态度，是完全错误的。

左右两方面的批评者，其立场虽属相对的两极，但他们的错误却很相近：他们都对中国社会的实际状况及其迫切需要没有认识或认识不足。左的批评者，学了一点马克思主义的词句，以为世界上既有了马克思主义、社会主义一套道理，何必还要资产阶级的东西？他们宣称，资产阶级的东西都已腐朽了。所以，新文化运动中资产阶级的东西也都要不得。右的批评者拘守传统文化立场，认为中国文化既悠久又丰富，又美善，何必还要学习西方的东西？何必要改造更新？即使稍有借鉴，亦应只限于可为中国传统所溶解的东西。

近年来，国内思想界对左倾教条主义做了较多的批判，人们的头脑比较清醒了。但与此同时，以新儒家为代表的传统主义却有所抬头，批判五四新文化运动在海内外学界变得颇为时髦。笔者对五四新文化运动一向持积极肯定的态度，对当时的几位主要思想家的贡献，始终作积极的评价。中国人若真想摆脱愚昧、贫穷、落后，真想走向世界，走向未来，必须对过去半个多世纪的道路做科学的总结，这条道路的起点就是五四新文化运动。重新认识五四新文化运动，在今天仍有着极为重大的现实意义。

二 "五四"一代的历史课题

首先应当弄清，五四新文化运动的领袖们给自己提出的是什么样的历史课题。

陈独秀原是辛亥革命运动的积极参加者，是一位老资格的革命党人。但他不曾加入同盟会，不曾加入国民党，始终保持独立的地位。因此，他能对辛亥革命及其结果持有严峻的批评态度。他痛感到"于共和国体之下，备受专制政治之痛苦"。而"欲图世界的生存"，"必弃数千年相传之官僚的专制的个人政治，而易以自由的自治的国民政治"①。他断言，要确立这种共和制度的"国民政治"，"非将国民脑子里所有反对共和的旧思想一一洗刷干净不可"②。但是，中国专制之毒染之太深，去之不易，他把希望寄托于青年一代。他创办《青年》杂志，宣示"惟属望于新鲜活泼之青年，有以自觉而奋斗"，"奋其智能，力排陈腐朽败者以

① 《吾人最后之觉悟》，《青年》1卷6期，1916年2月。
② 《旧思想与国体问题》，《新青年》3卷3期，1917年5月。

去"。他提出六条标准，做青年们奋斗之鹄的。① 他要教育和塑造青年一代，使他们脱离中国旧传统的习染，成为具有独立自由的新观念的国民，从而改造国家，抵于真正民主共和之域。这就是陈独秀给自己提出的历史课题。正因此，他不亟亟于直接参与现实政治，不津津于同统治当局较高低。

　　新文化运动中与陈独秀齐名的另一位领袖人物胡适，对自己面临的历史课题的理解与陈独秀极其近似。甚至可以说，他比陈独秀具有更为冷静、更为清楚的理解，因此也表现得更为专一。还在留学时期，他就立意为祖国"造新因"。所谓"造新因"，就是造就新人。1916 年 1 月，他在给国内的朋友许怡荪的信中说，"适近来劝人不但勿以帝制撄心，即外患亡国亦不足顾虑。祖国有不能亡之资，则祖国决不致亡。倘其无之，则吾辈今日之纷纷，亦不能阻其不亡。不如打定主意，从根本下手，为祖国造不能亡之因"。又说："今日造因之道首在树人，树人之道端赖教育。故适近来别无奢望，但求归国后能以一张苦口，一支秃笔，从事于社会教育，以为百年树人之计，如是而已。"② 他怀此素志，于 1917 年夏回国，当时正好赶上张勋复辟的闹剧，更加坚定了他从根本下手，为国造因的想法。他后来回顾说，回国后所看到的一般状况，使他深知"张勋的复辟乃是极自然的现象"，遂"打定二十年不谈政治的决心，要想在思想文艺上替中国政治建筑一个革新的基础"。③

　　至于新文化运动中善战的骁将鲁迅，当时虽名声略逊于陈、胡，但其对一般青年的影响，却颇为深广。他对历史课题的认同是人所熟知的。在《〈呐喊〉自序》中，他说在日本仙台学医时，有一次看日俄战争画片，见中国人被杀头示众的场面，受到极大刺激。想到"凡是愚弱的国民，即使体格如何健全，如何苦壮，也只能做毫无意义的示众的材料和看客。病死多少是不必以为不幸的。所以我们第一要着是在改变他

---

　　① 引文见《敬告青年》，《青年》创刊号，1915 年 9 月。所提六条标准是"自立的而非奴隶的"，"进步的而非保守的"，"进取的而非退隐的"，"世界的而非锁国的"，"实利的而非虚文的"，"科学的而非想象的"。

　　② 《胡适留学日记》（三），商务印书馆 1947 年版，第 832—833 页。

　　③ 《我的歧路》，《胡适文存》2 集卷 3，亚东图书馆 1925 年 3 月第 2 版，第 96 页。

们的精神。而善于改变精神的是，我那时以为当然要推文艺，于是想提倡文艺运动了"①。

新文化运动中驰驱前阵的中国第一位共产主义者李大钊，对历史课题也有明白的认同。他深慨于国家"一切颓丧枯亡之象"，也如陈独秀一样把希望寄托于青年。在《晨钟之使命》一文中，他说："中华自身无所谓运命也，而以青年之运命为运命；晨钟自身无所谓使命也，而以青年之使命为使命。青年不死，即中华不亡。《晨钟》之声，即青年之舌。国家不可一日无青年，青年不可一日无觉醒。青春中华之克创造与否，当于青年之觉醒与否卜之；青年之克觉醒与否，当于《晨钟》之壮快与否卜之矣。"显然也以塑造一代青年为己任。在同一篇文章中，他又说："由来新文明之诞生，必有新文艺为之先声，而新文艺之勃兴，尤必赖有一二哲人犯当世之不韪，发挥其理想，振其自我之权威，为自我觉醒之绝叫，而后当时有众之沉梦赖以打破。"②

总之，以新思想教育青年，唤醒国人，是五四新文化运动领袖们自觉承担的历史课题。他们都认为，在国家衰敝已极，实业不兴，教育落后，政治腐败，思想混沌的状态下，直接谋政治的改革，没有希望。所以才选定一条首先谋思想文化革新之路，用心血哺育青年一代，把国家的革新，国家的现代化寄托于他们身上。

三　历史的选择：时势与个人

对这样的历史选择，应作如何评价呢？

在海外执教的林毓生教授在他的《中国意识的危机——五四时期激烈的反传统主义》一书中提出，五四新文化运动的领袖们（他主要指陈独秀、胡适、鲁迅）以激烈的全盘性反传统的姿态出现，而本身却受传统思想模式的支配。他指出，传统思想模式是所谓唯智论的一元论，强调思想文化的变革在历史变革中的优先性地位。据他说，这似乎是中国独有的传

---

① 《鲁迅全集》第1卷，人民文学出版社1981年版，第417页。
② 《晨钟报》创刊号，1916年8月15日。

统，而且有绝大之影响力，以致激烈反传统的陈、胡、鲁迅诸人，终逃不脱它的支配。这里至少有两个重大问题值得讨论：（一）陈、胡、鲁迅诸人的历史抉择，究竟是由现实历史条件与其个人的背景决定的，还是中国传统思想模式决定的？（二）从思想文化入手解决问题的想法，是不是中国知识领袖们所独有的传统？

让我们先讨论第一个问题。

凡对清末民初的历史做过深入研究的人都明白，那个时期的中国先进分子，最急迫的问题是救国，从列强瓜分的危机中，从卖国残民的政府手中救出中国。为了救国的需要，他们热切地向西方寻求真理，选择各种救国的方案。为了实施这些方案，他们不能不做些宣传工作。因此，民主共和的观念，君主立宪的观念，都有所传播。甚至为了实施这些方案，他们也曾多少从思想、道德、文艺等方面做过一些输入学理、传播新知的工作。诸如严复的翻译、梁启超的办报，都相当努力地宣传过民主、自由、平等、权利、公德等思想观念。但当时能够接受这些观念的人，为数甚微。唯其极少，所以宣传家们反倒不以这些人为特定对象，而是诉诸所有的"国人"和"国民"。这种没有特定对象的宣传，不免空泛和抽象。况且，当时的宣传家本人对他们所宣传的东西也甚少理解，往往是现发现卖，应付急需，远不能深入人心。所以认真说起来，清末的宣传家们的活动，只是为救国的直接政治行动增加一些号召力，绝未成一场真正的思想启蒙运动。辛亥革命在思想上的最大动力是"驱逐鞑虏、恢复中华"。

所以，清末民初的那一代志士，大体上都是旧世界的破坏者，而不足为新社会的建设者。他们的奋斗，主要都围绕着国家政权问题。紧迫的民族危机和夺取政权的紧张斗争，不容许他们有充分的机会深入系统地研究新思想、新理论，更无暇对中国旧的文化遗产做总结整理的功夫。他们自身还带有太多旧时代的烙印。因此，他们没有可能对中国民族的历史文化做深刻的反思，也就没有可能锻造出切合中国需要的新思想、新理论，并将它们播种到中国人民的头脑中去。正因如此，辛亥革命只成就了"政权革命"，于整个社会甚少触动。革命党中较具新思想的人物，如蔡元培、宋教仁等，于民国成立后，立刻关注到社会改良的问题，[①] 但他们本身为纷繁的政治斗争所困扰，不可能认真从事这项运动。而眼前的事实是，昔日的革命党人，有些成了残民以逞、互相争夺的军阀；有些成了卖身求荣的政客；更有的转而去拥护新皇帝。[②] 稍具清明之志的开明分子，多被排挤出政治舞台，流亡海外，甚至遭到杀害。人们对政治普遍感到失望，感到民国的社会仍如清末一样的黑暗腐败。大多数人的思想观念几乎没有什么深刻的变化。官方考选人才仍从"四书五经"中命题，一套封建的纲常名教仍是束缚人心之具。社会上一面有嫖妓纳妾之风，一面却又提倡贞节牌坊。至于扶乩设坛，各色各样的迷信活动和陈腐不堪，不合人道的婚丧礼俗就更不在话下了。尤使人刺目的是，民国的总统直接出面搞尊孔祭天活动，所作所为竟与旧日皇帝仿佛。过去做过革新领袖的康有为，竟栖栖遑遑地奔走活动，倡议定孔教为国教并写入宪法。西方各国改专制为民治，同时即实行政教分离。中国本无国教之说，如今改专制为民国，却要使政教结合，寓政于教，岂不是倒退？康"圣人"甚至对共和以来免除跪拜大礼亦极表不满，竟然指责：免除跪拜大礼，不敬天，不敬教主，则中国人"其留此膝以傲慢何为也"[③]！

　　总之，政治腐败，思想混沌，尊古复辟，恶俗依旧，整个社会状况令人迷惘、窒闷，而当时国际危机又逼人而来。国家前途何在？个人出路何在？一切不满于现状的人都亟亟渴望寻求一条新的出路。民初最有名的记者黄远庸在给章士钊的一封信里颇道出那时期有良知者的心情。他写道："今日政象，乃令一切之人发现其劣点，而不能现其优点。""世事都无可谈"，"居今论政，实不知从何说起"。他感到世势在驱使人堕落，因而想出国游历，"期以恢复人类之价值于一二"[④]。就这样，共和国家只成一个空架子，人们作为人的价值或仍沉埋着，或得而复失。因此，中国若不甘

---

　　① 见《蔡元培全集》第2卷，中华书局1984年版，第137—140页；又见《宋教仁集》（下），中华书局1981年版，第377—379页。

　　② 拥护袁世凯称帝的筹安会六君子，刘师培、孙毓筠、李燮和、胡瑛四人都曾参加过革命党；杨度是立宪运动的领袖分子；严复则是第一个在中国传播自由平等观念的人。

　　③ 康有为：《以孔教为国教配天议》，《康有为政论集》（下），中华书局1981年版，第849页。

　　④ 见《甲寅》（月刊）1卷10期，1915年10月。

于灭亡，就迫切地需要重振民族精神；中国人若不甘堕落，就迫切地需要发现自己作为人的价值。而后者比前者具有更为根本的重要性。正如胡适所说："自由平等的国家，不是一群奴才建造得起来的！"①

五四新文化运动的领袖们就是认识到这个根本性的时代课题，从而作出自己的抉择的。他们的选择，一方面是应时势之需，一方面也是尽己所长。陈、胡、鲁迅等人都是富于思想家和学者气质的人。他们都没有政党活动的背景，在政治上原无势力和影响可言。他们想避开政治，从思想文化途径上谋求中国问题的解决，或者说，从思想文化上为解决中国问题创造条件。这对他们来说是自然而又合理的选择。如果他们认为别人也都应该放弃政治上的努力，那自然是不恰当的。事实上，他们自己后来也都不免做一些政治上的奋斗。从这一方面来批评他们是有相当理由的。超出这一点，责备他们根本就不该有从思想文化入手解决中国问题的选择，那就完全离开了历史实际和他们各自所处的地位。

四　文化革新与政治变革

现在，我们接触到一个比较微妙的问题，即思想文化革新与政治变革的关系问题。林毓生教授认为，迷信从思想文化入手解决问题是中国知识分子传统思想模式。由于陈独秀、胡适等辈受此传统支配，所以他们才发动和领导了文化革新运动。这确实是颇为新颖的见解。但我颇疑此说的合理性。前面我已经证明，陈、胡、鲁迅诸人，是有感于国家政治进步无望，才立意从事思想文化的革新。现在我们进一步讨论：一般地说，在历史变革的关头，人的思想观念的改变是否具有优先的重要性？特殊地说，在民国初年的社会状态下，思想文化的革新是否可为政治变革的先导？

历史是人的活动，人是有意识的，人们的思想观念如何，对于他们的活动，活动的方式，活动的后果，都有不容置疑的重要性。因此，重视思想文化革新的优先性绝不只是中国的思想家。如果不承认思想文化观念的变革在历史变革中的先导性，他就不可能是思想家了。当变革的历史时期

---

① 见《胡适论学近著》，商务印书馆 1935 年版，第 635 页。

来临的时候，思想家们总是首先投入思想革新运动。文艺复兴时期的思想家、艺术家，法国大革命前的一大批卓越的学者、哲学家，俄国革命前思想文艺界的群星们，无不把改变人的思想观念看成是解决时代课题的当务之急。他们都曾努力传播新思想、新观念，唤醒和鼓舞人们去创造一个新的时代。晚近西方最有名的哲学家之一罗素说过："自从人们能够自由思考以来，他们的行动在许多重要方面都有赖于他们对于世界与人生的各种理论，关于什么是善，什么是恶的理论。"① 也许人们以为，只有那些被称为唯心主义的哲学家和思想家才持有这种观点，其实非也。法国启蒙学者中有不少被公认为唯物主义的思想家，何尝不力图以自己的意见去"支配世界"？最彻底的唯物主义者马克思，不是在极度艰苦的条件下，以"下地狱"的决心，创造新理论，以便改变人们的观念，去创造一个没有剥削的新世界吗？可见，把所谓唯智论的一元论当成中国独有的传统，把从思想文化入手解决问题视为中国近代知识分子在此传统支配下作出的选择，是没有充分根据的。

自然，在历史变革中，思想观念的优先性是相对的。因为新的思想观念的产生，是依赖于一定的社会条件的。如果社会条件无任何变化，新观念也无从产生，更不用说新观念引发的新运动了。我们离开"灰色的理论"，再度把视线转到五四新文化运动的具体历史环境，这一点就可以得到清楚的说明。

辛亥革命虽然没有取得预期的成功，但它推翻了清朝皇帝，确实在一定程度上、一定范围内，传播了民主、自由的观念。和任何重大的历史运动一样，总有大批的人是乘运动之势，寻求个人的出路。而同时另有一些人，则真诚地为这个运动的理想奋斗。正是后一种人，不因辛亥革命失败的事实而放弃自己的理想，仍然肩负着民族的命运，寻求新的进路：批判旧传统，传播新观念；教育新一代国民，以冀推动国家走上现代化发展之路，这就是他们的结论。但假如没有辛亥革命，以及辛亥革命后出现的社会现实，就不会有这样一些人这样去思考，得出这样的结论。

一旦新的思想观念得到传播，相当多的人受到激励而引发社会运动，

---

① 《西方哲学史》（中译本），商务印书馆 1963 年版，第 12 页。

它就会产生重大的社会后果。谁都看得出，中国共产党的产生，国民党的改组，都与新文化运动有重大的关系。五四运动的第二年，孙中山就指出："自北京大学发生五四运动以来，一般爱国青年无不以革新思想为将来革新事业之预备。……此种新文化运动，在我国今日，诚思想界空前之大变动。"又说："吾党欲收革命之成功，必有赖于思想之变化。……故此种新文化运动实为最有价值之事。"① 正是受激于新文化运动，孙中山才指示国民党人办起《星期评论》、《建设》等杂志，以求更新党员思想，以为新的运动做准备。新文化运动中涌现出一批英气勃勃的新青年，他们冲决封建罗网，摆脱家庭亲长的束缚，到最新的学堂受教育，接受新思想、新观念，在前所未有的社会责任感的驱使下，热情奔放地投身到各种他们认为可以改造国家的运动中去。他们有的加入了共产党，有的加入了国民党。后来国共合作，大批共产党员加入国民党，使民党成了政治上吸收新青年的大本营。因此才有"一大"的召开，才有新三民主义，才有一度轰轰烈烈的国民革命运动。试设想，若是没有新文化运动，中国的青年人仍只知道忠、孝、仁爱等一套旧教条，知识分子于"子曰诗云"之外不知有新知识、新观念，于"之乎者也"之外，不知有人民大众的活语言，那么，他们怎么可能跑到工农民众之中去做宣传组织工作，怎么会有国民革命运动？

思想文化与政治社会是相互影响的。如果抽象地讨论问题，就会陷入两难境地：是先改造了人才能改造社会，还是先改造了社会才能改造人？这个问题不能有一般性结论。只能说，当社会改造的问题客观上已露端倪，而多数人还不觉醒的时候，去唤醒人，改造人，就是最紧迫的课题。当多数人已经对现状不满，有所觉悟，但还没有开始奋斗的时候，组织人们实际从事改造社会的斗争，就是最紧迫的课题。

差不多与新文化运动同时，孙中山总结革命经验，提出知难行易学说，这反映出他也正在思考着如何改变革命失败后的现状。他感到知之难，说明他渴望找到新的理论，开出新的境界。但在他感受到新文化运动的震动，感受到俄国革命的刺激之前，在同共产党人以及一代新青年接触

---

① 见《孙中山全集》第5卷，中华书局1985年版，第210页。

之前，他自己苦思冥想，转不出新境界。只有在这之后，他的思想才发生新的转折，才预示了新的国民革命运动高潮的到来。孙中山晚年的这段经历，也是对五四新文化运动加深理解的极好旁证。

但思想文化的变革运动终究要受到其他社会条件的制约。没有继起的社会政治、经济等条件的支持，思想文化的变革运动不足以持久，不足以达到运动的预期目的。前面说，新文化运动推动了国民党的改组，起了呼唤国民革命运动的作用。

不能不说，历史给予陈独秀、胡适等人的机会太短暂了。新思想还没有来得及在广大普通民众中生根，新教育还没有完全走上轨道，一代新人还没有完全长成，急风暴雨就把仅有的一批新青年席卷而去。而他们本身无论是对新思想的理解，还是对中国传统社会的了解，还都只是半瓶醋，有的还只是稍涉皮毛。他们还不足以真正构成可以肩起民族命运的力量。中国要真正走上现代发展之路，还要经历许多艰难和曲折。

五　领袖分子的意识

新文化运动的实质是什么？70 年来，一直有激烈的争论。新文化运动还在凯歌行进的时候，胡适就提出一种解释，他说新文化运动（他当时叫做"新思潮"）的"根本意义只是一种新态度，这种新态度可叫做'评判的态度'"。他又引用尼采的话解释，所谓"评判的态度"就是"重新估定一切价值"。① 这个解释基本可以概括新文化运动诸领袖及其拥护者们的主张。但反对新文化运动的人，不承认这种解释。他们根本否定新文化运动的合理性，对新文化诸义多所曲解。例如"学衡派"健将吴宓即认为"所谓新文化者似即西洋文化之别名，简称之曰欧化"。他甚至攻击"新文化运动之流，乃专取外国吐弃之余屑以饷我国之人"。② 以后，反对新文化运动的学者大体都沿袭此种偏见，把新文化运动只看作是一次"西化"运动，而且是很肤浅很要不得的西化运动。直到 70 年代，乃至 80 年代的

---

① 《新思潮的意义》，《胡适文存》1 集卷 4，亚东图书馆 1925 年 11 月第 8 版，第 152—153 页。
② 《论新文化运动》，《学衡》第 4 期。

今天，海外一些新儒家学者仍作如是观。例如钱穆先生即认定新文化运动是"一意西化"①。

现在又提出一种新指责，说陈独秀、胡适、鲁迅等人是"全盘性反传统主义"者，新文化运动是"全盘性反传统"的运动。他们甚至把新文化运动与六七十年代的疯狂的"文化革命"相提并论。

我认为，无论是"一意西化"，还是"全盘性反传统"，都不足以表示新文化运动的实质，都只是极表浅的一偏之见。

诚然，新文化运动就其反对国粹主义思潮说，确可说是"西化"，但不能归结为西化运动。同样，就其批判尊儒崇古的思潮而言，确也表现了相当的反传统的精神，但不能把它归结为反传统的运动，尤不能概之为"全盘性反传统"的运动。

指责新文化运动为"西化"运动，或所谓"全盘性反传统"运动，皆属反对派一种宣传的手法，并没有严密的学理上的论证。

新文化运动的几个主要领袖分子，都既非全盘西化论者，也非全盘性反传统主义者。我们即以林毓生教授提出的三个代表人物为例。

陈独秀要算新文化运动领袖人物中最激烈的一个了。林氏批评他全盘性反传统的主要论据是说他全面地反孔教。把反孔教即视为全盘性反传统，已属不合逻辑。此点姑且不说，让我们弄清楚陈独秀到底是如何反孔教的。林氏曾多次征引陈独秀《答俞颂华（宗教与孔子）》一文，但却偏偏不肯正视这篇重要文章最后部分一段极重要的议论。陈氏说："中外学说众矣，何者无益于吾群？即孔教亦非绝无可取之点。惟未可以其伦理学说统一中国人心耳。"② 这段文字有两点必须注意：一、陈独秀并非不分青红皂白地全盘性反孔教，承认孔教亦有"可取之点"。二、陈独秀之所以激烈地批评孔教，是因为有人力图继续专制王朝时期的圣贤事业，以孔教统一中国人心。陈氏认为，孔教在专制王朝时代，可为统一人心之具，入20 世纪，时势大变，孔教已不能适应时代需要，因而也不足以继续统一人

---

① 《太炎论学述》，转引自余英时《五四运动与中国传统》，载《五四研究论文集》，台北联经出版公司 1979 年版，第 116 页。

② 原文载《新青年》3 卷 1 期，1917 年 3 月。

心。陈独秀这个反孔的理由也是其他先进分子共同的理由。而这个理由既有历史的根据，又有现实的需要，在理论上是站得住的。

有些学者研究问题，往往缺乏历史的观念。他们把历史上的争论问题，当成是抽象的东西，不肯联系具体的历史条件作具体的分析。谈到陈独秀反孔教问题，就必须记起康有为反对共和，要求定孔教为国教；袁世凯尊孔祭天为复辟帝制开道等等这些历史事实。这是促使陈独秀反孔教的现实理由。当时为孔教辩护的人，则力言两千年来孔教为统一中国人心之具，如去孔教，中国人心即不可收拾。陈独秀反驳他们，指出，专制帝王为统治人民的需要，罢黜百家，独尊孔教，以此束缚人心。其结果阻塞了百家竞进之路，阻碍了中国人思想的开拓与进取。因此，孔教对中国的愚昧落后实负有责任。这是陈独秀反孔的历史根据。忘记了或忽视了这些基本的根据，忘记了或忽视了站在陈独秀对立面的那些人的主张，忘记了陈独秀的言论都是有所激而发，有所指而言的，把他的片断言论当作孤立的抽象的东西，只作为纸上完成推论的材料，是不能得出近乎真确的结论的。

再如鲁迅，他用文艺作批评旧传统的武器，往往充溢着愤激之情。如不加分析，鲁迅确有"全盘性反传统"之嫌。但我们细看他那些文章，每一篇都是有所指而言，有所激而发。他针对那些利用传统害人，自己却玩赏着传统堕落下去的人，满腔义愤。但每一篇也都流露出对被损害的"下等人"的同情。他为我们塑造了闰土、祥林嫂等那样一些纯朴、善良的普通中国人的形象。他对中国民族充分自信。因为"有埋头苦干的人，有拼命硬干的人，有为民请命的人，有舍身求法的人"做"中国的脊梁"。[①]可见，鲁迅在批判那足可害人，并使害人者堕落的旧传统的同时，他渴望发扬光大那被埋没在普通人心灵中的真正优美的中国传统。诚如他自己所说："新文化仍然有所承传，于旧文化也仍然有所择取。"[②]他治中国小说史，关心民俗艺术，都包蕴着如此深心。岂能简单地以反传统来概括

---

① 鲁迅：《中国人失掉自信力了吗?》，《鲁迅全集》第5卷，人民文学出版社1981年版，第118页。

② 鲁迅：《集外集拾遗·〈浮士德与城〉后记》，《鲁迅全集》第7卷，人民文学出版社1981年版，第355页。

鲁迅。

胡适的例子会使人们更清楚地看到所谓"全盘性反传统"的指责根本不合事实。

如果我们把新文化运动大致划分为思想、学术与文艺三条阵线，那么，陈独秀、胡适、鲁迅实可看作分任这三条阵线的前敌总司令。而学术这条阵线实在是新文化运动的内在核心。正因此，反对、否定和批判新文化运动的人，越到后来越把进攻的子弹更多地射向胡适。说他是"全盘西化"的罪魁，说他是提倡"全盘性反传统"和鼓吹民族虚无主义的祸首。所以，要澄清新文化运动的本来面目，弄清其实质，有必要多花一些笔墨来讨论胡适的思想主张和他的活动。

首先可以肯定一点，胡适一生从未讲过一句全盘否定中国传统的话。他留学美国初期，还多次作讲演、发表论文，宣扬中国文化传统。以后思想虽有变化发展，但终未曾有完全吐弃中国传统之想。对中国旧礼俗，也只有改良之意，决无废绝之心。而对中国古代学术则更是饶有兴味。人们读他的《先秦名学史》或《中国哲学史大纲》，不可能找到什么"全盘性反传统"的痕迹。恰恰相反，在胡适看来，中国人在文化上所面临的"真正的问题可以这样说：我们应当怎样才能以最有效的方式吸收现代文化，使它能同我们的固有文化相一致、协调和继续发展"。[①] 必须承认，这是一个冷静的学者经过深思熟虑的主张。这个主张，胡适一生都不曾放弃。人们不应摘取他同国粹主义者、尊古主义者、民族自大主义者辩论时讲的某些稍带激愤的片言只语（实际上，胡适是新文化运动领袖人物中最冷静、最少激情的人），就武断声称，他是"全盘性反传统"。他在《中国哲学史大纲》的《导言》中，也同样是主张中西两大哲学系统互相接触，互相影响，从中"产生一种中国的新哲学"[②]。胡适一生极力提倡的治学方法，就是将西方校勘学与中国考证学相结合的产物。[③] 足见，中西结合，创造中国的新文化，才是胡适抱定的目标。

---

① 《先秦名学史》（中译本），学林出版社 1983 年版，第 8 页。
② 《中国哲学史大纲》（上），商务印书馆 1922 年 8 月第 8 版，第 5、9—10 页。
③ 参见《胡适口述自传》第 6 章，《胡适哲学思想资料选》（下），华东师范大学出版社 1981 年版。

他在《新思潮的意义》那篇说明新文化运动的宗旨的著名论文中，提出"研究问题，输入学理，整理国故，再造文明"的纲领，同样体现了中西结合，创造新文化的基本精神。他始终坚持这一基本精神。他有时对旧传统做严厉的批判，那只是为了反对一些人食古不化，把中国传统中某些并非顶高明、顶美善的东西拼命吹嘘，加以膨胀，从而闭塞聪明，自我牢笼。他研究中国古代哲学史，把一向被排斥的诸子哲学加以新解释，使之发出光彩。即对孔子及儒家哲学也给予了相当肯定的评价。他研究中国文学史，搞小说考证，使一向被正统主义者视为邪僻的古代文学作品都得到了应有的历史地位。他研究中国思想史，给予一些改革家以很高的地位。他这样做，无非是向人们指出，在中国传统中，除了一再被人歌颂的那些徒具虚文，已无实用，或只是迷信的对象的东西之外，还有大量久被埋没，因而不被人注意，但至今还保留其光泽的东西。他无非是要打破人们对某些旧传统的迷信，更全面、更真切地认识中国人自己的文化传统。

胡适一生在文化事业上，除了其他重要贡献之外，他还主持了两项重要的工作：一是整理国故，一是编译西书。前者旨在系统整理中国古代文化遗产；后者旨在系统介绍西方文化典籍。两项工作的根本目的在求中西文化的互相结合。只可惜，时代条件太严酷了，他没有充分的机会把两项工作富有成效地坚持下去。

胡适被蒙上"全盘西化"的罪名，至今仍有些人习焉不察，继续如此批判。其实，在五四新文化运动时期，胡适绝未说过"全盘西化"一语，更未曾有全盘西化的思想。只是在 1929 年写的一篇英文论文（《今日的文化冲突》）里，使用过"全盘西化"的字样，但其真实意义，远不像人们所批判的那样。[①] 因此，说胡适是"全盘西化"论者，或是"全盘性反传统主义"者，都是缺乏根据的。

总之，新文化运动几位最重要的领袖，都不是简单的西化论者或全盘性反传统主义者，而是追求中西结合创造新文化的先驱分子。这对于我们认识新文化运动的性质是至关重要的。

---

① 详见拙著《胡适的文化观及其现代意义》，载《论传统与反传统》一书，山东人民出版社 1989 年版。

六　新文化运动实绩的分析

考察一下新文化运动的实绩，将使我们对这个运动的实质获得更明确的认识。

文学革命运动是新文化运动中争论最激烈、影响最深广，而成绩亦最卓著者。但白话文学取代文言文学成为中国现代文学的正宗，谁也不能说这是"全盘西化"，谁也没有根据说这是全盘性反传统。白话文学是固已有之的，并非胡适所创造，只是它一向被排斥于文坛之外，为正统文学大家所鄙弃。文学革命运动使固已有之的白话文学取代古文文学的正宗地位，使千百个文学家运用新的语言创造新的文学，反映新的时代。提倡白话文的胡适诚然受到西方近世文化运动与文学发展演变的启示，但能说他把西方的语言文学搬到中国来了吗？能说他废弃了传统的中国语言文学了吗？鲁迅用白话创作的新小说，诚然也是受了外国文学大家的影响，但能说鲁迅的《狂人日记》、《孔乙己》等等，是西方文学而不是中国文学吗？能说鲁迅的创作与中国古典文学毫无关系吗？只要不怀偏见，谁都看得出，白话的新文学继承了中国古代文学的优良传统并借鉴了西方文学的长处，在反映中国现代生活方面取得了伟大的成功。白话新诗，一直受人诟病，至今仍有人怀疑它的生命力。过去曾有人误解"新诗实际就是中文写的外国诗"。胡适曾坚决驳斥这种说法，他强调新诗"是用现代中国语言来表现现代中国人的生活、思想、情感的诗"[1]。如果研究一下中国新诗发展史，我们就会明白，最早的一批新诗人是如何逐渐从中国古代诗人的格调中挣脱出来的。就是说，白话新诗不但受到西洋诗的影响，同时也有自己民族的根源，它有一个从古代诗歌脱胎的过程。胡适的《尝试集》最可表现这一点。因此，中国白话新诗实在也是中西结合的产物。

新文化运动中另一个斗争的焦点是有关伦理观念的问题。陈、胡、鲁迅等人批判旧道德，提倡新道德，引起守旧人士的激烈反对。斗争的中心是个人价值问题。旧派人士认为，固有的纲常伦理是具有永恒价值的，

---

[1]　胡适 1931 年夏写给徐志摩的信，据原件。

忠、孝为人伦大本，事上必以忠，事父母必以孝，妻事夫必以从。这些都是无条件的。尽管历代学者偶有委婉的解释，但大纲已定，优势已在"上"、"父"、"夫"一方，为臣，为子，为妻者断无自由可说。如此，人生于世，被固定在伦理之网中，没有自由发展的机会与条件，历史上许许多多的大悲剧遂因此而发生。新文化运动的领袖们认为这是窒息人性，压抑创造力，阻遏民族生机的大问题，乃奋起疾呼：要独立的人格，要自由的意志，要个人的发展。概括言之，提倡个性主义或者说是提倡个人主义。由于中国人受旧礼教束缚数千年，绝少有人真能懂得个人主义之为何物，一讲个人主义，必以为是自私自利，逞情肆欲。其实，喜欢高谈礼教的人，往往本身是自私自利、逞情肆欲之徒。因为唯有把别人的利益、情欲之路堵塞，他们才可以为所欲为。所以旧礼教大多只是虚文，越到后来，越具有欺骗性。真正的个人主义，从中世纪的教会统治中挣脱出来的个人主义，从旧礼教的批判中得到伸展的个人主义，究其实，不过是认取个人价值，力求实现个人的价值这样一种观念。诚然，我并不认为这种观念具有人类发展终极的性质。但我们可以说，与旧的纲常名教和各种宗教箴规相比，个人主义毕竟是更为健全的观念，是更加合乎人道，更有益于发展人类的各种美、善本质，发挥其创造智慧的观念。

中国旧礼教最根本的意义是要每一个人忘记个人的价值，而全其"名分"。为人臣者，君要臣死，臣不得不死，死前还要谢主隆恩，算是全了名分，否则就是未尽臣道。为人子者，必严守父命，稍有逾越就是未尽孝道。按封建家法，父教子，捶挞至死，法律不能问。为人妇者，对夫须绝对服从，稍有忤逆，亦可家法从事，有"七出"之条可依，逐出家门，一生蒙受耻辱，无法做人。除了最高统治者，每个人都被套上名分的重枷，或为人臣，或为人子，或为人妇，唯独不能成其为"个人"。试问"名教"、"名分"哪里来的？无非是死了几百几千年的所谓"圣人"垂教，或是祖宗遗制，都是死人的东西。所以，礼教的本质就是要活人为死人作牺牲。所谓礼教吃人，就是死人吃活人。死人长埋地下，自己不能吃人。于是为王、为官、为尊、为上者就肩起礼教的大旗执行着吃人的使命。明白了这一点，才可以真正理解陈独秀、胡适、鲁迅诸先辈在"五四"时期的言论表现了何等人类的尊严和高度的人道主义。鲁迅写《狂人日记》，痛斥礼教吃人，陈独秀要青年独立、自主、进步、进取，要青年"内图个性之发展，外图贡献于其群"①；胡适要人立志首先"把自己这块材料铸造成器"②。这些，都是在提倡个人的尊严、个人的价值，主张还给每一个人以做人的权利，而不做别人（或"名分"）的附属品、牺牲品。

也许会有人说，这种个人主义的伦理观、人生观纯是西方的东西，提倡它，就是提倡西化，就是反传统。

许多材料反映出，人们对传统往往只有极笼统的概念，殊不知传统不是单一的，任何一个民族总有自己的长处，否则不足以自立于世界，不足以缔造千百年历史。但也都会有短处，所以总不免走曲折的道路，有时甚至真正遇上倒霉，抬不起头来的年代。所以，我们不能不承认一个民族有好的传统，也有不好的传统；有居于主导地位的传统，也有只居次要地位，甚至长时间被埋没的传统。我们上面所讲的近代开始抬头的个人主义，是否在中国历史上完全找不到一点根据，必须全部从西方移植？我看并非如此。在先秦诸子中就有杨朱那样的人物，"拔一毛利以天下而不为"③。至魏晋时期，特立独行若孔融、嵇康、阮籍之流，何尝不表现出一点自全人格、自求实现其个人价值的精神？晚明的李贽"强力任性，不强其意之所不欲"④，蔑视礼教，不恤众毁，终至牺牲生命，又何尝不可以看作是自认人生价值，努力加以实现的个人主义的胚芽？清代大思想家戴震给人的情欲的正当性予以理论的论证，这何尝不是对旧伦理的一种挑战？我认为，尽管中国旧礼教垂统数千年，但历史上并非没有为实现个人价值而奋斗的奇人异士，他们前后呼应也构成了中国思想史上另一种虽很微弱但并非不存在的传统。事实上，"五四"前后的启蒙思想家和学者，正有不少人努力发掘这一传统。胡适、鲁迅等人都曾卓有成效地做过这类工作。

---

① 《新青年》2 卷 1 期，1916 年 9 月。

② 《易卜生主义》，《新青年》4 卷 6 期，1918 年 6 月。

③ 通行诸本《杨朱篇》皆作"拔一毛以利天下而不为"。故人们皆把杨子视为极端自私自利之徒。据别本有作："拔一毛利以天下而不为"，只利、以二字位置不同，意大殊。据别本，意谓，以天下之利诱杨子拔其一毛，而杨子不为，是杨子自全其人格，不肯以利为交换。作此解释，方近古人原意。

④ 袁中道：《李温陵传》。

还要看到，传统不是一成不变的。先秦有先秦的传统，汉魏有汉魏的传统，唐宋有唐宋的传统，明清有明清的传统，虽前后相袭，但颇不乏变革的成分。近代以来，追求人的解放、自由、民主，何尝不可以认作中国近现代思想史的一个优秀传统？

在人的解放中，一个突出的问题是女子的解放。倡言男女平等，鼓励女子教育，保护男女的婚姻自主权等等，这些主张也只是舶来品，在中国历史中毫无根据吗？其实，中国历史上只是宋代理学鼎盛之后，女子的地位才变得特别凄惨。这以前，颇不乏宣扬女子的个性、女子的才华和歌颂男女坚贞爱情的记载。理学家宣扬"存天理、灭人欲"，把女子视为不洁和罪恶之源，重重加以牢笼，居然有"女子无才便是德"的训条灌输人间。据考，女子缠足亦是宋代始大兴。这种极不人道的"刑罚"，竟被当作一种美，为无聊文人所描摹，真是近乎变态心理。

新文化运动的领袖们对极端不合人道的男尊女卑的社会偏见表示极大的义愤。提倡女子解放，鼓励女子受教育和走出家庭四壁，积极参与社会生活，这不过是要求回复人类社会应有的面目，并非只是照搬哪个西方国家的模式。如果再注意一下，俞理初早在西方敲开中国大门之前，在19世纪30年代即已倡男女平等之说，①辛亥时期，已有女子留学，女子参加革命之事，那么，岂不是可以说，新文化运动正是继承了前人的优秀传统吗？

新文化运动造就了中国新一代女杰。她们在政治界、学术界、文艺界都曾发挥了重大作用。谁也不能说她们因此就不再是中国的女子。谁也没有理由指责她们完全背叛了中国的传统。事实上，她们恰恰具有中国人所敬慕的某些优秀美德，这正是她们确立自己地位的重要原因之一。

新文化运动直接推动了中国新教育的形成和发展。新文化运动的几个著名领袖差不多都曾服务于教育界。他们对发展中国现代教育都倾注了极大的热情和心血。

中国的新教育不始于"五四"时期。但此前只是处于萌生阶段。受新

---

① 见《癸巳类稿》之《节妇说》、《贞女说》、《妒非女子恶德说》等诸条，该书初刻于1833年。

文化运动之赐，才得以成形。所谓新教育主要有三点。一是新的教育思想的确立，打破读书做官的传统模式，使教育面向社会，培养社会生活中实际需要的人。二是新学制的确立。1922 年由胡适亲自主稿的新学制案，一直推行到 50 年代初期。这个学制案虽然明显地受了美国学制的影响，但它处处顾到了中国的特点。中、小学及职业教育尤其强调适合中国社会的实际需要。高等学校中亦充分注意国学基础的训练。如果因小学—中学—大学这种教育体制的外部形式雷同于美国，因而就说它是"洋货"，那是不顾事实的说法。新教育的第三个要素是新的课程设置尽量考虑到社会实用价值。胡适有一次谈到农村小学教育时曾说道："列位办学堂尽不必问教育部规程是什么，须先问这块地方上最需要的是什么。譬如我们这里最需要的是农家常识、蚕桑常识、商业常识、卫生常识，列位却把修身教科书去教他们做圣贤！又把 20 块钱的风琴去教他们学音乐！又请一位 60 块钱一年的教习教他们的英文！……我奉劝列位办学堂切莫注重课程的完备，需要注意课程的实用。尽不必去巴结视学员，且去巴结那些小百姓。视学员说这个学堂好是没有用的，需要小百姓都肯把他们的子弟送来上学，那才是教育的成效"。① 这种充分注重社会实用价值的教育思想不是胡适一个人独有的。那时的绝大多数具有新思想的教育家，如蔡元培、陶行知、蒋梦麟、张伯苓等等都是如此。"五四"以后的新教育虽因国家不安定，没有走上稳定发展的轨道，但毕竟已具雏形。这个雏形同样也是中西结合的产物，而不是什么"全盘西化"，或什么"全盘性反传统"的结果。

新文化运动的另一个显著的实绩是改造中国旧学术。胡适的《中国哲学史大纲》（上）可以说是新学术卓然成立的重要标志。继之而起的，鲁迅的《中国小说史略》，顾颉刚的《古史辨》等等，他们在著作体例上，理论与方法上，都使人耳目一新。他们又影响了一整代学人。二三十年代中国学术取得可观的进步，可谓肇基于此。新学术的根本特点就是中西结合，即借鉴西方学者的理论和方法，改造中国传统的理论与方法，重新研究中国的文化遗产或开创崭新的中国社会科学和人文科学。不消说，胡适

---

① 《归国杂感》，《胡适文存》1 集卷 4，亚东图书馆 1925 年 11 月第 8 版。

的考证，顾颉刚的疑古，鲁迅的"钩沉"，都有中国自家传统为根据，绝非简单照搬西方的理论与方法。

　　还有一点不能不在这里说一说，就是新文化运动促进了中国科学事业的发展。诚然，新文化运动的领袖们本身都不是科学家。但他们都极端地尊重科学，极端地信服科学，极端地热心于科学事业的发展。二三十年代相继发展起来的中国科学事业，都曾直接间接蒙受到新文化运动的影响。作为新文化运动领袖的胡适，他差不多和各个领域的第一流科学家都有着非常密切的个人友谊。他曾直接间接地支持和帮助过的科学家及其事业的，可以开出一个长长的名单。且随便指出几个，例如，丁文江的地质调查所，汪敬熙的实验心理学研究，任鸿隽的科学社及化学研究所，胡先骕（尽管此人大骂过胡适！）的生物学研究，高鲁的天文学研究，北京大学的古生物学研究，等等。

　　新文化运动留下的许多实绩，和它所提倡的新观念、新事业，至今与中国人的生活息息相关，如白话国语的通行，标点符号的采用，汉语拼音的创立；男女平等、人格独立、个性自由等新观念；发展科学乃至节育优育的提倡等等，等等。对于这些，即使最保守的中国人，包括那些斥责新文化运动为"全盘西化"、"全盘性反传统"的人，大概也未必一定要反其道而行之。

　　总结上述，可以看出，新文化运动本质上是中西结合，创造中国新文化的运动。尽管它在各个领域进展是不平衡的，而且都还不同程度地存在这样那样的缺点，有待后来者批评补正，但它所代表的中西结合创造中国新文化的方向是不容否定的。

七　总结与前进

　　五四新文化运动是个未完成的运动。它所提出的基本目标至今仍有待我们努力加以实现。70年后回看新文化运动，其最大功效是它的启蒙作用。不难理解，没有个人价值的确立，是不会有民主的；没有破除对偶像与教条的迷信，不扫除虚文空谈的习气，是不会有科学的发展的。我们说的启蒙作用，就是指这种为确立民主、发展科学而扫除障碍、开辟先路的作用。

但是中国的启蒙运动主要是在外部刺激下发生的，因此明显存在底气不足的弱点。新人物中不少人往往义愤多于理智，勇气有余而学养不足，缺乏长远的眼光。一向被目为"右翼"代表的胡适，要算是这次运动中比较稳健的了。他能在国家混乱的年代里，自守学者责任，领导起整理国故和介绍西学的两大工作已属难能。

但是，五四新文化运动不能持之以久，未能达到预期目标，主要原因还不在于其领袖人物本身的素质，而是在于客观的社会条件。有时文化运动超前一步是可能的，但没有继起的政治经济条件的支持，断难持续进行下去。

五四新文化运动呼唤科学与民主，并为之做了开榛辟莽的工作。但政治、经济领域里缺少为确立民主发展科学所必要的中坚力量。结果是民主制度无法实现，科学也得不到应有的发展。新文化运动自身也累遭厄运，屡受攻击和剿禁。奇怪的是，有些人不知是何用意，他们竟把中国民主不能实现，科学不能发达，中国整个现代化的延搁的责任反推到新文化运动的头上。真是冤哉枉也！

我不否认新文化运动中有一些很偏激的言论，我也不否认陈、胡、鲁迅等人那时曾把主要精力用之于攻击旧传统，而较少揭示中国传统中的优秀的方面，他们在建设方面的实绩也确属有限。但这些都是中国严峻的社会现实所决定的。事实是混乱与腐败的政治社会使优秀的传统精神受到窒塞，而给一切朽恶的东西的迅速膨胀提供了温床。在那种情况下，空谈优秀的传统实等于回避现实，粉饰太平，麻痹群众。事实是，正是保守反动的统治当局才乐于炫耀什么"优秀传统"，而借以压抑新思想的发展。至于说新文化健将们在建设方面的实绩有限，那更是社会环境所使然，并非他们无心于建设。

人们应该记得，国民党取得统治权不久，胡适等人就察觉这个新政权对新文化运动是反其道而行之。他指斥国民党是反动派，并为人权问题同统治当局发生正面冲突。此后，国民党在文化思想方面愈来愈趋于保守，乃至直接压迫新文化运动，查禁书刊、迫害进步文化人士。正是在那个时候，国民党的一位要人却高谈什么"中国本来是一个由美德筑成的黄金世界"①。这本身是很可发人深省的。试问，在这种政治态势下，能够指望几个知识分子抵挡整个统治当局的压力，而把中国现代化的车轮推向前进吗？

新文化运动半途夭折了。但它既已提出了为人所接受的新观念，也就是向全民族提出了新的历史课题。如果当权的政治力量终究不能解决这个历史的新课题，它自己也终难持久，终必退出历史舞台。

在日本的现代化历史中，有过启蒙思想时期，但没有像中国"五四"时期那样轰轰烈烈的文化革新运动。这种轰轰烈烈的运动，只有在前进的潮流受到阻挡而又阻挡不住的时候才会发生。如果没有康有为的孔教运动，没有袁世凯、张勋的复辟活动，未必会有那样规模的新文化运动发生。明治以后的日本，统治当局本身是一个肯革新的政治力量。因此，政治与思想文化的革新大体呈同步推进的状态，故不曾发生有如中国的新文化运动那样的运动。

近年来中国知识界掀起"文化热"，在各种文化讨论中所提出的问题，绝大多数都同五四新文化运动有联系。目前的"文化热"算不上一场运动，只是一次较为深入的反思。如果反思所得的积极成果能够被政治改革所吸收，那么，我们有理由相信，中国从此将可以走上比较健全的发展轨道，而不再重复文化运动——政治运动都不产生预期效果的恶性循环。但这首先须对思想界、文化界乃至整个知识界提出严格要求，必须认真总结五四新文化运动的历史经验，认准我们前进的方向，提高我们自身的素质，以高度的民族复兴的热忱，加上严格求实的精神，做艰苦深入的研究工作。重复一些陈年老调，或堆砌一些最新的时髦词语，都是无济于事的。

五四新文化运动多少再现了古代百家争鸣的气象。蔡元培先生的兼容并包原则起了非常健全的作用。如今又有些人在做统一思想的迷梦，幻想复兴儒家一尊的地位。他们的尊古崇儒的热情如果发自衷心，我们可以给予相当的尊重，正如我们尊重任何宗教徒的虔诚信仰一样。但如果他们要

---

① 叶楚伧：《由党的力行来挽回风气》，转见胡适《新文化运动与国民党》，载《新月》2 卷 6—7 期合刊，1929 年 9 月。

求别人也须像他们那样尊古崇儒，否则即斥为"全盘西化"或什么"全盘性反传统"，那就又当别论了。我个人认为，中华民族文化的复兴，除了其他条件之外，将部分地取决于我们在多大程度上再现百家争鸣、诸流并进的局面。五四新文化运动的领袖们深以"统一思想"为耻，竞相为思想自由、学术自由而奋斗。这是我们应当继承的一种可贵的传统。

（原载《中国社会科学》1989 年第 3 期）

新文化运动:建立中国与世界
文化密接关系的努力

一

中国是世界上历史最悠久的文明古国之一，她的文化绵延数千年从未中断，而且在数千年的大部分时间里，其文化在整体上一直处于领先发展的地位，从未有任何其他的文化在整体上对其构成真正的挑战。由这样长久的历史积淀下来的中国人的文化自我认同，便带有强烈的排他性和优越感。尽管在历史上，中国人也曾多少从周边民族那里吸收了某些东西，但总体上，中国人在文化上是自满自足的。这种文化心态相当的根深蒂固。晚明时期，西方传教士来中国，带来一些数学、天文历法方面的新知识，引起少数上层士大夫的注意。但其所发生的影响是极其有限的。总之，在鸦片战争前，中国人基本上不承认在中国之外，还有可以和中国比肩并立的国家和民族，还有可以和中国文化比肩并立的文化。直到鸦片战争打破了中国自我封闭的大门之后，不管中国人愿不愿意承认，一种造成了足以打败中国的种种条件的强势文化，逐渐展现在中国人的面前。中国人通过屡次的挫折、失败，逐渐认识到这些条件，认识到它们之所以形成的原因。从而引导一些先进的中国人透过表面，逐渐认识到西方文化的价值。

这个过程是很有历史意义的，值得我们站在 21 世纪的思想高度加以回顾和总结。

我们知道，西方列强的近代发展是因地理大发现而刺激起来的。中国的近代觉醒也是同地理观念的大变化紧密相关的。中国人一向自以为自己的国家是世界的中心，是世界上发展程度最高的国家，只有其他国家和民族向中国学习，而无中国人向其他民族学习的道理。所谓只能"用夏变夷"，而决不能"用夷变夏"。自从林则徐编《四洲志》，到魏源编《海国图志》，再到徐继畬编《瀛环志略》，中国读书人始稍稍知道，中国之外，还有许多国家，中国不过是世界上许多国家中的一个，中国也并不是世界的中心。他们的书里，还多多少少介绍了一些西方国家的情况，表明他们绝非古之夷狄可比。梁廷枏所编《合省国说》竟对历史不足百年的美国的政教制度称赞有加。这些书籍恰恰是给中国第一代政治改革家们提供精神滋养的重要原料，康有为和梁启超都曾忆及《瀛环志略》这本书。19世纪70年代起，中国陆续派出使臣和留学生，还有许多官员和民间人士出国考察、游历。他们带回了异国的亲见亲闻，更充实了中国先进分子们的新的世界观。

王韬是少数亲身游历过西方国家的中国知识分子之一。他认识到"至今日，而泰西大小各国无不通和立约，扣关而求互市，举海外数十国悉聚于一中国之中，见所未见，闻所未闻，几于六合为一国，四海为一家。秦汉以来之天下，至此而又一变"①。他并且认定，"泰西通商中土之局，将与地球相终始矣。至此时而犹作深闭固拒之计，是直妄人也而已，误天下苍生者必若辈也"②。既然"国无远近，皆得与我为邻"③，就只有谋求共处之道，并进而取长补短，增益所不能，以求竞存于诸国并立的世界之中。

破除一统天下的旧观念，正视诸国并立，互相竞争的新局面，这是当时的先进分子在观念上第一个显著的变化。有了这一变化，才会酝酿出一系列新的观念。康有为在要求变法的上书中，累次痛论天下各国并立的世局，并指出其意义，提出因应之道。康氏指出，"中国自古一统，环列皆小蛮夷，故于外无争雄竞长之心，但于下有防乱弭患之意"④。这在地球未辟，泰西诸国未来中国之前，尚可维持。但大地已通，诸强环伺，面对一

① 《变法中》，《弢园文录外编》，上海书店 2002 年版，第 11 页。
② 《睦邻》，同上书，第 23 页。
③ 《变法自强下》，同上书，第 32 页。
④ 康有为：《上清帝第四书》，《康有为政论集》（上），中华书局 1981 年版，第 151 页。

个开放的世界，实不容再沿袭旧日之成规。他在《上清帝第四书》中说："夫泰西诸国之相逼，中国数千年来未有之变局也。……今泰西诸国，以治法相竞，以智学相上，此诚古诸夷之所无也。尝考泰西所以致强之由，一在千年来诸国并立也，若政稍不振，则灭亡随之，故上下励精，日夜戒惧，尊贤而尚功，保民而亲下，……其国人之精神议论，咸注意于邻封，有良法新制，必思步武而争胜之，有外交内攻，必思离散而窥伺之。盖事事有相忌相畏之心，故时时有相牵相胜之意，所以讲法立政，精益求精，而后仅能相持也。"① 康有为所讲的这个道理，非常重要。这也正是他变法思想之所由产生的基本原因。所以他说："今者四海棣通，列国互竞，欧美之新政新法新学新器，日出曹奏，欧人乃挟其汽船铁路，以贯通大地，囊括宙合，触之者靡，逆之者碎，采而用之，则与化同，乃能保全。"② 康氏把世界大通，诸国并立视为数千年未有的一个大变局。因应这一变局，必须学习欧美诸国的新政新法新学新器，才勉能争存于世。所谓新政、新法、新学、新器，包括了文化的诸多主要方面。也就是说，在康有为这位变法运动的领袖那里，已萌生了近乎全方位的对外开放的文化观念。

梁启超的世界化观念比他的老师更加清晰。他认为："今日之世界与昔异，轮船、铁路、电线大通，异洲之国，犹比邻而居，异国之人，犹比肩而立。故一国有事，其影响未有不及于他国者也。故今日有志之士，不惟当视国事如家事，又当视世界之事如国事。"③ 他又说："地球之面积日缩日小，而人类关系之线日织日密。"④ "人类关系之线日织日密"，此语最能表现出梁氏对世界化大趋势的感受。所以，梁氏不但是提出建立民族国家之第一人，也是明确提出中国应成为"世界的国家"的第一人。他在为推翻清王朝后最初建立的民国政府规划"立国大方针"时，提出第一项大方针就是建立"世界的国家"⑤。不消说，一个"世界的国家"，其文化

①　康有为：《上清帝第四书》，《康有为政论集》（上），中华书局1981年版，第149—150页。
②　康有为：《进呈日本明治变政考序》，同上书，第222页。
③　《清议报一百册祝辞并论报馆之责任及本馆之经历》，《饮冰室合集·文集之六》，中华书局影印本1989年版，第54页。
④　《论美菲英杜之战事关系于中国》，《饮冰室合集·文集之十一》，第1页。
⑤　《中国立国大方针》，《饮冰室合集·文集之二十八》，第40页。

的方针必然也是向世界开放的。其实,从《时务报》时期起,经《清议报》、《新民丛报》、《政论》直到《国风报》,整个清末十几年中,梁启超的世界化观念和文化开放主义,是其思想发展的一个重要主导线索。

文化的发展因相互交流而得益,促其进步愈速。这一点,李鸿章也已有所认识。他曾说:"一国之见识无多,聪明有限,须集各国的才力聪明,而后精日益精,强日益强。国与人同,譬如一人的学问,必要出外游历,与人交际,择其善者,改其不善者,然后学问益进,知识愈开。国家亦然。或者格物的新理,制造的新式,其始,本一国独得之秘;自彼此往来,于是他国皆能通晓效法。此皆各国交际的益处。"①从他的话里不难看出,他的见解有明显的局限,还只是看到格物制器之类的领域。后来的改革家们就进一步看到政教制度,乃至整个文化各领域,都可从相互交流中取长补短,推动各自的进步。清末的最后几年,因革命与立宪改革运动的发展,社会上已呈现出颇为开放的气象。只是因为政治变革主导一切的形势,于文化的全方位的开放,尚未成为知识界充分自觉的意识。

辛亥革命迫使清朝皇帝退位,但并未因此换来民主制度的实现,反而出现政治失序,乱象迭出的局面。人们集中心力,甚至抛头颅,洒热血,奔走革命与改革,结果竟是如此令人失望。挫折与失望,促使人们反省。比较有进取心的知识分子们,乃得出结论,认为政治革命之所以不能成功,是因为人们的思想观念没有真正发生变化。如陈独秀认为,中国绝大多数国民"脑子里实在装满了帝制时代的旧思想,欧美社会国家的文明制度,连影儿也没有。所以,口一张,手一伸,不知不觉都带君主制臭味"②。所以,他指出,"要巩固共和,非先将国民脑子里所有反对共和的旧思想,——洗刷干净不可"③。显然,要做这样一种思想观念的洗刷功夫,就必须做一番思想启蒙的工作,也就是做一番文化革新的功夫。当时有许多先觉分子与陈独秀有大体相同或相近的认识。就连职业革命家孙中山也看到,国民中"了解共和之意义,有共和之思想者",仍然很少。

---

① 见《李文忠公全书·译署函稿》第6卷,商务印书馆1921年影印本,第13页。
② 陈独秀:《旧思想与国体问题》,《新青年》3卷3号。
③ 同上。

"欲使其心有共和思想，不为反对，必须以心感动之，同化之"①。所谓"以心感动之，同化之"，也是要做一番思想革新的事业。梁启超更明确要放弃政治活动，专注心力于革新国民思想的工作。他在《吾今后所以报国者》一文中宣布说，"吾将讲求人之所以为人者而与吾人商榷之；……吾将讲求国民之所以为国民者而与吾国民商榷之"②。著名大记者黄远庸认为，积清末以来新旧思想观念的矛盾与更代，至此已到了真正关键的时期，"此犹两军相攻，渐逼本垒"③。最后，充分尊重人类之意志自由的新思想必将战而胜之。胡适更从文化整体变动的宏观考察提出，中国人所面对的真正问题是，"我们应怎样才能以最有效的方式吸收现代文化，使它能同我们的固有文化相一致、协调和继续发展"④。

陈独秀之"洗刷旧思想"，孙中山之"以心感动之，同化之"的努力，梁启超的新的报国志愿，黄远庸的"渐逼本垒"的新旧思想的决战，以及和他们同时，发出同样的呼吁的所有先觉分子，他们心目中的新思想、新观念，都是来自西方先进世界的。他们无例外地都主张文化开放主义，主动地引进一切他们认为有益于改革中国人的精神世界的东西。他们都是新文化运动的发动者和领袖分子，至少是重要的同盟军。他们在新文化运动中最专注的问题之一，就是努力构筑中国与世界文化的密接关系。

二

我们知道，新文化运动是由文学革命运动拉开大幕的。文学革命的开篇之作是胡适的《文学改良刍议》，它发表在1917年1月出版的《新青年》2卷5号上。紧接着，在2卷6号上又发表了陈独秀的《文学革命论》。从此，引发了渐趋热烈的讨论与争论。数年来因政治失序，思想昏乱而造成的局面，显出一线豁然开朗的曙光。

----

① 孙中山：《在沪欢迎从军华侨大会上的演说》，《孙中山全集》第3卷，中华书局1984年版，第374页。

② 见《饮冰室合集·文集之三十三》，第54页。

③ 见《远生遗著》卷一，商务印书馆1984年影印本，第154页。

④ 《先秦名学史》，学林出版社1983年版，第8页。

清末十几年由政治革命与改革所带动起来的文化革新潮流，大体上主要是受日本思想界与文化潮流的影响，这时期的所谓"西学"、"新学"多是经过日本的中介而传入中国的。到了文学革命运动兴起的时候，一则因为日本"二十一条"要求，激起中国人强烈的反感；二则因为这时留学欧美的青年成批地回国。中国的教育界、思想文化界生成了一股新的生力军。从此，由这股生力军担当主要角色，直接从西方输入新学新理成了中国与世界新文化交流的主要形式。这股生力军的一些领袖分子，对此有非常明晰的自觉意识。这可从世界丛书社的酝酿和形成看得很清楚。

1917 年 10 月 18 日，回国刚刚四个月的蒋梦麟写信给他在美国留学时的同门师弟胡适，提出他的一项大计划，要系统编译出版一套介绍西方学术文化的丛书。因这是迄今所见有关这一计划的第一份文献，故将此信的全文引录如下：

　　适之足下：前自杭寄奉一书，并附剪报一纸，谅邀台览。弟自杭返后，聆各省教育代表之伟论，咸谓吾国所出新书，无一可读。研究西文，究非易举，皆抱脑中饥饿之叹。又参观上级学校，教员皆不读书。诘之，则多以无书可读对。故不喜读书者，则竟不读一书；喜读书者，则多读古书。窃谓吾辈留学生，可得新知识于西书，旧知识于古籍。若不通西文者，则除读古籍外，其又何道以得新知识？若是以往，中国文化前途不堪设想。弟实忧之。于是，商之于商务印书馆主事诸公，请编辑高等学问之书籍。主事诸公以此种书籍于营业上不利，颇觉为难。厥后彼此协商，允先行试办。虽略损资本，以吾国文化前途故，亦不敢辞。同事中如张菊生、高梦旦诸公，均赞成斯义。诸公以他事羁身，不克兼顾。其势必由弟承乏。故拟邀集同志故交，以进步之精神，协力输入欧西基本之文化。昔大隈伯诸人，倡译书社，欧化遂得以输入日本。吾国学术之衰落，至今日已极，非吾辈出为提倡，其谁挽此狂澜乎？吾兄文章学术高出侪辈。此事非大家帮忙不可。请兄于课余之暇，著书立说，弟当效校阅之劳。一切酬谢方法，可后议。弟意，吾兄可先将加校之博士论文付印；以后可择兄之所乐为者，彼此接协办理。兄素长哲学，可于此一门发挥宏论。他若达善诸君，可各以所长著译。弟拟以北京、南京、上海、广东为四中心。北京一方面，必须烦劳吾兄及独秀先生。子民老师处，当另函述明。商务以伟大之资本，全国五十余处之分行，印刷、发行均甚便利。吾辈若不善为利用，殊若可惜。弟学识肤浅，惟区区之心，不容苟安过去。故不推绵力，函求同志。吾兄素抱昌明学术之志，想必赞同斯举。将来出版、装订及作索引（Index）、点句等，均当以进步之精神，最新之方法行之。一人做事，东扶西倒。请兄速赐复音，并示高见。①

这封信里，有如下几点颇关重要：

一、蒋氏归国后，发现国内有学问饥荒之象。② 不喜读书者，一书不读；喜读书者，多读古书。因新出版之书"无一可读"。如此，则人们欲求新知识，无路可达。这种情况是引发他要编译出版介绍西方学术文化系列丛书的根本动因。

二、他向当时国内最大的民营出版机构，商务印书馆提出上述设想，该馆以出版此类丛书，于营业上不利，对其建议表示为难。后考虑其学术与文化上的意义与价值，乃勉允试办。但该馆不拟抽出人力帮办此事，而任令蒋氏自行筹划。

三、蒋氏第一个寻求帮助的人是胡适。胡与蒋在美国同受杜威指导，谊属同门。蒋对胡的学问很佩服。加之，这时由胡适倡导的文学革命运动正方兴未艾，胡适的名声亦悄然鹊起。所以他相信胡适的支持是不可少的。但这时他主要是把胡适作为该丛书最具影响力的作者，而不是主要的组织者。

四、蒋氏颇具雄心，他准备在北京、南京、上海、广东分别建立中

---

① 见耿云志编《胡适遗稿及秘藏书信》第 39 卷，黄山书社 1994 年版，第 402—405 页。

② 蒋氏的观察与胡适的观察相当一致。胡适 1917 年 7 月归国，在上海停留十几天，他逛过许多书肆后发现，号称中国最开放的城市的出版界，"简直没有两三部以上可看的书！不但高等学问的书一部都没有，就是要找一部轮船上火车上消遣的书，也找不出"。他不禁感叹道："如今的中国人，肚子饿了，还有些施粥的厂把粥给他们吃。只是那些脑子叫饿的人，可真没有东西可吃了。"（胡适：《归国杂感》，《胡适文存》卷四，第 4—5 页。）

心，吸集人才，从事编译。而北京一方面，初期要拜托胡适与陈独秀帮忙筹划。

11 月 12 日，蒋梦麟又致胡适一书。此信内容亦甚重要，且附有一份编译丛书的简章，录如下：

> 适之足下：前快邮上一书，未蒙赐复，念甚。因课忙无暇作复欤？抑以弟之鄙陋，不足以赐教欤？今午，由高梦旦先生交下章行严先生书，藉悉北京大学有编辑高等学术书籍之举。其办法与弟所拟者大致相同，不谋而合，可彼此协商进行。鄙意，此事可分四区进行：（一）北京，（二）上海，（三）南京，（四）广东。留学界中亦须分头函达。北京一方面，则已有章先生主持；而南京一方面，当托国立高等师范诸君；广东则亦有国立高师散友程祖彝君为教务长，弟当往托之。北京诸公如不弃鄙陋，则弟当竭其绵力，随诸公之后，彼此商定书名若干，分头觅人编译。凡译某书，须彼此通知，以免重复；又每书必须用中西索引（Index），并吾兄所用之点句法，以为出版界倡。兹将张菊生、高梦旦二先生及弟所共拟之办法抄奉，乞赐教为祷。①

蒋氏与张、高两位商务印书馆主事的前辈商议的简要章程初名为《高等学术参考丛书》。其所拟条目如下：

> （一）《高等学术参考丛书》以西洋之高等学术为主体；中国之高等学术以西洋科学方法著述者并入之；为高级学校及研究高等学术者之参考及涉猎之用。
> （二）本丛书以西洋基本学术之关于哲学、教育、群学、文学四类为限。
> （三）本丛书四大类之分门如下：
> （1）哲学类：（a）哲学史门，（b）哲学门，（c）知识方法门。

---

① 见《胡适遗稿及秘藏书信》第 39 卷，第 406 页。

（2）教育类：（a）教育史门，（b）教育原理门，（c）教育行政门，（d）教授法门。

（3）文学类：（a）中国文学史门，（b）西洋文学史门，（c）文学比较门。

（4）群学类：（a）群学门，（b）史学门，（c）政治比较学门。

（四）本丛书著作之责任由著作人负之；印刷发行之责任，由发起人负之。

（五）发行人照下列版税为著作人之报酬：撰著书，版税照定价百分之十五至百分之二十；翻译书，版税照定价百分之十至十五。

（六）每册假定十万字，约百页，即二百面，定价假定七角左右。

（七）版税每年阴历三节，照实销之数，由发起人交付著作人，另立折据为凭。

（八）著作权为著作人之所有，但归发行人一家印刷发行。

（九）已印之书如有修订内容或变更形式及定价等事，双方协定之。

（十）各书之版权须由著作人加盖图章或粘贴印花，以便稽查销数。①

在上引蒋梦麟致胡适的信里，提到章行严即章士钊寄交商务印书馆一份北京大学拟编译高等学术书籍的文件。这个文件的内容，我们无法得知。② 但我们知道章士钊当时担任北京大学图书馆的馆长，他可能是策划这个文件的主要人物之一。我们有理由推测，当时任北京大学文科学长的陈独秀，和对北京大学的改革提出过许多建议，因而颇受蔡元培校长倚重的胡适，应该会参与其事。这件事反映出，在当时，大力翻译西书，介绍西方学术文化，是知识界先觉者们的共识。

上面引录的由蒋梦麟与商务印书馆主事者张元济、高梦旦共同拟议的编译丛书的章程草案，一看便知，它只是一个草稿，文字尚欠推敲。但它

---

① 此附件在上引书实施照排时被遗漏。原件藏中国社会科学院近代史研究所图书馆。

② 查六巨册的《北京大学史料》中，无此项记载。

包含了一些最基本的要点。一、它明确"以西洋之高等学术为主体",体现了我们所说的建立中国与世界文化密接关系的努力。二、它确定了引介西方文化的重点范围是人文社会科学的四大类。三、它规定了著作人与出版发行人的权利关系。

11 月 18 日,蒋梦麟为丛书事同时给胡适和蔡元培两人写长信。给胡适的信,内容要点为:(1)"为编辑高等学术丛书事,物识人才"(在南京罗致朱进、刘经庶二人,并拟将刘所译的杜威的《思维术》纳入丛书)。(2)编辑丛书事,希望能与北京大学诸公联络进行。(3)为使丛书事顺利进行,蒋氏表示,如无特别不得已的情况,五年之内不脱离商务印书馆(信中言及浙江教育厅拉他进教育厅任职,沪上有人拉他入政界,均拒绝)。(4)对商务印书馆的印书形式进行改革,在封面上要突出著者。(5)强调"丛书之倡,有二原因:一则欲首尾啣接,出一部西洋基本文明的全书。二则欲其不散漫,使读者见其一而欲读其余。故同人有宁缺毋滥之宗旨,以保高尚之标准"。(6)商务印书馆总编辑部,问何人可担任主持此项丛书,蒋氏以胡适对。① 蒋对胡适是真诚地信赖与佩服。信中说:"吾兄抱昌明学术之宗旨,以二十年内不谈政治为戒,弟十分赞成。以兄之才之学,如一心研究哲学,将来必为民国时代之思想领袖,改革吾国文明之基础。弟在商务一日,必为吾兄传达思想之机械。如可为力之处,请随时赐教可也。"(7)信中还谈及蒋氏参与并负责译名统一会事,及胡适在北大倡行选科制及创办研究所等事。②

同一天写给蔡元培的信,③ 内容要点与给胡适的信基本一致。稍不同者有二:(1)除介绍刘经庶所译之《思维术》外,又介绍朱进所译之

---

① 此事在《张元济日记》及《张元济年谱》中,均有记载。《日记》1917 年 10 月 29 日:"蒋梦麟来谈,学界需要高等书。谓一面提高营业,一面联络学界。所言颇有理。余请其开单见示以便酌定延请。胡适,号适之,与梦麟甚熟。"(《张元济日记》上册,河北教育出版社 2001 年版,第 395—396 页)《年谱》1917 年 10 月 29 日:"蒋梦麟来,建议编印高等学校用书'一面提高营业,一面联络学界'。先生请其开单见示,以便酌定延请编译者。蒋向先生推荐胡适(适之)。"(《张元济年谱》,商务印书馆 1991 年版,第 144 页)

② 蒋梦麟给胡适的这封信,见《胡适遗稿及秘藏书信》第 39 卷,第 407—412 页。

③ 此信同上书,第 500—502 页。

《伦理学导言》，拟将两书均纳入丛书内。①（2）于译名统一会事，叙述稍详。唯信之开头径直说道："高等学术参考丛书分哲学、教育、群学、文学四门，已着手进行。"可见，在这之前，蒋氏已有信向蔡元培报告他关于此事的设想。可惜，我们查不到这些信的下落。在保存下来的蔡元培的信中，亦未查到与此有关的给蒋梦麟的信。

关于丛书事，胡适给蒋梦麟的信都未见到。我们只见 1919 年 4 月 15 日蒋梦麟给胡适的信中提及，"译稿用白话，弟无条件的赞成。英文原稿要付刊，更不成问题。余俟杜威先生到后再商，似比较的便当些"。从此可知，胡适于丛书的体例曾有上述意见。"余俟杜威先生到后再商"，可能意味着，胡适还曾有其他的建议。杜威于 4 月 30 日抵沪。此后蒋、胡两人又曾如何商议丛书事，现无材料可供考论。

由蒋梦麟首倡，有胡适、蔡元培积极参与的这项丛书计划，从酝酿到出书经过三年的时间，其名目亦经历三变。最初是叫"高等学术参考丛书"，后又曾叫"二十世纪丛书"②，最后始定名《世界丛书》。

1920 年 3 月 26 日，《北京大学日刊》登出胡适手订的《世界丛书条例》③，其内容如下：

（一）本丛书的目的在于输入世界文明史上有重要关系的学术思想，先从译书下手，若某项学术无适当的书可译，则延聘专门学者另编专书。

（二）无论是译是编，皆以白话为主（惟浅近文言亦可），一律用新式标点符号，以求明白精确。

（三）本丛书无编辑部，只设审查委员会，会员五人或七人（不

---

① 《伦理学导言》一书未曾见，《思维术》一书，后来并未在《世界丛书》中出版，而是作为《新文化丛书》之一种，由上海中华书局出版（1921 年）。其中原因，颇值得玩味。似与南京高等师范的一部分英美留学生和北京大学以胡适为代表的英美留学生之间的分歧有关。刘经庶（伯明）后来是《学衡》的重要撰稿人之一。

② 《张元济年谱》1920 年 2 月 9 日："对于编译《二十世纪丛书》，高梦旦在京与蔡元培、蒋梦麟、胡适拟有办法。先生以为'可以订定，惟史事不宜译，又人地名概用原文，本科专门译名应附对照表'。"这里所说的《二十世纪丛书》，即是前所说的《高等学术参考丛书》。

③ 按《胡适日记》记载，《世界丛书条例》是胡适于 1 月 26 日起草的，见《胡适遗稿及秘藏书信》第 14 卷，第 230 页。

必限定在一处），由发行人聘定。

（四）审查委员会之职务：（甲）商定要编译的书目及先后次序；（乙）担任委托胜任的编译人分任各项书籍；（丙）每书成五千字以上时，得由审查委员分任或转托人初读一次，以定编译人能否胜任此项书籍；（丁）书成后，审查委员或亲自审查或转托专家审查，审查之后，由审查人署名负责，始付印；（戊）审查委员会除委托编译的书籍之外，随时亦可收受已成之稿，审查合格后，亦可作为丛书之一部。如系译稿，须与原本同时交与审查委员会。

（五）审查人（无论是否委员会中人）每审查一书，应得相当的酬报。

（六）每书的编费或译费，略依本书的难易为标准，分为两种办法：（甲）依售稿办法，约以每十万字稿费三百元为率，其版权为发行人所有；（乙）依版税办法，以定价百分之十至百分之二十为版税，其版权为著作人所有；如需要时，得先垫付版税若干。

（七）本丛书由商务印书馆有限公司发行，现已委托国立北京大学蔡孑民、蒋梦麟、陶孟和、胡适之诸先生组织本丛书审查委员会。

（八）国内外学者有愿担任编译者，望将所愿编译之书名或已成稿件寄交北京大学第一院胡适之先生，或由上海商务印书馆编译所转交，以便通函接洽。

显然，胡适所拟订的这个《世界丛书条例》要比两年多以前，蒋梦麟所拟的那个《高等学术参考丛书》的章程细致、清晰、完善得多了。

大概也就在胡适订定此《条例》并公布于世之后，世界丛书的编译工作才真正开始。之所以有这样长时间的耽搁，原因可能有很多。但我们感觉得到，商务印书馆的张元济、高梦旦这样一些老成持重的决策者们，对此计划尚无充分的信心，抱着试试看的态度；对蒋梦麟、胡适这样一些刚刚回国的留学生的经验能力，恐怕亦不无有待观察的意思。观察一年之后，迎来了 1919 年的大风潮，可能已无暇顾及此事。风潮略趋平稳，便已到了 1920 年。按《商务印书馆九十五年》一书所附之《本馆四十年大事记》载，1920 年 10 月，《世界丛书》开始出版。《大事记》的编者并加按语称："本丛书以译印欧美日本之著作为职志。各项科目，无不包罗，为本馆刊行普通丛书之最早者。主编者为蔡元培、胡适、蒋梦麟、陶孟和诸君。"并说道："其后，王云五君更广其范围，印行《汉译世界名著》，迄今（指1937年）多至200余种。"① 此书的这一条记载，告诉我们许多重要信息：一、它告诉我们，《世界丛书》到1920年10月才开始出版。其酝酿和准备的时间是比较长的。二、它告诉我们，《世界丛书》是同类丛书中刊行最早者，它起了开风气的作用。三、它又告诉我们，主持此项丛书的有蔡元培、胡适、蒋梦麟、陶孟和四人。这四人，根据我们已掌握的材料，蒋是倡议者，蔡是领衔者，胡是主编者，陶是胡的主要协助者。胡适为其实际主持人，这大概是南京高等师范的人后来不肯加入此丛书的一个原因。因极具绅贵意识的梅光迪、胡先骕等人极端反对胡适所倡导的文学革命运动。两氏在南高师颇有影响力，以致刘、朱等人的书稿最终都未交给《世界丛书》。这其实是很可不必的。近代中国学界一个可悲之处，就是学不足，而派有余。此风历久不衰，于今为烈。四、商务印书馆后来在王云五的主持下，循《世界丛书》的精神、宗旨，扩其规模，以《汉译世界名著》的名目继续从事翻译、介绍世界文化的事业。这证明了新文化运动的领袖们所开创的事业，是极有意义和富有生命力的。这项事业的根本精神就是努力建立中国与世界文化的密接关系。据《商务印书馆图书目录》之《总类》所收录的，《世界丛书》共出版24种，其中译著19种。大约同时期所出的《尚志学会丛书》共41种，其中译著37种。另一种丛书，《共学社丛书》共出42种，其中译著37种。② 这些材料表明，那时期，文化界的先进们都是以积极引介世界新文化为己任。这正是他们渴望建立中国与世界文化密接关系的明证。

三

　　新文化运动时期有过一场关于世界语问题的热烈讨论。此事从另一个

① 《商务印书馆九十五年》，商务印书馆1992年版，第689页。
② 见《商务印书馆图书目录·总类》（1897—1949），商务印书馆1981年内部印行，第14、10—12页。

侧面反映出新文化运动的一些积极参与者们是如何热切地渴望建立中国与世界文化的密接关系。

世界语的热烈鼓吹者之一，黄凌霜著文①介绍说，在欧洲，早在17世纪就有人尝试创造世界语，不过没有成气候。这说明，从地理大发现带动起世界化的潮流之后，就渐渐有人敏感到世界文化相互交流，相互密接乃至相互融合的大趋势，想用统一语言文字的办法适应并推助这一趋势的更快发展。1880年德国南部有一位教徒，制作了一种语根多采自英文，而文法多采自德文的"世界语"。作者明确地表明他的意图就是用他所制作的这种"世界语"来"联络各国的文明人类"。但这种"世界语"，因其信从者们不久就发生分裂，遂渐式微。

其中的一派，又创作了一种新的"世界语"，但没有挽回颓势。1887年，一位波兰医生柴门霍夫，有感于他的出生地和居住地多民族杂居，因语言不通，常闹误会和纠纷。他立意要解决语言沟通的问题，而决心创造一种简便易学的语言，使大家容易沟通而消除误会和纠纷。他本人通德、法、英、俄、拉丁和希腊的文字，遂从这些文字中选取语根，再制定一种最简便的语法，制作成一种叫做"Esperanto"的文字。这就是被东方的日本人和中国人通称做"世界语"的东西。这种文字，据其提倡者们说，"文法简赅，发音整齐，语根精良"②，所以，最有充当世界语的资格。在中国，最早提倡此种世界语的，是无政府主义者吴稚晖等人，他们在其所办的《新世纪》杂志上大力鼓吹世界语的种种好处，同时大力攻击中国的汉字如何低劣、落后，应当淘汰，而以世界语取代之。到了新文化运动起来，世界语这个话题又成了热点。值得注意的是，在吴稚晖等在《新世纪》上大力提倡世界语时，并不赞成其说的一些人，此时却成了热心提倡世界语的人，如钱玄同便是个最显著的例子。与其类似的还有鲁迅、周作人等。另外，这时又出现了一批新的无政府主义者，其中的一些青年新进也是世界语的信从者和鼓吹者，如区声白、黄凌霜等。此外，有一些是从事外语教学与翻译工作的人，如孙国璋。作为新文化运动的主要领袖之一

---

① 见凌霜《世界语问题》，《新青年》6卷2号。
② 钱玄同：《致陈独秀的信》，《新青年》4卷4号《通信》。

的陈独秀，以及作为当时全国教育界、知识界领袖的蔡元培，亦均明确表示支持世界语的提倡。这些具有一定代表性的人物，他们提倡和推动世界语的理由主要有如下几种说法。

一、从理想上说，他们认为世界向着大同的方向发展，则语言文字亦必向着大同的方向发展。因此，世界语是必须有的，至少，将来是必须有的。钱玄同说："夫世界进化，已至 20 世纪，其去大同开幕之日已不远。"故此等可以推动世界主义之事业的世界语，应当竭力提倡。[①] 他认定，"世界语为将来人类公用之语言"[②]。他说："我自己是信人类该有公共语言的：这公共语言是已有许多人制造过许多种的；这许多种之中，在今日比较上最优良者是 Esperanto，所以我现在便承认 Esperanto 为人类的公共语言；中国人也是人类之一，自然就该提倡人类的公共语言。"[③] 鲁迅说，他赞成世界语的理由，"只是依我看来，人类将来总当有一种共同的语言，所以赞成 Esperanto"[④]。蔡元培与鲁迅基本上是同样的意思。陈独秀说："世界之将来倘无永远保守国别之必要，则有'世界语'发生及进行之必要。"又说："世界将来之去国别而归大同也，虽不全以'世界语'之有无为转移，而'世界语'（非指今之 Esperanto——原注）之流行，余确信其为利器之一。"[⑤]

二、从功用上说，提倡世界语的人们认为，世界语是促进世界文化融合与发展的最方便的捷径。钱玄同说："一切科学真理是世界公有的，不是哪一国的'国粹'。但是现在各国人用他私有的语言文字著书，以致研究一种学问，非通几国的语言文字不可。如其世界语言文字统一了，那便人人都可省去学习无谓的语言文字的时间，来研究有益于社会和人生的学问。"[⑥] 钱氏且认为 Esperanto 即是这样一种世界语。他说："我以为 Esperanto 语根精良，文法简赅，发音平正，是人类文字而非民族文字。"[⑦] 孙

① 钱玄同：《致陈独秀的信》，《新青年》3 卷 4 号《通信》。
② 同上。
③ 钱玄同：《致凌霜》，《新青年》6 卷 2 号《通信》。
④ 鲁迅：《渡河与引路》，《新青年》5 卷 5 号《通信》。
⑤ 陈独秀：《区声白、陶履恭信的跋语》，《新青年》5 卷 2 号《通信》。
⑥ 钱玄同：《区声白、陶履恭信的跋语》，《新青年》5 卷 2 号《通信》。
⑦ 钱玄同：《胡天月信跋》，《新青年》5 卷 5 号《通信》。

国璋引一位波斯人的话说，"吾东方国家与西方政治不同，宗教不同，社会不同，思想不同，欲谋沟通东西，非世界语不为功"。复引留法的中国学生所办的杂志上的话说，"世界语出世，是诚天授中国人以研究西学之利器"①。钱玄同多次强调，世界的新知识、新道理、新名词、新术语，皆非中国语言文字所固有，勉强翻译，难以准确表达；学习掌握世界语，可以最方便于中国人接受世界的新文化。而且他指出，世界语因其发音平正，语法简明，故最容易学。有此一种可以最便于中国人接触、了解世界文化的工具，何不加以利用。

三、针对中国的文字立论，他们认为，中国的汉字太繁难，太落后，迟早必须废弃。而废弃汉字之后，以世界语代替之最为方便、合理。在这方面谈论得最多的是钱玄同。钱氏说："中国语言是单音，文字是象形，代名词、前置词之不完备，动词、形容词之无语尾变化，写识都很困难，意义极为含糊，根本上已极拙劣。再加以象形字变到楷书、草书、行书，连象形的好处也没有了。……这样的语言文字，难道还不是不适用的吗?"② 关于中国语言文字的优劣问题，历来有不同看法。钱氏因强烈主张世界语，故不免过分夸大其缺点。其他主张世界语的人，对汉语汉字的看法与钱氏多相似。如吴稚晖从清末以来就一直坚持汉字当废的主张。钱玄同还从思想革新的意义上提出更为重大的理由，其言词亦更为激烈。他认为，用汉字书写的旧有的文化典籍之绝大多数，不是宣扬孔学的，就是宣扬道教的。"欲废孔学，欲剿灭道教，惟有将中国书籍一概束之高阁之一法。何以故？因中国书籍千分之九百九十九都是这两类之书故；中国文字，自来即专用于发挥孔门学说及道教妖言故。"③ 姚寄人更说得斩钉截铁："中国文字没有存在的价值，非废弃不可。"④

一个青年学生叫周祜的，他倒是把提倡和拥护世界语者们的主张概括得满清楚。他说："汉文必当废弃，世界必将日趋于大同，和将来必有一

①　孙国璋：《致〈新青年〉记者》，《新青年》4 卷 4 号《通信》。
②　钱玄同：《姚寄人信跋》，《新青年》5 卷 5 号《通信》。
③　钱玄同：《致陈独秀》，《新青年》4 卷 4 号《通信》。
④　姚寄人：《致〈新青年〉记者》，《新青年》5 卷 5 号《通信》。

种全世界人类共同的文字。"①

　　主张世界语的人们所说的理由，基本上未出当年吴稚晖等在《新世纪》上所发挥的意思。只是这时参与议论的人更多些，有些方面的议论也更充分些。比较不同的是，因为这时正处于新文化运动中，人们在尝试新事物方面，比较更多了一些勇气。提倡和拥护世界语的人们就如何推广世界语的问题作了许多讨论。钱玄同在他开始提倡世界语时便提出，高等小学即设世界语一科的主张。并认为中文书中嵌入外国名词，最好都用世界语。② 不久，他再次重申，"Esperanto 中之学术名词，其语根即出于欧洲各国，而拼法简易，发音有定则，宜采入国语，以资应用"③。

　　提倡世界语者们知道，要废弃汉文，改用世界语，这绝非易事，必须有一个过渡期。这个过渡期里，应该做些什么？怎样做？是他们必须考虑的问题。依吴稚晖、钱玄同等最坚决的主张世界语者的意见，废汉文，即直以世界语代之。废弃汉文的过程，即是推行世界语的过程。赞成世界语的陈独秀则提出，可先废汉文，且存汉语，而改用罗马字母书之。④ 即是实行汉语拼音。对此，不赞成世界语的胡适也表同意。他说："独秀先生主张'先废汉文，且存汉语，而改用罗马字母书之'的办法，我极赞成。凡事有个进行次序，我以为中国将来应该有拼音的文字。但是文言中单音太多，决不能变成拼音文字。所以必须先用白话文字来代文言的文字，然后把白话的文字变成拼音的文字。至于将来中国的拼音字母是否即用罗马字母，这另是一个问题。"⑤ 但吴稚晖、钱玄同们却坚决反对拼音的汉语。吴稚晖说："我生平是最反对用汉语拼音另造新文字的。"他认为，"拼音是拼音，拼音文字是拼音文字，二者相似而不同，相去有十万八千里。"

---

　　① 周祜：《致钱玄同》，《新青年》6 卷 2 号《通信》。
　　② 钱玄同：《致陈独秀》，《新青年》3 卷 4 号《通信》。
　　③ 钱玄同：《致陶孟和》，《新青年》4 卷 2 号《通信》。
　　④ 陈独秀：《钱玄同信跋》，《新青年》4 卷 4 号《通信》。
　　⑤ 胡适：《跋陈独秀致钱玄同信的跋》，《新青年》4 卷 4 号《通信》。按，陈独秀、胡适两人提出汉语拼音的设想以后，国内学者曾尝试用自造的国音字母为汉字注音。直到 50 年代，有文字改革委员会之设，集中一批专家做以罗马字母拼写汉语的研究和试验，但未能形成方案。如今，人们逐渐都采用电脑工作，这必然产生拼音汉语的需要。历史证明，一旦一种强大的社会需要产生出来，它就会推动人们努力去创造，以满足这种需要。我比较相信，随着电脑的高度普及，未来的某个时候，也许真的会出现一种可以通行的用拼音的文字来表述的汉语。

"拼音是辅助文字的东西，决不能代用文字。"① 钱玄同认为，"改汉字为拼音，其事至为困难。中国语言文字极不一致，一也；语言之音，各处固万有不齐矣，同文字之音，亦复分歧多端，二也。""况汉文根本上尚有一无法救疗之痼疾，则单音是也。单音文字，同音者极多，改用拼音，如何分别？"② 吴氏比较从学理上立论；而钱氏比较着重从实际困难处提出质疑。他们的说法，虽不能说毫无道理，但终究是出于急切推行世界语的考虑居多。

钱玄同说："惟 Esperanto 现在尚在提倡之时，汉语一时亦未能遽而消减，此过渡之短时期中（请注意，钱氏以为这个过渡期是很短的。这反映了他推行世界语的急进态度。——引者注），窃谓有一办法：则用某一种外国文字为国文之补助——此外国文字当用何种，我毫无成见。"他觉得，英文、法文都比较具备这种资格。③ "而国文则限制字数，多则三千，少则二千，以白话为主。"他以为，这样，"期以三五年之工夫，专读新编的'白话国文教科书'，而国文可以通顺。凡讲述寻常之事物，则用此新体国文；若言及较深之新理，则全用外国文字教授。从中学起，除国文及本国史地外，其余科目悉读西文原书"。这就是钱氏提出的"过渡时代暂行之办法"④。九个月后，他在与区声白讨论世界语的问题时，又有所补充。他说道："我以为，我们既认 Esperanto 为适用之语言文字，可以为中国语言文字之代兴物，则便该多立团体，分头传播。传播的时候，应该说明其语根如何精良，文法如何明确，发音如何整齐，用 Esperanto 著的、译的书籍已有多少，学成以后，可以看多少新科学新思想的好书。尤其要紧者，在说明这是人类公有的语言，当与本国文同视，不当以外国文视之。有欲将其新名词、新术语嵌入于汉文中使用者，更该提倡。如此，则国人与Esperanto 可以一日接近一日。……我以为这是提倡 Esperanto 最切要最适当的办法。"⑤ 钱玄同不但想到如何利用学校作为推行世界语之阶梯，还想

① 吴稚晖：《补救中国文字之方法若何？》，《新青年》5卷5号。
② 钱玄同：《致陈独秀》，《新青年》4卷4号《通信》。
③ 同上。
④ 同上。
⑤ 钱玄同：《致声白》，《新青年》6卷1号《通信》。

到如何在社会上做宣传。钱氏是《新青年》群体中，也是新文化运动中提倡世界语之最热心最积极的一个人。

另一位热心提倡世界语的孙国璋，也较详细地讨论到所谓过渡期的办法。他在致《新青年》记者的信中提出推行世界语的六条办法："第一，先加入师范学校，俾得有多数之世界语教师。第二，宜特别注意于女子学校，因世界语于女子之短时期求学最为适宜。第三，学校每借口部章，宜由发起诸君请求教育官厅于学校课程先行修正。第四，凡得有世界语教习者，一律改习世界语。但视地方情形，仍得授他种外国文。第五，编订合宜之世界语教科书两种：（甲）师范用本；（乙）高小用本。第六，另编汉译之世界语字典一种。"① 钱、孙两位的主张，都仅仅是他们个人的主观想法，其可行性如何无法得到验证。区声白说："惟我等无定此章程之权力，不过希望同志中之办学者行之耳。"②

提倡推行世界语的主张遭到强烈的批评。最主要的批评者是陶孟和与朱我农，他们都曾在西方留学多年，比较熟悉西方文化，是思想观念都很开放的知识精英。还有几位虽未发表很多激烈反对世界语的言论，却是明确表示不赞成的态度，如胡适、傅斯年、张奚若（名耘）、蓝公武等人。

陶孟和在写给赞成世界语的陈独秀的信中，分别从语言学的理论上、语言与民族心理之关系及语言之功用等几个方面提出反对世界语的看法。陶氏说："一种之言语，乃一种民族所借以发表心理传达心理之具也。……盖各民族之言语，乃天然之言语，各有其自然嬗变之历史。故言语乃最能表示民族之特质者也。"但"世界语既无永久之历史，又乏民族之精神，惟攘取欧洲大国之单语，律以人造之文法"。这样一种语言，说它"可以保存思想传达思想"，陶氏"未敢信也"。他进一步以更为坚定的语气说："吾则以为，稍窥各国文学蹊径，涉猎其散文韵文，有所觉悟者，必以为一国民之思想感情，必非可以人造的无国民性的生硬之语言发表而传达之也。"接着，陶氏从更为普遍而深刻的意义上提出问题。他说："关于世界语最大之问题，厥为世界主义之观念。"陶氏承认"将来之世

---

① 孙国璋：《致〈新青年〉记者》，《新青年》4卷4号《通信》。
② 区声白：《中国文字与 Esperanto》，《新青年》6卷1号《通信》。

界，必趋于大同"。但他指出："世界主义是一事，而世界语又是一事，二者未必为同问题，有世界语未必即可谓世界主义之实现也。世人不察，以世界语为促进世界主义之实现者，误矣。"陶氏认为，将来的世界大同，是人类利益相同，而不是一切归于同一。他说："世界之前途，乃不同之统一，Unity in diversity，而非一致之统一 Unity in uniformity 也。吾以为世界语之观念，亦犹孔子专制之观念，欲罢黜百家也。"陶氏还从语言功能方面指出，世界语只采人英、法、德、意等之语，其他欧洲语言绝少采用，更不消说东方各国了。这样一种语言，欲其为世界各国人民所通用，实无可能。① 半年多以后，陶氏答辩钱玄同、陈独秀、孙国璋，极扼要地重申他的观点。他认为，"世界语之功用，在今日文明诸邦，已过讨论之时代。而吾辈今犹以宝贵之光阴，讨论此垂死之假言语，这正是中国文化思想后于欧美之一种表象"。他表示："绝对的不信世界语可以通用，不信世界语与世界统一有因果之关系（中国方言不同，与欧洲国语之相异不能同视），不信世界语为人类之语言（人为与人为不同［原文如此——引者注］，各民族之国语，不是一天造成的，必经过千百年之淘汰乃成现存之语言。世界语成于一旦，与人民之真生命相隔阂，不能成为一种应用的言语）。谓余不信，请再俟五十年，视世界语之运命何如？"② 陶氏态度坚决，语言犀利，可算反对世界语营垒中之先锋。

朱我农在其给胡适的信里说，他赞成陶孟和的意见。不过，他认为，说"世界语是垂死的语言"不对，它是"已死的私造文字"。它不配称为语言，因为世界上没有人说这种语言。说它是文字也不对。因为文字是因语言而形成的，它既不是语言，既然没有人说这种语言，又何来代表这种语言的文字？所以他又更正说，Esperanto 只能叫做"私造的符号"。朱氏对语言是这样界定的："语言这东西，是要已经一国人，一群人，或者许多的人时时刻刻用嘴说的；说了能使这一国人，一群人，许多人懂的；能随时进化日新月异的。"他认为 Esperanto 没有这种性质和功能，所以，它算不上语言。不是由语言产生的，它也不能算文字，它只是"私造的符

① 引陶孟和之语，均见陶履恭《致陈独秀信》，《新青年》3 卷 6 号《通信》。
② 陶履恭：《钱玄同致孙国璋信的跋》，《新青年》4 卷 4 号《通信》。

号"。

朱氏从理论上和实际功能上,明确否定 Esperanto 作为世界语或人类语言的资格。从理论上说,朱氏指出,"大凡一种文字,一定先有一种语言做他的根本;如果这种语言渐渐变了新面目了,那文字一定也要随着更变的;假使不更变,就可以认作没有语言做他的根本;就变成死文字了。……造 Esperanto 的时候,既没有一种语言做他的根本;现在又没有人用他做语言,所以也不过是一种死文字。"他又进一步指出,"无论哪一种语言文字,只有因为文字不合语言,把文字改了的,断没有用文字去改语言的。如此推想,就知道私造了一种文字,要世界的人拿他当作日常应用的语言,是万万做不到的"。至于说到实用的功能,朱氏提出三点,来证明那被认作世界语的 Esperanto 根本是无用的东西。他指出:(1)"欧洲人五百个里头至少有四百九十九个不懂 Esperanto 的,亚洲人更少。大凡学一种语言,是预备说出去使若干人懂的;懂 Esperanto 的人既然如此之少,就是 Esperanto 无用的铁证。"(2)用 Esperanto 做的书,没有几部有文学价值的。"大凡学一种文字是预备看书的;用 Esperanto 做的书既没有好的,这也是 Esperanto 无用的铁证。"(3)用 Esperanto 作文,不足以畅达深奥的思想。"大凡学一种文字,是要能畅达思想的;既不能畅达深奥的思想,这种文字学了有什么用处呢?"朱我农还对钱玄同的一个说法加以驳斥。钱玄同说,Esperanto 语根精良,语法简赅,发音平正,所以,最容易学,最宜于作人类的公用语言。朱氏则指出,"语言文字是一个随时改变的东西,初起头无论他如何简单,如何精良,到后来一经实用,就要变成繁杂不规则的"。朱氏此说的确符合各种语言文字发展演变的历史实际。Esperanto 发明不过 30 年,始终不曾越出极少数人研究试验和少数人出于好奇而尝试学习的阶段与范围,还从未尝成为某一民族,某一确定的大人群日常使用的语言。所以,Esperanto 也就没有因适应人群实际的需要而发生的种种变化。一旦作为实际通用的语言文字,他就会发生超出任何人预想的变化。以此,钱玄同所说的话就将被证明只是他的主观设想而已。①

---

① 所引朱氏的言论与见解均见朱有畇《反对 Esperanto——致胡适信》,《新青年》5 卷 4 号《通信》。

朱我农是胡适的好朋友,见了朱氏这封长信,一直没有鲜明表态的胡适,特写了一篇近千字的跋语。胡适说:"老兄(指朱我农)这两次来信(另一封信是朱氏反对注音字母的)都是极有价值的讨论,我读了非常佩服。我对于世界语和 Esperanto 两个问题虽然不曾加入《新青年》里的讨论,但我心里是很赞成陶孟和先生的议论的。此次读了老兄的长函,我觉得增长了许多见识,没有什么附加的意见,也没有什么可以驳回的说话。"① 就是说,他完全赞成朱氏的意见。他并且把他认为朱的长信中的一些最主要的观点又复述了一遍。

关于世界语的赞成与反对的讨论,是不可能有什么大家公认的结论的。但我们从双方的讨论中却可以看出他们共同的思想趋向。提倡世界语的人们,很明显的怀有急切的世界化的理想,他们以为可以通过世界语的推行,加速人类走向大同。他们的文化心态无疑是很开放的。但我们看那些反对世界语的人们,对于世界化的追求,丝毫也不逊于提倡世界语的人们。即如反对世界语最厉害的陶孟和,他承认,"今日之科学思想已无国界;而异日之利益亦无国界;所谓人同此心,心同此理"。他相信"世界之前途,乃不同之统一,而非一致之统一"②。即他理想中的人类大同世界,是包容多样性的统一世界,而不是样样归于一致的僵硬的呆板的统一世界。陶氏还特别重视青年的外语学习,他说,最好能学得五六种外语,不然,也要学得两种外语,以便更多更及时地摄取世界的新知识。另一位激烈反对世界语的朱我农,他认为,"文字是随着语言进化的,将来到了国家种族的思想界限渐渐消灭,五方杂处的时候,语言自然会得统一的;语言既统一,文字也就统一了"③。可见,他也承认未来世界的语言文字是会走向统一的。只不过,在他看来,这个统一的过程是一个自然地渐渐进化的过程,而不是像世界语提倡者们所说的,全凭个别人的制作。反对世界语的傅斯年明则确地说:"世界总有大同的一天,将来总当有一种共同的言语,是无可疑的。所以我决不反对将来的真世界语。"他只是不赞成

---

① 胡适:《朱我农信跋》,《新青年》5 卷 4 号《通信》。
② 陶履恭:《致陈独秀》,《新青年》3 卷 6 号《通信》。
③ 朱有昀:《致胡适的信》,《新青年》5 卷 4 号《通信》。

把 Esperanto 当作世界语，并用它来取代中国的汉语汉字。① 另一位当时在办《国民公报》的蓝公武，自清末以来，在政治上和文化上都一直是个稳健派。他也反对以 Esperanto 为世界语。他说："世界语在理想上尽可以 存在；他日也必有实现这一天，可是必定从现代语渐渐进步成功的，……却不是几个凭空可以制造成功的。"蓝氏还提出一个特别有意义的说法。他说："如果吾们希望这世界语早日出现，应当努力在世界运动，文化融合上尽力。况且中国文化幼稚，大当突飞的输入世界文化，才有别的可讲。"抛却了现实的任务，去大讲世界语，这种玩时髦和玩古董一样是无用的。② 值得注意的是，基本赞成世界语的鲁迅，也有过类似的说法。他说："学 Esperanto 是一件事，学 Esperanto 的精神，又是一件事。……所以，我的意见以为，灌输正当的学术文艺，改良思想，是第一事，讨论 Esperanto 尚在其次。"③由此，鲁迅主张"辩难驳诘，更可一笔勾销"。事实上，陈独秀、胡适也都注意到，在对待世界新文化的态度上，争论的双方没有根本分歧，所以，可不必继续争论下去。陈独秀责备辩论双方"每每出于问题自身以外"，"而说闲话，闹闲气"。④ 胡适则在《新青年》5 卷 2 号的《通信》里更说道，希望"讨论终止"了。

综合双方讨论中所表现出来的思想见解，我们看到：（一）双方原则上都承认世界主义、世界化或人类大同的目标。（二）双方都主张中国文化应当与世界文化更紧密地联系起来。只是，一方想通过"世界语"加速这种联系；一方主张通过加强外语的教育与训练及推动汉语拼音，来加强与世界文化的交流。（三）由此可见，双方的争论是关于如何加速或加强中国与世界文化的交流与融合的讨论，正是体现了他们为建立中国与世界文化密接关系的努力。

新文化运动是在中国人的文化开放观念已得到逐步发展的情况下发生的。因此，加强中国与世界文化的相互沟通，努力建立中国与世界文化更

---

① 傅斯年：《汉语改用拼音文字的初步谈》，《新潮》1 卷 3 号。
② 蓝志先：《答胡适书》，《新青年》6 卷 4 号《讨论》。
③ 唐俟：《致钱玄同的信》，《新青年》5 卷 5 号《通信》。
④ 见《新青年》6 卷 2 号《通信》。

加密接的关系，是这场运动的重要的内在动力之一。新文化运动中所表现出来的这种努力，当然不仅仅是我们上述的这一些。其他如学制的改革，更多的留学生的出国，学者的相互访问，新的理论与方法的引入，等等。那时期，世界最新的科学与学术，传入中国的速度是相当快捷的。应当说，新文化运动建立中国与世界文化的密接关系的努力是有成效的。

（2007 年 6 月 17 日初稿，7 月 8 日校定）

五四新文化：继承与超越

　　近数十年来，围绕着如何对待五四新文化运动的问题，一直存在着争论。肯定新文化运动的历史贡献者，多从肯定方面加以研究，加以论述。有人或许以为他们不承认新文化运动有其负面的影响。否定新文化运动的历史贡献者，自然是从否定的方面加以研究，加以论述。人们认为他们完全否认新文化运动的正面意义。

　　20 世纪晚期以来，有人提出，对五四新文化运动，应当在继承的基础上超越。这无疑是一个很不错的提法。但问题是在于如何继承？如何超越？

　　若论到如何继承，首先要明确继承什么。我想，人们比较一致的看法，应当是科学与民主。当年新文化运动的主要领袖分子们，都把这两者看成是当时的中国最需要的东西。

一

　　民主是一种政治制度。中国从戊戌维新运动起，先觉分子就追求以某种形式的民主制度，替代固有的君主专制制度。不过，清末的革命家和改革家们心目中的民主制度，只是一套政治安排，一套政治架构。他们认为最重要的是议会的组织，以为有了议会，就有了民主制度。革命党人对此坚信不疑。立宪派的梁启超略有些迟疑。他觉得，以当时中国的社会状况和国民素质，恐未必能运用好议会这种组织。民国成立后，有了议会；但议员们既没有阻止袁世凯复辟帝制，也没有避免使自己堕落为"猪仔"议员，他们竟以自己神圣的投票权换取五千大洋去吃喝玩乐。于是人们对民主制度失望，有的转而倾向复旧，有的向往各种各样的乌托邦。

新文化运动的领袖分子们的高明之处在于，他们能看出问题之所在，而不像一般人那样在挫折和混乱面前迷失方向。他们认识到，民主制度之未能落实，是因为国民没有民主的观念。要国民树立民主的观念，就得让他们明白，他们每一个人都是堂堂的独立的，享有不可让渡的自由权利。陈独秀所谓"吾人最后之觉悟"，必须是每个人"自觉其居于主人的主动的地位"，① 亦即"自认为独立自主之人格以上，一切操行，一切权利，一切信仰，惟有听命各自固有之智能，断无盲从隶属他人之理"②。胡适说："自由平等的国家不是一群奴才建造得起来的。"③ 就是说，要建立民主制度，使国家成为一个自由平等的国家，那么，国人就必须摆脱奴隶地位，去掉奴隶思想，使自己成为一个独立的享有自由权利的个人。显然，他的意思与陈独秀所说的是完全一致的。

正因如此，新文化运动的领袖们当时极力提倡个性主义，极力主张个人的独立与解放。提倡个性，个人自由，在清末已有人讲过，如梁启超（见其《新民说》等），如鲁迅（见其《文化偏至论》等）等。然而，第一，那时人们没有对个性、个人自由等等给出清晰而圆满的界定。第二，那时没有把个人自由与国家民族的自由之间的关系讲清楚，往往陷于不易摆脱的困惑之中。第三，那时也没有人把个性与个人自由同民主制度之间的关系讲清楚。新文化运动的领袖分子们，在上述三个方面，都有新的建树。例如，关于个性与个人自由的界定，他们指出，个性主义"第一，须使个人有自由意志。第二，须使个人担干系，负责任"④。从前，严复、梁启超们只是说个人自由，但以不侵犯他人自由为界。这是从消极方面来界定个人自由。现在强调个人要对自己出之于自由意志的言论、行为承担完全的责任。这是从积极方面，更加客观，也更加深刻地揭示出自由的完整的意义。而且针对中国的国情与民众心理，这样讲，就澄清了专制主义者对自由的曲解和污蔑，也解除了一些好心人对自由的种种担心和误解。久处专制主义桎梏之下的人们常常误以为，个人自由就是为所欲为，无法无

---

① 陈独秀：《吾人最后之觉悟》，《陈独秀文章选编》（上），三联书店1984年版，第107页。
② 陈独秀：《敬告青年》，《陈独秀文章选编》（上），三联书店1984年版，第74页。
③ 胡适：《介绍我自己的思想》，《胡适论学近著》，商务印书馆1935年版，第635页。
④ 胡适：《易卜生主义》，《胡适文存》卷四，亚东图书馆1925年第8版，第35页。

天，人欲横流。实则根本不是这么回事。一个人既然是独立自主的，有自由意志的，那就必须对自己的言论、行为负完全的责任。如果你危害到公共利益，或侵犯了他人的自由，你就必须接受惩罚。这既是维护每个个人的自由所需要的，也是维护公共社会利益所必需的。

再如，关于个人自由与国家民族的自由之间的关系问题，新文化运动的领袖分子们也给出了非常明晰的解答。他们指出，争个人的自由，就是为国家争自由；争个人的人格，就是为国家争人格。[1] 这听起来或许不足以说服人。但仔细论起来，其间的道理也并不神秘。每个为国家民族的自由而慷慨赴义的人，都是首先感受到自身的不自由的痛苦或亲历到自己亲人的不幸，当他们走上斗争的前线的时候，他们所意会到的，自己的自由与国家民族的自由是紧密联系在一起的。我还记得我读小学的时候，学唱过一首挽歌，其歌词说："感受不自由，莫大的痛苦；在我们遭受灾难的时候，你们英勇，你们英勇地抛弃了头颅。"我觉得，这个简短的歌词，生动地透显出，个人自由与国家民族的自由之间的紧密的关系。不仅如此，他们还进一步指出，国家自由，民族自由，必须建立在个人自由和个人权利的基础之上。陈独秀说："国家利益，社会利益，名与个人利益相冲突，实以巩固个人利益为本因也。"[2] 著名政治学家，《新青年》的主要撰稿者之一高一涵更明确地指出："国家为人而设，非人为国家而生。离外国家尚得为人类，离外人类则无所谓国家。人民，主也；国家，业也。所业之事，焉有不为所主者凭借利用之理？"[3]

从以上的论述就可明白，在新文化运动领袖们的心目中，个性主义、个人自由在民主政治中的地位与作用。在他们看来，个人的独立与自由，实在是民主制度的灵魂。若没有个人的独立与自由，民主便只是一句口号，只是一套空架子。只有个人的独立与自由得到真实而充分的保障，民主政治才能落到实处。

继承五四，当然要继承五四的民主精神。五四时期，先觉者们所讲的

---

① 见胡适《介绍我自己的思想》，《胡适论学近著》，商务印书馆1935年版，第635页。

② 陈独秀：《东西民族根本思想之差异》，《陈独秀文章选编》（上），三联书店1984年版，第98页。

③ 高一涵：《国家非人生之归宿论》，《青年》1卷4号。

民主，还只能是世界上已有的，已经发展得比较成熟的西方民主制度，或如人们习惯地称之为资产阶级的民主制度。马克思、恩格斯批评这种民主，是指出它有其虚伪的一面。他们认为资本主义是现代的奴隶制，工人们被束缚在现代企业的严格管理之下，流血流汗，仅仅为维持劳动力的再生产而已。他们不可能享受到民主制度的充分保障。马克思提出社会主义与共产主义是要使民主制度变得更真实，更普遍。我们要超越五四，就应该努力建设一种真实的普遍的民主制度。

二

科学是新文化运动领袖们所最关注的另一主题。

批评或否定新文化运动的学者，自然本身并不反对科学。他们的批评主要集中于两点：一是批评新文化运动领袖们不懂科学，因此不配谈论科学；二是批评新文化运动领袖们迷信科学，以为科学可以解决一切问题，他们把这称之为"科学主义"。

应该承认，新文化运动的主要领袖，如陈独秀、胡适、李大钊、鲁迅等，其本身确都不是科学家，如果让他们直接对中国的科学作出绝大贡献，那确实是不可能的。但是，我们研究五四运动和新文化运动的学者们，从来不是在这个意义上来讨论五四的科学提倡者们的。我们一直认为，新文化运动的领袖们当时所关注的，所强调的，是希望中国人养成尊重科学的态度，树立起依照科学办事的精神，了解最基本的科学方法。简言之，就是提倡科学精神、科学态度和科学方法。当然，他们这样提倡科学精神、科学态度和科学方法，自然也饱含着发展中国的科学事业的期待。

我们看看新文化运动的主要领袖们是怎么说的。

我们知道，陈独秀在《青年》创刊号上即提出"科学与人权并重"的主张。那么他对科学是怎样了解的呢？陈独秀说："科学者何？吾人对于事物之概念，综合客观之现象，诉之主观之理性而不矛盾之谓也。"[1] 为

---

[1]　陈独秀：《敬告青年》，《陈独秀文章选编》（上），三联书店1984年版，第77页。

了使人们对科学有更清楚的了解，他拿科学与想象相对照。他说："想象者何？既超脱客观之现象，复抛弃主观之理性，凭空构造，有假定而无实证，不可以人间已有之智灵明其理由道其法则者也。"① 两相对照即可明白，陈独秀所说的科学不是指某一种具体的科学，不是某一项科学定理或某一项科学发现与发明，而是指最基本的科学精神与科学方法。他强调，科学是运用理性，从客观实际中得出的真理。他指出，只有这种从客观实际中得出的真理性的知识，能够帮助人们解决他们所面临的种种实际问题。可惜，由于我们中国人常常不注重科学，往往迷信阴阳五行、风水符瑞之类，以致农、工、商、医等皆不能充分发达。他说："凡此无常识之思维，无理由之信仰，欲根治之，厥为科学。"② 在陈独秀看来，科学既是获取真理性知识的唯一可靠的方法和途径，同时也是帮助人们祛除迷信的可靠方法。陈独秀丝毫也不怀疑科学的普遍性意义。清末以来中国人在介绍西方科学的时候，带有严重的褊狭的心理，以为只有自然科学是科学，换言之，科学只有在研究自然现象时才可派上用场。陈独秀批评道："我们中国人向来不认识自然科学以外的学问也有科学的威权；向来不认识自然科学以外的学问也要受科学的洗礼；向来不认识西洋自然科学外没（还）有别种应该输入我们东洋的文化；向来不认识中国底学问有应受科学洗礼的必要。"所以他强调："我们要改去从前的错误，不但应该提倡自然科学，并且研究、说明一切学问（国故也包括在内）都应该严守科学方法，才免得昏天黑地、乌烟瘴气的妄想、胡说。"③

承认科学精神、科学态度和科学方法具有普遍意义，这是凡多少受过现代科学与学术训练的人们的共识。胡适在他提倡科学和科学方法的大量文章和讲演中，强调得最多的就是这一层意思。他说："科学精神在于寻求事实，寻求真理。科学态度在于撇开成见，搁起感情，只认得事实，只跟着证据走。科学方法只是'大胆的假设，小心的求证'十个字。没有证据，只可悬而不断；证据不够，只可假设，不可武断，必须等到证实之

---

① 陈独秀：《敬告青年》，《陈独秀文章选编》（上），三联书店 1984 年版，第 77 页。

② 同上书，第 78 页。

③ 陈独秀：《新文化运动是什么》，《陈独秀文章选编》（上），三联书店 1984 年版，第 512 页。

后，方才奉为定论。"① 这其中除了"大胆的假设，小心的求证"一句话，尚须推敲之外，所说都是对的。他认为这种科学精神、科学态度和科学方法，不但是做一切学问都适用，而且对于做人处事也是适用的。他在说过上述那段话之后，紧接着就说道："用这个方法来做学问，可以无大差失；用这种态度来做人处事，可以不至于被人蒙着眼睛，牵着鼻子走。"②

批评"科学主义"的人们，否定科学精神、科学方法有普遍意义。他们以为，陈、胡等人，因为其本身不是科学家，所以对科学有误解，把科学方法过于泛化了。他们主张，要把科学限制在一定的范围内，不许它干预自然以外的事物。

让我们再看看真正的自然科学家们是怎么看的。

著名的化学家，中国最早的科学社团，科学社的主要发起者之一任鸿隽在《科学》月刊上撰文说："科学精神者何？求真理是已。……真理之为物，无不在也。科学家之所知者，以事实为基，以实验为稽，以推用为表，以证验为决，而无容心于已成之教，前人之言。又不特无容心已也，苟已成之教，前人之言，有与吾所见之真理相背者，则虽艰难其身，赴汤蹈火以与之战，至死而不悔。若是者，吾谓之科学精神。"③ 他认为这种科学精神是适用于一切学问和人生各领域的。他说："科学的精神是求真理，真理的作用是要引导人类向美善方面行去。我们可以说，科学在人生态度的影响，是事事求一个合理的。这用理性来发明自然的秘奥，来领导人生的行为，来规定人类的关系，是近世文化的特采，也是科学的最大的贡献与价值。"④

从上面所引当时倡导新文化的领袖和科学家们对科学的理解，我们可以总结起来说，科学是人类认识客观事物，求得真理，并据以规范自己行为的理论与方法的总称，其最基本的要求就是实事求是。这样理解的科学

---

① 胡适：《介绍我自己的思想》，《胡适论学近著》，商务印书馆 1935 年版，第 645 页。

② 同上。

③ 任鸿隽：《科学精神论》，原载《科学》2 卷 1 期，转引自樊洪业等编《科学救国之梦——任鸿隽文存》，上海科技教育出版社 2002 年版，第 70 页。

④ 任鸿隽：《科学与近世文化》，原载《科学》7 卷 7 期，转引自樊洪业等编《科学救国之梦——任鸿隽文存》，上海科技教育出版社 2002 年版，第 280 页。

之所以能够成立，是基于对人类认识能力的信仰。20 世纪最著名的科学家之一爱因斯坦说："相信世界在本质上是有秩序的和可认识的这一信念，是一切科学工作的基础。"① 那些批评所谓"科学主义"的人们，显然是要给科学，要给人类的认识能力规定一个不可逾越的界限，要为各种神秘主义、信仰主义留下充分的空间。我个人认为，科学和人类的认识能力，在现实中，是有局限的，但在未来的发展上，应该是无尽的。有谁能够证明给我们，说科学到达某一处地方，就必定要停止下来呢？

五四时期提倡科学的人们，不过是表达了他们对于科学的发展，对于人类的认识能力的充分信仰而已。这没有什么错。今天不但不应反对科学，不应限制科学的发展，而且仍应大力提倡科学，以抵制各种迷信的回潮。

三

我个人认为，在五四那个时代，人们抓住民主和科学两个主要观念灌输给广大的人群是很有道理的。它们确是当时最迫切需要的。不过，我以为 90 年后的今天，我们的认识，似乎可以深入到更基本的层次。我在 1994 年第一次提出，在后发展国家的现代化进程中，有两个最基本的趋向：一个是世界化，一个是个性主义。世界化就是对外坚持开放；个性主义就是对内坚持以解放个人为核心的改革。我觉得，这可能会抓住比较更为根本的东西。2004 年，我在《世界化与个性主义——现代化的两个重要趋势》② 一文中系统地论证了这个基本思想。在 2008 年出版的《近代中国文化转型研究导论》中，更为深入系统地对此加以论述。读者可以参看。

对外开放，这是一切走进近代发展历程的国家所必经之路。封闭就是自我限制。没有交流，就没有参照；没有参照，就没有比较；没有比较，

---

① 爱因斯坦：《论科学》，引自许良英、王瑞智编《走近爱因斯坦》，辽宁教育出版社 2005 年版，第 149 页。

② 此文原为提交美国加利弗尼亚克利大学 2004 年 1 月举办的国际研讨会的论文，在国内首发在《中国社会科学院学术委员会集刊》第一辑（2005 年 5 月）上。

就不知有先进和落后；因此就不知进取，就没有进步的希望。总会有些人忧心忡忡，以为开放就会引来许多污秽和罪恶，同时却把老祖宗许多宝贵的东西丢掉。必须承认，在开放的条件下，肯定会有些不好的东西，或我们所不需要的东西裹挟进来，我们所固有的许多东西也会遭遇到冲击。但细心地考察一下近代开放的历史，我们就会发现，能否吸收好东西，能否抵制坏东西，这完全取决于我们自身的素质。一切求进取的人，总会努力寻求好的东西，而避免坏东西。反之，那些本身腐败堕落的人，偏会寻求那些坏的或只是玩乐一类的东西，而拒绝接受那些真正好的东西。如以西太后为首的满清贵族们，他们很快就学会玩照相机、听唱片、打扑克等等西洋玩意儿，却绝对不赞成认真的改革。在下层社会，那些没有志气的人也是很快就染上吸鸦片，玩一些嫖赌的新花样。所以说，社会风气之变坏，不是开放的罪过，而是腐败势力自身的罪过。同样是在开放的条件下，有很多人是见贤思齐，努力学人家的长处，或者奔走革命与改革运动；或者引介西方的新思想、新观念；或者投身教育、实业，为国家的富强与进步贡献力量。

对于外来的东西，究竟是好，是坏，究竟是否适合我们的需要，这要经过人们的实践来检验，不是靠少数人先知先觉，替大家规定好选择的标准，便可保万无一失。先知先觉者的宣传教育是不可少的；但最终还是要靠人们的实践来决定选择弃取。

历史已经证明，并且还将继续证明，开放会促进发展、进步；封闭就会陷于落后。

个性主义是人的自觉和人的解放的核心观念。

关于这一点，中国人最多顾忌。因为中国在大一统的中央集权的君主专制制度下生活得太久了，宗法伦理观念太深入人心了。君主专制与宗法伦理都是不容许个人独立和自由的。个人独立、自由了，势必威胁到专制制度和宗法伦理的控制。所以在中国，讲个人独立与自由，讲个性主义，从来被视为大忌。杨朱讲个性主义，历千载被口诛笔伐；李贽讲个性主义，付出了生命的代价。五四时期，先觉者们破除千载成见，大讲个性主义，总算多少渗透到青年中间，涌现出一批为理想而献身革命与改革事业；为自由而摆脱家庭、宗族的束缚，选择自己的人生道路的人。五四以来在我国革命与改革事业上，在科学、学术与教育事业上，在其他各种社会事业上作出较大贡献的人，都是受过五四新文化运动的洗礼，或深受五四新文化运动的思想、观念的影响的人。他们敢于冲破束缚，无所依赖，独辟蹊径，奋斗进取，终有所成。可以想象，一个惯于依赖家庭，依赖父兄，依赖乡党，依赖上司，依赖固有势力的人，是不可能有大出息的。

个性主义鼓励人们的创造精神，解放人们的创造力。这是社会进步，民族提升，国家发展的最终的原动力。养成依赖心理，习惯于奴顺的人们，怎能发挥出创造精神和创造力来呢？诚然，历史上也有在极端专制统治下，依靠军事化的动员体制，创造出惊人奇迹的例子，例如秦始皇修万里长城，隋炀帝修大运河，等等。如果人们因为艳羡这些奇迹，而替专制集权辩护，那真可谓其心可诛了。这些所谓奇迹，都是以牺牲千万人的性命，摧残亿万人的幸福为代价的，它是不可持续的，不可重复的。秦始皇二世而亡，隋炀帝及身而灭。反观欧洲自从走出中世纪，两三百年的发展，超越了上千年的进步；美国废奴之后仅仅半个世纪，就跻身世界最强国之列。两相比较，我们应当选择什么样的道路，不是非常清楚吗？

所以，我认为继承五四，超越五四，应当认准我们的方向，坚持对外开放，随时吸纳世界上一切先进的东西；坚持以解放个人为核心理念的改革，使民族创造力充分发挥出来。如此，我们就可以保持民族昌盛，国家富强，占据世界发展的前沿。

（原载《中共党史研究》2009 年第 5 期）

关于五四新文化运动的几个问题

关于五四新文化运动的讨论，一直是学界及一般知识界非常关注的问题。自从中国大陆实行改革开放以来，海内外的学术交流越来越活跃，关于五四新文化运动的学术研讨会经常举行，研究论文和专书发表之多，远非"汗牛充栋"所能形容。即便如此，大家还是觉得，有许多问题仍未十分清楚，还须做进一步的探索和讨论。近年发表的论文与专书，有不少很具启发意义。本文是受了诸多贤者的启迪，将自己的一些想法略作一番提炼与总结，发表出来，求正于方家。

一　五四新文化运动性质的再认识

关于五四新文化运动的性质的讨论，实在不是新问题。这种讨论几乎与五四新文化运动的历史同样的长。五四新文化运动期间，当时躬与其事的人们，有过"新思想"、"新思潮"、"新文化"等不同的提法。后来，人们渐渐地都习惯于使用"新文化运动"的提法。但新文化是什么？新文化运动到底是什么性质？它在历史上起的是什么作用？这些问题，一直有不同的看法。近年来，围绕着五四新文化运动是否是启蒙运动？是否是文艺复兴运动？或者把问题弱化一点说，五四新文化运动是否具有启蒙的性质和文艺复兴的特点？又有所讨论。① 我想，用这种弱化的提问方式，或许大家比较容易沟通一些。值得注意的是，无论是早先提出五四新文化运

---

① 十年前，寓美学者余英时先生提出，五四新文化运动既不是文艺复兴，也不是启蒙运动。见余英时《文艺复兴乎？启蒙运动乎？——一个史学家对五四运动的反思》，载《五四新论》，联经出版事业公司 1999 年版。今年，在北京举行的纪念五四新文化运动 90 周年国际研讨会上，香港学者陈方正先生的论文报告则论证，即使以中国的五四新文化运动与欧洲，主要是法国的启蒙运动相类比，也仍然不能否认其为启蒙运动的性质。

动具有启蒙性质或文艺复兴特点的人，还是近年来争论中否认五四新文化运动具有启蒙的性质或文艺复兴的特点的人，都是拿中国的五四新文化运动与欧洲的文艺复兴与启蒙运动做比较而得出自己的结论的。

中国人最早对欧洲的文艺复兴运动的历史加以考察的，应推蒋百里先生。他于 1920 年写成，次年出版的《欧洲文艺复兴史》，开篇即对欧洲的文艺复兴作一概括。他说："当十五六世纪时，欧洲诸民族间发生一种运动，起源于意大利，传播于英、法，而终极于日尔曼。是为中古时代与近世时代之蝉蜕，历史家名之曰 Renaissance，意者再生也，东人则译为文艺复兴。"① 应该说，蒋氏的概括还是相当准确的。关于运动的发展过程，运动的主要意义和运动在历史上的地位，我觉得说得都很到位。对于文艺复兴运动的内容及其特点，西方学者的讨论与著述甚多，这里没有必要一一加以论列。就本人所见而言，我觉得欧洲的文艺复兴运动最主要的性质和特点似可概括为以下几点：首先是它的人文主义精神。人文主义是针对旧有的宗教教条及教会统治而起的。把人从神光笼罩中拉回到俗世来，承认人的需求，人的欲望的合理性，承认追求幸福，追求自我完善，追求荣誉，是每个个人的权力。于是个人主义得以确立。总之，是人取代神成为关注的中心。其次，重新发现古代的文化典籍的价值，从古希腊、罗马时期的文化典籍中，人们重新发现古代人的鲜活的个性和不受神灵与宗教的束缚的伟大创造精神。那时代的人们把自己的创造性的思想与活动都看作是追摹古代先贤的典范。再次，随着人文精神的发扬，削弱了对神与宗教的依赖，人们对外在世界认知的兴趣与能力得到提升，自然科学随之逐渐发展起来。我觉得，最重要的是前两点。

以文艺复兴来说明五四新文化运动，自然是以胡适为主要代表。他这样做，大概有一部分是起于对西方世界介绍中国的新文化运动的需要。为了让西方人比较容易地了解中国的新文化运动，找出这个运动与西方人比较熟悉的与之有些相类似的特点的西方历史事件来加以比附，是一个比较适宜的办法。现在所见的最早一篇专门以欧洲的文艺复兴运动来说明中国的新文化运动的文章是胡适 1926 年 11 月 9 日在英国伦敦皇家国际问题研

---

① 蒋方震：《欧洲文艺复兴史·导言》，商务印书馆 1921 年版，第 1 页。

究所的演讲，题目就是《中国的文艺复兴》（*The Chinise Renaissance*）。胡适在开场白中讲道："说到文艺复兴这个词，人们自然会联想到西方历史上那场预示着现代欧洲诞生的伟大运动。这同样的名词与过去十年来席卷全中国的一场思想与行动的意义深远的变革非常吻合。为了方便起见，我就用这个名词，并且会尽力给你们讲述一些它所包含的那场运动的意义。"① 这里有两个要点：一、中国的五四新文化运动与欧洲的文艺复兴运动，在思想与行动的意义上相吻合。二、因文艺复兴这个名词和它所含的意义，是欧洲人所熟悉的，这样讲起来比较方便。胡适 1933 年 7 月，在芝加哥大学作《中国的文艺复兴》系列演讲时，进一步解释到五四新文化运动与欧洲的文艺复兴运动两者"有惊人的相似之处"（其具体说法，我们下面适当地方会讲到）。对于胡适的说法，人们当然可以有不同的评估。但事实上，以欧洲的文艺复兴来说明中国的五四新文化运动的不止胡适一人。蔡元培可谓是五四新文化运动的护法神。他为《中国新文学大系》所写的《总序》一文，全篇都是论证中国的五四新文化运动在许多方面都与欧洲的文艺复兴运动极其相近，因而他认定，五四新文化运动，就是中国的文艺复兴运动。不过要说明，蔡元培文中不用"文艺复兴"的提法，而全用"复兴"的提法。但谁都看得出，他说的"复兴"，就是指"文艺复兴"。例如，文章开头一段说："欧洲近代文化，都从复兴时代演出；而这时代所复兴的，为希腊罗马的文化，是人人所公认的。我国周季文化，可与希腊罗马比拟，也经过一种繁琐哲学时期，与欧洲中古时代相埒；非有一种复兴运动，不能振发起衰；五四运动的新文学运动，就是复兴的开始。"② 可见，在中国学界，以五四新文化运动与欧洲的文艺复兴运动相比拟，并不是一件不好理解的事。

如果前面我们对于欧洲文艺复兴运动的认知不谬，那么就让我们看看胡适等人把五四新文化运动看作是中国的文艺复兴运动，是否有其合理性。

---

① 这里引用的是我的几个学生在十几年前翻译的文字，我只改了很少几个字。见胡适《中国的文艺复兴》，邹小站等译，湖南人民出版社 1998 年版，第 94—95 页。

② 蔡元培：《总序》，见《中国新文学大系·建设理论集》，上海文艺出版社 1935 年版，第 3 页。

胡适 1933 年在芝加哥大学演讲时是这样说的，他说："该运动有三个突出特征使人想起欧洲的文艺复兴。首先，它是一场自觉的，提倡用民众使用的活的语言创作的新文学取代用旧语言创作的古文学的运动。其次，它是一场自觉地反对传统文化中诸多观念、制度的运动，是一场自觉地把个人从传统力量的束缚中解放出来的运动。它是一场理性对传统，自由对权威，张扬生命和人的价值对压制生命和人的价值的运动。最后，很巧的是，这场运动是由既了解他们自己的文化遗产，又力图用新的批判与探索的现代历史方法论去研究他们的文化遗产的人领导的。在这个意义上，它又是一场人文主义的运动。在所有这些方面，这场肇始于 1917 年，有时亦被称为'新文化运动'、'新思想运动'、'新潮'的新运动，都引起了中国青年一代的共鸣，被看成是预示着并表明了一个古老民族和一个古老文明的新生运动。"① 胡适把白话国语的成立放在第一位，显然同他个人的经历有关。欧洲学者在论述文艺复兴运动时，通常都不曾强调这一点。我个人对欧洲各国的语言史毫无了解，故不能判断胡适的这一见解是否妥当。但他讲的第二点和第三点，其大意是欧洲学者也都提到的。而这两个方面，我以为是最重要的，最本质的。所以，我认为，以五四新文化运动与欧洲的文艺复兴运动相比拟，并无大的不妥。

至于认为五四新文化运动是中国的启蒙运动，可能比较更普遍一些。至少对于中国内地学术界是如此。据现在所看到的文献，最早将五四新文化运动认定为启蒙运动的可能是艾思奇。他最早提出这种说法是 1934 年初发表的《二十二年来的中国哲学思潮》一文。他在说到思想文化之进入近代新时期时说："真正的新时代之到来，是在新时代已完成了自己特殊的武器而能独立与传统作战的时候。在欧洲，这就是文艺复兴以至启蒙运动的时期；在中国，就要举出五四。"② 艾氏作此种判断是出于某种政治动机，那完全是可能的。但政治上与他立场不同甚至相反的人，也有认定五四新文化运动是中国的启蒙运动的。③ 比如五四后成长起来的一代思想家

---

① 见胡适《中国的文艺复兴》，邹小站等译，湖南人民出版社 1998 年版，第 38 页。
② 艾思奇：《二十二年来的中国哲学思潮》，原载《中华月报》2 卷 1 期，1934 年 1 月。引自《艾思奇文集》上卷，人民出版社 1981 年版，第 62 页。
③ 余英时先生的文章里提到罗家伦和李长之都认为五四新文化运动是启蒙运动。

之佼佼者殷海光，他在《论胡适南来》这篇文章里说："由于自由主义者和社会主义者底合作，产生了启蒙性质的五四运动。"①殷氏后来的著述中，讲到五四新文化运动时，不再用"启蒙运动"的提法，但仍认为该运动有"启蒙"的性质和"启蒙"的作用。

我个人接受关于五四新文化运动具有"启蒙运动"的性质和带有"文艺复兴"的特点的提法，完全是基于运动本身的内容及其所产生的影响。在这里，我要声明一下，我通常是把新文化运动与五四爱国运动区分开来对待的。新文化运动是指大约从1916年或1917年由文学革命开始引发，②后来渐次展开的思想解放和文化革新运动（包括个性主义、女子解放、自由平等、批判专制主义与宗法伦理、打孔家店与否定儒学一尊、提倡移风易俗，等等）。这个文化运动所批判、反对的是古代的专制主义的政治和宗法伦理以及各种武断迷信。它所提倡的是近代的自由平等、个人独立以及科学精神与科学方法，应当说具有明显的启蒙性质。五四爱国运动，纯然是一场爱国的政治运动。在五四运动爆发前，新文化运动基本上是一批大学教授和受他们影响的青年学生及其他知识分子参加的运动。虽然在社会上已有所传播，但所涉及的地域和社会阶层毕竟有限。五四爱国运动吸引了众多的商人、工人甚至部分农民等大规模卷入其中。而在这过程中起联结作用的基本上都是受过新文化运动洗礼的青年学生，他们在联络和发动各地、各阶层群众的时候，也就把新文化运动的许多新思想、新观念传播到他们所接触的群众中。因此，大大地扩大了新文化运动的影响。所以五四运动与新文化运动有着极其密切的关系，但毕竟也有区别，不宜完全视同一事。我认同启蒙运动和文艺复兴的说法，是专指新文化运动而言。

欧洲的文艺复兴与启蒙运动是先后接续的两个历史时段，在持续三四百年的时间里，新思想、新观念、新制度经历了一番从容孕育、从容成长和从容巩固的过程。而在中国，这个过程是在紧迫的内忧外患的大背景下，被压缩在短短的几年或十几年之中。令人应接不暇的各种新思想、新

---

① 见《殷海光文集》（修订本）2卷，湖北人民出版社2009年版，第3页。

② 文学革命运动通常人们是以胡适发表《文学改良刍议》为标志，那是1917年1月。但此文中的核心内容是胡适1916年8月21日致陈独秀信中提出来的，而此信发表于《新青年》2卷2号，时为1916年10月1日。

观念、新制度，如大河决口一样，奔腾泄下，没有来得及形成众多的涓涓细流，从容灌溉农田和滋润花草树木，便匆匆入海。对此，不免有所遗憾。

文艺复兴与启蒙运动最重要的是一个发现个人和解放个人的过程，是一个把古代人鲜活的个性和创造精神复活起来的过程，是一个理性战胜权威，科学祛除迷信的过程。在这些主要点上，中国的五四新文化运动确与欧洲的文艺复兴和启蒙运动相似和相通。在欧洲，是从宗教和教会的束缚中解放个人；在中国，则是从专制制度和宗法制度中解放个人。在欧洲，人们所追摹的精神典范是古希腊、罗马；在中国，人们所追摹的是先秦时代。在欧洲，理性所对抗的权威是教会；在中国，理性所对抗的权威是专制权力与宗法制度。

批判专制制度，在清末已经开始，但我们细心看一下，当时的批判，多半还只是从追求国家独立与富强这一点出发，认为君主专制，是以一人之智与力，与人家整个国家的人民来对抗，所以没有不失败的。他们认为只有民主制度才能联合全体人民的力量来对付外强；也只有使人民有权利，他们才会知道有责任拱卫国家；只有人民各得其所，才能保持社会国家的安宁。显然，仍是从国家本位思考问题。到五四新文化运动时期就不一样了。人们对于专制与民主的思考，是从个人本位的立场去思考。先觉者们认识到，去专制的目的，是使每一个个人都从专制主义的淫威之下解放出来，使每一个个人，都成为真正独立的，有自由意志的个人。反过来，也只有每一个个人都真正成为独立的，有自由意志的个人，专制主义者才会无所施其伎。就是因为这个道理，陈独秀强调说："所谓立宪政体，所谓国民政治，果能实现与否，纯然以多数国民能否对于政治，自觉其居于主人的主动的地位为唯一根本之条件。"① 胡适也说："自由平等的国家不是一群奴才建造得起来的。"② 也是把个人的独立，个人拥有充分的自由意志，视为民主政治的基础。政治学家高一涵，对此有更清楚的论述，他

---

① 陈独秀：《吾人最后之觉悟》，《陈独秀文章选编》（上），三联书店 1984 年版，第 107 页。

② 胡适这话是 1930 年 12 月为《胡适文选》写的序中说的。但这段话是为介绍新文化运动中写的《易卜生主义》一文的主旨时说的话。见《胡适论学近著》，商务印书馆 1935 年版，第 635 页。

用"小己"来指称个人。他说："欧洲晚近，小己主义风靡一时，虽推其流极或不无弊害，然其文明之所以日进不息者，即人各尊重一己，发挥小己之才猷，以图人生之归宿；而其社会国家之价值，即合此小己之价值为要素所积而成。"① 他批评中国数千年来，因专制主义者持"伪国家主义"，以人民为奴隶、刍狗，而人民自己因没有个人自由意志，也以奴隶刍狗自待，且束缚于宗法伦理的网罗之中，很难发挥个人的主动性与创造性。高一涵进一步解释说："国家为达小己之薪向而设，乃人类创造物之一种，以之保护小己之自由权利，俾得以自力发展其天性，进求夫人道之完全。质言之，盖先有小己后有国家，非先有国家后有小己；为利小己而创造国家，则有之，为利国家而创造小己，未之闻也。"②

高一涵所说的这些话，都是从小己即个人的立场，来看待近代民主制度的国家与个人的关系，以个人权利、个人意志自由为归宿点。

五四时期的青年领袖傅斯年，还在《新潮》杂志刚刚创办的时候，就已敏锐地感悟到人的解放这个严肃的大课题。他在《人生问题发端》这篇文章里首先引证著名哲学家费尔巴哈的话："我最初所想的是上帝，后来是理，最后是人。"傅氏解说道："这句话说得很妙，竟可拿来代表近代人生观念的变化。起先是把上帝的道理解释人生问题。后来觉着没有凭据，讲不通了，转到理上去。然而理这件东西，　'探之茫茫，索之冥冥'，……于是乎又变一次，同时受了科学发达的感化，转到人身上去。就是拿着人的自然，解释人生观念；——简捷说罢，拿人生解释人生，拿人生的结果解释人生的意义。"③ 傅斯年这样拿人生本身去解释人生，是把人从宗教神权中，从人造的各种理念——例如宗法伦理——中解放出来。他在同时发表的另一篇文章《万恶之源（一）》中，更进一步揭示出个人和个性的根本性的重要地位。他说："'善'是从'个性'发出来的。没有'个性'就没有了'善'。"④ 他解释说："譬如我们心里要杀人放火，居然就杀人放火去。这虽然是大恶，但是我是从自己心志的命令，对于这

① 高一涵：《共和国家与青年之自觉》，《青年杂志》1卷2号。
② 同上。
③ 傅斯年：《人生问题发端》，《新潮》1卷1号。
④ 傅斯年：《万恶之源（一）》，《新潮》1卷1号。

事完全负责任的；比起有个人拿刀压在我脖子上，逼着我拿钱助赈，还高明些。因为后一件事，根本与我无干；就是算做好事，也不能说是我做的。照这样说来，'善'是一时一刻离不开'个性'的。"① 既然"善"是从"个性"中来，则"必然'个性'发展，'善'才能随着发展。要是根本不许'个性'发展，'善'也成了僵死的，不情的了。僵死的，不情的，永远不会是'善'"。于是，他接着说，如此，则妨碍"个性"，甚至破坏"个性"的，那也就是妨碍和破坏"善"，那就是"万恶之源"。傅斯年指出，妨碍和破坏"个性"的最大势力，就是家庭。他说："可恨中国的家庭，空气恶浊到了一百零一度。从他孩子生下来那一天，就教训他怎样应时，怎样舍己从人，怎样做他爷娘的儿子。决不肯教他做自己的自己。一句话说来，极力的摧残个性。"② 傅斯年所严厉抨击的家庭，是中国社会的细胞，是宗法伦理体系的最基本的实体。五四时期，有许多青年，冲破家庭束缚，走上自己选择的生活道路。虽然这其中难免有些过激的情形，但从历史发展的大趋势说来，这是从专制政治和宗法伦理的牢笼中，把人解放出来所必经的一个过程。

五四时期的新文化运动，是一场发现个人和解放个人的运动。这一点，许多身历过那段历史的人都可为证明。张奚若在回顾五四新文化运动时说，只是"到了五四运动以后，大家才逐渐捉摸到欧美民治的根本。这个根本是什么？毫无疑义的，是个人解放"③。梁漱溟曾感慨，中国文化最大的缺失，是个人不被发现。他既已感觉到此前个人不曾被发现，那么，他这种感觉之所以生，即是因为当下为始，个人已被发现。所以，他的话，我们也可以看作是五四新文化运动发现个人和解放个人的一种证明。

五四时期"打孔家店"，批判孔子与儒学，否定其独尊的地位，实与欧洲反对教会权威有相似之处。大多数学者都认为，中国古代是没有国教的。同时，大多数学者也都不承认儒学或孔子学说够得上完整意义上的宗教。但我们也不能不看到，孔子与儒家学说确曾起到了某些类似宗教的作

---

① 傅斯年：《万恶之源（一）》，《新潮》1 卷 1 号。
② 同上。
③ 张奚若：《国民人格之培养》，见《独立评论》第 150 号（1935 年 5 月 12 日）。

用。而通过科举制度，国家最高统治者将政权与教权揽于一身，颇带有政教合一的色彩。自清末政治革命与政治改革提上日程，就陆续有人对孔子与儒家学说的统治地位提出质疑。到了五四时期，思想界对孔子与儒家学说的批判达到了高潮。吴虞指出儒家学说与专制主义政治存在着紧密的内在联系，实等于揭破了中国式的政教合一的本质。人们对孔子与儒家学说的批判，并不像某些人所指责的那样，是所谓全盘否定孔子与儒家学说。实质上，最基本的意思只是在思想和学术上，否定儒家一尊的地位，在政治上，将儒家思想与专制主义政治剥离，使之还原其一家之言的地位。这样，就使政治与儒学都世俗化，这正是近代社会发展所需要的。

至于提倡科学精神与科学方法，反对武断与迷信，反对笼统和空想，这对于科学不发达的中国，同样具有启蒙的作用。20世纪20年代，胡适批评说，科学远没有在中国生根，到了60年代初，他仍认为科学没有在中国生根。其实即使到了今天，我们也不能不遗憾地承认，科学仍没有在中国社会深深地扎根。许多人以为，中国人已经把卫星送上天，已经有了原子弹，岂不是科学已经很发达了吗？我觉得，人们往往把科学与技术混为一谈，人们所热衷的，所引为自豪的，其实并不是科学，而是技术；尤其不是科学的精神和科学的方法，充其量，只是具体的科学结论、科学知识而已。至于迷信之到处泛滥，那就更不用说了。我们不仅不该否定五四时期先觉者们所做的科学启蒙的工作，而且要看到，他们的工作还需要我们继续地做下去。

世界上的事物都有其复杂性，正如哲学家们所谓，一棵树上找不到两片完全相同的叶子。在比照两个相关事物时，从中找到一些相同点，或找到些不同点，都是不难做到的。就中国近代史上的一些事物而言，有很多是参照和借鉴西方的事物而得其名，命其义的。比如文艺复兴与启蒙运动，就是如此。须知，当中国人把西方的事物用中国文字翻译出来时，就把中国人，首先是翻译者对该事物的理解注入其中。而他的理解，以及中国人的理解，与西方事物的原型，肯定已经产生距离。后之读者与研究者，通常只能按其基本的特征或基本的意涵去理解该事物，不可能在使用到相关概念时，再把所能了解的西方事物的原型详细描述出来。语言文字本来的基础，就是约定俗成。没有这样的基础，表达和交流都很难进行。

25 年前，当我撰写胡适的实验主义这篇文章时，我注意到有位台湾学者吴森博士，他曾写文章批判胡适，说他的哲学思想与杜威的实验主义完全不是一回事。所以根本否认胡适是实验主义者。我认为揭示胡适的实验主义与他的老师杜威的实验主义有哪些不同，是完全可以的，但不必否认胡适也是个实验主义者。这样的事例多得很。如吴稚晖曾经是个无政府主义者，他与法国的无政府主义者蒲鲁东、俄国的无政府主义者巴枯宁肯定有许多不同。但我们不能因此否认吴稚晖曾经是个无政府主义者。殷海光在谈到中国的自由主义时说："当我将'自由主义'一词用在中国社会文化时，我希望不要因此以为中国版的'自由主义'与西方原版的'自由主义'是完全一样的。翻版总是翻版。虽然中国社会文化里的自由主义与西方的自由主义有共同的地方，但二者也有不同的地方。在某一社会文化里滋长出来的观念、思想和学问，传到另一个社会文化里以后，因受这一社会文化作用，而往往能够染出不同的色调。"[1] 在我们中国的学术语境里，有一些约定俗成的概念、词语，它所指称的事物，或本身起了某种变化，或人们对它的认识有了某种变化，由此产生分歧是难免的。但就五四新文化运动而言，数十年来，绝大多数中国学者以及部分外国学者，[2] 都认同它具有启蒙运动的性质，也不否认它具有文艺复兴的意味。

二　五四新文化运动是中国近代文化转型的一大枢纽

五四新文化运动的迅猛发展，造成了中国民族文化复兴的重大契机，或者说，造成了近代中国文化转型的一大枢纽。

由于五四运动的爆发，广大的知识分子、青年学生走向社会，与广泛的社会阶层发生联系，于是造成以知识精英、青年学生为先导，社会各阶层首先觉悟的人士积极跟进，在新思想、新观念指引下的空前广泛的社会动员。在这个基础上，新文化运动在几个重要方面取得实绩。这些实绩对

---

[1]　殷海光：《中国文化的展望》，中国和平出版社 1988 年版，第 277 页。

[2]　如美国的薇拉·施瓦支（Vera Schwarcz），对五四新文化运动有很深入的专门研究，她就毫不怀疑这个运动的启蒙性质。

中国朝向近代社会的变动与文化转型，起到有力的推动作用。

（一）文学革命运动造成创造民族新文化的利器

人们知道，新文化运动首先是从文学革命切入的。而文学革命最重大的成就是白话国语的形成和广泛应用。它极有利于推动新教育的发展，极有利于打破精英文化与大众文化之间的壁垒，极有利于各种人群之间，各种文化之间的沟通和互动。特别是极有利于中国与世界各国，主要是西方国家的文化沟通，这都是文化的创造与发展所需要的条件。所以，白话国语成为一种最方便的创造民族新文化的利器。语言文字是一种精神生产的工具。历史上凡是生产工具的革新，都会大大地解放生产力和提高生产力，在物质生产领域是如此，在精神生产领域也是如此。[①] 白话国语的盛行，是五四前后一段时期文化繁荣的重要前提条件。

（二）新教育渐臻成熟

中国从清末开始办新式学堂或称新教育，但事实上，大部分学堂的教育方式并未发生根本的变化。因为许多学堂都是由旧的私塾或书院改成的，其教员、教材、教学方法，大多未发生实质性的变化。民国初期，这种情况仍没有太大的改善。但新文化运动使这种情况发生了根本性的变化。

这些变化首先表现于引进新的教育观念，使教育与社会生活发生较密切的联系。

我们不妨研究一下清末民初历次公布的教育宗旨。所谓教育宗旨，就是讲教育的目的或教育所欲达之目标，以及达此目标之根本途径。

清末刚开始举办新教育时所宣示之教育宗旨：忠君、尊孔、尚公、尚武、尚实，[②] 所表示的都是教育的目标。如何达此目标，则是在其"学务纲要"中，有16条相关内容。[③] 这个教育宗旨明显地反映出中国旧的传统教育向近代新教育过渡之初期的状况。忠君与尊孔是旧教育的根本点，是

---

① 参见拙作《胡适与五四文学革命运动》，《中国现代文学研究丛刊》第1期，1979年10月。

② 见《学部奏请宣示教育宗旨折》，《第一次中国教育年鉴》，台北传记文学社1971年影印本，第1册，第1页。

③ 同上书，第11—14页。

维护中国传统政教制度，即所谓纲常伦理所必需的。再配上尚公、尚武、尚实，这是"中体西用"在教育上的反映。

民国元年所提出的教育宗旨，"注重道德教育，以实利教育、军国民教育辅之；更以美感教育完成其道德"①。给人的印象是不够完整和集中，且颇有些主观、空泛的特点。大概是民国初创，还没有不同于清末的教育实践，不免出于主观的拟想。按理，民国的新教育宗旨最重要的一条，应是努力造成共和国民的资格。但此项宗旨中却根本没有提及，而是以空泛的注重道德教育作为新教育的核心。

民国八年即1919年10月，全国教育联合会要求废止这个教育宗旨。而代之以该年4月教育调查会所提议的教育宗旨作为教育之本义。其内容是以养成健全人格，发展共和精神为根本宗旨。该提议还揭示健全人格的具体条件是：（1）私德为立身之本，公德为服务社会国家之本；（2）人生所必需之知识技能；（3）强健活泼之体格；（4）优美和乐之感情。其所揭示之共和精神，具体为（1）发挥平民主义，俾人人知民治为立国之本；（2）养成公民自治习惯，俾人人能负国家社会之责任。这显然比清末民初那两次公布的教育宗旨，有了基本性质的变化。

民国十一年十一月制定并公布新学制系统，其中关于教育宗旨者有七项：一、适应社会进化之需要；二、发展平民教育精神；三、谋个性之发展；四、注意国民经济力；五、注意生活教育；六、使教育易于普及；七、多留各地方伸缩余地。这其中最值得注意的是三、五、六三项：谋个性之发展，极明显地反映出新文化运动的重要观念；注意生活教育是对中国传统的脱离实际生活的旧教育的根本改造；教育普及则是中国教育史上第一次提出的问题，极富近代意义。

其次是教育真正走上近代的发展轨道。

在清末和民初，小学课程仍有读经，五四新文化运动以后取消了。清末民初有修身课，其内容仍不脱儒家心性修养的一套。而五四新文化运动以后则取消修身课而增设公民课，这是明显的变革。由于新教育观念的引

① 《民国元年九月四日部令公布之教育宗旨》，《第一次中国教育年鉴》，台北传记文学社1971年影印本，第1册，第4页。

进，加上有大批受过新教育或留学归来的读书人充当教员，教学方法也有了不同程度的革新。尤其是 1922 年中国的新教育家们为中国制定出一个比较合乎近代标准，又比较适合中国国情的新的学制系统，使中国教育事业真正走上比较健全发展的轨道，有力地推动了新教育的发展。据统计，1914 年全国新式学堂学生有 407 万余人，在白话国语开始通行的 1922 年，全国学生总数达到 680 余万人，学生增加了 273 万余人，增长了 67%。[①]从这些新教育出身的学生中产生了大批政治、经济、军事、学术、教育等各领域的新式领袖和骨干人才，成为推进中国近代化事业的重要力量。

（三）在中西文化沟通中产生民族文化复兴的自觉意识和必要的精神条件

原来，自明清之际以来，中国部分先觉分子已经逐渐地对传统文化产生一些批评性的反省意识，但因为没有适当的比较参照，始终不能突破传统文化的核心——君主专制与儒家一尊相结合的主体架构。到鸦片战争以后，中国累次的失败与耻辱，一方面有人强烈地排斥西方文化，另一方面，则有人产生深刻的反思，逐渐意识到中国固有文化可能存在某种根本性的问题需要解决。由于中外交往的不断增加和西书的译介，一部分比较开通的人，逐渐认识到西方文化确有值得我们学习、借鉴的东西。于是，由科技工艺到议会制度，由民主共和再到深层的文化精神，都发现有可以向西方学习的地方。尽管这中间每前进一步都常常发生持久的激烈的论争。但中国社会毕竟是逐渐破茧而出，慢慢地走出中世纪，朝向近代的方向发展。五四新文化运动是这个发展过程中带有标志性的关节点。五四新文化运动，并不像某些人所担心的那样，把中国传统文化都抛弃了，或是破坏无余了。其实，冷静下来看一看，只是有些旧传统因为完全不适应现代生活而被淘汰了，如四世（或五世）同堂的大家庭，家族或宗族内部的严格统治制度，片面地强制女子守贞，和在教育、财产等方面不能与男子平等之类的旧俗，等等，不是被完全消灭，就是大大地被削弱了。另有一些传统，则因受到西方文化的影响以及新的社会生活的磨洗而改变形式，如子女对父母或其他长辈的孝敬，学生对老师，学徒对师傅的尊重，下级

---

① 据《第一次中国教育年鉴》（开明书店 1934 年版）之相关数据计算得出。

对上级的态度等方面，都不同程度地发生了改变。

但在这个文化变动过程中间，最重要的是，中国人强化了两个基本的新观念：一个是世界化的观念；一个是个性主义的观念。

先讲世界化的观念。

在清末，世界化的观念已经萌生，人们已经知道中国不是世界的中心，只是世界"万国"之中的一个国家。但是对于中西文化的认识，绝大部分人仍然在不同程度上存在着盲目的优越感。即使屡经失败的挫辱，也仍然觉得中国在政治教化，至少在人伦礼仪方面，要优越于西方。自然，与此同时，也有一部分人产生了事事不如人的自卑心理。到了五四时期，由于有了主动参与世界事务的经验，由于有大量受过系统的西方教育的留学生归国，由于大量的西书翻译，人们对世界，对西方文化有了更多的了解，对中国固有文化也多了几分批评性的反省意识。由此造成了开放的，世界化的文化意识，使中国与世界文化相互密接和良性互动的局面之产生成为可能。（一些人攻击五四时期向西方学习的主张是什么"全盘西化"，说什么对传统文化的批评性的反省意识是"全盘反传统"，都只不过是些情绪化的大批判的论调，并无充分的事实根据。）

再说个性主义。

个性解放，个人的独立，这是中国数千年来老师宿儒们所坚决反对的。在五四时期，先觉分子们最用力的，就是批判专制主义对于人们精神的压制与毒害。陈独秀所说"吾人最后之觉悟"，就是指，要使人们从专制主义与宗法伦理的束缚中解脱出来。胡适借易卜生之口宣传，作为人，最尊贵处，是必须有个人意志的自由，并对自己的言行负责任。否则，就与奴隶没有区别。由个性主义，个人独立，而产生对个人与集体，个人与国家的关系的全新的理解。从而使人们认识到，个性主义与民主制度之间的紧密联系。这一点极端重要，从清末以来，屡次的改革与革命都归于失败，原因之一就是民主只被当作一种制度设计和制度安排，而没有认识到，只有建立在个人独立，个人自由权利的基础上，民主制度才能落到实处。个性主义的提倡，直接导致人的创造精神和创造力得到解放。这对于中国社会的进步，对于中国民族文化的振兴是极端重要的条件。

长期以来，一提起五四，人们就以科学、民主对举，这是陈独秀最喜欢说的，为许多人重复沿用。仔细推敲，科学与民主并不属于同一个层次的东西。所以我在近著《近代中国文化转型研究导论》中，没有沿用这个说法，而着力强调世界化与个性主义，是中国现代化的两个最基本的趋向。不过，对于中国人来说，社会充满迷信与武断，大力提倡科学精神、科学方法确有必要。五四时期，通过先觉分子们的提倡，科学精神，即实事求是的精神，的确得到了一定程度的传播，得到相当一部分人的认可。但远远没有达到什么对"科学主义"迷信的程度。

（四）社会公共文化空间的进一步扩展

我在近著《近代中国文化转型研究导论》中首次提出社会公共文化空间的概念，用以表示社会文化传播、交流、汇聚与创新的公共场域。在旧的传统社会中并非完全没有公共的文化空间，如城市里的茶馆、剧场、市场等，乡间的各种赛会、节庆活动等等，但显然，其空间极为有限，且不具备近代的社会属性。近代社会公共文化空间是由有组织的社会群体造成的，例如新式教育系统，社会团体组织以及公共传媒系统，等等。这种社会公共文化空间，从清末开始逐渐形成起来，到五四时期得到蓬勃发展。

前面我们已经提到新教育的发展，新学堂和在校学生的数量都有极大的增加。学校不但是传播知识的场所，而且是积累知识、汇聚知识，促使知识更新的场所。它不仅直接关系到国民知识、技能的进步，而且是改变国民精神面貌和整体素质的重要机制。五四时期，青年学生在社会上发挥巨大影响，充分说明新教育系统在社会公共文化空间中的重要地位。

至于社会团体组织，在五四时期则有空前的扩展。遗憾的是，至今尚无人对此进行仔细的统计研究，所以不能提出一个比较可靠的统计数字。但我们可以根据现有资料作出某种推论。大家知道，五四时期学生团体极为发达。各城市差不多都有学生联合会的组织，而各学校内部又有自己的学生团体组织。例如，北京大学校内各种学生团体就有 30 多个。① 其他学

---

① 据《北京大学史料》第 2 卷第 3 册所收资料统计，当时北京大学校内有各种团体 43 个，其中有少数是教师组织的，有些则是教师学生均有参加，大部分则是学生组织。这一类学生团体至少在 30 个以上。

校自然不能和北京大学相比。但可以肯定，在绝大多数中等以上学校，至少会有一个以上的学生团体。如此说来，单是各地、各学校的各种学生团体组织，就是一个相当庞大的数量。还有一个值得注意的新现象，就是五四运动发生后，各地的工人也纷纷组织团体，这是前所未有的。因此我们有理由推断，五四时期中国社会出现的各种社会团体，较之清末民初，会有成倍的增加。

不仅如此，我们还必须注意到，这时期的社会团体，其团体的精神和奋斗的目标比以前的社会团体颇有不同。第一，从前，比如清末时期的社会团体，多半是针对特定的事件和特定的斗争目标而成立，如为争回利权，为实行立宪，为推翻帝制，等等。五四时期的社会团体，大多数都提出一个更为远大的目标，如变革人心，改造社会之类。看似笼统，实际上反映出组织者们有了很重要的新觉悟：中国所最缺乏的是"社会的结合"，只有社会成为有组织的社会，国家才有进步，民族才有希望。① 这是一种非常深刻的觉悟。这时期的社会团体的另一个特点是，团体的结合是建立在"个人自觉"的基础上。我们前面指出，新文化运动一个极重要的新观念就是个性解放，要每个人自觉到自己是一个堂堂的人，应有自己的责任，自己的事业，自己的价值。由如此觉醒了的个人结合成团体，其精神面貌，其追求的目标，其所释放的能量，就大不相同了。所以我们说，五四时期的社会团体在数量上、性质上，及其所发挥的社会影响上，都与以前大不相同了。

构成社会公共文化空间的另一个重要的方面是社会传媒系统的发展。

由于新的社会团体大量增加，许多团体为宣传自己的主张，都办有自己的小报或期刊。当时人统计，新办的各种白话报纸、刊物至少有 400 种以上。此外，出现了许许多多新的出版机构和发行系统。至于其他公共文化设施，如公共图书馆、阅书报社、剧场戏院等都比以前有巨大的发展。所有这些，对于新思想、新观念的传播，对于人们之间的思想交流，对于各种思想间的互相辩论和催生新的思想萌芽，起到很大的推动作用。

当然，由于五四爱国运动的爆发，政治问题再次以异常尖锐的形式提

---

① 参看拙著《傅斯年对五四运动的反思》，《历史研究》2004 年第 5 期。

到人们的面前，大多数新文化运动的精英们都被政治潮流席卷而去。所以前面所提到的这些新的观念、新的条件、新的变化机制，都未来得及充分发挥其作用，以致中国的近代文化转型至今尚未完成。正因此，中国绝大多数知识分子，都还在五四新文化运动所开出的几个主要方向继续探索前进。

三　五四新文化运动的某些负面影响

近数十年来，一直有人对五四运动、新文化运动进行很激烈的批评甚至是攻击，否定它的积极的历史作用。其实，我们肯定五四运动和新文化运动的人并非完全不知道这两个运动有其负面的影响。只不过，我们不赞成因此否定这两个运动的积极意义，不赞成把其负面作用夸大成为主流。今天，我想稍微谈一谈这两个运动的负面影响的问题，并说明为什么不应夸大这些负面作用，以致否定这两个伟大的历史运动。

按我个人的观察和研究，我觉得，五四运动、新文化运动发生的负面影响主要表现于三个方面：激进主义；泛政治化；迷信群众运动。本文主要讨论的是新文化运动方面的问题，而迷信群众运动主要表现于政治运动中。故这里主要讨论一下激进主义与泛政治化的问题。

先谈激进主义。

在近代中国的历史上，激进主义实在有其深厚的社会政治根源。因为外受列强侵略、欺凌；内受专制主义的压制和摧残，有志救国和忧时之士，无不忧愤迫切，其情绪之急进，可想而知。所以，近代伊始，历次的政治改革与政治革命运动，都或多或少犯有急进的毛病。同时，这也就决定了，一切激进主义都首先来源于政治运动。我们看，在新文化运动的领袖分子中，凡比较激进的，都与其政治背景有关。如陈独秀是清末的革命党，他曾组织暗杀团。在新文化运动中，他的言论总带有不容人讨论的气势，在对待东西文化的态度上是如此，在文学革命的问题上也是如此。钱玄同在清末有一段时间与革命留学生们在一起，又是激烈反满的革命家章太炎的学生。他在新文化运动中，也是出名的激进派，曾主张废除汉字，理由是，汉字书籍绝大部分都是记载孔门学说和道教妖言的。他骂文学上的守旧派是"选学妖孽"、"桐城谬种";他责备胡适迁就旧派人物,反对胡适以讨论的态度对待反对文学革命的人。鲁迅也是大家公认的比较激进的人物。他在清末也参与了留日学生的革命刊物,也是章太炎的门生。他在新文化运动中发表的第一篇小说《狂人日记》,把中国历史、中国文化比喻为连续不断的人肉宴席。他主张掀翻这宴席。他的激烈言论当然不止于此。还有另一个著名的激进主义者吴稚晖,也是清末的老革命党,还是一个无政府主义者。他在新文化运动中所说,要把线装书都抛到茅厕里去,要求废除汉字等等早已人所皆知。我举这些例子,就是要说明,新文化运动中及其后所表现的激进主义是与中国的政治社会有密切的关系的。

中国是个后发展国家,在西方发达国家,他们由中世纪到近代的过渡,差不多都经历过三四百年的时间。他们在几百年的时间里,各种思想、思潮和流派以及各种社会运动从容发育、生长并且互相辩论,经受社会实践的检验和磨洗。

但在中国,这些东西都是在非常短暂的时间里,一下子就涌进来了。一方面,人们不暇拣择,不辨其是非,往往陷于困惑;一方面,凭兴趣所近,认定一种,便以为是绝对真理,极力排斥其他。于是呈现出异说蜂起,诸流并进,各逞意气,唯我独尊,没有从容讨论的风气,没有妥协磨合的余地。在这种氛围里,激进主义自然是最容易滋生的。

在近代中国的思想文化运动中,号称稳健派的梁启超、胡适等人,他们在主观上,是了解思想文化的变动需要长期酝酿、涵容、互相讨论切磋的过程的。所以胡适说过准备二十年不谈政治。他们在引介和宣传一种新的思想观念时,多半采取从容讨论和以理服人的态度。但他们同时也切身感受到保守力量的巨大。所以,他们常常不得不把注意力更多地放在批评保守主义的方面。梁启超和胡适两人都谈到过"取法乎上,仅得其中"的道理。所以,这两位被认为稳健派的领袖,有时也不免会讲一些激切的话,以对付守旧派。即使如此,胡适还是被认为"对于千年积腐的旧社会,未免太同他周旋了"①。

① 《钱玄同致胡适信》,见耿云志编《胡适遗稿及秘藏书信》第 40 册,黄山书社 1994 年版,第 255 页。

　　有趣的是，有些保守派批评和攻击新文化运动的一个重要的理由，就是责备提倡新文化、新思想的人太偏激和太激进。但他们反对新文化的态度、手段本身却同样是非常偏激，非常激进的。例如严复是反对新文化运动的，尤其反对白话文。然而，他这位以精神贵族自居的老前辈，根本不屑与白话文提倡者们作讨论，却骂他们是"人头畜鸣"，可以"春鸟秋虫"视之，"听其自鸣自止可耳"。① 另一位反对白话文的老前辈林纾，除了上书蔡元培，上纲上线地攻击白话文和新思想、新观念的提倡者之外，还编写影射小说，发泄自己的怨愤与痛恨之情。当时在北大读书的张厚载，也是一位反对白话文与新文学的干将。胡适曾邀请他，要他把反对戏剧改革，替旧戏辩护的理由写出来，由胡适把它发表在《新青年》上，以便展开讨论。但这个张厚载，却不愿写文章与胡适等人讨论，而宁愿偷偷地将他认为可以攻击新文化运动的材料提供给林纾去炮制影射小说，或直接给报纸提供不实消息，以达造谣惑众的目的。如他炮制的所谓当局要把陈独秀、胡适、钱玄同等驱逐出京的消息即是一例。此事真相大白之后，使处世最温和的蔡元培亦感到忍无可忍，乃布告全校，开除张厚载的学籍。后来由梅光迪、吴宓、胡先骕等人在南京创办的《学衡》杂志，其最初几期几乎是专门攻击新文化运动的。这份由受过西洋教育的留学生们主办的刊物，在对待新文化运动的问题上，却同样不讲忠恕之道，也不要什么绅士风度，也照样采用漫骂、攻击、无限上纲的大批判手法。例如该刊创刊号上最有代表性的文章《评提倡新文化者》，通篇只列罪名，没有罪证，很像是旧时文人为当道者讨伐异端而写的檄文的腔调。② 此外，更有人直接使用恐吓手段，寄匿名信，以炸弹相威胁。③

　　守旧派的这种做法，对于像胡适这样既懂得中国传统的忠恕之道，又养成西方的绅士风度的人来说，或不致引起过度强烈的反应。然而对于那些较有革命精神的人，或年轻气盛，不肯居下风的人们，就不可能不做强

---

　　① 见《严复致熊纯如书》（1919 年 7 月 24 日），王栻编：《严复集》第三册，第 699 页。

　　② 梅光迪在该文中骂胡适等"非思想家乃诡辩家也"；"非创造家乃模仿家也"；"非学问家乃功名之士也"；"非教育家乃政客也"。对此四项严重的罪名，都不曾提出事实的根据，通篇充满类似理学家的诛心之论。

　　③ 见拙著《蔡元培与胡适》，《耿云志文集》，上海辞书出版社 2005 年版，第 394 页。

烈的反驳。人们知道，在激烈的争辩中双方都难免会讲出一些偏激和激烈的话。所以，我觉得，五四时期及其以后延续下来的激进主义，守旧派也是要负担相当一部分责任的。

激进主义在中国社会中，在中国文化中，特别是在近代中国的社会中和近代中国的文化中，长期延续，不肯退出舞台，甚至不肯退居边缘，"左"倾教条主义和极"左"思潮甚至把它变本加厉，为国家民族造成很大的损害，人们对它反感，痛恨，是非常可以理解的。我个人更是一贯反对激进主义的。但有些人把激进主义说成是新文化运动和五四运动种下的祸根，或把整个的新文化运动和五四运动归结为激进主义，则是我无论如何不能同意的。

第一，中国近代的激进主义源远流长，不自五四始。早在维新运动时期就有所谓"一切制度悉从泰西"① 和 "唯泰西者是效"② 之说和谭嗣同的 "冲决网罗"之说。③ 而保守派反击时，也大作"诛心之论"，满纸满篇充满愤激之词。在辛亥革命时期，则有批评所谓"醉心欧化"者"靡不惟东西之学说是依"④，甚至 "以不类远西为耻"⑤ 的言论。

第二，新文化运动中，比较激进的陈独秀、鲁迅、钱玄同、吴稚晖等人虽不时发表一些激进的言辞，但他们所提出的大多数主张，还是有道理的，不能一概称之为激进主义而加以抹杀。更何况，作为新文化运动的中心人物，一些主要的新思想、新观念的提倡者和阐释者的胡适，经常是以非常理性的平和的态度，与大家进行讨论。他极力主张请反对派的人在《新青年》上发表文章。对于钱玄同与刘复杜撰王敬轩这个反面教员，再加以猛烈批判的做法，殊不以为然。为此，很引起钱玄同等人的不满。

不仅如此，在五四运动以后，社会上，特别是青年学生越来越趋于激烈，胡适、蔡元培、蒋梦麟等曾多次发表文章劝诫青年要注意理性地对待各种问题。

---

① 见易鼐《中国宜以弱为强说》，《湘报》第 20 号。
② 见樊锥《开诚篇（三）》，《湘报》第 24 号。
③ 见谭嗣同《仁学自叙》，《谭嗣同全集》，中华书局 1981 年版，第 290 页。
④ 见《国粹学报叙》，《国粹学报》第 1 年第 1 期。
⑤ 见章太炎《原学》，《国粹学报》第 6 年第 1 期。

应当说，近代中国的激进主义的根源是深藏在社会的内部，不是哪一个人，或哪一群人可以单独承担起责任的。这里所说的根源，一是政治上，因国家民族面临的威胁，救国的任务十分迫切。二是中国长期处于极端专制主义的压制下，全无自由发表的机会，也没有各种力量公开较量，然后通过妥协来解决问题的机制。所以，一旦原有的统治机器面临崩坏之时，各种力量一下子如洪水泛滥，野火燎原，无法控制，各不相容，只认自由，而不知容忍。

为了克服激进主义，首先要使中国的政治走上健全发展的轨道，关键是要使民主在中国社会扎根落实。其次是在搞好教育的基础上，尽力恢复、宏扬传统的忠恕美德。忠与恕，其实就有自由与容忍的意味。什么时候，我们的同胞们都能充分领略并实行忠恕之道，什么时候，激进主义便不再行时了。

再谈谈泛政治化。

近代中国所面临的问题是独立、统一、民主、富强。除了富强不完全属于政治问题，其他全都是政治问题。所以，政治在近代中国社会中无疑的具有明显的优先性和主导地位。我在近著《近代中国文化转型研究导论》中，曾设专章讨论这个问题。①

发动和领导新文化运动的那些领袖分子，其中绝大多数，都是出于政治目的而为之的。他们因为多年的政治苦斗没有取得预期的结果，才反省到，要变革政治，先要变革人心，变革人的思想观念，如此，才不得不求助于文化革新运动。对此，陈独秀、鲁迅等人都有过明白的表述。然而，他们从文化上努力还只有短短的几年工夫，因五四运动的爆发，就急剧地被卷入政治运动中去了。还在五四运动爆发之前几个月，陈独秀等人就已经感觉到有不得不谈政治的冲动了。为此，他们于1918年12月下旬创办起《每周评论》这个刊物。五四运动爆发后，陈独秀与李大钊都很快以谈政治为主业了。胡适想坚守不谈政治的立场，但到了1921年《新青年》分裂之后，胡适的立场也逐渐显现动摇的迹象，5月，他酝酿成立"努力会"，8月，开始宣传"好政府主义"。但真正以很大的精力谈论政治则是

---

① 参见拙著《近代中国文化转型研究导论》第四章。

从 1922 年 5 月创办《努力周报》时起。他 1917 年立誓二十年不谈政治，仅仅勉强坚持不到五年就不得不开始谈政治了。这说明中国的政治确实是逼人的，是笼罩一切的，无人能逃出它的范围。

五四以后，政治成为大多数人们认同的品评人物、品评学术趋向、品评文艺作品的第一标准，有时甚至成为唯一的标准。例如，对于遗老遗少们的鄙夷不屑，对于与逊清皇室有瓜葛，与军阀有瓜葛的人士之敌视，对于与外国人打过交道的人士之怀疑与警惕，如此等等。在学术上，例如，对于整理国故运动的全盘否定；在文艺上，甚至对像郭沫若这样的革命作家仍有嫌其政治命意不够突出的批评。① 从这些现象上反映出来的高度泛政治化的倾向，足以证明我们的批评是有充分根据的。应当说，在清末已出现泛政治化的倾向，② 但五四运动后，这一倾向明显地大大被强化了。由于泛政治化的盛行，人们往往脱离现实社会，脱离现实生活，抹杀人的个性，抹杀人的种种合理的需求，显示出对人性与人格太缺乏应有的尊重。常常是标语口号满天飞，大批判之风盛行，无限上纲，口诛笔伐，实际上并不能达到教育人的目的，而只能是伤害更多的人。这方面的教训实在太多，我们应该深深地牢记。

总结五四以来的经验，我们应当充分注意激进主义、泛政治化给我们的事业带来的危害，在和平改革的环境中，努力学会以理性的平和的心态面对一切问题，以目标和手段相统一的观念和方法去解决各种问题，使我们逐渐摆脱激进主义、泛政治化的种种教条的羁縻。

（原载《社会科学战线》2009 年 10 月号）

---

① 见邓中夏《贡献于新诗人之前》，《中国青年》第 10 期（1923 年 12 月）。
② 参见拙著《近代中国文化转型研究导论》第四章。

五四以后梁启超关于中国文化建设的思考

——以重新解读《欧游心影录》为中心

　　当作为中国近现代史的重大转折点的五四运动发生时，梁启超恰好不在国内，当时他正在欧洲考察。五四爱国运动的爆发是由于巴黎和会上中国的外交失败所引发，而最早将外交失败的讯息传达到国内的恰好是梁启超和他的朋友们。如果从广义的五四运动，即把新文化运动与五四运动结合在一起来看待，则梁启超又可算是躬历其事，而且被一些新文化运动的健将们看作是此项运动的先驱者和相当程度上的同情者、赞助者。所以，尽管五四运动爆发时，梁启超不在国内，但他却是与这次运动（无论从广义还是从狭义上说）有重要关系的人。

　　梁启超早在出国之前，即已确定今后将把全部精力投入学术文化事业。他在 1918 年 10 月 26 日答《申报》记者问时说："吾自觉欲效忠于国家社会，毋宁以全力尽瘁于著述，为能尽吾天职。"[①] 12 月 27 日，在即将登轮赴欧的前一晚上，他与几个朋友"谈了一个通宵，着实将从前迷梦的政治活动忏悔一番，相约以后决然舍弃，要从思想界尽些微力"[②]。梁启超既然决心今后全力从事学术、思想和文化事业，那么，他游欧考察，自必着重于思想学术与文化方面。而作为他考察心得之总结的《欧游心影录》自然也就以中国文化建设问题的思考为中心。

　　梁氏的《欧游心影录》写于 1919 年的 10 月至 12 月，1920 年 3 月至 6 月继续连载于北京的《晨报》和上海的《时事新报》。我们以此书为中心

---

① 转引自《梁启超年谱长编》，上海人民出版社 1983 年版，第 868 页。
② 梁启超：《欧游心影录》，《饮冰室合集·专集之二十三》，中华书局 1989 年影印本，第 39 页。

来讨论梁氏五四以后的文化思考是合适的。

一

梁启超到达欧洲时，欧洲大战刚刚结束不久。呈现在他面前的是大战浩劫之后残破不堪，物资贫乏的欧洲，是人们精神上悲观灰暗的欧洲。这同中国知识界印象中战前的欧洲实在反差太大了。在欧洲人自己看来也是如堕深渊，往日的繁华，生活的优裕都已不复存在。欧洲人的失望与悲观是可以想象的。

须知，欧战爆发前，从1815年拿破仑失败到1914年，整整一个世纪的时间里，欧洲基本保持了相对和平的一百年，虽然其间也发生过几次小规模的局部战争，但都不足以打破欧洲的平稳，也没有造成大的破坏。这一百年里，科学进步，技术发明，工业扩展，直可谓一日千里。人类史上许多最重要的科学发现与技术发明都是在这一百年里发生的。火车、汽车、轮船、飞机、潜艇、安全炸药、新的大规模炼铁炼钢技术、水泥、电报、电灯、电话、无线电、真空管等等，等等，这些发明和应用造成了现代的交通、通讯、建筑、机器制造，从而造成大规模的工业生产和大规模的国际贸易。人们改变了世界，也改变了自己的生活。这使他们产生了空前的乐观和自信，以为没有什么是不可征服的，没有什么是不能创造的。然而持续四年多的一场大战，把许多东西都破坏了，把人们的自信和乐观也打破了。战争夺去了700万人的生命，造成至少300万人残废。活着的人为果腹的面包而奔波，为勉能御寒的衣被、居所而操心。在这样空前的浩劫之后，人们对以往的进步、以往的道路和曾经产生的理想都怀疑起来了，价值观念发生动摇。于是欧洲思想界变得脆弱和混乱。

美国耶鲁大学教授富兰克林·鲍默（Franklin L. Baumer）在其《西方近代思想史》一书中，用了整整一章的篇幅揭示笼罩欧战后思想界的怀疑与悲观主义。他写道："出现在历史哲学中的新东西并不是乐观主义（不管是新的或旧的），而是对历史知识本身之有效性提出质疑的悲观主义或

怀疑主义。"① 他提到，德国学者弗里德里希·迈乃克（Friedrich Mei-
necke）在其 1924 年出版的《国家理性》一书中说："历史世界在我们眼
中，显得比在兰克以及相信理性终会在历史中得胜的那些世代的眼中更为
晦涩，而且就其进一步的进展而言，也显得更危险，更不确定。"② 作者总
结说："这类有关没落与衰败的言论，在 1920 年代与 1930 年代广泛流
布。"③ 他并且指出，这是这时期整个欧洲思想界的疾病，这个疾病的主要
症候是（一）反历史主义；（二）体认非理性因素在历史中所扮角色的重
新重视；（三）历史循环论的复活；（四）体认欧洲并不居于历史世界的
中心，且处于文化没落的痛苦之中。④

　　梁启超亲眼看到和亲身体验到了战后欧洲的破败与贫乏。他们几人挤
住在一起，取暖用的是半湿不干的木柴和生产煤气用过的煤渣，以致不得
不靠身体运动来取暖。他们的食物亦仅供果腹而已，完全谈不上丰盛与美
味。他们也直接接触和体验到了欧洲思想界的深沉的悲观主义。梁氏在
《欧游心影录》中说到欧洲"全社会人心都陷入怀疑沉闷畏惧之中，好像
失了罗针的海船，遇着风，遇着雾，不知前途怎生是好"⑤。他遇到法国的
思想家及其他人士也使他感受到"种种怀疑，种种失望"，"他们有句话
叫做'世纪末'，这句话的意味……从广义解释，就是世界末日，文明灭
绝的时刻到了"⑥。

　　梁氏的感受与前面引述的《西方近代思想史》的作者的叙述是一致
的。我们可以相信，欧战过后，在西方思想界确曾一度弥漫着怀疑、悲观
与失败的情绪。当然不是说所有的思想家都如此，也不是说所有的思想家
都存在同样程度的怀疑、悲观与失望。此后不久，美国思想家俾尔德
（CharlesA. Beard）曾征得包括欧洲、亚洲、美国的一批学者思想家分别撰
文，集成一书叫做《人类的前程》，批评怀疑主义与悲观主义，认定人类

---

　　① 富兰克林·鲍默著，李日章译：《西方近代思想史》，台北联经出版事业公司 1988 年初版，
1996 年第二次印行，第 599 页。
　　② 同上书，第 606 页。
　　③ 同上书，第 609 页。
　　④ 同上书，第 603 页。
　　⑤ 《欧游心影录》，见《饮冰室合集·专集之二十三》，中华书局 1989 年影印本，第 11—12 页。
　　⑥ 同上书，第 15 页。

的知识、智慧将会继续增长、进步，仍会继续创造人类的未来。这是后话，梁启超当时自然不知道。我们可以肯定，梁氏欧游过程中，的确受到战后破败欧洲的局面及思想界盛行的悲观主义的影响。不过，梁氏生来是个乐观主义者，也是个理智主义者，尽管受到上述影响，梁氏终不会完全陷入悲观主义。而且，还有另一种情况帮助梁氏用他的乐观主义去克服悲观主义对他的影响。

这是一种什么情况呢？就是欧洲一些思想家们，在悲观失望之余，对欧洲文化进行一番批判的反思，反思的结果是认为过分追求物质文明而忽视了与精神文明相协调；过分地重视理性而忽视了情感的需要；如此等等，从而造成严重的内在与外在的冲突，以致动摇了价值观念的基础。他们忽然发现在中国传统文化中颇不乏重视心物调和，理性与情感调和的思想精华，表示要借鉴中国文化，学习中国文化以疗治他们西方文化的病症。梁启超就亲耳听到了西方人士的这种说法。这对于半生追求西化的梁启超来说，实在是一种全新的感受。

要知道，自从中国的大门被打开，西方思想伴同列强的枪炮、船舰，以及西洋人的征服者的傲慢一齐涌进中国以来，多少有民族自立心的知识分子，是在压抑的精神状态下，不得已而提倡向西方学习。他们的民族自信心随时都在经受严峻的考验。当着经历大战浩劫的欧洲思想家转向中国文化求解困的良方时，这会给中国知识分子带来何种刺激！我想，梁启超和许多其他思想家正是在这种背景下，重新提起对传统文化的信心。只是，梁启超比这些人中的大多数有更开放的文化胸襟，因而仍不忘记学习西方文化的好处，他终究还是个中西文化结合以创造新文化的主张者。

二

《欧游心影录》一书共分两大部分，第一大部分是阐述作者的文化思考的。其中又包括两部分：（一）对欧洲文化的观察与评论；（二）中国文化建设的主张。第二大部分则是游历各地的记载。了解梁启超五四后对中国文化建设的思考，主要内容都在第一大部分的第二小部分中。梁氏自定的标题是《中国人之自觉》。现在我们就主要分析这部分的内容，看看梁启超到底提出了怎样的中国文化建设的主张。

梁氏在这一部分一开头就提出"世界主义的国家"这个问题。这非常重要。前此 80 年，中国只是被动地应付列强的侵略压迫，没有丝毫主动地参与过国际事务。中国人的世界观念，是从狭隘的民族观念出发的：在列强侵凌之下，如何保住民族文化？如何免于亡国灭种？这是思考的中心。第一次世界大战，中国第一次多多少少带有一些主动的态度参与国际事务。而为反抗巴黎和会的不公正而爆发的五四爱国运动，迫使中国政府拒绝在这不公正的和约上签字，等于是中国人第一次在国际舞台上喊出了自己的声音。中国不再是完全被动地应付列强的侵略，而开始主动争取一个主权国家在世界上应有的地位了。

此外，五四前后的新文化运动，使文化意义上的中国，也开始在国际上占有一席地位了。从前只有外国人研究中国的文化，而绝少中国人研究外国的文化，更绝少以较高的理性认识中西文化的关系。且从前外国人研究中国文化，大部分是出于猎奇的心理，并不是运用较高的理性全面深入地认识中国文化。只有五四新文化运动以后，大批留学欧美的学生返国，才有对西方文化的深入了解，也才有运用西方的科学方法重新发现和研究中国的文化。外国人对中国文化的态度也逐渐摆脱了猎奇的心理。中国文化从此才真正主动进入与世界文化相融的过程。梁氏提出"世界主义的国家"的观念，是基于这样的大背景，且也只有在这样的大背景下，才有可能提出"世界主义的国家"的观念。且看梁氏对这一观念的解释：

> 怎么叫做"世界主义的国家"？国是要爱的，不能拿顽固褊狭的旧思想当是爱国。因为今世国家不是这样能够发达出来。我们的爱国，一面不能知有国家不知有个人；一面不能知有国家不知有世界。我们是要托庇在这国家底下，将国内各个人的天赋能力尽量发挥，向世界人类全体文明大大的有所贡献。①

梁氏显然是用新时代的眼光，看清了中西文化结合的大趋势，才提出

---

① 《欧游心影录》，《饮冰室合集·专集之二十三》，中华书局 1989 年影印本，第 21 页。

了他的"世界主义的国家"的观念。

这里特别应予注意，梁氏强调"不能知有国家不知有个人"，要"将国内各个人的天赋能力尽量发挥"。这是明确认识西方文化的长处和重新发现古代传统文化的积极因素而得出的结论。这一点对中国人十分重要。所以，梁氏专辟一节发挥其"尽性主义"的主张。

梁氏说："国民树立的根本义在发展个性。"他引《中庸》中的话，把这叫"尽性主义"。"这尽性主义，是要把个人的天赋良能发挥到十分圆满。就私人而论，必须如此，才不至成为天地间一赘疣。人人可以自立，不必累人，也不必仰人鼻息。就社会国家而论，必须如此，然后人人各用其所长，自动地创造进化，合起来便成强固的国家进步的社会。"① 梁氏批评中国传统社会汩没了古代注重个人的精神，社会用一个模子"将中国人一式铸造，脱了模就要在社会上站不住，无论何人总要带几分矫揉的态度来迁就它，天赋良能绝不能自由扩充到极际"。从而造成社会沉滞，人民愚昧，国家衰弱。所以，"今日第一要紧的，是人人抱定这尽性主义，……将自己的天才（不论大小，人人总有些）尽量发挥，不必存一毫瞻顾，更不可带一分矫揉。这便是个人自立的第一义，也是国家生存的第一义。"② 请注意，个人自立与国家生存直接关联在一起，这是到了新文化运动时，中国人才产生的觉悟。

梁氏认为，要提倡尽性主义，就必须解放思想。他指出，"欧洲现代文化，不论物质方面精神方面，都是从'自由批评'产生出来"。没有自由批评，也就不会有个人天赋良能的充分发挥。"倘若拿一个人的思想做金科玉律，范围一世人心，无论其人为今人为古人，为凡人为圣人，无论他的思想好不好，总之是将别人的创造力抹杀，将社会的进步勒令停止了。"③ 摆脱束缚，解放思想，发挥个人自由创造的能力，这是梁氏于中国文化建设问题最为强调的一个基本主张。在梁氏看来，只有为各个人解缚，使其创造力发挥出来，才能使整个国家社会生机活跃起来，才能指望

---

① 《欧游心影录》，《饮冰室合集·专集之二十三》，中华书局 1989 年影印本，第 24 页。

② 同上书，第 25 页。

③ 同上。

民族文化的繁荣发达。一个民族，一个国家，只有充分发扬自己的文化，以贡献于世界，才有资格立足于现代世界之上。

梁氏概括地提出了关于中国文化建设的纲领性意见。他说："我希望我们可爱的青年，第一步，要人人存一个尊重爱护本国文化的诚意；第二步，要用那西洋人研究学问的方法去研究他，得他的真相；第三步，把自己的文化综合起来，还拿别人的补助他，叫他起一种化合作用，成了一个新文化系统；第四步，把这新系统往外扩充，叫人类全体都得着他的好处。"① 梁氏说的第一步与第二步，就是批判地总结中国古代的文化遗产；第三步就是中西结合，以成就一种新文化；第四步是把新文化传播出去，贡献于世界，贡献于人类。

显然，这个纲领没有什么不妥的，而且应当承认，它与新文化运动的主流是大体相一致的。

三

以上我们以《欧游心影录》为中心，发掘和概述了梁启超的文化主张。我们不能不看到，过去把梁氏的这部书看作是保守主义的宣示，把梁氏认作五四以后保守主义营垒的人，这是很不正确的。过去之所以存此误解，除了政治上的原因之外，主要是读书不求甚解的毛病。同时也是对当时文化运动的全局，以及梁氏此一时期思想著述的全貌缺乏全面了解所致。

梁氏强调"尽性主义"和思想解放，这同五四新文化运动的主要领袖们所强调的主张是非常吻合的，是一致的。梁氏的尽性主义就是个性主义，他的思想解放就是思想自由。我们人人皆知陈独秀坚持《新青年》的基本宗旨就是"自主自由"，"内图个性之发展，外图贡献于其群"。② 胡适除了在许多文章、讲演中大力提倡个性主义之外，还专门写了被誉为"个性解放的宣言"——《易卜生主义》这样一篇大文章。他指出，个性

---

① 《欧游心影录》，《饮冰室合集·专集之二十三》，中华书局1989年影印本，第37页。
② 见《陈独秀文章选编》（上），三联书店1984年版，第74、113页。

主义是要人人完全自主自立，独立思想，并对自己的思想行为完全负责任。就是努力把自己这块材料铸造成器，然后为社会做贡献。① 至于李大钊、鲁迅、钱玄同等人的主张个性解放，也是人们所熟知的，无需一一介绍。

值得注意的是，梁启超在这一时期所发表的许多文章里都特别强调了个性主义、思想解放的主张。如在《〈解放与改造〉发刊词》中，强调反对思想统一；在《吴淞中国公学改办大学募捐启》中，强调"学生自由研究"；在《历史上中华国民事业之成败及今后革进之机遇》中，强调"个性发展"，"思想勿求统一"等。

而特别值得一提的是，胡适认为，争个人的自由，便是为国家争自由；争自己的人格，便是为国家争人格；"自由平等的国家不是一群奴才建造得起来的"②。梁启超则说，个人自立的第一义，也就是国家生存的第一义。可见两人的精神是相当一致的。

在世界主义这一点上，梁启超也颇近于陈独秀、胡适等人。前面我们比较详细地述及梁氏有关"世界主义的国家"，世界主义的文化建设观念。试比较一下，陈独秀所定《新青年》六大宗旨之一："世界的而非锁国的"，强调"国民而无世界知识，其国将何以图存于世界之中？"③ 指出"各国之制度文物，形式虽不必尽同，但不思驱其国于危亡者，其遵循共同原则之精神渐趋一致，潮流所及，莫之能违"④。梁、陈二氏之所见，岂不甚相近吗？⑤ 再试比较一下，胡适在其博士论文导言中强调，中国所面对的真正问题，是"我们应该怎样才能以最有效的方式吸收现代文化，使它能同我们的固有文化相一致，协调和继续发展"。他强调，要在"有机地联系现代欧美思想体系的合适的基础，使我们能在新旧文化内在调和的新的基础上建立我们自己的科学和哲学"⑥。他在批评梁漱溟的《东西文

---

① 见《易卜生主义》，《非个人主义的新生活》等，均收入《胡适文存》卷四。

② 《介绍我自己的思想》，《胡适文选》（《胡适作品集》第 2 册），台湾远流出版社 1986 年版，第 7—8 页。

③ 《敬告青年》，见《陈独秀文章选编》（上），三联书店 1984 年版，第 76 页。

④ 同上。

⑤ 见胡适《先秦名学史》，学林出版社 1983 年版，第 8 页。

⑥ 同上。

化及其哲学》一书时强调，世界已经大通，中国、印度等国家亦将与世界
发达国家一样，走科学与民治的路。[①] 显然，胡适与梁启超对于中国文化
必须世界化的趋势，在看法上也是非常相近的。

我在十年前写的一篇文章里曾指出，个性化与世界化是中国现代新文
化发展的必然趋势。[②] 由上述可知，梁启超与胡适、陈独秀等新文化运动
的主要领袖们，在观察中国文化发展的大方向时，其见解是基本一致的。

不仅如此，我们还可以从很多方面看到梁启超与陈、胡等人主导的新
文化运动的一致性。例如，在文学革命的问题上，梁氏本来就是提倡白话
文学的先驱者，对于胡适极力倡导的以白话取代文言为新文学的正宗，他
是完全赞同的。人们知道，当时新文学运动最难克服的堡垒是旧体诗。当
胡适等少数人勇往直前地作白话诗，以求在诗歌这一领域，也实现白话文
学的正宗地位时，当他看到中国文学史上第一部真正的白话诗集——胡适
的《尝试集》时，他写信给胡适说："《尝试集》读竟，欢喜赞叹，得未
曾有。"[③] 足见其对文学革命运动衷心赞许的态度。

又如，在对待科学的问题上，梁氏于 1922 年夏被邀请参加中国科学
社年会，他发表《科学精神与东西文化》的讲演，严厉批评中国人把科学
看得太轻，以为是粗而低的学问。只有中国固有的圣人教训才是什么"超
凡入圣的大本领"，"治国平天下的大经纶"。或者学一点时髦的主义，变
成"西装的超凡入圣大本领"，"西装的治国平天下大经纶"，于真正科学
的精神，科学的方法并无了解。或者只重科学的成果，而不重科学精神。
他指出，科学是求真知，求系统的真知识。所以要反对笼统、武断、虚
伪、因袭的态度，要重方法，养成科学的态度。这些说法与胡适等人的说
法也是非常接近的。

又如，在对待民主的态度上，梁氏早在晚清就奋力追求宪政的实现，
就十分重视培养民治的精神。到了五四时期，虽然已不处在政治运动的中
心地位，他还是坚持民治的立场。在《欧游心影录》中，有专节讨论全民

---

① 见《胡适文存》二集卷二，亚东图书馆，第 68 页。
② 见拙作《中国新文化的源流及其趋向》，《历史研究》1994 年第 2 期。
③ 见拙编《胡适遗稿及秘藏书信》第 33 册，黄山书社 1994 年版，第 15 页。

政治（即使全体国民觉悟，来改革中国的政治），讨论地方自治的问题。在《〈解放与改造〉发刊词》中以及在《历史上中华国民事业之成败及今后革进之机遇》中，于民主自治均特别加以强调。同样的，这种态度与胡适等人也是大体一致的。顺便提一下，当 1922 年 5 月，胡适发起"好人政府"的民治改革运动时，梁启超还颇埋怨胡适没有邀请他加入。

总之，在五四时期，在思想（包括政治思想）文化领域，梁启超的态度与新文化运动的主要领袖们是大体一致的。因此，不能把梁启超划入保守主义营垒。

四

梁启超在五四后一度被视为保守主义者，除了政治原因（他不赞成马克思主义，不赞成社会主义）以外，在思想文化方面自然也有其原因。例如在科学与人生观的辩论中，他基本上站在玄学一边，而这在梁启超并非偶然。这位受旧学影响甚深的学者，在他的内心深处，始终挥洒不去对古圣先贤的心性论的迷恋。在科玄论战中，在他批评胡适的《中国哲学史大纲》的讲演中，这一点都表现得很清楚。

关于中国古代思想家的心性论学说，如何解析，如何评价，这是个很大的问题。已有不少人论及，但仍不能令人十分满意。在这里无法讨论这么大这么复杂的问题。我只简单说几句与本文密切相关的话。我们不能不承认，古代先贤适应他们的生活环境，总结他们及其前人与同时代人的生活经验，潜心思考，提出一套有关心性修养的理论。这套理论确曾塑造了历代不少杰出人物。因此，不能完全否定它的价值和意义。但是也必须看到，随着由传统向近代的转型，社会公共空间的逐渐扩充，古代的心性修养论，已不完全适应现时代的需要，它本身将经历考验、磨洗、变通，才能在新时代的人格塑造过程中发挥其有益的作用。梁启超是我国传统社会向近代社会转型过程中一位最具代表性的人物。他在许多方面都为我们提供了转型时代的启蒙性的思想和观念。在这个心性修养问题上，他还没来得及为我们提供更清楚的新观念。这是不必深怪的。而且我们也没有理由因此一点，就把他划入保守主义的营垒。

我前面说过，从前人们把五四后的梁启超划入保守主义营垒颇有误解的成分。我这里想指出两点：

（一）梁启超在《欧游心影录》中，论《中国人对于世界文明的大责任》时，所提出的创造新文化的四步说本来是不错的。但在这一节文字的最后部分，他却喊道："我们可爱的青年啊！立正！开步走！大海对岸那边有好几万万人愁着物质文明破产，哀哀欲绝地喊救命，等着你来超拔他哩！我们在天的祖宗三大圣和许多前辈，眼巴巴盼望你完成他的事业，正在拿他的精神来加佑你哩！"① 这段话等于是说，西方世界要靠中国的传统文化，中国古圣先贤的遗教去拯救。就总体来说，五四后的中国，当然主要还是向西方学习借鉴的问题，而不是充当救世主的角色。梁氏的话，被人看作是保守主义心态的表露，应当说事出有因，梁氏自己要承担相当的责任。但也不能不指出，这段话并不代表《欧游心影录》的主旨，亦绝非是他对中西文化问题的主张的准确概括。这不过是欧战后，多少恢复了民族自信心的中国知识分子，在没有摆脱古圣先贤心性论影响，在乐观展望前景时，说了过头话。人们不应当以此作为判断梁启超文化思想的根据。

（二）胡适在其为《科学与人生观》一书写的序文中，在其第一部分的开头就说道："这三十年来，有一个名词在国内几乎做到了无上尊严的地位"，然而"到民国八九年间，梁任公先生发表他的《欧游心影录》，科学方才在中国文字里受了'破产'的宣告"②。往下又说："自从《欧游心影录》发表之后，科学在中国的尊严就远不如前了。一般不曾出国门的老先生很高兴地喊着：'欧洲科学破产了！梁任公这样说的。'……梁先生的声望，梁先生那枝'笔锋常带情感'的健笔，都能使他的读者容易感受他的言论的影响。"③ 胡适在这里指证，是梁氏首先喊出欧洲"科学破产"的话，因梁先生的声望和笔端"常带情感"而使许多人受了他的影响，从而贬低了科学的地位，"替反科学的势力助长不少的威风"④。胡适的声望与文章的影响毫不逊于梁任公。根据他的指证，人们把梁启超划入保守主

---

① 《欧游心影录》，《饮冰室合集·专集之二十三》，中华书局 1989 年影印本，第 38 页。
② 《科学与人生观序》，《胡适文存》二集卷二，亚东图书馆，第 2 页。
③ 同上书，第 5 页。
④ 同上。

义营垒，当然也是事出有因了。

无论如何，"科学破产"的提法是很不妥当的。梁启超对欧洲科学作如此评断，是很不应该的。但我们不要忘记，梁氏在说了"科学破产"的话之后，已自觉不妥，故加了一段注解说："读者切勿误会，因此菲薄科学。我绝不承认科学破产，不过也不承认科学万能罢了。"① 尽管如此，梁氏的负面影响仍是不可否认的。

梁氏对科学的保留态度，仍是根源于他对心性论的迷恋。我们当然得承认，在眼前的现实中，科学的确不能解决一切问题。我们同梁启超一类人的区别在于：我们不赞成主观设定一个界限，以为过此界限，科学便无能为力了。我们只承认有未被认识的事物，不承认有永远无法认识的事物。梁氏保留一个科学不能侵犯的精神世界的小王国，这的确是他比较保守的一面。但放在五四前后的文化大论争中，还不宜把梁氏划入保守主义一边。我们看胡适在上面引述的相关文字中，他还是有意将梁氏与"同善社悟善社的风行"，及一些"未曾出国门的老先生们"划清了界限。在胡适的心目中，任公先生始终是个受人尊敬的，开时代风气的人。后来他写《四十自述》时，充分表达了他对梁先生的敬意。直到1935年6月，当他与陶希圣讨论民族主义问题时，他明白地把任公先生引为同道先驱，他对陶希圣说："你试看看这35年的历史，是梁任公、胡适之的自责主义发生了社会改革的影响大呢？还是那些高谈国粹的人们发生的影响大呢？"② 显然，胡适认为，从总体上说，梁启超不属于保守主义阵营。尽管有时因难以割舍的心性论的影响，不免使他略显出保守性的一面。

（原载《广东社会科学》2004年第1期）

---

① 《欧游心影录》，《饮冰室合集·专集之二十三》，中华书局1989年影印本，第12页。

② 引自耿云志、欧阳哲生编《胡适书信集》（中），北京大学出版社1996年版，第643页。

胡适的文化心态形成的背景及其特点

胡适一生热烈地赞颂西方文化，希望中国人能够充分赏识这种新文化，以助成中国文化的再生。但他的主张不断地遇到强烈的反对。胡适认为，这些反对者都有民族夸大狂的病态。不消说，他这种指责不可避免地遭到更加激烈的反驳。笔者以为，胡适的文化心态最富理性，但文化冲突中的问题不完全是纯粹理性的问题。胡适的理性态度，亦未尝不受到非理性的限制。这个问题相当复杂，本文略采历史与逻辑相统一的方法，试图对这个复杂的问题作一次也许是力不从心的探讨。

一　胡适发生影响的思想背景

中国文化被认为是历史最悠久、最有连贯性和最具独特传统的文化。许多人因而自视中国文化圆满自足、无所不包、无需外求。实际上，在很远的古代，中外文化已经有所接触、有所交流，中国文化已经吸纳了不少外来文化的成分。只是那时中国文化相较而言处于较高的发展水准，富有生机活力，被吸收的外来文化很快就变成中国文化的一部分了。因此，外来文化只增加了中国文化的色彩，丝毫不曾使人困惑、使人感到不自在。这就足够使一部分以中国文化传统的保存者自居的士大夫产生圆满自足的想法了。

当中国士大夫继续沉醉于圆满自足的梦想的时候，西方逐渐摆脱中世纪教会与神学的笼罩，其学术、科学、工艺等取得了新的发展，在许多方面超出了中国的水准。最初把这种较高水准的西方文化介绍给中国人的，是一些很有学问也很有道德的传教士，那是在明末清初的时候。这在当时虽然也曾引起一些矛盾冲突，但一些确有学问的中国士大夫很乐意地接纳了这些传教士，吸收了他们所带来的一些新知识。而那些优秀的传教士也把中国文化介绍到西方去。但不幸的是，这种自然的、慢慢渗透的文化交流竟被人为地打断了。

到了 19 世纪，西方近代文化得到了充分的发展。当资本主义列强逐渐把侵略的矛头集中于中国的时候，西方近代文化也伴着军舰大炮一起东来，潮涌般地冲击中国的古老文明。从鸦片战争到第一次世界大战，西方文化在中国人眼里，表现出太多的野蛮。中国多数由传统文化熏陶出来的知识分子，都不情愿接纳西方文化，有的甚至表现出激烈排斥的态度。但是中国的贫弱抵挡不住列强的侵略，国家面临被瓜分的危险，这是一个无法回避的事实。有志救国的政治家和知识分子不得不思考中国何以不如西方这个恼人的问题。

最初人们还只是认为中国的器物不精，所以有"取西洋器数之学以卫吾尧舜禹汤文武周孔之道"①的说法，后来人们又进一步概括成"中学为体，西学为用"。从戊戌变法时期起，先进的中国人才有了改变专制制度的要求。但百日维新与辛亥革命都没有真正实现这一目标。

"戊戌"以前，绝大多数中国人对西方文化仍极端缺乏了解。用胡适的话说，就是还未能赏识这个科学民主的新文化。既然不赏识西方文化，也就不可能产生对本土文化的深刻反省，因此也就不能摆脱"中学为体，西学为用"的框架。

这种情况在 19、20 世纪之交的那几年里，开始发生突破性变化。中国第一个能从整体上和深层意义上赏识西方文化的人是严复。他以醒目的中西文化比较，使人知道，固守传统旧学之"无实"、"无用"无补时艰。他翻译《天演论》，就介绍"物竞天择，优胜劣败"之理以警醒国人：再不图奋发，只有亡国。他总结中西文化之大异，根本在"自由与不自由"。西人"以自由为体，以民主为用"②，各自发舒，争驰并进，民致富，国致强。有鉴于此，他认为，中国所当努力者，"质而言之，不外利民云尔。然政欲利民，必自民各能自利始；民各能自利，又必自皆得自由始；欲听

---

① 薛福成：《筹洋刍议·变法》。
② 严复：《原强》，《严复集》卷一，中华书局 1986 年版，第 23 页。

其皆得自由，尤必自其各能自治始"。民能自治，源于民力、民智、民德之优。故"今日要政统于三端：一曰鼓民力，二曰开民智，三曰新民德"①。

第二个比较能赏识西方文化的人是梁启超。梁氏小严复 20 岁，在中国思想言论界是紧接严氏而发生最大影响的人。梁氏在戊戌之前尚持中学西学互补之论。戊戌以后，他深感于国家败亡之象，乃极倡破旧立新之义。谓"今日之中国，又积数千年之沉疴，合四百兆之痼疾，盘踞膏肓，命在旦夕。……故破坏之药遂成为今日第一要件"②。"必取数千年腐败柔媚之学说廓清而辞辟之，使数百万如蠹鱼如鹦鹉如水母如畜犬之学子毋得摇笔弄舌舞文嚼字为民贼之后援。然后能一新耳目，以行进步之实也。"③从此，梁氏直以"新民"自命，大倡"新民"之说，将严复微引其绪的新民之义，大加发挥，振聋发聩，影响了整整一代青年人。其所著《新民说》的根本要义是承认中国人在体气、智力、道德诸方面都不如西人。要救国，要造新国家，必须先新我国民。有了新国民，民力恢张，民智进步，民德提高，必可造成新民族、新社会、新国家，争存于世界。

胡适恰好于严复与梁启超（特别是后者）在思想界发生最大影响的时候，以 14 岁的年纪进入最主要的西学传播集散之地上海读书。他自己承认，"受了梁先生无穷的恩惠"④，是梁先生使他知道，中国之外还有很高等的民族，在"四书"、"五经"之外，还有学问。胡适于《天演论》也颇有领会，再加以身居上海，亲历许多革命风潮，遂生"投袂奋兴"之志，为国家民族争生存、图发展。⑤其决心留学美国，未尝不是发此初衷。

总之，从严复、梁启超到胡适，他们都感受到了中国民族文化的危机，想从根本上为国家的复兴造就一种新文化的基础。

胡适初到美国时，出于救国初衷及爱国挚情，常极力为中国文化辩

---

① 严复：《原强》，《严复集》卷一，中华书局 1986 年版，第 27 页。
② 梁启超：《十种德性相反相成义》，《饮冰室合集·文集》第五册，中华书局 1936 年版，第 50 页。
③ 梁启超：《新民说·论进步》，《饮冰室合集·专集》第四册，第 65 页。
④ 胡适：《四十自述》，《胡适作品集》第一册，第 55 页。
⑤ 胡适在上海澄衷学堂读书时，曾有一篇作文，题为《物竞天择，适者生存，试申其义》，其中有为救国而"投袂奋兴"之语。参见耿云志《胡适年谱》，四川人民出版社 1989 年版，第 12 页。

护。久之，对西方社会及其文化了解日多，感受日深，始渐养成开放的心态，对西方文化自觉采取一种虚怀迎受的态度。他立意要充分借鉴吸收西方文化，重新整理中国的旧文化，在中西结合的基础上，再造中国的新文化。这一根本思想在其博士论文的导言中得到了明确表达。

胡适深切感受到中西文化的差异，感受到中国固有文化对新世界的不适应。所以，他给自己提出的问题是："我们应怎样才能以最有效的方式吸收现代文化，使它能同我们的固有文化相一致、协调和继续发展。"他说："这个大问题的解决，唯有依靠新中国知识界领导人物的远见和历史连续性的意识，依靠他们的机智和技巧，能够成功地把现代文化的精华与中国自己的文化精华联结起来。"①任何不怀偏见的人都应承认，这是一种很理性很健全的中西文化观。尽管在以后各个时期，因讨论与争论的具体情况而在表达上略有不同，但上述的基本观念一直是胡适所坚持的根本主张。正因此，我不赞成某些海外学者认为胡适"全盘性反传统"的说法。②

二　投入文化论争

胡适留学归国后，深叹去国七年，尽管其间发生过辛亥革命这样的大变动，而国中仍甚少进步。他在北京大学与陈独秀等一起编辑《新青年》和提倡文学革命，而成为新文化运动的领袖。他立意"想在思想文艺上替中国政治建筑一个革新的基础"③。当时，在最顽固的守旧党（如林纾）看来，胡适是与陈独秀、钱玄同无区别的"过激派"。然而，细心研究比较那一时期他们的思想言论，即不难发现，胡适要比陈独秀、钱玄同来得温和些、稳健些，质言之，是更富于理性。他不避钱玄同的反对，邀请反对文学革命的张厚载为《新青年》写辩护旧戏的文章。他也不避嫌疑，肯与头脑半新半旧的人来往。为此，钱玄同怪他"旗帜不鲜明"，对旧社会

---

① 胡适：《〈先秦名学史〉导言》，第8页。
② 参见本书附录一《五四新文化运动再认识》。
③ 胡适：《我的歧路》，《胡适作品集》第九册，第65页。

"太同他们周旋了"。①

尤可注意的是，当时陈独秀正同《东方杂志》编者就东西文化问题大开笔战，而胡适并未介入，足见胡适这时期对于中西文化的问题持很谨慎的态度。1919 年 11 月，他写《新思潮的意义》一文，提出"研究问题，输入学理，整理国故，再造文明"的纲领和"重新估定一切价值"的口号，旗帜不可谓不鲜明，但他当时强调的重点是在"研究问题"，而不是其他。不过，他在谈到新思潮对于旧有学术的态度时，首次谈到反对调和的主张。在中西文化问题上，反对调和、折中，这是胡适一贯的立场。这个立场，到了他直接参与东西文化的论争时，就表现得更鲜明、更具体了。

新文化运动的高潮过后，一方面，新文化营垒内部分裂，一部分人由文化上的急进主义转向政治上的急进主义，直接投身到革命活动中去了。另一方面，对新思潮持保留态度或反对态度的一些人，此时都活跃起来。《学衡》杂志、《华国》月刊、《甲寅》周刊等等，都相继问世了。梁漱溟的《东西文化及其哲学》亦于 1922 年出版，张君劢则于 1923 年发表其著名的《人生观》的讲演。这时，胡适乃有不得不参加论战之势。从 1923 年批评梁漱溟的《东西文化及其哲学》，到 1935 年批评十教授的"本位文化"的宣言，十余年中，他先后发表了十几篇大块文章，严厉批评颂扬东方文化、贬斥西方文化的种种论调，批评以调和、折中来为旧文化辩护的主张。如果说，新文化运动的高潮期（1917—1921），胡适还是与陈独秀等并列的新思潮的领袖，那么，1923 年以后，胡适就是中西文化论争中，西化派的无可替代和无人比肩的领袖。贯穿这十几年的争论中，胡适一贯的宗旨虽不似某些喜欢简单化的理念的人们所说的那样，是什么"全盘性反传统"或什么"全盘西化"，但其主要用力处，确是要人承认西方文化的长处和中国文化的短处。他的这一鲜明倾向亦与论战的对象适成对照。对方亦非全盘地排斥西方文化、全盘地肯定中国文化，不过是尽力要人承认中国文化的长处和西方文化的短处而已。

---

① 《胡适来往书信选》（上），第 25 页。钱玄同致胡适的这封信写于 1918 年夏，原编者注为"1919 年 2 月"，不确。参见耿云志《胡适年谱》，第 65 页。

　　胡适这种尽力强调西方文化的长处和中国文化的短处的基调，与《先秦名学史》的导言中那种平和稳健的中西结合的文化观有些不同。他的态度似乎变得偏激了。1929 年，他在一篇英文论文里用了"Wholesale Westernization"一词，它被译为"全盘西化"而屡被人们提起，胡适遂被视为"全盘西化"的代表人物。实则，这不过是在辩论中受激而强化自己的主张的一个方面而给人造成的一种印象。

　　胡适直接投入东西文化的论争以后，态度显得越来越激进。这其中的关键是第一次世界大战后，欧洲的社会思潮起了变化，一些人对这场空前浩劫进行反省，认为欧洲文明走上了歧路，对一两百年来以科学、工业、民主为特点的西方文化产生怀疑。梁任公先生是把这一信息带回中国的最权威的学者。他的《欧游心影录》于 1920 年春发表。其时，新思潮犹当盛时，该书似未立即显现重大影响。况且，梁任公究不失为梁任公，他虽然明显地表现出批评西方文化和重新发扬中国文化的倾向，但他毕竟是个头脑清楚的人。他仍明白地承认西方学术的长处，主张借鉴西方的学术方法来研究整理中国的旧学术，远没有后来力倡东方文化的某些人那么多荒谬不通的主张。胡适一向以师辈视任公，不曾立即批评任公的书。但以梁任公"常带感情"的笔所写出的"欧洲科学万能的大梦破产了"的宣告，毕竟对怀疑和反对新思潮的人们起了很大的鼓励，甚至可以说是煽动的作用。一旦胡适决心投入论争之后，他就毫不含糊地指出了这一事实。[①]

　　胡适的投入论争，直接受到两方面的刺激。一方面是反对新思潮的人把攻击的目标对着胡适和他的主张，另一方面是一些拥护新思潮的人敦促他披挂上阵。

　　例如，梁漱溟就明白地批评胡适与陈独秀、李大钊他们热衷于引进唯"重物质生活"、"倡言利"的西方文化，使许多人跟着他们"走入了歧路"，致使国内"贪风炽盛"起来。[②]张君劢以折中的面貌出现，却着力批

───────────────

　　①　胡适：《科学与人生观序》，该文第一部分开头就说道，梁任公先生的《欧游心影录》"替反科学的势力助长不少的威风"。参见《胡适作品集》第二册，第 54 页。
　　②　梁漱溟：《合理的人生态度》，《梁漱溟全集》第四册，山东人民出版社 1991 年版。

评主张西化者"西洋人如何，我便如何。此乃傀儡登场，此为沐猴而冠"①。又说："方今国中竞言新文化，而文化转移之枢纽不外乎人生观。"而"人生观又非科学所能为力"。西洋人重科学、重物质，如今已"不胜务外逐物"② 之感。这都是明显地同新思潮唱反调。曾经有位山东的青年学子写信给胡适说："文学革命成功了，思想界的言论（却）寂寞了。……受了张君劢、梁漱溟一派的影响，于是乌烟瘴气充塞了山东社会。"③ 他恳请胡适到山东一师去讲演，以作一番思想廓清的功夫。胡适的《读梁漱溟先生的〈东西文化及其哲学〉》、《科学与人生观序》，就是在这样的背景下发表出来的。

　　1925 年春，钱玄同看到《学衡》和《华国》两种杂志中有特别攻击新思潮的内容。于是他把这两种杂志寄送给胡适并附信说，"敝老师"章太炎先生写文章"骂提倡新文化新道德者为洪水猛兽"，又"骂李光地因服膺朱老爹（指朱熹——引者注）穷理之说而研究天文历数为非，又以'学者浸重物理'为'率人类以与麟介之族比'。则反对研究科学旗帜甚为鲜明矣"。④ 信中又说到《学衡》第 38 期上吴宓、景昌极的文章，⑤ 其"议论思想昏乱到什么地位？"他恳切要求胡适出来"打些思想界的防毒针和消毒针"，"做思想界的医生"。⑥ 胡适回信说，他读过《华国》与《学衡》的有关文字，感到"近来思想界昏谬的奇特，真是出人意表"。并说："见了这些糊涂东西，心里的难受也决不下于你。"不过，他"有点爱惜子弹"，认为"这种膏肓之病，不是几篇小品文字能医的"。他告诉钱玄同，"将来你总会见我开炮"⑦ 的。胡适不肯打零枪，而准备施放

---

　　① 张君劢：《欧洲文化之危机及中国新文化之趋向》，《东方杂志》十九卷三期，1922 年 2 月 10 日。

　　② 张君劢：《人生观》，《科学与人生观》，亚东图书馆 1928 年版。

　　③ 据原件。

　　④ 所引章太炎的话，皆出自《王文成公全书后序》，《章太炎全集》第五册，上海人民出版社 1985 年版，第 118—119 页。

　　⑤ 指景昌极的《评进化论》和吴宓的《白璧德论欧亚两洲文化》、《论循规蹈矩之益与纵性任情之害》。景氏文大攻西洋科学给人类带来祸患。吴氏两文本属翻译，但皆有引言和按语，申明其反对批判礼教，主张"爱护先圣先贤开创之精神教化"，甚至为"父母之命，媒妁之言"的婚姻制度辩护。

　　⑥ 耿云志编：《胡适遗稿及秘藏书信》第 40 册，第 351—356 页。

　　⑦ 胡适：《复钱玄同的信》（1925 年 4 月 12 日），《鲁迅研究资料》，天津人民出版社 1982 年版。

重炮。于是第二年他发表了《我们对于西洋近代文明的态度》这篇重头文章。

我们抛开胡适和他的对手们的各种具体的思想主张，而从总的思想倾向上来分析，他们是代表了两种不同的思想路线。

章太炎、梁漱溟、张君劢、吴宓等人以及被视为新儒家的先驱人物的其他一些人，他们坚持一个根本见解，认为中国文化有自己源远流长的根基，绵延数千年的统绪，必自有其不可灭的生命力。应当首先使自己的文化传统，尤其是儒学始祖们所创立的一些最基本的精神典范立于不拔之地，在此基础上才能谈到吸收西方文化有益于我的东西。否则，在竞争如此激烈的世界上，尽力提倡西化，就会尽弃故垒，使中国不复为中国了。胡适和他们持相反的看法。他强调，文化就是生活本身，西方文化所展示的较高的人类生活，充分说明了它的长处。中国要不甘心贫弱、落后以至灭亡，就应当首先放弃一切民族自大的心理，努力学习西方文化的长处。也只有学习西方文化的长处，才能打掉一些固有文化的惰性，使中国文化生机活跃起来。一个强调固本和弘扬传统，一个强调采新以求"再生"；一个强调"本位"，一个强调"西化"（请注意，我这里讲的两种倾向不是抱残守缺的顽固派与所谓"全盘西化"的对立）。从抽象道理上说，双方各有所本，皆能言之成理。也正因此，都不易为对方所破，所以长期以来，各是其是，各非其非，互不相服。

辩论有它的好处，可以逼使双方把各自的思想弄得明确。但也有流弊，那就是辩论的双方为了自己所强调的方面，而往往忽略了另一些方面，因而容易发生走极端和片面性的毛病，有时会讲出一些激烈的过头话。平心地说，这两种思想倾向代表了解决民族文化危机的两种路向，双方都对现状不满，都企图重新振兴中国文化。但所选择的路向不同，下手的方法不同。这两种思想路向的背后，深藏着一个相当难解的矛盾。

我们知道，近代中国的文化复兴问题，是紧紧地与救国图强的问题联系在一起的。要救国，要图强，建立民族自信心是绝对必要的。强调西化的人，极力要人相信西方文化的优胜，要人相信中国固有文化几乎处处不如人。这在普通人那里，确有损及民族自信心的可能。所以有些并非顽固守旧的人，特别关注弘扬中国传统文化，以增强民族自信心。但从另一个方面看，这样着力强调弘扬中国传统文化，也确会滋长类似顽固派那种故步自封、妄自夸大的心理，使民族自信心不是建立在真实可靠的基础上。这确实是一个在实践上难以恰当地加以解决的矛盾。正因有这样一个深刻的难以解决的内在矛盾，所以，中西文化的争论延续一个多世纪，甚至直到今天，仍难得到大家满意的解决。

三　理性的文化心理

在近代中国有关中西文化问题的争论中，大多数人都热衷于提出某种方案、某种图式；且都自信，如果按照他的方案、图式去办，中国就能够摆脱文化上长期的困惑，实现中国文化的复兴。

实则，一个民族的整体文化问题实在是一个太大太复杂的问题。古今中外，无论多么受人尊敬的人，都不可能使全民族严格按照他所设计的文化模式生活。中国的孔夫子做不到，西方的苏格拉底也做不到。某些尊孔的学者宣称，中国的文化是由孔夫子规划铸造出来的，这只是他们自欺欺人的幻想。孔夫子在世时及其身后，正是百家争鸣的时代，孔子所创立的儒学，只是诸流并进中的一个流派。汉武帝独尊儒术、罢黜百家，从来也没有真正成为事实。况且，提倡独尊儒术的董仲舒自己的思想就很难说是纯正的孔孟之儒。至于后世，则正如梁任公所说："浸假而孔子变为马季长、郑康成矣，浸假而孔子变为韩昌黎、欧阳永叔矣，浸假而孔子变为程伊川、朱晦庵矣，浸假而孔子变为陆象山、王阳明矣，浸假而孔子变为纪晓岚、阮芸台矣。"① 从孔、孟到纪、阮，其间中国社会不知已经变迁几许了，人们的思想观念也不知已经变迁几许了。这中间又有道家的流行和佛教的输入。我们最多只能说，在古代创立的诸家学说中，比较起来儒家思想最适合于中国社会需要，最有利于统治集团安天下的计谋。而孔子、孟子的思想，则在儒学流传的过程中比较起来最有长远的影响，如此而已。把中国文化简单地归结为儒家文化，把中国的思想归结为孔孟思想的累代遗传，是完全不合事实的。

---

① 梁启超：《保教而非所以尊孔论》，《饮冰室合集·文集》第九册，第55页。

　　既然一个民族的文化不可能依照某家某派或某人的设计发展，那么，在研究文化转折与变迁的问题时，特别是研究中国百余年来困惑着千千万万人的中西文化关系的问题时，人们应当着重努力的，不是去设计各种方案与图式，而是首先解决文化心态的问题。①

　　胡适在参与中西文化的论争中所提出的主张和见解，自然也可以看成一种方案。但他比其他任何人都更加关注的，是调整人们的文化心态问题。在我开头引用过的《先秦名学史》的导言中，他曾说到，中国人所面临的问题是"如何能在这个骤看起来同我们的固有文化大不相同的新世界里感到泰然自若？一个具有光荣历史以及自己创造了灿烂文化的民族，在一个新的文化中决不会感到自在的。如果那新文化被看作是从外国输入的，并且因民族生存的外在需要而被强加于它的，那么，这种不自在是完全自然的、合理的"②。他认为重要的工作是找到一种基础，把西方的新文化同中国固有的文化联系起来。他一生的学术文化工作，可以说都是围绕着这个大题目进行的。他既反对"突然替换的方式"，以致引起旧文化的消亡③，也反对故步自封、排斥西方文化的态度。在这个问题上，他认为必须采取充分理性的态度。"在文化改革的大事业上，理智是最重要的工具，最重要的动力。"④ 我认为，贯穿胡适的全部文化主张的中心，就是强调确立理性的文化心态。

　　研究胡适的学者，对胡适的文化主张是不会感到陌生的，这里没有详加叙述的必要。现在，我只想用力说明，胡适理性的文化心态有些什么主要的特征。我想，概括地说来有如下四点。

　　（一）开放的文化心态。中国两千多年里未曾遇到文化上真正强大的对手，一向把自己看成文明的中心，文化的唯一策源地，而把中国以外的民族都视为蛮夷。现在大门打开了，有机会看到广大的外部世界，应当放

---

　　① 1986 年 1 月，笔者在上海首届中国文化国际讨论会上就着重地提出这个问题。《文汇报》对此有所报道，见《文汇报》1986 年 1 月 10 日，并参见该次讨论会的论文集《中国传统文化的再估计》，上海人民出版社 1987 年版。

　　② 胡适：《〈先秦名学史〉导言》，第 7—8 页。

　　③ 同上书，第 8 页。

　　④ 胡适：《答陈序经先生》，《独立评论》第 160 号，1935 年 7 月 21 日。

弃自我封闭的井蛙之见，去发现新的文化、吸收新的文化来丰富与提高自己民族的文化。但一来许多人未能摆脱中国中心主义的束缚，二来西方文化是伴着战争与掠夺一起跑到中国来的，人们难以从痛苦、耻辱和愤恨中完全清醒过来。所以长时间不肯正视西方文化的价值，不肯承认它的种种长处，甚至有强烈排斥的心理。而事实上，这个陌生的新文化却正依仗它的长处，在中国横冲直撞地为自己开拓园地。那些受传统文化熏陶最深的人，不免痛心疾首，往往只有靠炫耀祖宗的光荣和期待先圣的灵迹来安慰自己受伤受辱的心灵。胡适幼年秉受一点理学的怀疑精神；少年时代在"华洋杂处"的上海读书，受到严复、梁启超的启蒙影响；接着又到美国留学七年，在那里他有意识地积极参与当地的各种社会生活和文化生活，这使他比任何人都能更好地兼容两种文化于一身，养成一种开放的文化心态。他明白地承认，西方文化达到了较高的发展阶段，比较彻底地摆脱了中世纪的愚昧、黑暗与落后，使人的智力、体能、道德都达到了新的水准。① 他希望中国人能虚心欢迎这个新文化，借助它的锐气打掉中国固有文化太多的暮气，在自由接触、自由琢磨的过程中，造成中西结合的新文化。② 他批评领导中国现代化运动的人，在西方文化面前表现动摇、犹豫，力图预设一些堤防，防止因西方文化的吸入而损害中国自己的宝贵传统。这种犹疑的态度，在胡适看来，正是中国现代化迟迟不能成功的根本原因。他强调，中国实现现代化的唯一办法是全力地、充分地接受现代的西方文化，而不必担心失去自己的优秀传统。这就是被认为首次提出"全盘西化"口号的那篇著名的英文论文的主要见解。③

（二）世界主义的文化心态。古代的世界，因交通不便，各国家各民族近乎相对孤立地发展。近代世界才开始真正成为人类共同拥有的世界。到胡适生活的那个时代，差不多各个国家各个民族都已进入世界范围的相互交往之中了。尽管有很多是通过残酷的战争、掠夺、灾难和种种欺诈行为实现的。

---

① 参见胡适《东西文化之比较》，此文原是胡适根据《我们对于西洋近代文明的态度》一文改写的英文稿。此处据于熙俭译文，收入《胡适》一书，华欣文化事业中心 1979 年。

② 参见胡适《试评所谓"中国本位的文化建设"》，《胡适作品集》第十八册，第 140 页。

③ See Hu Shih " Conflict of Cultures", in China Christian Year Book. 1929. pp. 112 – 121.

作为人类的文化，不管是物质的，还是精神的，本质上都是人类为了生活而创造出来的。用胡适的话说，文化是人类应付环境的产物。而应付环境的基本手段与质料，总不过大同小异的那么几种。所以，人类的文化本质上都具有同一性。① 他批评梁漱溟的三种不同的文化路径说是由此立论的，他批评所谓"西方文化是物质的、东方文化是精神的"说法，也是由此立论的。一定的物质生活，一定的物质器具，是任何精神文化赖以存在的基础。② 胡适的这一见解，实在比他的对手们高出百倍。

本质上具有同一性的文化，自然是可以互相交流、互相融通的，绝不像梁漱溟所说的那样，有什么永远走不到一起的互相悬绝的三种不同的文化。而文化交流的一个基本规律就是从发展较高的地域流向发展相对较低的地域。中国的文官制度、四大发明等等都曾经流向西方，对西方社会及其文化的发展发生过很大的影响。反过来，西方近代的民主制度、科学、工艺等等，也不可阻挡地要从西方流向东方。所以，胡适坚信，"将来中国和印度的科学化与民治化是无可疑的"③。

从世界的眼光看文化问题，使胡适能够避免他那一代的大多数知识分子难以摆脱的因中西文化冲突所引起的困扰，从容地面对中国文化的调整与重建。他把这个问题归结为中国文化的世界化的问题。④

（三）自责主义的文化心态。胡适认为，面对国家贫穷落后、人民愚昧、受欺受辱的事实，中国人须有一种新觉悟、新心理，就是首先要自己肯认错。"必须承认我们自己百事不如人，不但物质上不如人，不但机械上不如人，并且政治社会道德都不如人。"⑤ 他不赞成把一切罪过都推到"洋鬼子"头上。"帝国主义的侵略压不住日本的发愤自强。"⑥ 要想不受侵略，不受压迫，摆脱贫穷、落后和愚昧，就须从自己认错开始，发愤自我振拔，"死心踏地地去学人家"。"学人家怎样用教育来打倒愚昧，用实

---

① 参见胡适《读梁漱溟先生的〈东西文化及其哲学〉》，《胡适作品集》第八册，第55页。
② 参见胡适《东西文化之比较》。
③ 胡适：《读梁漱溟先生的〈东西文化及其哲学〉》，《胡适作品集》第八册，第59页。
④ 参见胡适《充分世界化与全盘西化》，《胡适作品集》第十八册。
⑤ 胡适：《请大家来照照镜子》，《胡适作品集》第二册，第138页。
⑥ 同上书，第139页。

业来打倒贫穷，用机械来征服自然，抬高人的能力与幸福。……学人家怎样用种种防弊的制度来经营商业，办理工业，整理国家政治。"① 人们批评胡适这种自责主义会妨碍建立民族自信心。胡适反驳说，自责就是自我反省，"真诚的反省自然发生真诚的愧耻。……真诚的愧耻自然引起向上的努力……然后可以起新的信心"②。"民族信心必须站在'反省'的唯一基础之上。"③ "如果因为发现了自家不如人，就自暴自弃了，那只是不肖的纨袴子弟的行径，不是我们的有志青年应该有的态度。"④

胡适认为，不肯自责的人，有一个根本的错误观念，就是认定中国只是物质机械不如人，在精神方面、道德方面还要远远高过西方人。这正是把西方文明看作物质文明、把东方文明看作精神文明那个成见的一种表现。连伟大的革命家孙中山也不能免去这种偏见。最典型的例子是一度做过国民党宣传部长的叶楚伧，他竟宣称："中国本来是一个由美德筑成的黄金世界。"⑤ 这是全无世界观念的狭陋心理。以这种心理做基础，自然难以走上进步之途。为了清除这些对民族进步无益的心理，胡适一直坚持他的自责主义，严厉地批评各种盲目夸诞的欺饰之谈，有时不免稍嫌激切而有偏激之论。这一点，我们暂且不谈。这里需要说明的是，自责主义的文化心态，究竟是否够得上一种合理的文化心态？我的回答是肯定的。一个人的进步须从不自满始，一个政党要有所作为，亦必须有自我批评的精神，一个民族要进步，也须能自责、自我激励。一个迷醉于自我夸大的民族必定要走向衰落。中国人一百多年来取得的进步，也都是以自责为起点的。鸦片战争之败，始知有不如人处，乃有一点办实业、兴科技的觉悟。甲午战争之败，始知政治不如人，才有改革与革命的觉悟。辛亥之后，国体不固，政治混乱，有"二十一条"之辱，始有新文化运动之兴。第一次世界大战后，有巴黎和会之辱，乃有五四运动爆发，中国革命始有一个新

① 胡适：《请大家来照照镜子》，《胡适作品集》第二册，第 139—140 页。
② 胡适：《信心与反省》，《胡适作品集》第十八册，第 53 页。
③ 同上书，第 52 页。
④ 胡适：《三论信心与反省》，《胡适作品集》第十八册，第 67—68 页。
⑤ 叶楚伧：《由党的力行来挽回风气》，转引自胡适《新文化运动与国民党》，《新月》二卷六期，1929 年 9 月 10 日。

起点。这些都足以表明自责心理是求进步的第一推动力。1935 年 6 月 12 日，胡适在给陶希圣的一封信里，反驳他所谓自责主义不利于民族主义和爱国主义教育的说法。胡适说，只有肯自责，产生愧耻之心，才可指望"有一个深自振拔而涮除旧污，创造新国的日子"。他问道："你试看看这三十五年的历史，还是梁任公、胡适之的自责主义发生了社会改革的影响大呢？还是那些高谈国粹的人们发生的影响大呢？"① 不用说，胡适对他的自责主义的正当和功效是充满自信的。

　　（四）对传统与将来的信念。从批评梁漱溟的《东西文化及其哲学》到 1961 年 11 月发表《科学发展所需要的社会改革》的演说，胡适终生为扫除成见、欢迎西方科学民主的新文化而奋斗。不少人因此认为胡适是"全盘性反传统"和"全盘西化"的人。这自然是很片面、不合事实的。② 我在前面指出，胡适留学归国前夕，曾用非常冷静而客观的态度表述了他对中西文化问题的见解。只是后来国内保守主义思想屡次起来挑战，胡适不得不把他的立论的重点放在批评传统的缺点和颂扬西方文化的长处一方面。但即使这样，肯细心研究问题的人仍可发现，胡适对中国传统文化自有其特别的信念。1919 年，胡适在《新思潮的意义》里提出新文化运动的纲领中包括"整理国故"一项。所谓"整理国故"，最主要的意义就是重新认识传统文化的价值。这自然不是全盘否定传统的意思。胡适一生的学术工作，绝大部分都可归入"整理国故"的范围，其中既有破，也有立。1929 年，在《中国今日的文化冲突》一文中，胡适强调提出，"按照广大民众的惯性法则的自然作用，人民的大多数总是悉心爱护那些他们视为亲切的传统的东西。所以，一个民族的思想家和领导者为传统价值的丧失而忧虑是没有道理的和完全不必要的"③。1935 年，在《试评所谓"中国本位的文化建设"》一文中，他更明确地指出，文化皆固有其自身的保守性，这种保守性根源于"某种固有环境与历史之下造成的生活习惯"。而这些习惯的最大的传承者"就是那无数无数的人民。那才是文化的'本

---

　　① 胡颂平编：《胡适之先生年谱长编初稿》第四册，联经出版事业公司 1984 年版，第 1379—1380 页。

　　② 参见《五四新文化运动再认识》。

　　③ Hu Shih, "Conflict of Cultures".

位'，那个本位是没有毁灭的危险的"。① 胡适这些话已经包含有文化的创造与保守的主体是人民大众的思想。② 正因文化的主体在人民大众，所以传统才没有丧失的危险。1960 年，胡适在西雅图举行的"中美学术会议"上讲演《中国传统与将来》。他又进一步提出，由先秦的"经典时代"所琢磨塑造出来的中国传统文化，在经历近代一百多年来的中西冲突、革新、淘汰的作用之后，并不曾破坏中国文明的性格与价值。"正好相反，革除淘汰掉那些要不得的成分，倒有一个大解放的作用；采纳吸收进来新文化成分，只会使那个老文化格外发辉光大。"③

由上可见，胡适绝不是一个主张放弃传统而"全盘西化"的人。我们甚至可以不避矫枉过正之嫌，大胆地说，胡适比那些迷醉"国粹"的人，对中国传统倒是更多一些实实在在的信心。他基于对两种文化的较深的理解，从而确信，凡真正有价值的东西，都必能经得起文化冲突的考验。相反，那些国粹主义者，恰是担心传统经不起这种考验，所以才拒斥西方文化而醉心"昌明国粹"。

四　理性的限制

在多灾多难的近代中国，在中西方文化这个最复杂而又最有争论的问题上，胡适始终保持一种理性的心态，是颇不易的。但文化这东西本身却不单单是个理性的问题。在任何民族的文化中都会包含一些非理性的成分，这是人们的常识可以承认的事实。

文化在时间之流中发展，因而有时代性。同时，它又在一定的空间中积聚和发展，因而有地域性、民族性。因长时期在同一地域环境里，在同一民族内部，会造成一些独特的生活习惯、风俗、礼仪、观念、信仰，等等。这些往往也就成为一个民族的具有象征意义的东西，因而也就成为可以牵动民族感情的东西。

---

① 胡适：《试评所谓"中国本位的文化建设"》，《胡适作品集》第十八册，第 137—139 页。
② 参见耿云志《胡适的文化观及其现代意义》，《论传统与反传统》，山东人民出版社 1989 年版。
③ 胡适：《中国传统与将来》，《胡适作品集》第二十四册，第 171 页。

中国文化绵延数千年，自成体系。到了近代，它遇上来自外域的真正挑战，多次的挫折，使中西文化的冲突最易牵动中国人的感情。胡适在谈论中西文化问题时，为了驳斥东方文化派和各种保守主义者，往往太多地强调中西文化发展程度上的差异，而多少忽略了中西文化的民族差异。这在理论上是有缺陷的（自然，胡适并非完全不懂得文化的民族性差异）。尤其在辩论中，他受激而说过一些不免失于偏激的话。例如说中国"百事不如人"，说中国人"九分像鬼，一分像人"，说"欢迎帝国主义的文化侵略"等等。这些都颇能引起一般人的反感，遂使他本来合理的一些思想也不易为人所接受。

但胡适也是个有血有肉的人，他自己也不能完全超脱民族感情的限制。抗日战争爆发以后，他作为驻美大使，为了争取美国朝野对中国的同情与援助，发表过上百次的演说，其中多次谈到文化问题。有时是着重谈论中国传统文化的价值，有时是谈论中日文化的对比。在这两个主题上，他都表现了与从前在国内截然不同的态度。从前在国内，胡适总是着重批评中国的传统文化，而这时，他却处处强调中国传统文化的特别价值。《中国抗战也是要保卫一种文化方式》的长篇讲演，可以说是他此时期的一个代表作。在这篇讲演中，从老子的无为而治、孔子的有教无类与"合理的怀疑"态度，直到 20 世纪以来的批判性传统，他都给予了高度的评价。讲到中日文化对比的问题，从前在国内他极力强调日本现代化的成功和中国现代化的失败，强调中国应当效法日本。到此时期，正好相反，他强调中国在思想文化方面的现代化比日本成功。他要人们相信，日本的现代化是片面的，它只取得了物质上军事上的现代化，政治上是极权统治，学术上是愚民政策，教育上是军国主义。他把日本看作世界上、特别是太平洋地区现代自由民主生活方式的最大威胁。

用不着作什么详细的论证，人们自然会明白，胡适的这一重大变化是由于激烈的民族战争的现实所造成的。

我们看到，抗战以后，胡适在文化问题上并没有回复到 20 世纪 30 年代以前的基调，而是继续着重强调中国传统文化中具有现代意义的东西，这仍然是现实生活影响的结果。战后的国民党（特别是避地台湾以后）更紧密地同美国连在一起，从统治集团到一般知识分子，已经大大减轻了 20

世纪二三十年代经常出现的对英美式的西方文化生活与政治制度的强有力的怀疑与抵抗。胡适本人又长期避居美国，所以基本上没有批驳东方文化派与国粹主义者的那种冲动。20 世纪 50 年代末期，胡适回到台湾，当时新儒家也颇成气候，遂引出他临死前不久的那一次严厉批判传统文化的演说。正如人们所知道的，那次演说招致了很长一段时间的激烈反击。

　　总之，在文化问题上，理性是有其限制的。即使像胡适这样最富理性的学者也不能避免，也会有前后自相矛盾的情况。但是人们不应因此对理性失去信心。我相信，在文化大变动的时期，尤其需要理性的指引。只有理性能够帮助我们免入歧途，走上健全发展之路。对于文化问题中的非理性成分，也只有采取理性的态度，才能保持健全的心态，才能有助于民族心理的平衡。承认文化的民族性，承认在文化问题上民族感情与民族心理的历史正当性是完全必要的。我们都只能在一定的民族生存环境中接受文化遗产和创造新文化。在世界真正实现大同以前，在地球以外的力量对人类的生存构成真正的挑战以前，这种民族性与民族感情是无法泯灭的。但我们有必要尽可能地求得理性与民族感情的适当平衡。

　　　　（原载《胡适与现代中国文化的转型》，香港中文大学出版社 1993 年版）

胡适关于中国近代文化转型的几个重要观念

中国近代文化转型，照我的理解，是指从近乎封闭的，与大一统的中央集权的君主专制制度相联系的，思想定于一尊的，泯没个性的古代文化，转变到开放的，与民主的政治制度相联系的，多元的，鼓励个性发展的近代文化。这个转变是一个非常漫长的历史过程，这个过程至今尚未结束。从晚清以来的一百余年中，有两个时期显得特别重要，一个是清末戊戌变法至辛亥革命时期；一个是民国成立后的新文化运动时期。前者因急遽的政治变革与革命运动带动了社会文化的变动；后者则是直接的文化自身的觉醒。在前一个时期，胡适还只是一个读书的少年，但他也在一定程度上参与了那个过程。在后一个时期，胡适是那场运动的公认的最重要的领袖之一。所以，胡适可以说是中国近代文化转型的一位见证人，一位权威性的诠释者。他有关这一过程的思想、言论，对我们应具有借鉴和启示的意义。

一　正确地提出问题

1915 年《青年杂志》创刊，文化问题的讨论逐渐展开。当时讨论最多的是东西文明、东西文化之比较。如陈独秀、李大钊、杜亚泉等陆续发表了许多文章，都是企图说明东西文明、东西文化差异与优劣的评论。例如他们指称，西洋是动的文明，东洋是静的文明；西洋人好竞争，东洋人喜安和。① 有的甚至细加分别，认为东西之文明，"一为自然的，一为人为的；一为安息的，一为战争的；一为消极的，一为积极的；一为依赖的，

---

① 见陈独秀《东西民族根本思想之差异》（《青年杂志》1 卷 2 号），李大钊《东西文明根本之异点》（《言治》季刊第 3 册），杜亚泉《静的文明与动的文明》（《东方杂志》第 13 卷 1 期）。

一为独立的；一为苟安的，一为突进的；一为因袭的，一为创造的；一为保守的，一为进步的；一为直觉的，一为理智的；一为空想的，一为体验的；一为艺术的，一为科学的；一为精神的，一为物质的；一为灵的，一为肉的；一为向天的，一为立地的；一为自然支配人间的，一为人间征服自然的"[1]，等等。这种外在的比较观察，有时固然也能道出某些真相，例如他们说，西洋人以个人为本位，东洋人以家族为本位。[2] 但总的说来，他们的观察是表面的，肤浅的，其判断是倾向于主观的。基于这种表面的观察和主观的判断，在逻辑上很容易导出对于东西文化问题的一些流于主观片面的看法：例如，以为东西文化各走极端，主张调和折中之；杜亚泉可为代表。又例如，认为东西文化绝异，不能走到一起，不能相互融通；梁漱溟可为代表。又例如，以为西方文化尽是优点，东方文化尽是劣点，于是倾向于以前者取代后者；陈独秀可为代表。

　　杜亚泉认为，自欧战后，西洋文明已暴露其缺点。因之，对西洋文明的信赖，不能不为之减弱。而东方文明之缺点，早为识者所共认。他说："平情而论，则东西洋之现代生活，皆不能认为圆满的生活，即东西洋之现代文明，皆不能许为模范的文明。"他认为，人类文明之两大重心，一为经济，一为道德。在经济上，西洋人为满足欲望而无限制地发展生产，其发展生产的手段即是科学；东方人则以满足生活之需要而止。于道德上，西洋人崇力行；东方人尚理性。杜氏有鉴于此，主张"以科学的手段，实现吾人经济的目的；以力行的精神，实现吾人理性的道德"[3]。基本上是取长补短的一种常识的见解。这种见解，是基于东西方文化优劣点的比较，企图将两者的优点结合起来，使成为既胜过东方文化，又胜过西洋文化的一种新的文化。这样的主张，自然谁也不能说它不对。问题是在于这种主观的良好愿望如何才能实现。折中论者之失于主观，就在于他们把

---

　　① 李大钊：《东西文明根本之异点》，原载《言治》季刊第3期（1918年7月），收入《李大钊文集》第二卷，人民出版社1999年版，第202—203页。

　　② 见陈独秀《东西民族根本思想之差异》，原载《青年杂志》1卷4号（1915年12月），收入《陈独秀文章选编》（上），第98页（三联书店1984年版）。

　　③ 杜亚泉：《战后东西文明之调和》，载《东方杂志》第14卷4期，收入《杜亚泉文选》，第271页。

新文化的建设，看成是像厨师在厨房里调和五味，或化学家在实验室里做化合实验那样的简单操作。实际的文化交流与文化融合是要复杂千百倍的事情，它是整个民族都参与其中的事情。好心的折中论者们，任何人都不具备掌控这一复杂过程的能力。

梁漱溟集中表达其文化思想的名著《东西文化及其哲学》，也是从表面的、主观的东西文化之比较而推演出来的。① 他从东西文化根本相异这一点出发，认为"要将东西文化调和融通，另开一种局面，作为世界的新文化"，乃是"糊涂、疲缓，不真切的态度，全然不对"。② 梁氏遂将东西文化之不同，又从哲学的高度加以深化，概括为："西方化是以意欲向前要求为其根本精神的。"③ 他把东方文化又区分为中国文化与印度文化两支，认为，"中国文化是以意欲自为调和持中为其根本精神的"；"印度文化是以意欲反身向后要求为其根本精神的"。④ 关于印度文化，我们暂且不论。我们主要看梁氏对于中国文化与西洋文化的关系问题持何种见解，抱何种态度。梁氏不但认为中西文化调和是"完全不对的"，而且认为，中国文化与西洋文化走的根本就不是一条路。他说，中国人"无论走好久，也不会走到那西方人所达到的地点上去"⑤。他认为中西文化的不同，不是一个高了，一个低了；或一个走快了，一个走慢了，而是两家各走自家的路。梁氏特尊崇孔子，故又把中国人走的路说成是"孔家的路"。梁氏承认西洋文化的诸多优点。但他认为，欧洲大战以后，世界正面临一次大的变化。西洋人原来所走的文化路线碰了壁，弄得西洋人的生活"不自然，机械，枯窘乏味"⑥。所以，西洋人的生活态度需要转变到中国人的生活态度上来，即要从向外追求，变为向内自求调节。梁氏大胆地下结论说："质而言之，世界未来文化就是中国文化的复兴。"⑦ 我们可以将它视为中国文化救世论。

---

① 梁漱溟：《东西文化及其哲学》，商务印书馆 1987 年影印本，第 7—8 页。
② 同上书，第 13 页。
③ 同上书，第 34 页。
④ 同上书，第 55 页。
⑤ 同上书，第 65 页。
⑥ 同上书，第 165 页。
⑦ 同上书，第 199 页。

陈独秀是新文化运动的主要领袖，态度亦比较地最为激进。他认为，自西洋文化输入我国，初知学术不如人，继知政治不如人，及今乃知伦理道德不如人。"此而不能觉悟，则前之所谓觉悟者，非彻底之觉悟。"①　彻底的觉悟，就是必须于学术、政治以及伦理道德，全面地学习西方。他说："欲建设西洋式之新国家，组织西洋式之新社会，以求适今世之生存，则根本问题不可不首先输入西洋式社会国家之基础，所谓平等人权之新信仰，对于与此新社会新国家新信仰不可兼容之孔教，不可不有彻底之觉悟，猛勇之决心。否则不塞不流，不止不行。"②　陈独秀在许多文章里，都不同程度地表示出，要尽可能彻底地洗刷掉中国固有文化之一切不适于新时代的东西，代之以借鉴于西方的新思想、新文化。我曾指出，尽管陈独秀比较激进，也不能把他归结为所谓"全盘反传统"或"全盘西化"。③但我们应可承认，陈独秀的语言表述，确容易使人理解为，有以西洋文化将传统文化取而代之的倾向。在知识与训练方面均欠成熟的青年人中间，尤易造成此种影响。

我认为，无论是杜亚泉的折中论，还是梁漱溟的中国文化救世论，还是陈独秀的彻底觉悟论，都有失于主观、片面，不切实际。其所以如此，主要是论者本人对西方文化缺乏真切的了解与体验，对中外文化交流史缺乏深入研究，只是从片断的书本介绍，得其印象而已。中国文化的更新，不可能像中药房配药那样，将西洋文化选出几样，与中国文化相配合，从而产生出中国的新文化。也不能像梁漱溟所说，中国与西洋文化，相互绝异，永远不可能走到一起，只能等待有朝一日，中国文化翻转身来成为世界的文化。同样，也不可能像陈独秀所说的那样，彻底觉悟，以西洋文化取代中国的旧文化。

与上述偏于主观的文化见解不同，胡适认为，根本的问题是：

我们中国人如何能在这个骤看起来同我们的固有文化大不相同的

---

① 陈独秀：《吾人最后之觉悟》，《青年杂志》1 卷 6 号，引自《陈独秀文章选编》（上），第 109 页。

② 陈独秀：《宪法与孔教》，《新青年》2 卷 3 号，引自《陈独秀文章选编》（上），第 148 页。

③ 参见拙著《五四新文化运动再认识》，《中国社会科学》1989 年第 3 期。

新世界里感到泰然自若？一个具有光荣历史以及自己创造了灿烂文化的民族，在一个新的文化中决不会感到自在的。如果那新文化被看作是从外国输入的，并且因民族生存的外在需要而被强加于它的，那么，这种不自在是完全自然的，也是合理的。如果对新文化的接受不是有组织的吸收的形式，而是采取突然替换的形式，因而引起旧文化的消亡，这确实是全人类的一个重大损失。因此，真正的问题可以这样说：我们应怎样才能以最有效的方式吸收现代文化，使它能同我们的固有文化相一致，协调和继续发展？[①]

胡适这段话包含几个重要的意思。

第一，他从总体上说明，中国人置身于一种新的世界文化中，一定会感到不适应。这个新的世界文化之所以显得新，使中国人感到不适应，一是由于中国过去不开放，或开放不足，相对封闭，所以对外部世界感到生疏。二是从历史发展上说，中国相对于西方国家而言，是落后了一个时代，所以令人感到西方文化是新的。

第二，如何解决由不适应到比较适应的问题，这是最关键的。胡适不赞成用突然替换的方式来解决问题，那样，不但人们难以接受，而且会引起旧文化的消亡。他主张采取"有组织的吸收的形式"来借鉴和汲取世界的新文化。怎样才是"有组织的吸收的形式"？胡适没有给出具体的说明。我们看他稍后提出的"研究问题，输入学理，整理国故，再造文明"的建设中国新文化的纲领性主张，以及稍后又相继身体力行地进行整理国故的工作和组织"世界丛书"与编译委员会，计划系统翻译介绍西方文化典籍等等事实，似乎可以理解为，就是他的"有组织的吸收"西方文化这一思想的具体化和实施方案。

第三，吸收现代世界的新文化是否有效和成功，要看能否让新文化与旧有的文化找到一致性，从而能够相协调并继续发展。这也是非常重要的。两种文化若根本找不到一致性，则他们便无从融合；不能融合，就不可能相协调并继续发展。

---

① 胡适：《先秦名学史》，学林出版社 1983 年版，第 7—8 页。

应当说，胡适对中国文化所面临的问题的认识和表述，是比当时其他绝大多数人都来得更深刻，更正确。不仅超脱了所谓"华夷之辨"的拘牵，而且也超脱了"中西"对立的思想框架。胡适不是把中国文化与西方文化看成是对立的两极，而是把它们都看作是世界文化的一部分。只是西方文化代表了世界文化的最新成就，所以相对于中国文化，它是一种新文化。胡适也超脱了人们在中西文化问题上所惯用的"体"与"用"的格套。所谓"中体西用"的说法，在人们对西方文化还因为不了解而充满戒惧心理的时候，它多少起到容纳一部分西方文化的作用。而对于进一步地学习和引进西方文化，它却起着限制的作用。无论在前一种情况下，还是在后一种情况下，它都只是一种政策策略，而不是一种严谨的科学的文化观念。胡适有关中国文化问题的正确表述，标志着国人对中国近代文化转型的问题，有了比较清楚的理性认识。

胡适之所以能有如此认识，是因为他对西方文化有更深入的体验和理解。这不仅是由于他在美国留学七年。当时留学欧美归来的人已颇不少，但并不是留学归来者都能对于东西文化问题有清楚而深入的观察与理解。胡适与一般留学生不同的是，他在留学期间，能够主动地、积极地设法使自己融入西方人的文化生活中去。他与那里的教授、学生、基督教家庭，以及各种社会团体保持着经常的密切的接触，参与他们的生活和他们的各种活动。这对于胡适深切领悟与理解西方文化是有特殊作用的。胡适曾得过英文大奖，说明他融入西方文化的努力完全不存在语言的障碍。也正因此，他常常被当地的各种团体请去作讲演，说明那里的西方人社会接纳了他。一个在青少年时期，在国内植下良好的传统文化根基的人，又如此深入地融入西洋文化之中，他对两种文化之间关系的观察与见解，应该更值得我们信赖。

二　人类文化的同一性

上面我们已经触及到这个问题。我们说，胡适提出要有效地吸收世界的新文化——这里说的世界新文化，实即是指的西方文化——必须认识到两种文化的一致性。对此，胡适后来作了许多论述和发挥。在批评梁漱溟的《东西文化及其哲学》一书时，胡适谈及文化的本质的问题，说道：

> 我们的出发点只是：文化是民族生活的样法，而民族生活的样法
> 是根本大同小异的。为什么呢？因为生活只是生物对环境的适应，而
> 人类的生理的构造根本上大致相同，故在大同小异的问题之下，解决
> 的方法，也不出那大同小异的几种。这个道理叫做"有限的可能
> 说"。①

这个"有限的可能说"，实即是对人类文化同一性的表述。此前，以
及与胡适同时代的绝大多数学者，都不曾明确地如此提出问题。原因是他
们都只从文化的枝叶上看文化，而胡适则是从文化的根干上看文化。试看
前面提到的陈独秀、李大钊、杜亚泉等议论东西文化的差异时，岂不都是
从文化的各种表象上加以比较，然后便发议论的吗？从文化的枝叶看问
题，不仅东西方有很大的差异，即在一个国家，一个民族内部，因地域环
境的不同，也会表现出相当的差异。通常越是生产不够发达，交通不够便
利，则这种差异也就越大。相反，若从文化的根干上观察文化，就会看
到，地球上所有的人类，其文化都有基本的共同性质，那就是，向自然界
索取所需要的材料，根据生存的需要进行必要的加工改造，以满足衣、
食、住、行的种种需求。人类一切的文化都是从这个最基础、最根本的需
求上产生出来的。随着人类自身的进步、发展，向自然索取的能力与方法
不断进步，人类社会亦随之变得越来越复杂，人类在满足物质需要的基础
上，其精神上的需要亦越来越高，越来越复杂。于是，文化也就越来越枝
繁叶茂。这样，各国家、各民族、各地域的文化也就表现得多彩多姿，千
差万别。所以，若不从文化的根干上看，若不了解文化之所以发生的原因
和条件，就容易为各种文化表象的多彩多姿与千差万别所迷惑。

梁漱溟以为东西文化所走的路向根本不同，无论怎样走，无论走到何
时，也走不到一起。胡适根据他的文化的"有限的可能说"，或者说，根

---

① 胡适：《读梁漱溟先生的东西文化及其哲学》，《胡适文存》二集卷二，亚东图书馆 1925 年再
版，第 64 页。

据人类文化的本质同一性，得出结论说：

> 我们拿历史眼光去观察文化，只看见各种民族都在那"生活本来的路"上走，不过因环境有难易，问题有缓急，所以走的路有迟速的不同，到的时候有先后的不同。

与大多数学者强调文化之民族的、地域的差别不同，胡适更着重强调文化的历史发展之程度的不同。这是基于对时代议题的认识和知识领袖的历史使命感。自从列强通过战争，强制地打开中国的大门以来，一个最紧迫的问题就摆在中国人的面前，即怎样才能摆脱受制于人的境地，谋求独立和富强。如何才能实现这一目标？这个问题一直争论不断。从一开始，人们基于"华夷之辨"，根本拒斥西方文化；继则以为，西方之器物工艺之类不妨采用，而中国之政教制度决不可改。到了新文化运动起来，人们总算有了进步。绝大多数人都在某种程度上承认西方文化的优长。即如梁漱溟也认为，"对于西方文化是全盘承受，而根本改过，就是对其态度要改一改"[1]。他也觉得，中国人因没有好好走过西方文化所走的"向前要求的路"，而过早地走上"精神自为调和持中"的路，结果经受种种痛苦。他感叹中国人太不知竞争，不求上进，而至于任凭少数人争权夺利，受其盘剥。他竟也声称："今日之所患，不是争权夺利，而是大家太不争权夺利；只有大多数国民群起而与少数人相争，而后可以奠定这种政治制度（指民主制度——引者注），可以宁息累年纷乱。"[2]

可以说，新文化运动时期，中国稍有知识者，都在一定程度上承认，至少西方的科学与民主制度是中国应该学习的。所以，胡适宣称："现在全世界大通了，当初鞭策欧洲人的环境和问题现在又来鞭策我们了。将来中国和印度的科学化与民治化是无可疑的。"[3]

既然人类的文化在本质上是具有同一性的，那么，把东西文化说成是

---

[1]　梁漱溟：《东西文化及其哲学》，第202页。
[2]　同上书，第208页。
[3]　胡适：《读梁漱溟先生的东西文化及其哲学》，《胡适文存》二集卷二，第68页。

本质绝异的东西就是没有根据的。自从中国文化遇到西方文化的挑战以来，一直有人把中国文化说成是体现精神文明的，西方文化是体现物质文明的。意思是西方人为物欲所困扰，中国人超脱物欲，追求更高的精神满足，因此，创造了更高等的文化。在清末，这是很流行的说法。到了新文化运动时期，仍然有人这样说。例如张君劢就是这样说的。他在那篇著名的《人生观》的讲演中说：

> 自孔孟以至宋元明之理学家，侧重内心生活之修养，其结果为精神文明。三百年来之欧洲，侧重以人力支配自然界，故其结果为物质文明。①

胡适认为这是自欺欺人之谈。胡适说：

> 凡一种文明的造成，必有两个因子：一是物质的（Material），包括种种自然界的势力与质料，一是精神的（Spiritual），包括一个民族的聪明才智感情和理想。凡文明都是人的心思智力运用自然界的质与力的作品；没有一种文明是精神的，也没有一种文明单是物质的。②

胡适的说法在理论上是完全正确的。文化本来就是因人类生存的需要而创造出来的，离开自然界的物质，人类本身就无法生存。在保证生存的条件下，随着人类智力的发育、进步，精神上的需要逐渐增加，于是精神生活乃有继长增高之势。然而，即使满足精神需要的文化产品，它的生产，也仍离不开一定的物质原料和物质做成的工具。所以，绝对不存在可以离开一定的物质条件而存在的所谓精神文明。反过来说，任何物质文明也必然包含人的智力的创造。一个简单的石器工具的产生，不知包含了人类祖先们多少代人的经验与智慧。

---

① 张君劢：《人生观》，见《科学与人生观》，山东人民出版社1997年版，第38页。
② 胡适：《我们对于西洋近代文明的态度》，《胡适文存》三集卷一，亚东图书馆1930年版，第4页。

胡适知道，杜撰精神文明与物质文明对立的说法的人，实际上是要贬低西方的所谓物质文明，抬高中国的所谓精神文明。既然物质文明与精神文明不可分离，物质文明中包含着精神（智力、思想、情感、理想等等），精神文明必须以物质为其基础；则贬低物质文明，抬高精神文明就毫无道理。胡适说：

> 我们深信，精神文明必须建筑在物质的基础之上。提高人类物质上的享受，增加人类物质上的便利与安逸，这都是朝着解放人类的能力的方向走，使人们不至于把精力心思全抛在仅仅生存之上，使他们可以有余力去满足他们的精神上的要求。①

胡适指出，"西洋近代文明的特色便是充分承认这个物质的享受的重要"，由此确定了人生追求幸福的天经地义的正当性。② 这样，才会鼓起人们勇往直前地开拓与创造的勇气，不断改善人的生活，改善社会的制度，创造更为精致和更为美好的人生。胡适认为，这种通过运用智力，运用科学，以不断改善人生的文明，才真正称得上精神的文明。而相反，鼓吹东方的精神文明的人，提倡安分，知命，遏制物质享受，专意向内心寻求精神的满足，结果是被恶劣的物质环境所压倒，终老于贫病之中，那才是缺乏精神文明的"唯物的文明"③。

中国古代圣贤们强调精神生活的重要，本来有其积极的意义。人类文明的发达，本来就是他们超脱野蛮状态的尺度。人之异于禽兽，就在于其有精神，能思维，能自律，能创造的精神。发达这种精神，就会提高人的质量，从而也相应提高人的生活的质量。古代圣贤们教人注重精神的陶冶，提倡高尚的君子人格，但他们并没有因此忽视物质生活的基本的重要性，如孔子就主张"富而后教之"。后世儒者为当权的统治者着想，片面地只讲精神生活的追求，要人们安贫乐道，在贫苦的境域中，老老实实地

---

① 胡适：《我们对于西洋近代文明的态度》，《胡适文存》三集卷一，亚东图书馆1930年版，第6页。

② 同上书，第7页。

③ 同上书，第21页。

服从统治者的意志。从大一统的中央集权的君主专制制度确立以来，在中国占统治地位的意识形态就一直是鼓吹这种片面的所谓精神文明的说教。两千余年中，久受此种说教的熏陶，养成一种惯性，对于西方人那种发展科学，向自然界索取，创立民主的制度，让每个人拥有自由的权力，都感到无法理解。从自家老祖宗的字典里，只能找出四个字来评价西方的这种文化，那就是"人欲横流"。长时期里，只有很少的优秀分子，能够撇开成见，认识西方文化的真价值。比如，郭嵩焘最早看出西人"有本有末"；严复最早承认西人崇尚自由的价值；梁启超最早承认在中国之外，也有高等的文化；胡适最早明白确认，西方文化与中国文化的差别，主要是发展程度高低的差别。但即使到了新文化运动时期，仍然有许多人在深层意识中怀疑西方文化有多少精神价值。在"科学与人生观"的争论中，参与争论的都是上层知识分子，那些批评和贬低科学的人，有不少还曾在西方留过学。然而，他们却照旧不能充分承认科学的精神价值，不能充分承认科学可以给人以更高的精神上的满足，可以将人提到更高的精神境界。为此，胡适在他为《科学与人生观》一书所写的序言中，最后用很长的一段话来申诉他的看法。他说：

　　然而，在那个自然主义的宇宙里，这个渺小的两手动物却也有他的相当的地位和相当的价值。他用他的两手和一个大脑，居然能做出许多器具，想出许多方法，造成一点文化。他不但驯服了许多禽兽，他还能考究宇宙间的自然法则，利用这些法则来驾驭天行，到现在他居然能叫电气给他赶车，以太给他送信了。他的智慧的长进就是他的能力的增加；然而智慧的长进却又使他的胸襟扩大，想象力提高。他也曾拜物拜畜生，也曾怕神怕鬼，但他现在渐渐脱离了这种种幼稚的时期，他现在渐渐明白：空间之大只增加他对于宇宙的美感；时间之长只使他格外明了祖宗创业之艰难；天行之有常只增加他制裁自然界的能力。甚至于因果律的笼罩一切，也并不见得束缚他的自由，因为因果律的作用一方面使他可以由因求果，由果推因，解释过去，预测未来；一方面又使他可以运用他的智慧，创造新因以求新果。甚至于生存竞争的观念也并不见得就使他成为一个冷酷无情的畜生，也许还可以格外增加他对于同类的同情心，格外使他深信互助的重要，格外使他注重人为的努力以减免天然竞争的惨酷与浪费——总而言之，这个自然主义的人生观里，未尝没有美，未尝没有诗意，未尝没有道德的责任，未尝没有充分运用"创造的智慧"的机会。[1]

我们可以说，为中国的秀才们所不了解的西方人的"物欲"，是由科学带动的，是生产的，是创造的；而中国习惯上所了解的"物欲"，只是由享乐主义带动的，是消费的，是堕落的。对这样的"物欲"，取抵制态度自然是有道理的。但却决不可以此种眼光去看待西方人的物质文明。从这里也可以看出，处于两种不同历史发展阶段的文化，其对事物的观察与认识，存在着多么大的差别。

长久以来，有些人批评胡适对于中西文化，只强调其发展程度的差别，而忽略其民族与地域的差别，这一批评是有根据的。但这并不意味着胡适蓄意抹杀中国文化与西方文化的民族性差别。这个差别是显而易见的，谁也不会看不到。胡适之所以特别坚持强调中西文化历史发展程度的差别，只是如我们前面说过的，是基于对时代议题的认知和知识领袖的使命感。

三 文化交流是自由切磋，自由选择的过程

在中国固有的文化传统中，有一点很突出，即君师合一。所谓君师合一，就是最高统治者既是政治的主宰，同时也是教化的主宰。这一体制，自秦始皇开其端，此后一直沿袭不辍。秦始皇明定"以吏为师"；汉武帝诏定"罢黜百家，独尊儒术"，一直到清朝皇帝们宗尚理学，都是企图在政治上掌握统治权的同时，还要掌握对臣民的精神统治权。甚至于清末主张变法的光绪皇帝诏饬群臣研读张之洞的《劝学篇》，也是企图由官方掌控文化的发展方向。到了民国时期，因为只有"民国"其名而并无民国之实，统治集团仍然梦想既要紧握政权，同时还要控制文化的发展。有的明

---

[1] 胡适：《科学与人生观序》，《胡适文存》二集卷二，第22—23页。

目张胆，如袁世凯之祭孔读经令，有的比较隐晦。

中国的这一传统，也影响到许多本身不一定高居统治地位的知识分子，他们有意无意地认为他们有责任规划甚至规定文化发展的路径。那些与统治集团有关联的知识分子自然在这一点上会表现得更明显。

1935 年初开始，发生了一场所谓"中国本位的文化建设"的争论。争论是由王新命、何炳松、陶希圣、萨孟武等十教授联合发表《中国本位的文化建设宣言》引起的。这十位教授中有好几位与国民党统治集团的高层有联系。所以，当时学界有人认为他们的言论与行动是有政治背景的。在 70 多年后讨论这个问题时，我觉得可以不必深究其政治背景的问题，而集中精力分析胡适对他们的主张所作的批评，以及从中所表达出来的胡适本人的重要观念。

胡适认定，十教授的宣言本质上是一种折中论。我们在第一节里就说过，折中主义是主观的。近代以来各种折中主义的文化主张，无例外地都表示主张者要按照自己的主观意愿来规划或规定文化发展的路径或模式，而其结果也都无例外地归于失败。胡适批评十教授因主观性太强，所以不懂得文化变动的性质。胡适指出：

> 凡两种不同文化接触时，比较观摩的力量可以摧陷某种文化的某方面的保守性与抵抗力的一部分。其被摧陷的多少，其抵抗力的强弱，都和那一个方面自身适用价值成比例：最不适用的，抵抗力最弱，被淘汰也最快，被摧陷的成分也最多。如钟表的替代铜壶滴漏，如枪炮的替代弓箭刀矛，是最明显的例。如泰公历法之替代中国与回回历法是经过一个时期的抵抗争斗而终于实现的。如饮食衣服，在材料方面虽不无变化，而基本方式则因本国所有也可以适用，所以至今没有重大的变化：吃饭的决不能都改吃"番菜"，用筷子的，决不能全改用刀叉。①

---

① 胡适：《试评所谓"中国本位的文化建设"》，《胡适论学近著》第一集，商务印书馆 1935 年版，第 554—555 页。

　　胡适所讲的这种文化变动的过程，是全民族、全社会参与的过程，因此它绝非某个人或某些人的主观意志所能操控。马克思和非马克思主义的著名学者哈耶克都认为，社会的变动是一种近似于自然史的过程，每一次重大的变动，都是一系列小的变动所导致的自然的结果，而决不是人们设计出来的。胡适的上述看法也是这个意思。因此胡适又说：

　　　　在这个优胜劣败的文化变动的历程之中，没有一种完全可靠的标准可以用来指导整个文化的各方面的选择去取。十教授所梦想的"科学方法"，在这种巨大的文化变动上，完全无所施其技。至多不过是某一部分的主观成见而美其名为"科学方法"而已。……政府无论如何圣明，终是不配做文化的裁判官的，因为文化的淘汰选择是没有"科学方法"能做标准的。①

　　既然文化的变动没有可预定的标准，没有人或什么政府的机构可以做文化变动的裁判官，那么，这种文化的变动，——就眼下我们所讨论的而言，是中西文化接触所带来的变动——我们就只有听其"自由接触，自由切磋琢磨"。这当然不是说，政府和教育家、学者们都可以毫无作为。只不过他们的作为是做一个参与者，而不是设计者、主控者。他们在其中究竟能发挥什么性质的作用，及其作用有多大，将取决于他们的认知能力及其经验智慧。

　　如我们前面所说，由于君师合一的传统，中国历朝历代的统治者总是企图以人民的精神主宰自居。近代以来的历届政府，也都力图主导中国文化发展的方向。但他们的主观意图很少能够真正实现。我所说的作为参与者的政府，它的作为应限于在民主的程序许可的范围内，运用政策调剂，来尽可能满足社会最大多数人的需要。这就是说，政府的作为不是根据当局者的主观需要和主观意愿，而是根据通过民主的程序反映出来的大多数人的需要和意愿。

----

　　① 胡适：《试评所谓"中国本位的文化建设"》，《胡适论学近著》第一集，商务印书馆1935年版，第555页。

　　教育家和学者们作为参与者，他们在文化变动中可以起到很重要的作用。在中国这样后发展国家，尤其如此。检视近代以来中国历次重大的历史活动，没有一次不是由知识分子带头发动起来的。因为只有知识分子比较地了解国内外的时势，只有知识分子有能力为群众性的活动提供适当的理论和相应的口号，以便凝聚更多的群众。至于教育与各种文化事业的兴办、维持与发展，就更离不开知识分子了。但这绝不是说，知识分子决定近代文化的发展方向与发展模式。只是说，知识分子在其中可以起到其他阶层的人起不到的作用。从中国近代文化的实际发展来看，知识分子，特别是教育家和学者们，在以下几个主要方面发挥了重要作用：（1）翻译介绍世界——主要是西方——的新文化；（2）批判地整理中国传统文化；（3）借鉴西方的理论与方法研究各种学问；（4）发展近代新教育；（5）创办近代传播事业；（6）创立和发展中国的科学事业；等等。显然，上述各方面大体构成了中国近代新文化的主要内容，也正是近代知识分子，特别是教育家和学者们的主要贡献所在。而在上述这些领域中的许多方面，胡适都有突出的贡献。从这些领域的实际情况看得出，知识分子、教育家与学者们，他们要作出贡献，必须在自己的专业领域里辛勤耕耘，而不是杜撰文化发展的方向与模式。

　　在文化大变动的过程中，或者说，在两种不同文化的碰撞、交流与融合的过程中，每个人，每个阶层，每个群体都是参与者，都可以发挥特有的作用。但文化变动的结果，将不可能完全符合某个人，某个阶层，某个群体的预期愿望，而只能是他们的"共业"之果。所以，在中西两大文化交互关系的问题上，唯一明智的态度就是让它们自由交流，自由切磋琢磨。

　　胡适总结他的意见说：

　　　　我的愚见是这样的：中国的旧文化的惰性实在大的可怕，我们正可以不必替"中国本位"担忧。我们肯往前看的人们，应该虚心接受这个科学工艺的世界文化和它背后的精神文明，让那个世界文化充分和我们的老文化自由接触，自由切磋琢磨，借它的朝气锐气来打掉一点我们的老文化的惰性和暮气。将来文化大变动的结晶品，当然是一个中国本位的文化，那是毫无可疑的。①

四　"文化的本位"是那无数无数的人民

自从中西文化遭遇以来，以守护中国文化自任的中国士大夫、思想家和学者们，最担心的一点，就是在两种文化的自由交流中，怕失去中国文化的"本位"，即中国文化最基础、最基本、最核心的东西。实际上，他们所最关心的这个中国文化的"本位"，其范围、其意义是有变化的。最初与西方文化遭遇时，大概整个的中国文化就是中国的本位。到了洋务运动时期，这个本位当是指中国的纲常名教，即君主专制制度和宗法制度。到了民国成立以后，这个本位大约就只剩下以家族伦理为核心的道德体系和维持这个道德体系的心性修养学说了。我们看五四以后发生的文化论争，偏于保守者所关注的就是这些东西。但实际上这些东西，仍不是不可动摇的中国本位。因为，一则，在伦理道德领域，也不是中西悬绝不可融通的。二则，事实上，有越来越多的中国人也接受了西方人的某些道德礼仪与规范。由此，保守主义者累代相继，奋力保守的中国本位，有越来越保守不住的趋势。所以，到了20世纪30年代，关于中国本位文化的问题成了论争的焦点。

联名发表《中国本位的文化建设宣言》的十教授所竭力要坚持的中国本位是什么呢？让我们看看他们是怎么说的。《宣言》在谈及怎样建设中国本位的新文化时说：

> 中国是中国，不是任何一个地域，因而有它自己的特殊性。同时，中国是现在的中国，不是过去的中国，自有其一定的时代性。所以我们特别注意于此时此地的需要。此时此地的需要，就是中国本位的基础。②

---

① 胡适：《试评所谓"中国本位的文化建设"》，《胡适论学近著》第一集，第556页。
② 王新命等：《中国本位的文化建设宣言》，原载《文化建设》月刊第1卷第4期，转引自耿云志编《胡适论争集》，中国社会科学出版社1998年版，第1549页。

那么，怎样来守护这个中国本位的基础呢？《宣言》针对中国固有文化与西方文化，紧接着提出下述忠告：

> 徒然赞美古代的中国制度思想，是无用的；徒然诅咒古代的中国制度思想，也一样无用；必须把过去的一切，加以检讨，存其所当存，去其所当去；其可赞美的良好制度伟大思想，当竭力为之发扬光大，以贡献于全世界；而可诅咒的不良制度卑劣思想，则当淘汰务尽，无所吝惜。
>
> 吸收欧美的文化是必要而且是应该的。但须吸收其所当吸收，而不应以全盘承受的态度，连渣滓都吸收过来。吸收的标准，当决定于现代中国的需要。①

读了十教授《宣言》的上述内容之后，我们实在是如堕云里雾中。他们说，此时此地的需要，就是中国本位的基础。那么，此时此地的需要是些什么呢？不知道。由谁来确定此时此地的需要呢？是由十教授们所拥护的国民党中央，或国民政府吗？还是由十教授以及与他们志同道合的更多的教授们呢？十教授没有说，我们也无从猜测。既然此时此地的需要是中国本位的基础，那么，到了将来某个时候，需要不再是此时此地的需要，那时中国本位岂不是要发生变化了吗？由此说来，这个中国本位是很不牢固的，是随时随地起变化的。这样，强调本位的文化建设，还有什么意义呢？再看看十教授们对待中国固有文化与对待西方文化的态度，同样令人迷惑不解。他们说，对中国古代的文化，徒然赞美与徒然诅咒都是无用的。这话，我们都可以充分赞成。但说对中国古代文化"存其所当存，去其所当去"，究竟什么是"当存"的，什么是"当去"的？由谁来确定，何者当存，何者当去？又，他们说对西方文化"吸收其所当吸收"，究竟什么是"当吸收"的，由谁来确定当吸收些什么？所有这些问题，都没有明确答案。这就再次证明我们前面所说的，企图为文化的变动规定范围，规定方向和模式，是白费力气，是不会有任何结果的。既然作此企图的人

---

① 王新命等：《中国本位的文化建设宣言》，转引自耿云志编《胡适论争集》，第 1549 页。

们自己都说不清楚，又怎能指望小百姓们照他们的指示去做呢？更何况，小百姓们本没有必须听他们的指示，执行他们的指示的义务呢？

胡适从历史的考察得出，凡念念不忘地力图守住那个"中国本位"的，都怀有保守的心理。不过因时代的关系，一般人都不愿人家说自己是保守主义者。"所以他们的保守心理都托庇于折中调和的烟幕弹之下。"①十教授及其拥护者们都不肯承认自己是折中论者。我们没有必要去详细讨论这个问题。我们主要是指出，他们所谓的"中国本位"是如何的模糊，不确定。然后，我们看看胡适是怎样看待"中国本位"的问题的。胡适说：

> 文化各方面的激烈变动，终有一个大限度，就是终不能根本扫灭那固有文化的根本保守性。这就是古今来无数老成持重的人们所恐怕要陨灭的"中国本位"。这个本位就是在某种固有环境与历史之下所造成的生活习惯；简单说来，就是那无数无数的人民。那才是文化的"本位"。那个本位是没有毁灭的危险的。物质生活无论如何骤变，思想学术无论如何改观，政治制度无论如何翻造，日本人还只是日本人，中国人还只是中国人。②

胡适的这段话，非常重要。我们虽然尚不能百分之百地断定，胡适对文化本位的界定是唯一正确的。但我们可以肯定，胡适的说法，比较以往人们对此所谓文化本位的说法，无疑更能解释文化变动的大趋向。我们前面说过，历史上，那些偏于保守的人们所拼力保守的文化本位，最后都动摇了，失掉了。就是十教授们所宣称必须保守的本位，也很难保守得住。唯一没有丧失的危险，肯定可以保守得住的，就是那无数无数的人民。正如胡适所说的，"物质生活无论如何骤变，思想学术无论如何改观，政治制度无论如何翻造，日本人还只是日本人，中国人还只是中国人"。当然，人也会变，其体质、精神都会发生某些变化。但无论怎样变，中国人不会

---

① 胡适：《试评所谓"中国本位的文化建设"》，《胡适论学近著》第一集，第554页。
② 同上书，第555页。

变成美国人，日本人也不会变成英国人。一个民族，一个种族的人，都是经过千百年的生活磨炼，凝聚在一起的，他们心理上，行为上的遗传的惯性，是很难彻底改变的。诚然，可能会有个别的少数人，因某些机缘的凑合，经历长久的过程，能够融入其他民族之中，基本上被同化。但对于绝大多数人，对于整个的民族（我们这里谈的是近代意义上的，形成民族国家的民族），是很难被同化的。中国自清朝末年，有不少沿海一带的居民迁移到美国或其他国家定居，经历了几代人，他们中的绝大多数，仍保持着中国的文化传统。这是很好的证据，证明胡适的说法是有道理的。

认清了文化的本位乃是无数无数的人民，就可以根本打破各种各样的保守主义的文化心理，建立起开放的文化心态。因为彻底相信这样的文化本位是根本没有丧失掉的危险的，在借鉴、学习外来文化时，就会消除种种不必要的顾虑。这个文化的本位，同时也正是文化的主体。文化的选择去取，文化的发展进步，完全由这个主体自身来决定。人民凭着自己的意愿，依其"此时此地的需要"，对固有的文化，"存其所当存，去其所当去"，对外来文化"吸收其所当吸收"，从而不断改善和提高自己的生存质量，同时也就提高了，或创造了自己民族的新文化。当然，正如我们前面说过的，这并不排斥政府及其官员和学者们作为参与者，发挥他们自己的作用。

认清了文化的本位乃是无数无数的人民，则一切有关于"全盘西化"、"本位文化"以及各种折中主义的论调都变得没有什么意义了。人们省去这些无谓的争论，而集中心力在自己的专业范围内，努力于新文化的创造，这才是于人于己最为有益的。也只有这样，才会真正实现不同文化之间的自由交流，自由切磋琢磨。

确立开放的文化心态，实现不同文化之间的自由交流，自由切磋琢磨，民族文化与世界文化之间形成良性的互动关系，"相一致，协调并继续发展"。这正是胡适理想的局面。

2007 年 4 月 16 日初稿，2007 年 4 月 19 日校定

（原载《安徽史学》2007 年第 5 期）

后 记

这本《近代思想文化论集》共收录 24 篇论文,其中有 7 篇曾收入 2005 年出版的《耿云志文集》中,它们是《论清末的反满革命思潮》、《从革命党与立宪派的论争看他们的民主思想准备》、《论康有为的"圣人"情结及其以孔教为国教说》、《傅斯年对五四运动的反思》、《今日的中西文化问题》、《五四新文化运动再认识》、《五四后梁启超关于中国文化建设的思考》。

我的研究范围包括近代政治史、思想史和文化史。不过早期用力于政治史者居多。20 世纪 90 年代初开始,渐渐以思想史和文化史居多,可能思想史更多些。

但思想史与文化史非常密切,思想是文化的内在核心。我谈思想史时,往往衍射到文化史;而谈文化史时,往往会归结到思想史。在本书中,为了编排上的便利,分成上下两编,上编侧重于思想史的考察,下编侧重于文化史的考察。

收入本书中的论文,写作最早的是 1985 年,最晚的是写于 2011 年,跨时 26 年之久。但读者不难看出,这么长的时间里,作者始终关注着近代中国的社会、思想与文化转型的问题。这是关涉中华民族整体命运的大问题。我们一介书生,对于这个大问题的解决,自然是能力甚微。但我们尽最大努力去揭示这个转型过程的内外机制与种种条件,揭示我们已经走过的轨迹,这对于我们如何走向未来,真正摆脱种种中世纪式的羁绊,迈入现代社会健康持续的发展轨道,是不无意义的。

本书各篇论文讨论到的,不外乎革命与改革的问题,文化之中外与古今的问题,社会与文化转型过程中的内外机制与条件的问题,以及这个转型的基本趋向问题。我想特别强调的是,这个转型的基本趋向问题,是我这些年来最为关注的问题。早在 1985 年所写的《今日的中西文化问题》一文中，我已经表露出这个意思，只是尚不曾明确地具体地加以论述。到 1994 年，我在《中国新文化的源流及其趋向》（见《历史研究》1994 年第 2 期）一文中，便很明确很具体地提出，世界化与个性解放，是中国新文化的两个最基本的趋向。2004 年，我在美国加州伯克利大学举办的中国近代文化问题的研讨会上，即以《世界化与个性主义——现代化的两个重要趋势》为题向会议作报告。归国后，略加整理发表在《中国社会科学院学术委员会集刊》的创刊号上。我在 2007 年写成，2008 年出版的《近代中国文化转型研究导论》一书，则以更加丰富的史料，更加深入的分析和论述，阐明了这个基本趋向问题。全书的《结语》被译成英文，发表在英文的《中国近代史研究》上。其中文原文以《近代中国的文化转型：问题与趋向》为题发表在《广东社会科学》2008 年第 3 期。

我对此问题的基本看法是：世界化就是开放，以开放的心态，包容的精神对待世界上各个国家各个民族的文化，吸收其一切有益于我的东西；同时要贡献我们自己一切于其他国家其他民族有益的东西。这样可以保持良性交流、互补，使文化丰富多彩，与世界潮流并进。个性主义或个性解放，就是尊重个性，尊重个人的人格及其首创精神，提升整个民族素质，壮大民族文化的生命力和创造力，使文化发荣滋长，不断创新。

我的个人见解和围绕这个基本见解所作的种种分析与论证，敬请同行专家及读者给予批评、指正。

耿云志　2012 年 6 月 25 日　于容膝斋